普通高等教育“十五”国家级规划教材
教育部高职高专规划教材

西方经济学

（第 3 版）

何 璋 主编

中国财政经济出版社

图书在版编目（CIP）数据

西方经济学/何璋主编．—3版．—北京：中国财政经济出版社，2011.1
普通高等教育“十五”国家级规划教材．教育部高职高专规划教材
ISBN 978－7－5095－1287－6

Ⅰ．西… Ⅱ．何… Ⅲ．现代资产阶级经济学－高等学校：技术学校－教材 Ⅳ．F091.3

中国版本图书馆CIP数据核字（2009）第028540号

责任编辑：梁 涛　　责任校对：李 丽
封面设计：何苗苗　　版式设计：汤广才

中国财政经济出版社出版
URL：http：//www.cfeph.cn
E－mail：jiaoyu@cfeph.cn

社址：北京市海淀区阜成路甲28号 邮政编码：100142
发行电话：88190616　88190655(传真)
北京慧美印刷有限公司印刷　各地新华书店经销
787×960毫米 16开 20.00印张 326 000字
2011年1月第3版第5次印刷
定价：26.00元
ISBN 978－7－5095－1287－6/F·1089
(图书出现印装问题 本社负责调换)
本社质量投诉电话：010－88190744

出版说明

教材建设工作是整个高职高专教育教学工作的重要组成部分。改革开放以来，在各级教育行政部门、学校和有关出版社的共同努力下，各地已出版了一批高职高专教育教材。但从整体上看，具有高职高专教育特色的教材极其匮乏，不少院校尚在借用本科或中专教材，教材建设仍落后于高职高专教育的发展需要。为此，1999年教育部组织制定了《高职高专教育基础课程教学基本要求》（以下简称《基本要求》）和《高职高专教育专业人才培养目标及规格》（以下简称《培养规格》），通过推荐、招标及遴选，组织了一批学术水平高、教学经验丰富、实践能力强的教师，成立了“教育部高职高专规划教材”编写队伍，并在有关出版社的积极配合下，推出一批“教育部高职高专规划教材”。

“教育部高职高专规划教材”计划出版500种，用5年左右时间完成。出版后的教材将覆盖高职高专教育的基础课程和专业主干课程。计划先用2~3年的时间，在继承原有高职、高专和成人高等学校教材建设成果的基础上，充分汲取近几年来各类学校在探索培养技术应用性专门人才方面取得的成功经验，解决好新形势下高职高专教育教材的有无问题；然后再用2~3年的时间，在《新世纪高职高专教育人才培养模式和教学内容体系改革与建设项目计划》立项研究的基础上，通过研究、改革和建设，推出一大批教育部高职高专规划教材，从而形成优化配套的高职高专教育教材体系。

"教育部高职高专规划教材"是按照《基本要求》和《培养规格》的要求，充分汲取高职、高专和成人高等学校在探索培养技术应用性专门人才方面取得的成功经验和教学成果编写而成的，适合高等职业学校、高等专科学校、成人高校及本科院校举办的二级职业技术学院和民办高校使用。

教育部高等教育司

前　言

中国财政经济出版社为作者提供了写作《西方经济学》第3版的机会。此次修订力图写出一本具有中国特色的实用型西方经济学教材。它所强调的是看得懂、学得会、用得上。

《西方经济学》第3版的修订工作主要体现在以下4个方面：

1. 强化举例分析。人们容易学会的是自己感兴趣的东西。案例教学是当代教学方法的一股潮流，它强调的是理论与实践相结合。本次修订成倍增加了案例的数量，并尽可能使案例中国化、原创化、新鲜化。

2. 降低数学难度。本书是高职高专教材，有特定的数学难度要求。爱因斯坦曾说过："事情总是做得越简单越好。"本次修订尽可能减少复杂数学的运用，删除了某些难度较大的章节。

3. 将习题类型由问答题改为选择题、计算题和调研题等，帮助学生摆脱死记硬背的学习习惯，掌握用理论分析现实问题的方法。

4. 增加学习目的、章节结构、引导案例、背景知识等栏目，增强本书的可读性。

本书由何璋任主编，张玉凤、杨安怀任副主编。本书的写作分工如下：何璋第一至五章，张玉凤第六至九章，杨安怀第十至十二章，孙桥第十三、十四章，吴伟波第十五、十六章。感谢游经伦和任金明为本书收集了有价值的材料，感谢赵娜和管超为本书校对和绘图。

感谢中国财政经济出版社为本书提供再版机会，感谢梁涛认真负责地完成责任编辑工作。

何 璋

2009年3月

目录

第二篇 宏观经济学

第一章

西方经济学导论

学习目的

1. 了解经济学家思考问题的基本方法——成本收益分析。
2. 掌握稀缺、理性选择、机会成本、沉没成本、微观经济学和宏观经济学、经济模型等概念。
3. 领会不同经济体制下资源配置的方式，并认识我国进行经济体制改革的必要性。

本章结构： 经济学介绍→微观经济学与宏观经济学→模型分析→制度分析案例

引导案例： **中国正在成为世界工厂**

从纽约到伦敦，从非洲到拉美，世界各地的家庭主妇们在购物时早已熟悉了一个名词：中国制造。中国源源不断的廉价商品引起了世界各国制造商们的恐慌，以至于中国成为全世界反倾销诉讼的最大受害者。显示中国制造业能力的一个典型指标是，2007 年中国钢产量已经超过美国、日本、俄罗斯、德国的总和。而且，中国经济还在以世界第一的速度继续高速发展。西方人惊呼，中国正在成为世界工厂。

是什么让中国人掌握了那盏能够呼风唤雨的阿拉伯神灯？改革开放何以有那么大的魔力？经济学将如何回答这些问题？

第一节 经济学介绍

本节结构： 经济学→稀缺→理性选择→机会成本→沉没成本

引导案例：　　　　无孔不入的经济帝国主义

经济学正在以其极强的侵略性大步向各个领域进军。我们在书架上可以看到各种各样的经济学，如政府经济学、制度经济学、国防经济学、家庭经济学、婚姻经济学、健康经济学、管理经济学、城市经济学、区域经济学、产业经济学、国际经济学、金融经济学、劳动经济学、政治经济学、交通经济学、人口经济学、社会问题经济学，等等。似乎什么问题都可以成为经济学的研究对象。正因为经济学是一个如此强大的思想武器，谁掌握了经济学，谁就具有了诸葛亮般的大智慧。

什么是经济学？为什么它几乎什么问题都可以研究呢？

一、经济学

经济学是西方经济学的简称，它是研究人们在稀缺条件下如何出自成本收益考虑做出理性选择的学科。经济学的逻辑是，由于稀缺，人们必须选择。选择就要有标准，经济学的标准就是成本收益原则。经济学一般分为微观经济学和宏观经济学两个部分，它们使用的是经济模型分析方法。

二、稀缺

稀缺是经济学科产生的基础。稀缺是指相对于人的欲望而言，资源总是供给不足的。这里的资源泛指能够满足人们需要的世间万物，包括各种物品、金钱和时间。由于人的欲望永无止境，稀缺不可避免。

【例1－1】　　　　珍珠翡翠白玉汤

朱元璋快要饿死的时候，有人给他喝了一碗珍珠翡翠白玉汤，他把这碗汤看成是世界上最美味的佳肴。他做了皇帝后，下了一道圣旨，命令厨师做珍珠翡翠白玉汤。这可难坏了厨师，因为当年他喝的是烂白菜、馊豆腐煮的喂猪的泔水。快要饿死的人会把猪食当美味，但皇帝吃什么都不会满足。人的欲望无止境，这造成了钱与物的稀缺，而稀缺则构成经济学的基础。

人类的不知足其实是好事。如果每个人都知足常乐、不思进取，那人类社会还能进步吗？正因为人们想摆脱工作的辛苦、提高工作效率，才发明了各种机器。正因为我们想过更好的生活，才来接受高等教育，提高自身素质。

三、理性选择

如果资源是稀缺的，我们就要对资源的利用做出选择。在收入既定的前提下，如果你买了汽车，可能就要放弃买房，你必须在买房和买车之间做出选择。

理性选择是以自我为出发点并符合成本收益原则的选择，即在做出选择决策时，在收益既定时力争成本最小化，或在成本既定时追求收益最大化。选择有各种标准，如道德标准、宗教标准、社会标准等。经济学使用的是理性标准，它需要一种统一的标准，否则它只能进行个案研究，而无法得出具有普遍意义的结论。经济学把理性界定为自私，这主要是为了分析的简化。在市场交换中，自私确实是人们考虑问题的基本出发点。

如果我们分析的不是单个的消费者和生产者，理性标准就会出现问题。例如，家庭实际上是一个微型共产主义社会，企业文化也排斥极端自私的价值理念，军队的团队精神包含忠诚、信仰、责任感、服从组织、奉献精神等一系列与个人主义格格不入的东西。人是社会动物，只要融入社会，没有人能做到彻底自私。

【例1－2】　　你愿意找一个理性人做对象吗？

如果爱情意味着付出，那么理性人不相信爱情，因为这违背了成本收益原则，他或她的底线是等价交换。如果爱情意味着婚姻，那么理性人不相信爱情，因为婚姻需要白头到老的投入，所以理性人只肯恋爱而不肯结婚。如果爱情意味着责任，那么理性人不相信爱情，因为责任是无偿的义务，所以新新族结婚不要孩子。如果爱情意味着花前月下，那么理性人不相信爱情，因为时间是最宝贵的资源，理性人不愿意付出如此巨大的代价。如果你对这一切都无所谓，那么你可以找一个理性人做对象了，因为你自己达到了理性标准。

【例1－3】　　上网玩游戏还是读外语？

张三和李四是某民办大学三年级学生。在课余时间，张三痴迷于上网玩游戏，李四选择读外语。这种选择的结果是张三有5门课不及格，而李四则通过了英语六级考试。张三上网玩游戏的成本不仅是上网费用，还包括他损失的时间。这种时间损失的成本可以用他拿不到毕业证来衡量，这意味着他一生收入都会较低，这是巨大的代价。玩游戏的收益是游戏带给人的快乐，这种快乐是短暂的。从经济学角度看，上网玩游戏是非理性的选择。

四、机会成本

经济学用机会成本概念来衡量成本收益分析中的成本。机会成本是用决策中所放弃的次优选择来反映当前选择的代价，或者说用丧失的机会来表达的成本。例如，某人面临两种选择。第一种选择是花4元钱买1公斤西红柿，第二种选择是保留4元钱而不买西红柿。如果他选择了买西红柿，那么，放弃继续持有4元钱的机会就是购买1公斤西红柿的机会成本。严格来说，该消费者获得1公斤西红柿的代价不仅是4元钱，还有他购物所花费的时间和交通费。

【例1-4】 “不买对的，只买贵的”

对许多女人来说，“不买贵的，只买对的”是一句座右铭。但是，许多男人的座右铭是“不买对的，只买贵的”。这些男人是不是缺乏理性？

一个女人要做到只买对的，必须付出一些代价，如货比三家就要跑3个地方，这要花费许多时间。家庭妇女的时间相对不值钱，买到质优价廉的物品能给她带来实实在在的收益。女人是有理性的。男人通常比女人承担更大的挣钱压力，在残酷的竞争压力下，他在业余时间也要不断学习。如果男人在购物时耗费过多时间，就容易丧失获取更高收入的机会。对于许多男人来说，东西买得贵是较小代价，节约时间是较大收益。男人也是有理性的。

所有的人都自觉或不自觉地使用经济学的成本收益原则思考问题。但是，没有学过经济学的人往往只看到显性成本，即一目了然的成本，同时会忽略隐性成本，即隐蔽得很深的那些成本。

【例1-5】 看电影《集结号》的代价

我国著名导演冯小刚拍的电影《集结号》票价是40元。这个代价是所有观众都能感受到的，它构成看电影的显性成本。但是，这不是看一场电影的全部成本。如果你是自驾小汽车去看电影，那么，汽油的损耗、车辆的磨损和停车费也是相应支出，它们是被忽略的隐性成本。对于大学生来说，如果你选择了看电影，便同时放弃了勤工俭学的机会。看电影的隐性成本还应包括丧失的获得收入的机会。看电影《集结号》的代价是显性成本（票价）与隐性成本（交通费加时间价值）之和。很多人宁愿在家里看电视而不去看电影，主要原因不是显性成本，而是隐性成本。

五、沉没成本

沉没成本，又称固定成本，是指沉没在某项资产之中不会随着该资产使用而发生变动的成本。例如，企业家购买厂房和设备的支出不会随厂房或设备的利用率而变化，它们属于沉没成本。与沉没成本对应的概念是可变成本，即随着产量变化而变动的成本。如，劳动时间、原材料消耗都会随着产量增加而递增。在制定投资决策时，人们必须考虑沉没成本能否得到补偿。但是，一旦投资行为完成，日常经营决策通常忽略沉没成本。

本节内容告诉我们：经济学是研究在稀缺条件下，人们如何出自成本收益考虑做出理性选择的学科。理性选择是以自我为出发点并符合成本收益原则的选择，即在做出选择决策时，在收益既定时力争成本最小化，或在成本既定时追求收益最大化。经济学使用机会成本的概念，即用人们在决策中所放弃的次优选择来反映当前选择的代价。

第二节
微观经济学与宏观经济学

本节结构： 微观经济学→宏观经济学→微观经济学与宏观经济学的关系

引导案例：　　　　从斯密到马克思到凯恩斯

斯密是公认的经济学奠基人。他对经济学的最大贡献是论证了市场经济是一个理想的世界。在资本主义发展初期，他的理论是反封建的有力武器。马克思看到的资本主义是一个弱肉强食的世界，他以后来被称为马克思主义的理论证明资本主义市场经济必然会灭亡。事实上，马克思所批判的那种资本主义已经灭亡了，当代资本主义已发生了脱胎换骨的改造。凯恩斯走的是一条折衷的道路，他证明市场调节和政府调节相结合的混合经济是历史的选择。我们发现，资本主义国家在增强政府干预，社会主义国家在强调市场调节。尽管主义之争使人类始终面临战争威胁，但是混合经济大趋势是不以人的意志为转移的。斯密奠基的微观经济学与凯恩斯奠基的宏观经济学分别以市场价格和政府政策为重点，告诉我们西方经济学到底说了什么。

什么是微观经济学？什么是宏观经济学？二者有什么关系？

一、微观经济学

微观经济学从微观对象（企业和消费者）的行为出发，研究单个市场上的价格决定以及市场的资源配置功能。微观经济学的一般框架是：供求分析→消费者行为研究→生产者行为研究→市场结构理论→市场失灵和微观经济政策分析。

（一）供求分析

供求分析说明在理想市场环境中，产品价格是由供求关系决定的，并且价格起着调节经济运行的作用。如果政府对价格干预过度，就会造成资源配置扭曲。

【例 1－6】　　　　2008 年国际小麦价格暴涨

2008 年，国际市场小麦价格与往年相比是翻番的。微观经济学对此的解释是供给减少和需求增加。供给减少具体表现为小麦主要出口国澳大利亚遭受严重天灾，以及农用生产资料柴油、化肥、拖拉机等的价格大幅上升。需求增加主要表现为发展中国家农村人口向城市转移增加了对商品粮的需求。

（二）消费者行为研究

消费者行为研究说明消费者如何把有限的收入分配于不同物品的消费之

上，以实现个人或家庭收益最大化。

【例1－7】　　　　　年轻人买房还是租房？

2005年至2008年初，中国许多大城市出现买房热潮。对于有稳定工作和较高收入的人来说，买房是理性选择。因为在城市化过程中，房价上涨是客观规律，晚买要付出更大代价。但是，对于刚毕业的年轻人来说，是否买房还需要考虑其他因素：首先，我们的工作是否稳定？租房有一个好处，就是避免换工作的住房转卖成本。其次，我们是否有能力偿还贷款？这里的风险表现为是否会失去工作，以及利率是否会上升。

（三）生产者行为研究

生产者行为研究说明企业投入与产出之间的关系，以及企业如何通过生产方法选择实现资源最优配置。

【例1－8】　　　记者错了，还是资本家错了？

许多记者利用各种媒体反复告诉我们，进入我国的绝大多数外资企业都是中小企业，它们带来的不是先进技术，不少外资企业的技术比我们的国有企业还落后。一些记者认为，外资企业拖累了我国技术进步的步伐。如果这些报道属实，那么，是记者错了，还是资本家错了？

问题在于我们把什么作为判断事物的标准。如果以技术进步为标准，那么资本家错了。如果以赚钱为标准，那么记者错了。可能有人对此提出疑问，因为很多资本家说他们没有赚到钱。这显然不是真话，他们潮水般涌进中国，赔钱哪里会有那么大的吸引力？为什么采用较先进技术的国有企业效益不佳，而采用较落后技术的外资企业还能发财？我国政府为什么不限制落后技术进入中国？

（四）市场结构理论

市场结构理论说明，在完全竞争、完全垄断、垄断竞争和寡头4种不同的市场环境中，追求利润最大化的企业如何做出选择，这种选择对社会产生什么样的影响，以及政府可采取什么样的政策解决相关问题。

【例1－9】　　广东电力企业抄表工年薪10万元

2008年，互联网上有一条引人注目的新闻：广东电力企业抄表工年薪10万元。这则新闻之所以引人注目，是因为抄表工不属于复杂工种。而且许多其他企业工资偏低，如保安月工资一般1000元左右。抄表工的高收入与电力企业的垄断地位有直接关系。由于缺少竞争对手，电力企业可以制定垄断价格，获取超额利润。当国有产权受到侵蚀的时候，这部分超额利润未能转化为国家的收入，而是被国有企业雇佣的管理者和工人集体占有。

（五）市场失灵和微观经济政策分析

市场失灵和微观经济政策分析说明市场调节存在的各种局限性，以及政府需要采取何种政策来解决市场失灵问题。

二、宏观经济学

宏观经济学是以社会层次加总的量作为载体研究国民经济运行的学科。宏观经济学的一般框架是：国民收入核算和国民收入决定理论→经济周期与经济增长理论→宏观经济政策分析→失业与通货膨胀理论→开放条件下的宏观经济运行。

（一）国民收入核算和国民收入决定理论

国民收入核算和国民收入决定理论说明国民收入核算的基本原理，国民收入是由总需求决定的，以及影响总需求的各项因素。

【例1－10】　繁荣创造奢侈，还是奢侈创造繁荣？

在中国古典小说《红楼梦》中，贾府的生活是奢侈的，元妃省亲和秦可卿葬礼两个经典情节对此有详细描述。贾府的高收入是贾府能够如此奢侈的物质基础。在微观意义上，繁荣创造奢侈。

正因为贾府如此奢侈，白银才能由贾府流向社会。贾府的需求为人们提供了就业机会，白银流出为商品交换提供了交换手段，社会经济才得以繁荣。在宏观意义上，奢侈创造繁荣。如果贾府以及其他富人都勤俭节约，把节约的白银窖藏起来，那么，在分配不公的社会中，社会很快就会发现市场上没有多少货币了，商品交换无法进行，大家没有工作，经济也将因此而崩溃。在两极分化的局面下，富人的奢侈对经济的正常运行是必要的。如果要解决奢侈中的浪费问题，就要从根本上逆转两极分化。

（二）经济周期与经济增长理论

经济周期与经济增长理论说明经济波动与增长的原因与动力，以及政府为实现长期稳定增长应当采取的政策。

【例1－11】　20世纪90年代美国经济的高增长

20世纪90年代美国经济的增长速度在美国历史上是少见的，美国爆发了以信息技术为核心的科技革命是重要原因，但不是唯一原因。在此前后，美国由世界最大债权国变为最大债务国。大量外资流入美国也是美国经济高速增长的重要原因。此外，美国高速增长开始于苏联解体并非偶然。苏联解体导致单极世界的形成。这件大事巩固了美元霸权。美国的货币大部分在境外流通，这意味着美国政府可通过开动印刷机来获得财富。单极世界还使美国进一步控制了全世界的资源，伊拉克战争已被现实证明是一场石油战争。

（三）宏观经济政策分析

宏观经济政策分析说明政府调节经济运行的宏观经济目标、以财政和货币为主的政策工具和政策效应。

【例1-12】　　政府提高存款准备金率

2008年上半年，我国政府多次调整，将法定存款准备金率提高到17.5%。这意味着商业银行必须把17.5%的存款转存到中央银行，不得把这部分资金转化成贷款。这是以降低我国通货膨胀率为目标的货币政策。人们一般认为，1%—3%的通货膨胀率是正常的，不会对经济造成不良影响。3%—5%的通货膨胀率对经济有消极作用，应当引起政府警惕。5%以上的通货膨胀率的破坏作用明显，政府应采取力度较大的措施加以克服。我国在2008年上半年的通货膨胀率已显著超过5%，因此，政府通过提高存款准备金率来控制通货膨胀。当然，这种措施会有某些负作用，如它所导致的需求减少可能带来企业倒闭和工人失业。

（四）失业与通货膨胀理论

失业与通货膨胀理论说明失业和通货膨胀的原因和影响，失业与通货膨胀的关系，以及解决失业与通货膨胀问题的对策。

【例1-13】　　民工荒与通货膨胀

民工荒是指沿海个别地方用过去的低工资已经不能招募到足够数量的民工。它表明政府的支农政策已见成效。2008年2月，我国的通货膨胀率高达8%，通货膨胀已成为社会反应强烈并颇令政府头疼的问题。很少有人把民工荒与通货膨胀联系起来，但二者是有关系的。在出现民工荒时，企业雇人就要加工资。成本上升，会从成本推进角度导致通货膨胀。人们收入增加，则会从需求增加角度导致通货膨胀。

（五）开放条件下的宏观经济运行

开放条件下的宏观经济运行分析主要说明国际贸易和国际金融对经济运行的作用以及政府相关政策的选择。

背景知识：　　大卫·李嘉图的比较利益学说

被称为经济学之父的亚当·斯密曾经用国际分工来解释国际贸易，奠定了国际贸易的理论基础。但是，他没有解决这样一个问题：落后国家在各个领域都处于落后地位，为什么它们的产品还能出口？大卫·李嘉图向我们证明，落后国家在不同领域与发达国家相比的落后程度是不相同的。落后程度较少的部门实际上具有相对优势。国际贸易为各国发挥相对优势创造了条件。例如，我国纺织工业劳动生产率并没有超过发达国家，为什么全世界都买我们的纺织品？因为我们的纺织工业劳动生产率与发达国家的差距小于我国农业劳动生产率与发达国家的差距，与农业相比，我国纺织工业具有相对优势。我们出口纺织品、进口农产品，对于贸易双方都有好处。

三、微观经济学与宏观经济学的关系

（一）微观经济学是宏观经济学的基础

微观经济学侧重于分析市场自发调节，宏观经济学侧重于分析政府干预。如果我们没有学过微观经济学，不知道市场调节的利弊，就不知道政府是不是应该干预，哪些地方需要干预，以及如何在政府干预的同时发挥市场调节机制的长处。

（二）微观经济学与宏观经济学是互补关系

在宏观经济学中作为变量加以研究的东西，在微观经济学中是已知的。例如，宏观经济学要研究充分就业，而充分就业在微观经济学中是已经实现的假设条件。另外，在微观经济学中作为变量加以研究的东西，在宏观经济学中是已知的。例如，微观经济学要研究企业和消费者如何配置资源，而微观主体实现资源最优配置在宏观经济学中被看成是已经得到解决的问题。

（三）微观经济学和宏观经济学都属于实证分析

实证分析是超脱价值判断对事物运行规律的分析，它只能回答“是什么”的问题，而不能回答“应该是什么”的问题。与实证分析对立的概念是规范分析，即依据一定价值判断处理事物的理论。人们在分析问题时经常提出价值判断标准，使得分析超出经济学范围。例如，失业被看成问题，而效率被看成好事。只要结论是能够检验的，经济学并不完全排斥规范分析。

【例 1－14】　劳工保护中的公平与效率

20 世纪 80 年代，我国劳工保护的立法和执法都不够完善。这在一定程度上牺牲了公平，延长劳动时间、低工资、拖欠工资、不上“三险”等现象比比皆是。正是在此基础上，民营企业迅速崛起，使大量农村剩余劳动力转移到非农产业。农民离开农村，体现了效率原则中的资源合理配置。但是，缺乏劳工保护会加剧两极分化，从长远来看会引起需求不足，导致我国经济发展严重依赖国外需求。一旦外部需求出现问题，我国经济发展将会遭遇重大挫折。

20 世纪 90 年代中期，我国加强了劳工保护。21 世纪初，温总理为民工讨工资只是政府工作亮点之一，这有助于按劳分配原则的实施，体现了公平原则。从短期来看，它使企业成本上升，可能有损于效率。公平与效率是否截然对立呢？否。从长远来看，贯彻公平原则可以增加内需，保证我国经济的长期稳定发展。

本节内容告诉我们：微观经济学的主体是企业和家庭，宏观经济学的主

体是国家。微观经济学的研究重点是市场价格，宏观经济学的重点是政府政策。微观经济学的一般框架是：供求分析→消费者行为研究→生产者行为研究→市场结构理论→市场失灵和微观经济政策分析。宏观经济学的一般框架是：国民收入核算和国民收入决定理论→失业与通货膨胀理论→经济周期与经济增长理论→宏观经济政策分析→开放条件下的宏观经济运行。微观经济学是宏观经济学的基础，微观经济学与宏观经济学是互补关系，微观经济学和宏观经济学都属于实证分析。

第三节
经济学的模型分析

本节结构：什么是经济模型→经济模型的表现形式→为什么要学习模型

引导案例： **蝴蝶效应**

美国一位经济学家说："拉丁美洲一只蝴蝶的飞翔会影响美国的气候。"这句话后来被简化为蝴蝶效应。人们很难否认拉丁美洲蝴蝶行为与美国气候有关。作为一种动物，它的行为会影响拉丁美洲的植物。植物与气候的关系是众所周知的。拉丁美洲的气候与美国的气候也会相互影响。

但是没有一个研究美国气候的人会去研究拉丁美洲的蝴蝶。即使他一秒钟能研究完一只蝴蝶的行为，在他去世时都不能完成对拉丁美洲全部蝴蝶行为的研究。人们必须有分工地抓主要矛盾进行研究。如，大气物理学家研究大气层，海洋学家研究海洋的运动对气候的影响，天文学家研究行星运动对气候的影响，环境学家研究人类活动对气候的影响等。他们的研究都有一个共同的假设，即其他条件不变。由于这个假设不现实，他们实际都采用了用模型简化现实的思维模式。经济学之所以能成为科学，是因为它采用了模型分析方法。在学习经济学时，我们首先要初步了解什么是模型。

在分析问题时，你能做到面面俱到吗？如果不能面面俱到，我们又是如何思考问题的？

一、经济模型的概念

经济模型是由定义、假设、假说和检验4个因素，通过逻辑推理而联结起来的思考和分析经济问题的方法。

1. 定义是对概念的准确描述。定义是否准确，决定着分析是否严谨。在现实生活中，不同人对同一概念往往给予不同定义。因此，在科学分析中，我们需要对概念加以准确定义。

2. 假设指人为规定逻辑推理所依据的外部环境条件。假设必然会在一定程度上背离现实。背离现实的假设也有价值，因为人们提出假设时关注的是在该假设的条件下会出现什么样的结果。

【例 1 – 15】　　人自私还是不自私？

我们假设：(1) 全世界只有一个村子，孩子们经常到河里游泳。游泳有出现危险的可能。(2) 该村的大人们分为两类，见义勇为的和见死不救的。(3) 这些大人们的品质可以遗传。根据这样的假设，见义勇为的人会不断因为救人而牺牲，而见死不救的人可以繁殖后代。随着时间推移，见义勇为的人会越来越少，乃至消失。其结论是人是自私的。

对于这个模型，人们可以用各种方法检验，得出的各种检验结果可能截然相反。其实，我们也可以造出另一个模型说明相反的结论。

我们假设：(1) 全世界有两个村子，它们要争夺生存空间。(2) 一个村子自私，崇尚活命哲学；另一个村子无私，崇尚献身精神。(3) 战争的成败取决于战士的斗志。根据这样的假设，只有肯献身的民族才有生存空间。自私的民族会被消灭。其结论是人是无私的。这也是可以检验的。如，2008 年 5 月 12 日汶川大地震后，年轻一代自发地献血和捐款，显示了“80 后”和“90 后”并非垮掉的一代。

上述两个模型的假设都有不符合现实之处。现实生活中的人是复杂的，是自私与无私的混合体。但是，我们不能强求假设完全真实，那将会使模型分析寸步难行。

3. 假说是人们在假设的条件下运用逻辑推理得出的结论。假说不是真理，主要原因是假设不一定符合现实。

4. 检验是用事实证明假说是否成立。如果检验证明假说成立，该假说就上升为理论。因此，诺贝尔经济学奖金获得者萨缪尔森认为理论就是模型。

检验对样本的数量有严格要求。举例可以作为课堂教学的方法，但它不适合检验假说的正确性。

二、经济模型的表现形式

模型有 4 种基本表现形式，即文字或语言叙述法、列表法、图形法和函数法。

1. 文字或语言叙述法是用语言或文字完成定义、假设、假说和检验 4 个环节。本节前面的文字表述已经完成了模型的逻辑推理举例。

2. 列表法是用表格来完成模型的某项重要逻辑推理步骤。该法的优点是能更清晰地表达自变量和因变量一一对应的数量关系（如表 1 – 1 所示）。

表1-1　　某地区乞丐月收入与食品支出调查　　（单位：元）

乞丐收入	300	400	500	600	700	800	900	1000
食品支出	210	270	310	320	350	390	410	420

根据表1-1，我们发现两种关系：第一，乞丐食品支出随乞丐收入增加而递增；第二，乞丐食品支出占其收入的比重随乞丐收入增加而递减。

3. 图形法是利用图形反映逻辑推理过程的分析方法。它比列表法更为直观，并适合表示更复杂的数量关系。

在图1-1中，某农场曾在某年将全部土地种玉米，收获8000吨玉米。第二年它将部分土地种玉米、部分土地种水稻，分别收获6000吨玉米和5100吨水稻。第三年它将全部土地种水稻，收获10000吨水稻。根据这3年的情况可以得到图1-1中的A、B、C 3个点。折线ABC可作为该农场的生产可能性曲线。

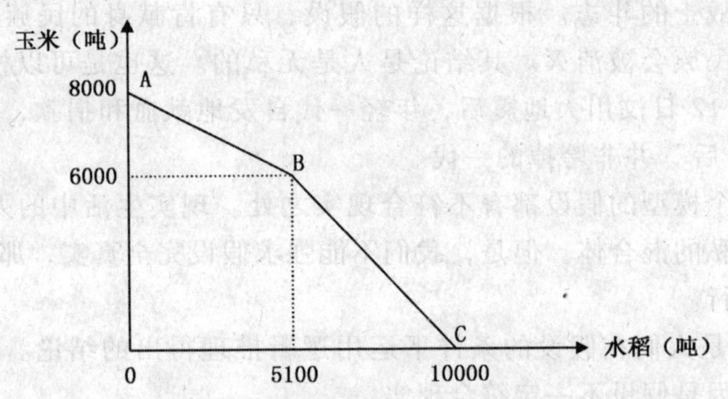

图1-1　某农场的生产可能性曲线

4. 函数法是用数学函数来表述模型的部分内容。它适合于进行数学运算，能得出定量结论。

【例1-16】　　　　小麦的生产函数

生产函数反映产出与投入的数量关系。假设一种投入的小麦生产函数是：

$$Y=f(X) \tag{1-1}$$

式中，Y表示小麦产量（吨），f是函数符号，X表示劳动投入（人时）。这个函数向我们传达的信息是小麦产量与劳动投入有关。

如果需要考察拖拉机，我们可进一步写出两种投入的生产函数：

$$Y=f(X,Z) \tag{1-2}$$

式中，Z表示拖拉机的数量（台）。该函数表示小麦产量与劳动、拖拉机的投入数量有关。

我们还可构建含有更多自变量的生产函数。但是，我们不需要让自变量包含全部投入，那会使函数过于复杂，而且其必要性不大。

从上述两个函数中我们没有看到产出与投入的确切技术关系。对于生产函数（1－1）而言，只要我们搜索到足够的小麦产量Y和劳动投入X的数据，那么，经过经济计量分析，可以得到具体的方程式，如：

$$Y = a + bX \quad (1-3)$$

式中，a和b都是常数。a表示劳动投入以外的所有其他因素带来的小麦产量，bX表示劳动投入带来的小麦产量。b是系数，它越大，劳动投入对小麦产量的作用越大。

模型的4种基本表达形式不是彼此孤立的，它们通常交叉混合使用。

三、学习模型的理由

无论你是否承认，我们平时思考问题采用的都是模型分析方法。模型是比实物简单的东西。当模型被看成一种方法，它的实质是使问题简化。我们学习模型，就是学习把复杂问题简单化的方法。我们学习模型的理由可以归纳为以下两点：

1. 经济现实十分复杂，人们不可能考虑到所有因素。实际上，我们在考虑问题时只能做到抓主要矛盾。模型明确规定假设条件，能使我们更清楚地认识到分析得出的结论在何时适用，分析有哪些局限性，以及什么样的条件会导致什么样的结果。越简单的模型，其适用范围越广泛。

【例1－17】　马克思的模型分析

有些人把马克思主义经济学看成是与西方经济学完全对立的东西。其实，二者在分析方法上有许多共同之处。如，恩格斯提出“价格反映生产费用与效用的关系”，体现了供求决定价格的思想。又如，马克思把商品作为分析资本主义的逻辑起点，大胆地作出一些脱离现实的假设。如，他作为分析背景的小商品社会在现实生活中并不存在。这个小商品社会肯定不是封建社会，因为那里没有统一的国内市场；它也不是资本主义社会，因为那里的资本也要索取报酬。但是，这并不妨碍人们把马克思主义看成科学。

2. 经济现实处于不断变化的运动之中，经济模型可以把它静态化，这使我们理解问题变得更加容易。从动态角度看，我们无法研究现在的情况，因为当你的研究完成时，现在已经变成过去。模型可以创造出一个静态的世界，人们可以用比较静态研究来模拟动态过程，这就使分析大为简化。

【例1－18】　人不能两次走进同一条河流

当人们把一条大河称为黄河的时候，便已经掌握了把动态现实静态化的思维方式。从严格的意义上讲，100年前的黄河与今天的黄河已不是同一条河，河床已改道了，河底的高度不同了，河里生物的种类不同了，原来的水已经流走了。因此，当你第二次走进黄河的时候，它已经是一条新的黄河了。我们在研究黄河的时候，有时需要舍弃一些细节，假设黄河没有发生变化，这种假设通常不会显著影响结论的正确性。如果我们片面追求结论的绝对正确性，就会发现各种因素都在不断变化，经济现实简直无法研究，这就容易陷入不可能论。由此，我们也可以引申出一个推论，即任何科学结论都只具有相对的意义。

【例1-19】　伽利略的重力加速度实验

伽利略在比萨斜塔做自由落体的重力加速度实验时，有许多脱离现实的假设。例如，空气阻力为零，只有地球对物体有万有引力，地球是纯粹的圆形等。如果我们考虑到空气密度，不同高度的重力加速度会有所不同。如果我们考虑到地球有高山低谷，不同地点的重力加速度会有所不同。如果我们考虑到月亮和太阳有万有引力，不同时间的重力加速度会有所不同。但是，由于这些不同是极其微小的，我们可以忽略不计，没有人因此否认伽利略作为实验科学奠基人的地位。

科学需要某些脱离现实的假设，这或许正是科学的魅力所在。由科学得出的结果可能不是绝对真理，但是，即使是相对的真理也可以帮助我们更好地认识世界运动的规律。

本节内容告诉我们：经济模型是人们普遍采用的分析问题的方法。它由定义、假设、假说、检验4个基本要素组成。它有语言文字、表格、图形、函数4种基本表现形式。它有脱离实际的假设，它必须接受实践的检验从而演变成为一门科学。

第四节 经济制度与资源配置

本节结构： 指令经济→市场经济→混合经济

引导案例：　什么是中国特色？

我国实行中国特色的社会主义市场经济制度。有人喜欢这个制度，也有人不喜欢这个制度。问题在于中国特色是什么？不同人会给出不同答案。其中比较重要的是：中国在中国共产党的领导之下，这个党是世界第一大党；中国受到战争威胁，有人要分裂中国；中国是发展中国家，农业人口比重较大；中国人口众多，人均资源较少，等等。

世界上存在多少种经济制度？每种制度有什么特点？在我国的国情下，

什么样的制度更有利于资源合理配置？

当代世界存在3种基本的经济制度（亦称经济体制），即指令经济（计划经济）、市场经济和混合经济。

一、指令经济

指令经济指中央政府通过各级行政机构逐级下达指令的方式实施资源配置的经济制度。苏联和世界大战中的英国是指令经济的典型。

【例1－20】　苏联的指令经济

苏联的最高决策机构是政治局，它主要制定一些战略决策，如经济增长率、积累率、财政收支、国际收支等。政治局将决策下达给国家计划委员会，后者负责制定详细的计划，如钢产量、工资调整、税率调整和进出口计划等。国家计委制定的计划通过国务院下达到约40个部委。各部委再将指令分解，下达给自己管辖的众多企业。

指令经济在理论上的优点是：（1）社会不会因生产的无政府状态而产生重复投资的浪费。投入产出技术可以解决中央统一计划的数据处理问题，但数据收集需要花费巨大信息成本。（2）社会不会出现两极分化和分配不公，这以政府廉政和忠于职守为前提。（3）社会可以避免通货膨胀和失业问题，这以牺牲个人职业选择自由为前提。（4）在战争或者危机时期，国家可以迅速地高度集中社会各种资源用于社会需要，这以政府拥有大量国有企业和能够以税收、征用、国有化等各种方式侵犯私人产权为前提。

【例1－21】　汶川地震中政府的作用

在2008年5月12日汶川地震中，中国创造了一些世界记录。如，温总理在第一时间赶赴现场，大量士兵不带武器徒步赶往灾区，4000多万党员自愿缴纳特殊党费，各省在统一指令下救治伤员和承担灾后重建任务。尽管我国已经不属于指令经济，但仍保留高度中央集权特征。正是这样的特征，使我国能在危急时刻举全国之力实现民心所向的目标。

指令经济的主要缺点是：（1）信息成本过高，使中央政府很难了解民众的需要，政府只能用领导者主权代替消费者主权，这会造成决策失误。（2）权力过分集中容易滋生腐败现象。体制内的监督比起体制外的监督效率低，而且在一定程度上取决于一把手的个人素质。（3）压制个人选择自由影响资源利用效率，如分配有歌唱天赋的学生下乡当农民。（4）收入分配过于平均使人们缺乏提高效率的积极性，如该体制下社会缺少一个企业家阶层。（5）政府机构过于庞大，耗费大量社会资源。

【例1－22】　知识青年上山下乡

1968年，毛主席号召知识青年上山下乡。在短时间内，大量城市青年在农村找到了工作。这显示了指令经济在解决就业问题上的优越性。但是，这种优越性的发挥是以牺牲效率为前提的。从历史潮流看，在工业化进程中应当出现的是农村人口向城市转移。上山下乡这种逆向人口流动加剧了农村人多地少的负担。在众多知识青年中很少有人懂农业，他们过去所学的知识在农村未能得到充分发挥。在中国实行改革开放政策后，大多数下乡知识青年以生病和照顾老人等借口返城，这表明违背人们意愿的指令最终会失败。

【例1-23】　指令经济中的信息扭曲

在指令经济中，信息在逐级传递过程中会发生扭曲，下级在分解上级下达的指令时会层层加码。例如，毛主席要求国务院完成1070万吨钢的指令时，国务院会使各省钢的计划产量总和超过1070万吨。这样，即使一个省完不成任务，毛主席的指令也可能实现。当各省接到指令后，有一种超额完成任务的冲动，它们会向中央要更多的资源，以便超额完成任务。当中央不能满足虚假的资源要求时，只能对各省上报的资源需求各砍一刀。这在无形中惩罚了说真话的省份，因为它们没有虚报，砍过一刀的资源供给不足以完成指令任务。于是，说假话反而成为办大事的必要条件。

二、市场经济

市场经济指市场供求关系决定资源配置的制度。市场经济有3个基本要素：（1）财产私有（包括合作企业或股份公司的集体所有），否则财产无法进入交换过程。（2）契约自由，即人们拥有选择买与不买、卖与不卖的自由。（3）自我负责，即当事人要对他所签署的合同负责。

第二次世界大战前的美国是市场经济的典型。

市场经济的主要优点是：（1）市场能自发地实现资源配置，市场调节是最节约成本的经济调节方式。它能相应减少政府支出和缩小政府规模。（2）消费者的选择决定着企业的生产，从而消费者的愿望能够得到最大程度的满足。市场调节是最民主的经济调节方式。（3）市场信息比较准确。消费者要用货币选票传递需求信息，他们对各种商品的投票建立在真实需求基础上，没有半点虚假。（4）市场中的竞争能更好地调动人们的生产积极性。在计划体制下，政府和企业也可以组织各种竞赛。但是，竞赛以鼓励先进为主，竞争以惩罚后进为主，二者激发人的潜能的作用有很大不同。

【例1-24】　计划经济的信息成本

如果计划经济要保留消费者主权，政府就要派出成千上万人到各个家庭搞调查，了解每一种产品在每一种价格下消费者的需求量。然后，政府将数据输入至少由几百万个方程组成的联立方程组求解。最后，政府要将结果分解给各个企业。问题在于，消费者的偏好经常变化，企业的投入产出关系也会随着技术进步而变化。这就要求调查经常化，这显然是任何政府都无力完成的。使问题更为严重的因素是：在调查时企业和家庭能否提供真实信息？计划如何提供经济行为的动力？对这些问题，市场都能毫不迟疑且毫不费力地加以解决。企业和家庭在价格面前都不会说假话，他们会迅速对价格变动作出反应。而且信息在传递过程中没有一点浪费，人们只关心自己感兴趣的商品的价格。

市场经济也有许多缺点：（1）收入分配不均，大多数低收入者对资源配置的发言权较少。人与人之间存在才能、体力、财产、机会、价值观、家庭负担等多层次差异，市场会进一步放大这些差异，造成两极分化愈演愈烈。（2）市场经济中存在一些垄断行业。大鱼吃小鱼，市场奉行的是一种丛林法则。垄断企业可能通过损害消费者利益谋取私利。（3）市场经济中环境污染比较严重。治理污染或减少污染物排放需要很大成本支出。残酷的市场竞争往往会让那些更关心环境问题的企业倒闭。（4）市场经济经常会出现较高的失业率。企业的目标是赚钱，它吸收员工的前提是该员工能够为企业赚钱。机器比人更听话，企业倾向于在技术进步中用机器代替人力。理性的企业不会站在政府的高度去考虑就业率以及与此相关的犯罪率和贫困人口问题。

【例1－25】　　　　我国农村的看病难

我国农村存在看病难的问题。在指令经济时期，这个问题可以通过赤脚医生来解决。尽管他们的医术较低，但是我们应当承认，他们救活过成千上万没钱看病的人。在当前的市场经济时期，我国已培养了许多医科大学生。但是，我国农村仍然缺少医生。这不是因为那里没有需要，而是因为农村居民收入偏低，没钱看病，以及我国农村医疗保险事业发展滞后。目前，我国政府已认识到两极分化条件下市场调节的局限性，积极通过政府干预促进农村医疗保险事业的发展。

三、混合经济

混合经济是中央政府和市场供求关系都能发挥重大经济调节功能的经济制度。混合经济的基本特征是：（1）市场价格基本上由供求关系自发决定；（2）政府财政收支占国民收入一定比例，政府有能力调节国民经济运行；（3）政府对某些部门进行管制，如电力、运输和教育等部门。大多数欧洲国家都是混合经济的典型。在理论上，我国的社会主义市场经济也属于混合经济，只不过它有符合我国国情的中国特色。

混合经济既能发挥市场调节的作用，又使政府有能力调节国民经济运行，它是目前比较理想的经济制度。

我们学习经济学，是为了用它分析中国的现实问题。因此，在学习时我们要不断思考中国正在发生什么，只有这样，枯燥的知识才会生动起来。

【例1－26】　2008年我国经济面临的八大难题

我国经济学家朱绍文曾说过："经济学家应当是社会的医生。"经济学教给我们的知识可以帮助我们更好地思考社会问题。目前，我国经济在继续高速增长，但是仍然存在一些需要解决的问题：(1) 国际上配合藏独势力的反华浪潮会在一定程度上影响我国对外经济贸易往来；(2) 国际市场石油、粮食和原料价格大幅度上涨，给我国带来输入型通货膨胀压力；(3) 尽管政府采取多种措施，我国收入分配不公现象仍很严重；(4) 热钱大量进入中国，使我国经济出现泡沫成分，如房价居高不下；(5) 南方的冰冻灾害和汶川地震带来巨大损失，并暴露出我国抗御自然灾害能力方面存在问题；(6) 美国次贷危机引起我国产业结构调整中的阵痛，南方大量企业倒闭并引起民工回流；(7) 股市低迷，银根紧缩，企业筹资困难；(8) 各种腐败现象仍是百姓关注热点，民主法制建设需大力加强。

这些问题是我国政府正在努力解决的问题。了解这些问题，可以更深刻地理解政府的相关政策，并为中华民族的振兴贡献自己的力量。

本节内容告诉我们：不同的经济制度会产生不同的资源配置方式。纯粹的市场经济和计划经济都有明显的弊病。市场经济的缺点是：收入分配不均，存在一些垄断行业，环境污染比较严重，失业率较高。指令经济的主要缺点是：信息成本过高，权力过分集中，压制个人选择自由，收入分配过于平均，政府机构过于庞大。当代大多数国家实行混合经济制度，这是符合经济发展规律的制度。

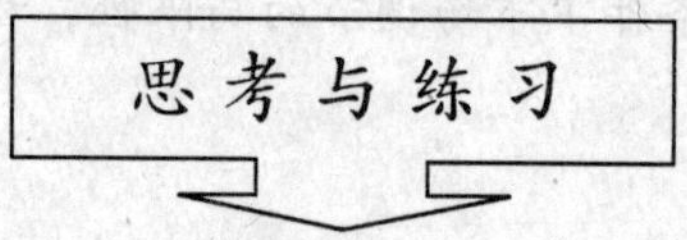

一、选择题

1. 稀缺产生于(　　)。

A. 我们只有一个地球　　B. 人的欲望是与时俱进的

C. 分配不公平　　D. 计划经济中管制价格

2. 我们在进行选择时，需要考虑(　　)。

A. 成本　　B. 收益

C. 成本和收益　　D. 收入

3. 假设本科毕业生年收入 2 万元，硕士毕业生年收入 3 万元，二者收入差距终生不变。读硕士需要 3 年，每年支出 2 万元。人的寿命为 80 年，本科生 22 岁毕业，硕士生 25 岁毕业。你比别人多学习 100 小时便可考取研究生。那么，这 100 小时的时间价值是(　　)。

A. 55 万元　　B. 49 万元

C. 43 万元　　D. 80 万元

4. 某男生接受高等教育的收益是(　　)。

A. 住进黄金屋　　B. 找到颜如玉

C. 掌握知识　　D. 上述三者之和

5. 一对夫妇花了 10 万元进货，用自有住房开店，其机会成本是(　　)。

A. 10 万元　　B. 将住房出租可能获得的房租

C. 夫妻给别人打工可能获得的收入　　D. 上述三者之和

6. 机会成本是(　　)。

A. 使用机会表示的成本

B. 用所放弃次优选择加以表示的当前选择成本

C. 显性成本与隐性成本之和

D. 上述三者都对

7. 沉没成本是(　　)。

A. 投资决策无需考虑的成本　　B. 短期决策无需考虑的成本

C. 投资中浪费掉的成本　　D. 所有决策都需要考虑的成本

8. 微观经济学的研究对象是(　　)。

A. 企业和家庭的经济行为　　B. 政府的经济行为

C. 通货膨胀　　D. 经济增长

9. 宏观经济的研究对象包括(　　)。

A. 小麦价格的决定　　B. 失业率

C. 企业行为　　D. 家庭的选择

10. 以下叙述错误的是(　　)。

A. 经济模型的假设完全符合实际情况

B. 模型的假设反映科学中的简化

C. 模型对现实的简化是必要的

D. 经过验证的假说会上升为理论

11. 计划经济的优点是(　　)。

A. 生产能够满足消费者的偏好

B. 政府和民众的沟通富有效率

C. 适应战争对高度集中社会资源的需要

D. 政府不会出现财政赤字

12. 混合经济是指(　　)。

A. 市场供求关系和中央政府都有调节经济运行能力的经济制度

B. 允许外资进入的经济

C. 资源用于生产物质产品和服务的经济

D. 资源用于生产生产资料和消费资料的经济

二、在征得同意的前提下，调查5个同学月收入与月支出的情况，并用图形表示收入与支出关系。

三、试用一个数学函数表述一句话。

四、上网查寻我国改革开放以来的经济增长率，并思考改革开放与经济增长的因果关系。

五、请你列举最近我国老百姓最关心的经济问题。

本章选择题参考答案：1. B　2. C　3. C　4. D　5. D　6. D　7. B　8. A　9. B　10. A　11. C　12. A

微 观 经 济 学

第二章

供求分析

学习目的

1. 了解需求、需求定理、替代效应、收入效应、供给、均衡价格、支持价格、限制价格、收入效应、替代效应、帕累托效率标准等概念。
2. 掌握供求决定价格的图形分析和函数分析方法。
3. 理解支持价格和限制价格产生的背景及其局限性。

本章结构：需求理论→供给理论→均衡价格→管制价格案例

引导案例： **看不见的手**

亚当·斯密在《国富论》一书中写到：我们期望得到晚餐，不是由于屠夫、酿酒商或面包师的仁慈，而是因为他们都关心自己的利益。我们要关注的不是他们的仁慈，而是他们对自己的爱；从来也不用向他们说明我们需要什么，只要向他们说明什么是他们的利益所在。

市场上的价格调节机制被斯密看成一只看不见的手，它指引每一个人都能按照对社会最为有利的方式进行决策。

为什么政府费了九牛二虎之力仍然做不到的事情，市场却能够完成得如此漂亮？为什么我国要进行价格体系改革？如果市场价格调节是有效率的，为什么各国政府仍然要保持对某些领域的价格管制？

第一节 需求理论

本节结构：需求和需求曲线→需求定理→需求函数→需求的移动

引导案例： **2008年10月美国汽车需求**

疲弱的美国汽车市场在2008年10月进一步恶化，当月车商共销售轿车和轻型卡车83.8万辆，与2007年同期相比下跌了32%。美国汽车销量10月的表现是25年来最差的。通用汽车公司的销量跌幅最大，共下降45%，至16.9万辆。其他汽车厂家的销量也都大幅下降，如克莱斯勒公司下降35%，福特汽车公司轿车和轻型卡车销量下降30%，丰田汽车销量下降23%，本田汽车销量下降28%，日产汽车销量下降34%。美国的消费者信心降到1967年开始记录这一数据以来的最低水平，美国股市下跌了14%，而6%左右的失业率预计还会继续上升。

什么是需求？需求变动取决于哪些因素？

需求理论所讨论的是需求曲线的形状及其位移的原因。

一、需求和需求曲线

需求指消费者在某一特定时期每一价格水平下愿意并且能够购买的商品量。理解该定义需要注意的是：第一，需求不是需要，它不仅要有购买欲望，而且要有购买能力；第二，需求不是一个确定的量，它是无数种可能的价格之下出现的无数需求量的集合。

表2-1　　某地市场的鸡蛋需求表

对应关系	a	b	c	d	e
价格（元）	5.0	5.1	5.2	5.3	5.4
需求量（公斤）	250	200	150	100	50

需求表是反映价格与需求量对应关系的表格，通常是人们进行市场调查的结果，它的定量分析给人们提供了比较准确的判断。由表2-1可以看出，鸡蛋需求量随价格上涨而下降，或随价格下降而上升。人们可以根据需求表绘出需求曲线。

需求曲线是反映价格和需求量对应关系的曲线，曲线上各点反映价格与需求量的对应关系。

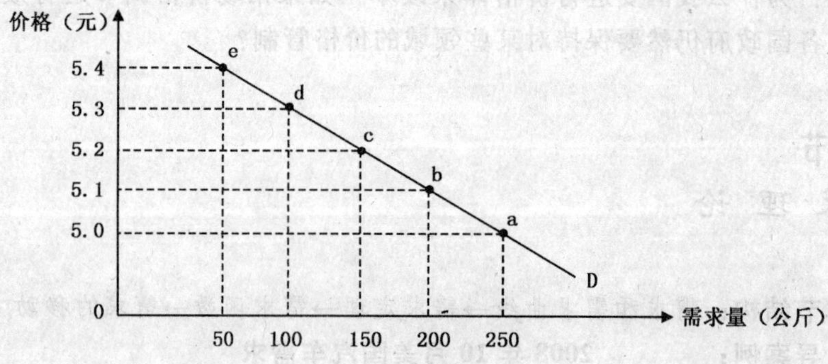

图2-1　鸡蛋的市场需求

在图 2－1 中，D 为鸡蛋市场需求曲线，曲线上各点反映鸡蛋价格与需求量的对应关系。其中，a 点移动到 b 点，表示价格由 5.0 元上升到 5.1 元，会使鸡蛋市场的需求量由 250 公斤减少到 200 公斤。在这里，需求没有变，即需求曲线 D 没有发生位移，但是需求量变动了，表现为由 250 公斤减少到 200 公斤。需要注意的是，同一条需求曲线上的所有点（如图 2－1 中的 a、b、c 等）都是针对同一时间的，它们并非是顺序发生的。

需求曲线是建立于成本收益分析基础之上的。消费者购买某商品的起码条件是收益等于成本。同一物品对不同的人的效用是不同的，因此，不同的人对同一物品愿意支付的最高价格不同。如果愿意出高价的人可优先得到商品，需求曲线应当向右下方倾斜。

【例 2－1】　　　　使用香水的收益

香水对不同的人的收益是不同的。女性，特别是年轻女性，使用香水后可以提高别人对其美丽的认可程度。年轻男性使用香水可能避蚊，但也可能被人看成奶油小生。老年男性使用香水，固然能够引人注目，但人们通常的感觉是莫明其妙。如果香水价格很高，只有年轻女性会购买。香水降价可能使部分年轻男性加入购买行列。但是，除非香水价格为零，老年男性一般不会购买香水。这使香水需求曲线向右下方倾斜。

二、需求定理

需求定理是指在其他条件不变的前提下，商品的需求量与价格呈现反向变动关系，即需求量随价格上升而下降，随价格下降而上升。需求定理在图形上表现为需求曲线向右下方倾斜。

人们用替代效应和收入效应来解释需求定理。

（一）替代效应

物品可分为 3 类：第一类是替代物品，即在满足人们需要时能够相互替代的物品。如，梨和苹果，皮鞋和布鞋。第二类是互补物品，即同时使用才能满足人们需要的物品。如，汽车和汽油，打印机和打印纸。第三类是独立物品，即使用中无关联的物品。如，汽车和苹果，飞机和裤子。

替代效应指某商品降价时，人们会用它替代其他未降价的物品来满足自己的需要，从而对该商品的需求量会增加。

【例 2－2】　　　　食盐和苹果的替代效应

人们经常会看到苹果降价，但是人们很少见到食盐降价。原因是二者有不同的替代效应。人们可以通过各种方式满足自己对水果的需要，梨、苹果、香蕉、橘子、西瓜等水果都可相互替代。若苹果降价，人们可以用苹果替代其他水果，从而对苹果的需求量增加。食盐是生活中其他物品难以替代的，除了极个别例外，盐价下降不会让人们多吃食盐，从而其需求量增加也不明显。

（二）收入效应

收入可以分为名义收入和实际收入。前者指货币收入，后者指货币收入与物品价格之商。例如，收入120元，小米6元/公斤，实际收入就是20公斤小米。换言之，实际收入是用实物的数量来表示的收入。

收入效应指某商品降价，会使人们用该商品数量表示的实际收入提高，从而对该商品的需求量会增加。

三、需求函数

需求函数是反映需求量与影响需求量各种因素对应关系的函数。

在一般情况下，商品自身价格是影响需求量最重要的因素。因此，简化需求函数可以写成：

$$Q = f(P),\ dQ/dP < 0 \tag{2-1}$$

式中，Q表示需求量，P表示价格。需要注意的是，需求函数有一个隐蔽的假设，即其他条件不变。$dQ/dP < 0$表示一种假设，即需求定理成立，价格和需求量有反向变动关系。影响需求量的因素很多，从而多因素需求函数可以表示为：

$$Q = f(a, b, c, d, \cdots, n) \tag{2-2}$$

式中，Q代表某种商品需求量，a、b、c、d等n个因素代表影响需求量的主要因素。在不同时期，这些主要因素会有所不同。例如，a指商品价格，它是最重要的因素。b指其他商品价格。除了独立物品之外，替代物品和互补物品的价格都会影响人们对该商品的需求量。在该商品自身价格既定时，替代品价格越高，人们对该商品需求量越大；互补品价格越高，人们对该商品需求量越少。c指人们的收入。在通常情况下，人们收入越高，对商品需求量越大。但某些商品的需求量随着收入增加而减少，如黑白电视机等。d指消费者偏好。理性消费者根据物品给自己带来的收益决定对该物品的好恶程度。不同人通常有不同偏好，消费者偏好会受到社会习俗和广告的影响。这一简单的理论可能成为某些企业制胜的有力武器。

【例2-3】　　酒香不怕巷子深吗？

俗话说酒香不怕巷子深，这强调了商品品质是决定人们对其偏好程度的主要因素。这句话在很多情况下是正确的。但是，可口可乐向这一传统观念提出了挑战。在一次测试中，组织者让消费者对没有贴上商标的十几种碳酸饮料打分，可口可乐并没有得到高分，这意味着可口可乐质量一般。但是，可口可乐比其他可乐卖得更贵，而且牢牢占领着世界饮料市场。广告是可口可乐的制胜武器，可口可乐公司向世人证明，广告可以创造需求。

还有许多其他因素能够影响需求量，在某些时候它们比上述因素更重要。例如，人们对价格的预期、对未来收入的预期、人口的迁移、节假日的调整、利率和汇率的变化、政府的各项政策、政治宣传，等等。能够影响需求量的因素很多，我们很难将其一一纳入考虑范围。模型分析要求我们考虑的只是主要因素。

四、需求的移动

需求的移动是指需求曲线的位移。商品自身价格变动只能引起沿既定需求曲线的点的移动，而不会引起需求曲线的移动。商品自身价格之外其他因素变化才会引起需求曲线移动。根据前面的分析，影响需求移动的主要因素包括其他商品价格、人们的收入、消费者偏好、价格预期、对未来收入的预期、人口的迁移、节假日的调整、利率和汇率的变化，等等。

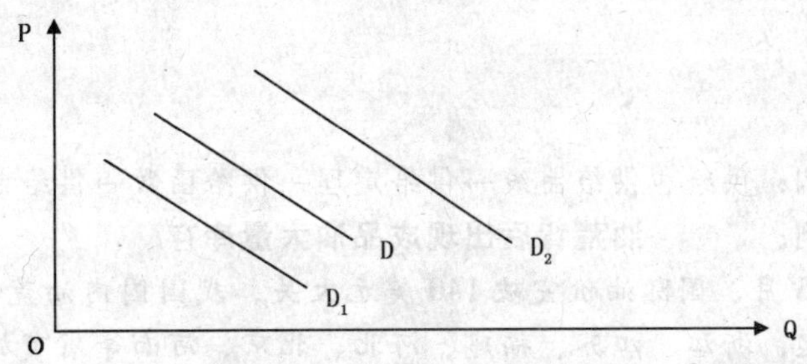

图 2－2 需求的移动

在图 2－2 中，需求曲线 D 表示期初的需求。与之相比，需求曲线 D_1 表示更少的需求，需求曲线 D_2 表示更多的需求。

需求减少或需求曲线向左移，可能出自多种原因。例如，收入减少、其他商品降价、人们对该商品喜欢程度下降，等等。同理，需求增加源自收入增加等相反因素。

D、D_1 和 D_2 这 3 条曲线不是同时存在的，它们的出现有先后次序。

【例 2－4】 人民币升值预期对城市住房需求的影响

自 2002 年以来，美国一直要求人民币升值。中美贸易的不平衡使我国缺乏讨价还价的能力。中国经济的高速增长、外资大量流入、外汇储备高居世界第一等诸多因素，都在压迫人民币升值，并使人们产生了人民币升值预期。这又使大量热钱（投机性短期资金）流入中国。外资介入增加了我国某些地区的住房需求，需求增加使房价上升，而房价上升又刺激更多的外资进入。这一过程将一直延续到房价出现拐点。

本节内容告诉我们：需求是指消费者在某一特定时期每一价格水平下愿意并且能够购买的商品量。需求曲线是反映价格和需求量对应关系的曲线。需求定理是指在其他条件不变的前提下，商品的需求量与价格呈现反向变动关系。替代效应指某商品降价时，人们会用它替代其他未降价的物品来满足自己的需要，从而对该商品的需求量会增加。收入效应指某商品降价会使人们用该商品数量表示的实际收入提高，从而对该商品的需求量会增加。需求函数是反映需求量与影响需求量各种因素对应关系的函数。商品自身价格变动只能引起沿既定需求曲线的点的移动，而不会引起需求曲线的移动。商品自身价格之外其他因素变化才会引起需求曲线移动。影响需求移动的主要因素是其他商品价格、人们的收入、消费者偏好、价格预期、对未来收入的预期、人口迁移、节假日调整、利率和汇率的变化，等等。

第二节
供 给 理 论

本节结构：供给和供给曲线→供给定理→供给函数→供给曲线的移动

引导案例： **油荒背后出现成品油大量库存**

2008年6月，国际油价突破140美元大关，我国国内油荒大面积蔓延。从3月下旬起，浙江、江苏、福建、河北、北京、河南等省市加油站前先后排起长队，各地对柴油限时限量供给。重点保供的上海也有近1/4的加油站出现汽油间歇性停供。在油荒背后，广东省经贸委公布全省成品油库存创下历史高位，国家发改委透露中国成品油库存同步上升28%。

什么是供给？为什么有油还出现油荒？供给会受到哪些因素影响？

一、供给和供给曲线

供给是指生产者在某一特定时期每一价格水平下愿意并且能够提供的商品量。供给是供给愿望和供给能力的结合，它是一系列价格水平下的一系列供给数量的集合。供给量不是产量，而是企业愿意出售的库存商品数量。只有产量而没有出售愿望不能形成供给。

供给表是反映价格和供给量对应关系的表格。表2-2表明，价格与鸡蛋供给量有同向变动关系。价格越高，供给量越大。供给表可以用供给曲线表示出来。供给曲线是反映价格和供给量对应关系的曲线。

在图2-3中，曲线S表示供给曲线。a点移动到b点，表示价格由5.0元上升到5.1元，会使鸡蛋市场供给量由50公斤上升到100公斤。在这里，

表 2-2　　某地市场鸡蛋供给表

	a	b	c	d	e
价格（元）	5.0	5.1	5.2	5.3	5.4
供给量（公斤）	50	100	150	200	250

供给没有变，供给曲线 S 并未移动。供给量改变了，表现为沿既定需求曲线的点的移动。

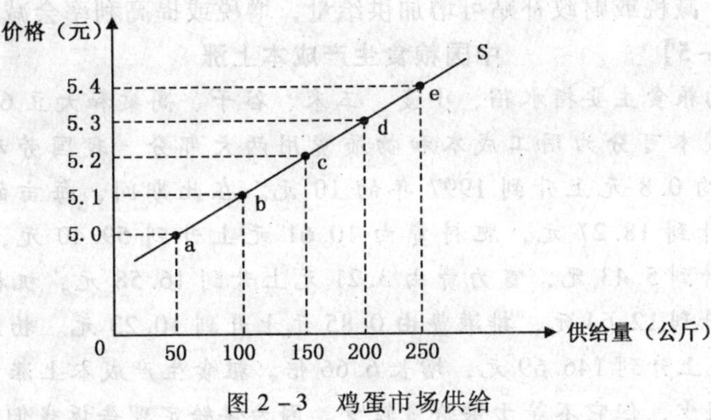

图 2-3　鸡蛋市场供给

二、供给定理

供给定理是指在其他条件不变的前提下，商品的供给量与价格呈现同向对应关系，即供给量随价格上升而上升，随价格下降而下降。供给定理在图形上表现为供给曲线向右上方倾斜。供给曲线实际上是一条成本线，它反映成本随着产量增加而递增。

供给定理的理论依据是企业短期成本递增。短期指企业数量和企业固定资产（厂房和设备）来不及调整的时期。在短期，企业只能通过增加可变投入（劳动和原材料等）来扩大生产。这会引起单位可变投入能够结合的固定资产减少，从而降低劳动生产率，引起单位产品成本提高。同时，增加劳动投入需要工人加班，企业要支付较高加班费，这也会引起单位产品成本上升。因此，只有更高的价格才能吸引企业扩大产量。

三、供给函数

供给函数是表示市场供给量与影响它的各种因素之间的对应关系的函数。在各种影响供给量的因素之中，人们通常认为价格是最重要的。因此，简化的供给函数写成：

$$Q = f(P),\ dQ/dP > 0 \tag{2-3}$$

式中，Q 表示供给量，P 表示商品的价格。dQ/dP >0 表示二者有同向变动关系。

供给量实际上受到多种因素影响。供给函数的一般形式可写成：

$$Q = f(a, b, c, d, \cdots, n) \tag{2-4}$$

式中，a 指商品自身价格。b 指生产技术和管理水平，统称为广义技术。技术水平提高会刺激企业增加供给。c 指生产成本，特别是各种投入的价格。在其他条件不变的前提下，生产成本上升会使供给减少。d 指政府的相关政策。例如，减税或财政补贴可增加供给量，增税或提高利率会减少供给量。

【例 2-5】　　中国粮食生产成本上涨

中国的粮食主要指水稻、小麦、玉米、谷子、高粱和大豆6种农作物。粮食生产成本可分为用工成本和物质费用两大部分。我国劳动日工价由1978年平均0.8元上升到1997年的10元。在此期间，每亩的种子费由2.27元上升到18.27元，肥料费由10.61元上升到59.40元，农药费由0.53元上升到5.43元，畜力费由3.21元上升到16.58元，机械作业费由0.75元上升到12.64元，排灌费由0.85元上升到10.23元。物质费用总计由22.03元上升到146.69元，增长6.66倍。粮食生产成本上涨意味着我国粮食供给减少，但它不等于供给量较少。因为供给定理告诉我们：在同样的供给约束下，粮价上升会使供给量增加。

还有许多其他因素可能影响供给量。例如，企业对该产品或相关产品的价格预期会改变企业的投资结构，自然灾害和气候对某些行业影响较大等。

四、供给曲线的移动

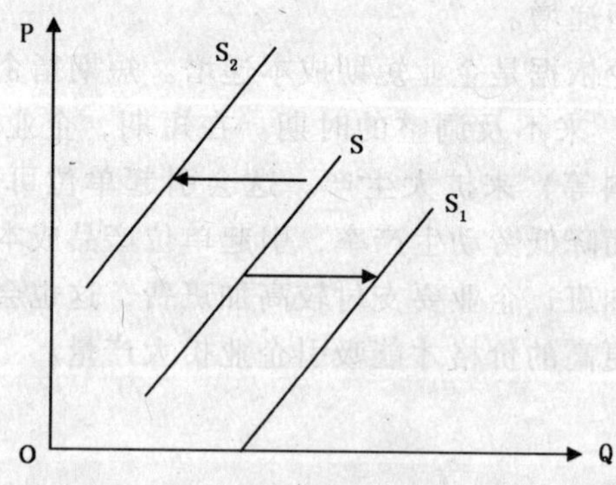

图 2-4　供给曲线的移动

供给变动由供给曲线的移动表示。在图 2-4 中，供给增加表现为供给曲线向右移动，如 S 线移到 S_1；供给减少表现为供给曲线向左移动，如 S

线移到 S_2 的位置。供给曲线的移动由该商品自身价格之外的其他因素发生变化引起，如生产技术和管理水平、生产成本、政策、预期、自然条件等。商品自身价格变动只能引起沿着同一条供给曲线的点的移动。只有生产成本、技术等其他因素才能引起供给曲线位移。

【例2－6】　户籍管理制度变迁与我国城市住房供给

我国户籍的背后存在就业机会、受教育机会、商品供应、社会保险、房屋所有、公用设施利用等方面的权利和福利。1958年1月1日，农业户口和非农业户口的明确划分加剧了我国的城乡分割。我国事实上存在两个劳动市场，即农村市场和城市市场。前者工资低，后者工资高。改革开放以来户籍管理制度的松动，使得农村大量廉价劳动力流入城市。这是推动住房行业劳动成本下降和供给曲线向右移动的重要力量。住房建设为我国经济高速增长做出了重大贡献。

本节内容告诉我们：供给是指生产者在某一特定时期每一价格水平下愿意并且能够提供的商品量。供给定理是指在其他条件不变的前提下，商品的供给量与价格呈现同向对应关系。供给函数是表示市场供给量与影响它的各种因素之间的对应关系的函数。影响供给量的主要因素是商品自身价格、生产技术和管理水平、生产成本、政府的相关政策等。商品自身价格变动只能引起沿着同一条供给曲线的点的移动。只有生产成本、技术等其他因素才能引起供给曲线位移。

第三节
均衡价格

本节结构：均衡价格→均衡价格的效率分析→需求与均衡价格的变动→供给与均衡价格的变动→供求定理→市场价格调节的效率

引导案例：　5月份深圳房价环比下跌7.92%

据深圳市国土局统计，2008年5月深圳住宅均价降到每平方米11014元，环比降幅为7.92%。房价下跌的主要原因是需求减少。居民购房的大部分资金源自贷款支持，央行突然提高1个百分点的准备金比率，意味着4000亿元贷款冻结，这对于住房需求而言是一种强力遏制。当然，需求减少并非深圳房价下降的唯一原因，如炒房团卖房抽逃资金也造成了住房供给增加。

需求和供给是如何决定价格的？为什么经济学使用均衡价格来代替市场价格？需求和供给的变动如何引起均衡价格的变动？

本节使用均衡分析说明供求如何决定市场价格。

均衡指在没有新的外力作用下，经济主体、市场和宏观经济系统在各种力量相互抵消时达到的运动终点状态。均衡分析研究实现均衡的条件、均衡状态表现形式以及均衡状态能产生的各种影响。均衡分析的特点是它只考察运动终点，而不考察运动过程。

一、均衡价格

均衡价格是指能使供给量和需求量相等的市场价格。现实生活中的市场价格通常围绕它上下波动。经济学使用均衡价格代替市场价格，是因为市场价格不断变动。均衡价格反映市场价格运动的终点，使用它可使分析简化。与均衡价格相对应的市场交易量被称为均衡数量，它是在均衡价格下正好使供给量和需求量相等的交易量。

【例2－7】　　鸡蛋均衡价格的决定

在图2－5中，需求曲线D与供给曲线S相交于E点。在E点所对应的5.2元市场价格下，供给量和需求量都是150公斤。5.2元就是该市场的均衡价格，它反映了价格的常态，高于或低于它的价格都是不稳定的。与均衡价格相对应的市场交易量150公斤为均衡数量，它是5.2元下的供给量，也是该价格下的需求量。

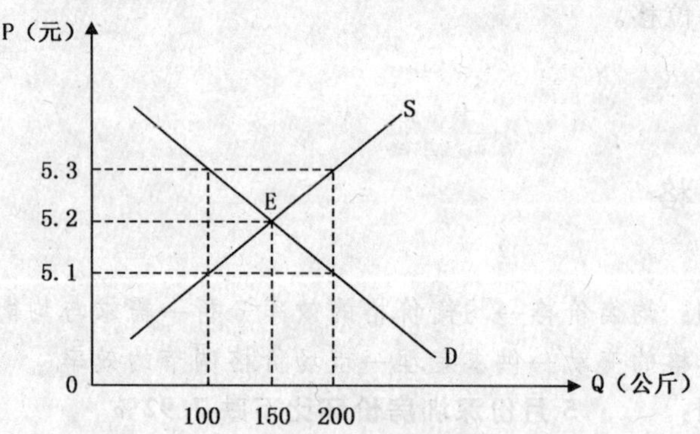

图2－5　鸡蛋的均衡价格

假定某时刻市场价格是高于均衡价格的5.3元。在这种价格下，供给量是200公斤，需求量是100公斤，供过于求的过剩产品达到100公斤。这时企业会以降价的方式推销过剩产品。降价一方面会减少供给量，另一方面会增加需求量。当价格降到5.2元时，供给量和需求量都是150公斤，企业丧失继续降价的动力，此时所有的供给量都会被市场需求吸收。

再假定某时刻市场价格是低于均衡价格的5.1元。在这种价格下，供给量是100公斤，需求量是200公斤。特定价格下供给量小于需求量的缺口称为短缺。这时买者会以出高价的方式竞争以获得产品。价格上升一方面会增加供给量，另一方面会减少需求量。当价格升到5.2元时，供给量和需求量都是150公斤，买者丧失高价争购的动力，此时所有的需求量都能被市场供给满足。

【例2-8】　　　求解均衡价格和均衡数量

已知某市场供给函数为 $Q_s=\frac{1}{4}P$，需求函数为 $Q_d=6-\frac{1}{2}P$。Q_s 为供给量（公斤），Q_d 为需求量，P为价格（元）。求市场均衡价格 P^* 和均衡数量 Q^*。

解：在均衡时供给量和需求量相等：

$Q^*=Q_s=Q_d$

根据供给函数和需求函数，我们可以写出：

$\frac{1}{4}P=6-\frac{1}{2}P$

得到 $P^*=8$，即均衡价格为8元。

将其代入需求或供给函数，得到 $Q^*=2$，即均衡数量为2公斤。

二、均衡价格的效率分析

在经济学中，人们经常使用帕累托效率标准来判断资源配置的效率。

帕累托效率标准是资源配置达到这样的一种状况，以至于不损害其他人，便不能改善人们的经济状况。它是站在社会角度来看问题的，关心的不是利益分配的问题，而是整个社会利益最大的问题。换句话来说，如果不损害其他人，还能改善人们的经济状况，那么目前资源配置没有达到最优。如果存在双赢余地，目前资源配置肯定是有问题的。这就相当于做蛋糕，如果双方能通过资源重新配置把蛋糕做得更大，那么目前资源配置没有达到最优。如果蛋糕已经做得最大，在分蛋糕时你多一点，他就要少一点，这时资源配置已经达到最优。

均衡价格能够满足帕累托效率标准，非均衡价格不能满足帕累托效率标准。

【例2-9】　　　鸡蛋市场均衡价格的效率分析

在图2-5中，市场价格5.3元是一种非均衡价格，因为它不能使供给量（200公斤）和需求量（100公斤）相等，也不能满足帕累托效率标准，因为存在改善人们经济状况的可能。在期初5.3元市场价格下，交易量只能是100公斤，这时最后1公斤鸡蛋的成本只有5.1元。如果这时出现一个新的买主，愿意用5.2元的价格买50公斤鸡蛋，就会出现新的价格指引下的资源重新配置和双赢局面。对于卖主而言，价格5.2元高于成本5.1元，有利可图。对于买主而言，他实际支付的价格5.2元小于他愿意支付的最高价格5.3元，也有利可图。可见，在非均衡价格下，存在通过调整价格实现双赢的空间。这也意味着从社会的资源配置角度来看，非均衡价格不是最优的。

对于5.2元的均衡价格而言，不存在通过调整价格而实现双赢的可能性。如果价格上调，卖者获利，但它会损害买者；如果价格下调，买者获利，但它会损害卖者。该价格对于资源配置是最有效率的。

三、需求与均衡价格的变动

需求的变动表现为需求曲线的移动，它可以分为需求增加和需求减少两种情况。需求增加指针对任何一种不变价格，人们愿意并能够购买更多的数量。需求减少指针对任何一种不变价格，人们愿意并能够购买更少的数量。

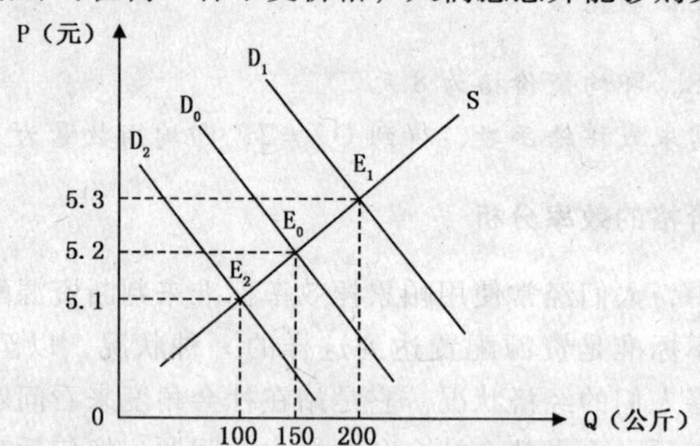

图2-6 需求变动影响均衡价格

在图2-6中，D_0是期初的需求曲线，D_0与供给曲线S交于点E_0，决定了均衡价格为5.2元，均衡数量为150公斤。

如果需求增加，需求曲线向右上方移动，即由D_0移动到D_1。D_1与S相交于点E_1，决定了均衡价格为5.3元，均衡数量为200公斤。这表明由于需求的增加，均衡价格上升了，均衡数量增加了。

如果需求减少，需求曲线向左下方移动，即由D_0移动到D_2。D_2与S相交于点E_2，决定了均衡价格为5.1元，均衡数量为100公斤。这表明由于需求减少，均衡价格下降了，均衡数量减少了。

我们的结论是：需求变动引起均衡价格与均衡数量同方向变动。

四、供给与均衡价格的变动

供给的变动表现为供给曲线的移动。供给变动分为供给增加和供给减少。供给增加指企业针对任何不变价格愿意并能够提供更多的数量。供给减少指企业针对任何不变价格愿意并能够提供更少的数量。

【例 2－10】　　　　我国生猪价格大幅上升

从 2007 年 3 月到 2008 年 3 月，我国生猪价格由每公斤 8.9 元上升到 17 元，涨幅高达 90%。生猪需求是相对稳定的，生猪价格大幅上升的主要原因在于生猪供给减少。生猪供给减少主要源于玉米等饲料价格上升和农业用工费用上升，它们引起的供给曲线向左移动；另外，猪高热病疫情加剧，也引起供给曲线向左移动。

在图 2－7 中，S_0 是期初供给曲线，S_0 与需求曲线 D 交于点 E_0，决定了均衡价格为 5.2 元，均衡数量为 150 公斤。

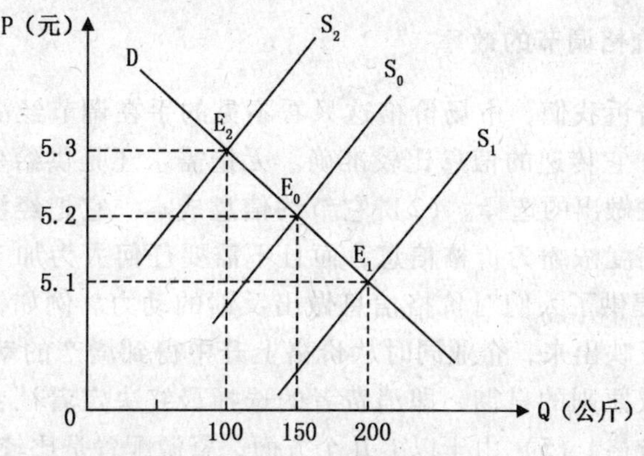

图 2－7　供给变动影响均衡价格

假设供给增加，供给曲线由 S_0 向右移动到 S_1，S_1 与 D 交于点 E_1，决定了均衡价格为 5.1 元，均衡数量为 200 公斤。这表明由于供给的增加，均衡价格下降了，均衡数量增加了。

若供给减少，供给曲线由 S_0 向左移动到 S_2，S_2 与 D 交于点 E_2，决定了均衡价格为 5.3 元，均衡数量为 100 公斤。这表明由于供给的减少，均衡价格上升了，均衡数量减少了。

我们的结论是：供给变动引起均衡价格反方向的变动，均衡数量同方向的变动。

五、供求定理

供求定理归纳需求和供给变动对均衡价格和均衡数量的影响，其具体内容是：（1）需求增加，引起均衡价格上升和均衡数量增加；需求减少，引起均衡价格下降和均衡数量减少。（2）供给增加，引起均衡价格下降和均衡数量增加；供给减少，引起均衡价格上升和均衡数量减少。（3）需求和供给同时增加，导致均衡数量增加；二者同时减少，引起均衡数量减少。（4）需求增加、供给减少，引起均衡价格上升；需求减少、供给增加，引起均衡价格下降。

【例2－11】 美国玉米期货价格大涨的供给需求解释

2008年6月，美国芝加哥期货交易所玉米期货价格大涨。从供给来看，原油价格上涨，提高了玉米生产成本；同时，美国玉米种植带出现暴雨，引起种植面积减少和单产潜力下降。这意味着供给曲线向左移动。从需求来看，美国乙醇行业对玉米的需求大幅上扬，这意味着需求曲线向右移动。供给减少和需求增加使玉米价格可能达到5美元一蒲式耳（约35升，折合25.4公斤）。

六、市场价格调节的效率

供求定理告诉我们，市场价格这只看不见的手在调节经济运行时有几个突出优点：（1）它传递的信息比较准确。无论需求还是供给变动，都是人们从切身利益出发做出的选择。（2）它节约信息成本。它把经济生活中复杂多变的各种信息高度浓缩为价格信息，而且不需要任何人为加工这种信息付出代价。（3）它提供了人们对价格信息做出反馈的动力。例如，需求增加信息通过价格上升反映出来，企业同时从价格上升中得到增产的动力。（4）它保证了消费者主权原则的贯彻，即消费者的选择最终决定着社会生产什么、生产多少和产品价格。（5）由于以上几个方面，资源配置是比较合理的。

本节内容告诉我们：均衡价格指能够使供给量和需求量相等的市场价格。帕累托效率标准是资源配置达到这样的一种状况，以至于不损害其他人，便不能改善人们的经济状况。供求定理的具体内容是：需求增加，引起均衡价格上升和均衡数量增加；供给增加，引起均衡价格下降和均衡数量增加；需求和供给同时增加，导致均衡数量增加；需求增加、供给减少，引起均衡价格上升。市场调节是有效率的调节机制，表现为传递的信息比较准确、节约信息成本、提供了人们对价格信息做出反馈的动力、保证了消费者主权原则的贯彻等。

第四节
管制价格案例分析

本节结构： 农产品支持价格→最低工资→冷战时期的农产品限制价格→改革初期的双轨价格→市场经济中的限制价格

引导案例： 2008年北京市地铁票价调整

1995年12月，北京市政府曾大幅上调地铁票价，由0.5元调为2元，以扭转地铁严重亏损局面。此后，票价又涨到3元。2008年，北京市改变思路，将地铁票价降为2元，而且实行单一票价制，即倒车无需再购地铁票。人们发现乘坐地铁出行又便宜又方便，交通拥挤现象得到缓解。

为什么北京市地铁实行管制价格？还有哪些地方存在管制价格？

管制价格是政府规定的交易价格，它有支持价格和限制价格两种基本表现形式。不同产品或不同时期的管制价格有不同的背景、不同的原因和不同的作用。本节采用案例分析讨论管制价格。

一、农产品支持价格

支持价格是政府规定的最低价格，它一般高于市场均衡价格。目前，各国主要针对农业规定支持价格。

各国为农业规定支持价格，主要源自4点考虑：

(1) 人人都要吃饭的事实，决定了政府不能听任农业自生自灭。“民以食为天”概括了粮食对于国计民生的特殊意义。尽管农产品可以进口，但它不够可靠，各国需要粮食的可靠供应。而且，进口粮食过多会带来政治上的听命于人。

(2) 农业是高度竞争的产业；因为农民分散，不能有效组织起来保护自己的利益；农产品的国际竞争也比工业更加激烈。这些因素决定了农产品价格偏低，工农业产品价格“剪刀差”是历史现实。

(3) 农产品需求相对稳定，当农产品供给增加和农业劳动生产率提高时，农产品价格大幅下降，农民收入反而减少，容易出现谷贱伤农问题。人们收入增加，但对农产品需求很少增加。丰收对单个农民是好事，但在市场调节下对整个农业经常成为坏事。

(4) 农业受天气和自然环境影响较大，需要国家帮助其承担风险。即使在发达国家，农业仍有靠天吃饭的特征。保险公司对于大的天灾也是无能为力的。

《汉书·食货志》说：“粜（买米）甚贵伤民；甚贱伤农。民伤则离散，农伤则国贫。”

【例2-12】 19世纪末英国小麦降价

据罗斯托的统计，英国在1870—1900年间小麦平均价格降低了一半。国际因素对这次小麦降价起了重要作用。美国南北战争后扩大了对西部土地的开发，澳大利亚和阿根廷的农业技术进步及其参与国际贸易体系，都推动世界粮食出口迅速增加。铁路建设和海上运费下降，也助长了英国进口小麦价格的下降。在进口小麦竞争下，英国小麦价格暴跌，加速了英国农业人口向城市转移的进程，也加剧了城市无产阶级的贫困化。强调自由贸易的英国为此加强了农业保护。

政府实施支持价格的典型做法是：当农产品市场价格低于支持价格时，政府按该价格收购农产品。政府的大量购买可使市场价格逐步回升。当欠收引起市场价格高于支持价格时，政府可抛售库存来压低价格。若农产品库存过多，政府用财政补贴支持农产品倾销。

【例2-13】　　我国小麦的最低收购价政策

2005年和2006年，国家在河北、江苏、安徽、山东、河南、湖北6个小麦主产区启动小麦最低收购价格执行预案，托市收购小麦814亿斤，农民直接增收45亿元。2008年中央1号文件提出“继续对重点地区重点粮食品种实行最低收购价格政策”，这是比较典型的支持价格政策。我国农民缺少现代仓储设施，自行保管小麦易造成品质下降，这就给小麦流通企业在收获季节压价收购提供了条件。我国曾出现过小麦流通企业收购小麦“打白条”的现象，通过国家领导人直接干预才得到解决。与国外相比，我国小麦流通企业效率较低、成本较高，造成小麦收购价格与市场价格差别较大。国家很多支农支出落入粮食流通企业手中。在这种背景下，我国小麦支持价格可有效保护农民种粮积极性。

政府实行农产品支持价格，其收益主要表现在：（1）稳定农民收入，缩小城乡差别，避免两极分化。市场价格机制不能使农民收入达到合理水平。在这种情况下，支持价格有利于社会和谐，所有人都能从中获利。（2）维护产业结构相对完整，保证农产品供应，促进农业投资，满足人们对最基本的生活必需品的需要。市场价格机制在自然环境较差的地方可能迫使农民离开农村，造成粮食供给不足。粮食是保证人们生存的最重要商品。（3）增强国家的综合实力，缺粮的国家在战争中将不堪一击。例如，日本出自国防考虑，给本国大米规定超过国际市场价格数倍的支持价格。

政府实行农产品支持价格的成本主要表现在：（1）如果实施支持价格时政府没有财政补贴支持，粮价上涨会激化社会矛盾。（2）政府实施支持价格所需财政支出数额巨大。在发达国家，它成为财政支出的重要组成部分。（3）支持价格刺激了农民生产积极性，可能引起农产品库存积压。（4）为了消除过剩农产品库存，政府需要对外倾销，容易激化国际矛盾。别的国家也要保护自己的农业部门，它们都不愿看到国外廉价农产品冲击本国市场，会以各种手段反对别国的农产品财政补贴。

在图2-8中，横轴Q为农产品数量，纵轴P为农产品价格，D为需求曲线，S为供给曲线，P^*为政府规定的支持价格。如果政府不干预，则市场

均衡价格为 P_0，均衡数量为 Q_0。支持价格的收益在本图中主要体现为农民收入提高：农民收入是价格与产量之积。在政府干预之前，农民收入为 P_0EQ_0O，它是价格 P_0 与产量 Q_0 的乘积。在政府干预后，农民收入为 P^*GQ_2O，它是价格 P^* 与产量 Q_2 之积。农民收入提高表现为支持价格下的收入与均衡价格下的收入两个面积之差。支持价格的成本在本图中表现为库存增加和财政支出增加：（1）农产品供大于求引起库存增加，由 FG 或 Q_1Q_2 的数量表示。(2) 若往年库存已达到正常水平，政府需要采取措施消化过剩库存，导致沉重财政压力。若农产品国际市场价格或国内购销倒挂价格为 P_1，则政府财政支出为 FGMH，即农产品库存（FG）与差价（FH）的乘积。

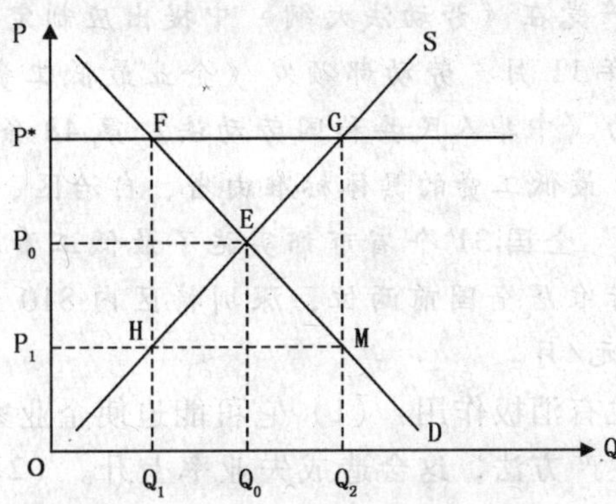

图 2－8 农产品支持价格成本收益分析

【例 2－14】 世贸组织成立专家组调查美国农业补贴

加拿大和巴西于 2007 年 11 月要求世贸组织成立专家组，调查美国农业补贴做法。它们认为，美国曾向世贸组织承诺农业补贴不超过每年 191 亿美元。但是，在 1999—2006 年的 8 年中，美国的农业补贴额有 6 年严重超标。美国的农业生产条件是得天独厚的，美国也一向强调自由竞争，但是，美国的农业补贴位居世界前列。以往主要是欧洲国家出面反对美国农业补贴，加拿大和巴西此次出面意味着美国后院也出现了问题。

二、最低工资

最低工资指政府以法律手段规定各行业的最低工资标准，属于劳动市场上的支持价格。

最低工资立法的主要理由是：（1）市场不能自发实现收入分配的公正。市场经常会把个人才能差异放大。如两个才能相似的人，在市场上遇到不同机会，收入和职业发展可能发生巨大差别。有些人收入过低，主要是由于市场没有给他机会。政府通过最低工资立法，可以在一定程度上维护公平原则的实现。(2) 在生产资料私人占有条件下，雇佣劳动者属于弱势群体。即使在社会主义市场经济中，仍然有大量私人企业，仍然存在弱势群体。如，“农民工”是一个具有中国特色的名称，他们的权利至今没有得到充分维护。最低工资立法可以在一定程度上维护他们的利益。(3) 若无最低工资立法保护，部分人可能收入过低，并引发一系列社会问题，如贫困、愚昧、偷窃和动乱等。我国的社会治安状况不如计划经济年代，其中一个重要原因是收入分配没有过去那样平均。当然，这是社会进步要付出的代价。最低工资立法可以在一定程度上减少这种代价。

【例2-15】　我国的最低工资立法

1922年中国共产党在《劳动法大纲》中提出应制定保障劳动者最低工资的保障法。1993年11月，劳动部颁发《企业最低工资规定》。1994年7月，全国人大通过的《中华人民共和国劳动法》第48条规定：“国家实行最低工资保障制度。最低工资的具体标准由省、自治区、直辖市人民政府规定，报国务院备案。”全国31个省市都实施了最低工资标准。2008年，深圳、广州最低工资标准居全国前两位，深圳特区内810元/月，特区外700元/月，广州为780元/月。

最低工资立法也有消极作用：(1) 它可能迫使企业家用机器代替人工，即采用资本密集型生产方法，这会造成失业率上升。(2) 如果最低工资超越国情，可能削弱劳动纪律，使企业竞争力下降。

【例2-16】　为何欠薪现象如此严重，还有这么多人出来打工？

2003年10月，温家宝总理为重庆民工熊德明讨回了工资。其实，农民工欠薪问题由来已久。自温总理亲自为农民工讨工资以来，2004年仅湖南省在“讨薪风暴”中为农民工讨回欠薪就达20多亿元。

为什么欠薪现象如此严重，还有这么多人出来打工？这是因为我国近13亿人口中，农村劳动力就有4.89亿人，占劳动力总数的66.4%。而我国耕地只有18.27亿亩，人均1.39亩，不到世界平均水平的40%。解放农民的最好办法是让部分农民离开农村。农民转变为农民工，是农民自己救自己的正确道路。欠薪现象既反映出我国法制建设和社会主义精神文明建设存在问题，又反映出在经济增长和城市化过程中劳动市场供大于求的现实。因此，法定最低工资过高不符合我国国情。若法定最低工资过高，会限制农民向城市转移的步伐，可能不是真正帮助他们。

三、冷战时期的农产品限制价格

限制价格是政府规定的最高价格。冷战时期指从第二次世界大战结束到苏联解体之间的两大阵营尖锐对立的时期。社会主义各国在此时期对农产品规定限制价格，它明显低于市场均衡价格。

冷战时期农产品限制价格的合理性表现在：（1）面对战争威胁，社会主义国家需要大力发展重工业。第二次世界大战刚结束，邱吉尔等人就想发动第三次世界大战，这已经为西方国家解密的文件所证实。第三次世界大战并未爆发，是因为社会主义国家大力发展重工业，具备了反抗侵略的物质基础。如果当时社会主义国家的经济实力相当于伊拉克，世界历史大概会改写。这就需要突破以轻工业带动重工业发展的传统工业化模式，在轻工业相对滞后发展的条件下，只有农业才能提供重工业的主要资金来源。（2）后起国家在工业化进程中面临更大的国际竞争压力，需要寻找工业之外的资金来源。发达国家在工业革命时期占领着世界市场，工业本身能够积累足够资金。当社会主义国家搞工业化时，不仅没有未被占领的市场，还要面临发达国家的残酷竞争。工业本身难以积累足够资金来保证自身快速发展，只能依靠农业帮助实现工业化。（3）以限制价格剥夺农民更易推行，具有相对隐蔽性。而用税收等其他手段剥夺农民需要付出较大成本。（4）以生产资料公有制为特征的新社会制度得到农民拥护。农民拥护新社会，愿意为国家付出一定程度的牺牲。农产品限制价格不但是必要的，而且是可行的。

农产品限制价格的推行使国家可以实行低工资制度。民以食为天，农产品低价可以保证社会安定。农产品限制价格加上低工资制度，又使得发展相对滞后的轻工业可以获得巨额利润，如棉花低价和低工资可使纺织工业赚大钱，这些资金被国家用于发展重工业，以增强国家抗击帝国主义侵略的物质基础。一项曾经正确的政策会随环境变化而变得不再正确。当重工业基本建立或战争威胁明显减少之时，继续推行农产品限制价格就不合时宜了。

农产品限制价格也有一些消极影响：（1）它会打击农民从事农业生产的积极性。（2）它会导致农产品短缺，政府需要以粮票、油票、布票等配给手段供应农产品。（3）它使农民收入低下，限制了农村教育水平提高和农业科技进步。（4）国家被迫以户籍制度限制农业劳动力向非农业转移，使社会成为一个等级社会。（5）农民的低收入构成农村人口爆炸的物质基础。人口发展规律表明，越穷越生，只有当人均收入提高到一定水平时，人们才会自发地降低出生率。这在发达国家和我国城市地区都有明显表现。（6）它加剧城乡差别，有悖于缩小三大差别的社会主义目标。

在图 2-9 中，横轴 Q 为农产品数量，纵轴 P 为农产品价格，D 为农产品需求曲线，S 为农产品供给曲线，P^* 为农产品限制价格，P_0 为政府不干预时的均衡价格，Q_0 为均衡数量。农产品限制价格的收益在图中表现为：价格由 P_0 下降到 P^*，意味着轻工业原料价格下降，这部分差价可以转化为轻工业的利润。长期推行农产品限制价格的消极影响在图形上表现为：农产品供给量只能达到 Q_1，农产品短缺表现为 Q_1Q_2。

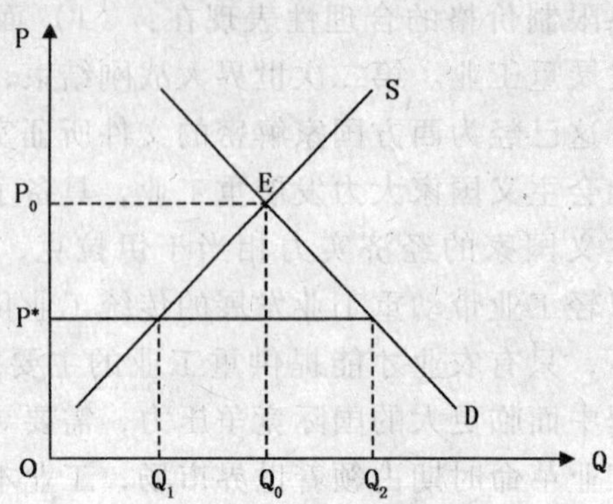

图 2－9　农产品限制价格

【例 2－17】　　1979 年我国调整粮食价格

在计划经济年代，农民种粮实际上是亏损的。国家收购公粮，依靠的不是市场交换关系，而是政治动员加上行政手段。1979 年，我国首次大幅度提高粮食收购价格，增幅为 31.3%。我国价格改革首先在农业方面取得突破，尽管它没有触动计划价格体制，但是其力度之大足以使我们将它看成为一次改革。这次调价扭转了种粮亏损局面。此后，随着形势变化，特别是农用物资涨价，我国又进行了 3 次力度较大的上调粮价。从 1979 年以来，我国粮食总产量先后登上 3.5 亿吨、4 亿吨、4.5 亿吨和 5 亿吨 4 个台阶。1991 年我国取消粮票，标志着粮食基本能够满足国内总需求。1979 年粮食价格调整奠定了我国农村经济体制改革的物质基础。如果种粮亏损，家庭联产承包制是难以推行的。

四、改革初期的双轨价格

价格体制改革是我国经济体制改革的突破口。推行价格体制改革有两种基本选择：一是以俄罗斯休克疗法为代表的一步到位放开；二是以我国为代表的渐进式放开价格。

一步到位的价格放开主要有两个问题：一是在短缺严重局面上容易出现恶性通货膨胀；二是它以全面私有化为基础，会引发恶性收入分配不公问题。

【例 2－18】　　盖达尔的休克疗法

休克疗法本是医学术语，后被美国的萨克斯引入经济领域。它的基本内容是采用非常严厉的手段，实行一步到位的改革。1992 年 11 月，俄罗斯总理盖达尔展开了以休克疗法为模式的改革，其重要举措就是全面放开工资和物价，结果引起恶性通货膨胀。1992年4月，消费品价格比1991年12月上涨65倍。如此高价使市场低迷，需求不旺又引起生产下降。休克疗法使俄罗斯的国民收入几乎减少了一半，居民生活水平更是一落千丈，俄罗斯在国际上已成为二流国家。到1992年底，盖达尔政府被迫解散，休克疗法彻底失败。

我国实行的渐进式放开价格采取了双轨价格的特殊形式，即在一定时期内允许计划价格与市场价格并存。政府部门建立公司，按计划价格从企业收购产品。然后，该公司按市场价格出售产品。当条件具备后，再取消计划价格。双轨价格在当时历史条件下具有一定程度的合理性。

从成本收益分析角度看，双轨价格的收益主要体现为：（1）政府可以通过双轨价格发现均衡价格的大致位置，它处于市场价格与计划价格的中间位置左右。（2）政府可以逐步提高限制价格，在计划价格接近市场价格时再放开价格，避免物价上涨过快。（3）官办公司的出现减少了企业产权制度改革的阻力，行政机构从改革的反对者变成积极推动者。（4）它也为政府的精兵简政制造了条件。实践是检验真理的唯一标准，我国价格体系改革是成功的，价格放开了，而且没有出现恶性膨胀。

双轨价格的成本主要表现为：（1）官办公司的利润是依靠权力获取的，造成收入分配不公。（2）官办公司普遍以倒卖批文和配额方式进行经营，导致行贿等腐败行为的出现。（3）企业仍然缺乏生产积极性，因为它们只能按低价把产品卖给官办公司。（4）社会民众可能对此产生不满，并可能引发政治风波。实践证明，我国在今天仍然在为双轨价格付出代价，官场腐败具有惯性，它仍然是民众关心的热点问题。

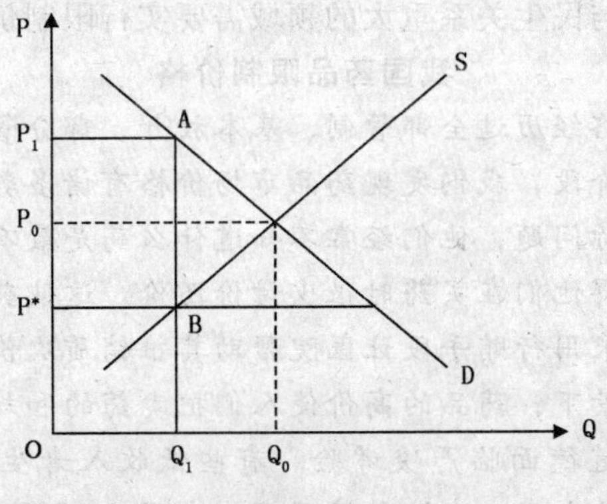

图2－10　双轨价格

在图2－10中，横轴Q表示某产品（如白布）数量，纵轴P为其价格，

D 为需求曲线，S 为供给曲线，P^* 为限制价格，P_0 为政府不干预时的均衡价格。在双轨价格下，政府可以发现均衡价格的大概位置，即 P_1P^* 之间某一点。在双轨价格下，企业只能按 P^* 价格出售产品，供给量为 Q_1。官办公司在供给有限的条件下可以按 P_1 的高价将全部产品卖出，获得 P_1ABP^* 的利润（差价 P_1P^* 与数量 OQ_1 的乘积）。这部分利润是依靠权力获取的，是滋生腐败的源头。

【例 2－19】　　我国的汇率双轨制

我国的汇率双轨制是双轨价格取得成功的典型示范。1980 年 1 月 1 日的人民币汇率（1 美元兑换 1.5 元人民币）使我国企业缺乏创汇积极性，外汇储备完全枯竭。1981—1984 年，我国实行外贸结算价与非外贸结算价分离的双重汇率制。由于贸易结算价 1 美元兑 2.8 元人民币，有效地动员了企业出口创汇的积极性。从 1985 年起，我国实行官价与市场价分离政策。人民币官方汇率 8 次下调，到 1993 年底，1 美元兑 5.8 元人民币。同时，外汇调剂市场价政府限制逐步放宽，到 1993 年底，1 美元兑 7.8 元人民币。1994 年1 月1 日，我国实行 1:8.7 的有管理的市场价，为期 12 年的汇率双轨制度至此完成了它的历史使命，退出了历史舞台。

五、市场经济中的限制价格

在市场经济中，限制价格仍有生存空间。例如，各国政府普遍规定公交和地铁服务限制价格，它可以帮助社会解决道路拥挤、环境污染等问题。各国国情不同，推行限制价格的领域就会不同。发达国家生产能力过剩，它们较少使用限制价格，教育特别是中小学教育是它们使用限制价格的典型领域。发展中国家存在严重的供给约束，需要更多地利用限制价格，例如供电、供水、汽油等与民生关系重大的领域需要实行限制价格。

【例 2－20】　　我国药品限制价格

我国的药品价格经历过全部管制、基本放开、部分管制的发展历程。在药品价格基本放开阶段，我们发现药品市场价格有诸多弊端。人们对药品的需求面临信息不对称问题，他们经常不知道什么药是最有效的。而且，人们对生命的珍惜，使得他们在买药时很少讨价还价。这使药品生产企业有能力大肆提高药价，并采用行贿手段让医院帮助其推销质次价高的药品。在我国收入分配不均的背景下，药品的高价使人们把卖药的和劫道的相提并论，医生救死扶伤的职业道德面临严峻考验。有些低收入者生病后，宁愿在家等死，也不肯跨进医院大门。在这种情况下，我国从 1998 年到 2000 年进行了 6 次药品降价，涉及 300 个品种，平均降价 15%，累计金额 1280 亿元。此后，我国每年都有相应文件出台，如 2007 年国家发改委 312 号文件规定了九味羌活颗粒等 278 种中成药内科用药的最高零售价格。我国药品限制价格在一定程度上纠正了药品行业不正之风，挽救了不少人的生命。

本节内容告诉我们：市场价格在某些领域不能实现资源有效配置。农业支持价格主要源自粮食对于国计民生的特殊意义、农产品价格偏低、农产品需求相对稳定、农业受天气和自然环境影响较大。冷战时期，农产品限制价格的合理性表现为：社会主义国家需要大力发展重工业，后起国家在工业化进程中面临更大的国际竞争压力，以限制价格剥夺农民更易推行，以生产资料公有制为特征的新社会制度得到农民拥护。双轨价格的收益主要体现为：政府可以通过双轨价格发现均衡价格的大致位置，避免物价上涨过快，行政机构从改革的反对者变成积极推动者，为政府精兵简政制造条件。在市场经济中，限制价格仍有生存空间。

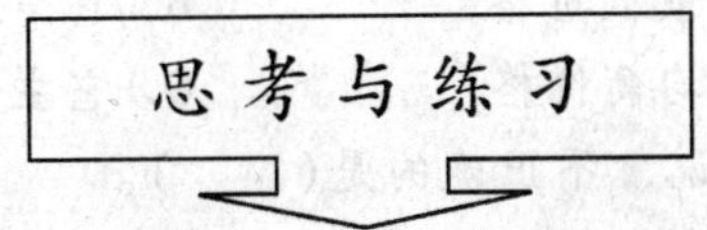

一、选择题

1. 需求曲线从左上方向右下方倾斜，是由于(　　)。

A. 替代效应　　B. 偏好因素

C. 收入增加　　D. 多买可享受打折优惠

2. 供给曲线从左下方向右上方倾斜，是由于(　　)。

A. 价格越高，企业越有可能从事研究开发活动

B. 价格越高，企业赚钱越多

C. 增产时固定投入在短期内难以调整

D. 增产时所有投入在短期内难以调整

3. 需求增加是指(　　)。

A. 价格下降引起的需求量增加

B. 需求曲线向右方移动

C. 人均收入增加引起的消费支出增加

D. 企业降价引起的消费支出增加

4. 供给减少是指(　　)。

A. 价格下降引起的供给量减少

B. 供给曲线向右移动

C. 人均收入减少引起的销售额减少

D. 工资上升引起的供给曲线向左方移动

5. 已知需求函数为 $Q_d = 2O - 2P$，供给函数为 $Q_S = 2 + 4P$，均衡价格和均衡数量为(　　)。

A. 3和14　　B. 14和3

C. 3和3　　D. 6和6

6. 带鱼的需求和供给同时增加，会引起(　　)。

A. 价格上升和销量增加　　B. 价格下降和销量增加

C. 销售量增加　　D. 销售量减少

7. 汽油的供给减少且需求增加，会引起(　　)。

A. 价格上升和销量增加　　B. 价格上升和销量减少

C. 汽油价格上升　　D. 汽油价格下降

8. 对于支持价格来说，不正确的是(　　)。

A. 它是政府规定的最低价格　　B. 它是政府规定的最高价格

C. 它一般高于市场均衡价格　　D. 它主要应用于农业

9. 对于限制价格来说，不正确的是(　　)。

A. 它是政府规定的最低价格　　B. 它是政府规定的最高价格

C. 它一般低于市场均衡价格　　D. 它可能造成产品短缺

10. 对于我国的双轨制价格来说，不正确的是(　　)。

A. 它最终会被单一市场价格所取代　　B. 它有助于避免恶性通货膨胀

C. 它可能滋生腐败　　D. 它能长期存在

11. 公共汽车服务应当推行(　　)。

A. 自由市场价格　　B. 限制价格

C. 支持价格　　D. 管制价格

12. 最低工资立法有助于(　　)。

A. 实现收入分配公正　　B. 增加就业

C. 增加企业利润　　D. 产业结构调整

二、已知需求方程为：$Q_d = 40 - P$，供给方程为：$Q_s = -8 + 2P$。求均衡价格的大小。

三、举例说明我国某个产业供给曲线和需求曲线的移动。

四、画图说明双轨价格带给官办公司的利润。

五、说明我国影响人们购房需求的主要因素。

本章选择题参考答案：1. A　2. C　3. B　4. D　5. A　6. C　7. C　8. B　9. A　10. D　11. B　12. A

第三章

弹 性 分 析

学习目的

1. 了解需求价格弹性、中点公式、点弹性、需求收入弹性、奢侈品、必需品、次级物品、恩格尔定律、需求交叉弹性、替代品、互补品、供给弹性、瞬时供给弹性、短期供给弹性的概念。
2. 掌握弹性与总收益的关系。
3. 能够用弹性概念解释企业的价格决策。

本章结构：需求价格弹性→需求收入弹性→需求交叉弹性→供给弹性

引导案例：　　　　薄利多销何时适用？

薄利多销似乎是商家的座右铭。但是，看到石油、住房、粮食、猪肉等商品价格上涨时，我们无法将其与薄利多销联系在一起。薄利的意思是降价让利，多销的意思是增加销售额。如果价格下降很多而销售量上升很少，销售额是会减少的。降价是否能增加销售额，要取决于弹性。

什么是弹性？弹性有几种基本表现形式？

第一节
需求价格弹性

本节结构：需求价格弹性的定义→中点公式→需求价格弹性的类型→点弹性→需求价格弹性与总收益的关系→影响需求价格弹性的主要因素

引导案例：　夏利降价销售火爆，羚羊富康相继跳水

据《京华时报》2002 年 1 月 13 日消息，夏利降价迅速带来市场回报，“昨天一天，仅亚运村万吉祥夏利专卖店一家就销售多款车型 40 余辆，订购 42 辆，打破了近期亚运村市场汽车单一品牌的日销售记录。在夏利热销的同时，羚羊、富康也相继跳水：昨天，羚羊各款型价格下调 8000 元到

1.39 万元，富康 1.6L 的两厢新浪潮，则正式从 14.1 万元降到 13.3 万元。”

为什么汽车会进行这样的价格大战？药品会这样开展价格大战吗？

本节介绍需求价格弹性的概念及其应用。

一、需求价格弹性的定义

需求价格弹性简称需求弹性，指商品价格一定幅度的变动所引起的需求量变动比率。它可以用数学定义方程式表达为：

$$E_p = -(\Delta Q/Q)/(\Delta P/P) = -(\Delta Q/\Delta P) \times P/Q \qquad (3-1)$$

式中，E_p 为需求价格弹性的弹性系数，P 为价格，ΔP 为价格变动，Q 为需求量，ΔQ 为需求量变动。我们可以根据调查到的基本数据计算需求价格弹性。式中的负号是为了使需求弹性最终取正值，因为价格变动方向与需求量变动方向相反（需要注意的是，有的教材并无此负号，这也是允许的）。

【例 3-1】　　价格下降时的弹性计算

已知某商品价格从 5 元下降到 4 元后，市场需求量从 20 万吨增加到 30 万吨。求：该商品的需求价格弹性。

解：根据已知条件，$P=5$，$\Delta P=-1$，$Q=20$，$\Delta Q=10$

代入式(3-1)，得到：$E_p=2.5$

该结果表明价格下降 1%，需求量增加 2.5%。

二、中点公式

中点公式是计算价格和数量变动区间中点弹性值的公式。价格的中点是价格起点和终点之和的一半，数量的中点是数量起点和终点之和的一半。

在计算需求价格弹性时，人们发现价格上升和价格下降对需求价格弹性值的大小有明显影响。中点公式可解决这个问题。

【例 3-2】　　价格上升时的弹性计算

已知某商品价格从 4 元上升到 5 元后，市场需求量从 30 万吨减少到 20 万吨。求：该商品的需求价格弹性。

解：根据题意，$P=4$，$\Delta P=1$，$Q=30$，$\Delta Q=-10$

将它们代入式(3-1)，得到：$E_p \approx 1.33$

该结果表明价格上升 1%，需求量减少约 1.33%，这一答案明显有别于上例的结果。

有时人们只是一般地了解某物品的需求价格弹性值，有意忽略价格上升与价格下降所引起的弹性系数的差别，从而设计出需求价格弹性中点公式。

中点公式定义为：

$$E_p = -[(Q_2 - Q_1)/0.5(Q_2 + Q_1)]/[(P_2 - P_1)/0.5(P_2 + P_1)] \quad (3-2)$$

式中，$0.5(Q_2+Q_1)$ 为数量中点，$0.5(P_2+P_1)$ 为价格中点。

【例 3－3】　　中点公式例题

已知某商品价格从 4 元上升到 5 元后，市场需求量从 30 万吨减少到 20 万吨。试用中点公式计算该商品的需求价格弹性。

解：这里有 $P_1=4$，$P_2=5$，$Q_1=30$，$Q_2=20$

将它们代入式（3－2），得到：$E_p=1.8$

该结果表明价格上升 1%，需求量减少 1.8%。

三、需求价格弹性的类型

需求价格弹性分为需求缺乏弹性、需求单位弹性、需求富有弹性 3 种：

（一）需求缺乏弹性

需求缺乏弹性即需求价格弹性系数小于 1。在图 3－1 中，横轴 Q 为某商品数量，纵轴 P 为其价格，D 为需求曲线。当需求曲线位于 D_1 位置时，需求曲线为一条垂线，表示需求完全缺乏弹性，弹性值为零。当需求曲线位于 D_4 位置时，该曲线斜率较大，表示需求缺乏弹性。如，食盐、小麦等生活必需品的需求价格弹性都小于 1。

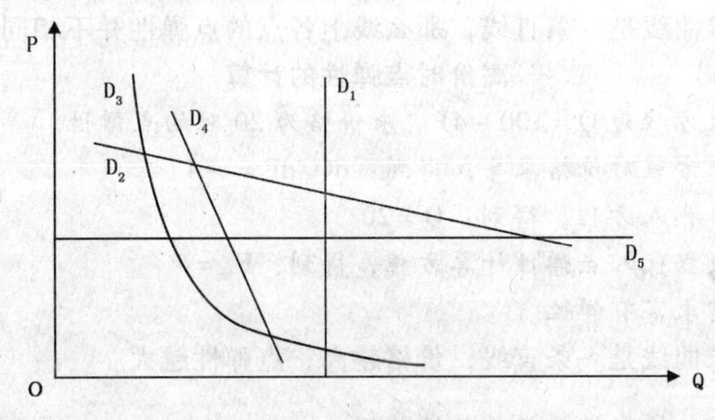

图 3－1　需求弹性

（二）需求单位弹性

需求单位弹性即需求价格弹性系数等于 1。在图 3－1 中，需求曲线 D_3 表示需求单位弹性的情形。从解析几何角度来看，这是一条正双曲线。

（三）需求富有弹性

需求富有弹性即需求价格弹性系数大于 1。在图 3－1 中，需求曲线 D_2 的特点是斜率较小，反映需求量变动率大于价格变动率。需求曲线 D_5 是需求富有弹性的特例，它是一条水平线，意味着需求价格弹性系数无穷大。我国小汽车的需求是富有弹性的。

【例3－4】　　　　　　　火葬服务的需求弹性

在我国，除某些少数民族外，法律限制使用土葬，以缓解人多地少的矛盾。在此背景下，我国火葬服务的需求弹性为零，即需求量的变动对于火葬服务价格完全不敏感。火葬服务价格上升，需求量不会减少，人死后总是要火葬的；火葬服务价格下降，需求量不会增加，没死的人是不能火葬的。火葬服务需求价格弹性为零的特点，可以解释该行业高收费和高收入的特征。

四、点弹性

点弹性是价格微小变动所引起的需求量变动率。它的计算方程为：

$$E_p = -(dQ/Q)/(dP/P) = -(dQ/dP) \times P/Q \qquad (3-3)$$

【例3－5】　　　　　　　低价时点弹性的计算

已知需求方程为 $Q=100-4P$。求价格为10时的点弹性。

解：需求方程对价格求导，得到：$dQ/dP=-4$

将 $P=10$ 代入方程，得到：$Q=60$

将这些数据代入点弹性计算方程，得到：$E_p \approx 0.67$

它表明需求缺乏弹性。

如果需求曲线是一条直线，那么线上各点的点弹性并不相同。

【例3－6】　　　　　　　高价时点弹性的计算

已知需求方程为 $Q=100-4P$。求价格为20时的点弹性。

解：需求方程对价格求导，得到：$dQ/dP=-4$

将 $P=20$ 代入方程，得到：$Q=20$

将这些数据代入点弹性计算方程，得到：$E_p=4$

它表明需求富有弹性。

如果需求曲线是一条直线，价格越高，点弹性越大。

五、需求价格弹性与总收益的关系

总收益指企业出售商品得到的全部收入：

$$TR = P \times Q \qquad (3-4)$$

式中，TR为总收益，P为价格，Q为销售量。总收益可称为销售额。因不同商品的需求价格弹性不同，价格变动对总收益的影响也会相应不同。

（一）需求富有弹性时的总收益

如果某种商品的需求富有弹性，当该商品价格下降时，需求量（销售量）增加的幅度大于价格下降的幅度，从而总收益会增加；当该商品价格上升时，需求量减少的幅度大于价格上升的幅度，从而总收益会减少。

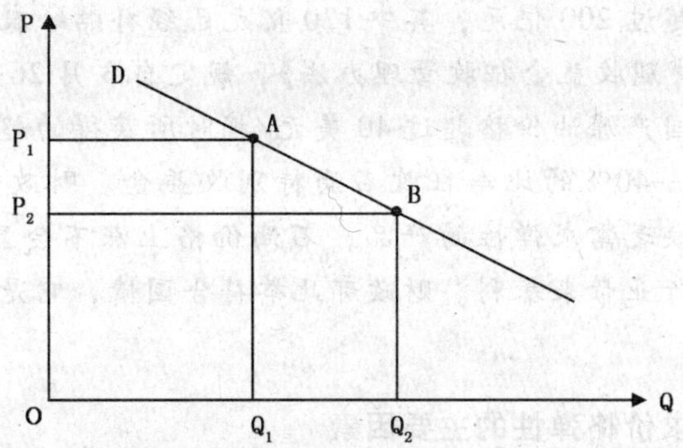

图 3-2　需求富有弹性时的收益

在图 3-2 中，价格为 P_1 时，需求量为 Q_1，总收益由矩型面积 P_1AQ_1O 表示，矩型面积为价格与销售量的乘积。价格为 P_2 时，需求量为 Q_2，总收益为 P_2BQ_2O。价格由 P_1 降到 P_2，使总收益由 P_1AQ_1O 增加到 P_2BQ_2O。

上述分析以行业为对象。如果一个行业有许多企业，那么企业的需求弹性要比行业的需求弹性大得多，因为降价可使它们把别的企业的客户抢过来。

（二）需求缺乏弹性时的总收益

如果某种商品的需求缺乏弹性，当该商品的价格下降时，需求量增加的幅度小于价格下降的幅度，从而总收益会减少；当该商品的价格上升时，需求量减少的幅度小于价格上升的幅度，所以总收益会增加。

在图 3-3 中，当价格由 P_1 下降到 P_2，需求量会由 Q_1 增加到 Q_2，总收益则由 P_1AQ_1O 减少到 P_2BQ_2O。在这种情况下，降价使总收益减少，行业的薄利多销可能不是理性选择，而提价是增加总收益的有效手段。

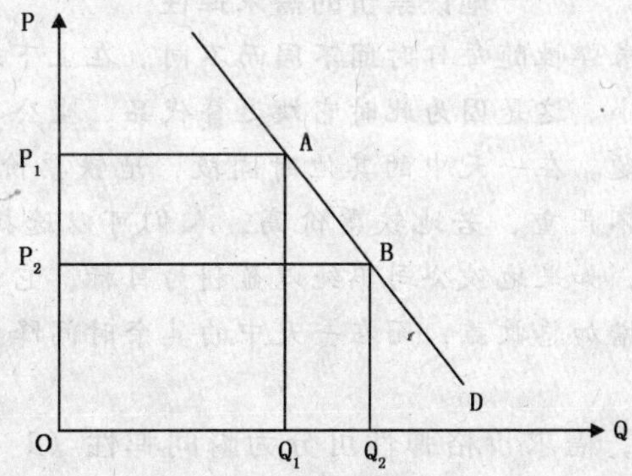

图 3-3　需求缺乏弹性时的收益

【例 3-7】　　石油收益金收入逾 200 亿元

财政部副部长楼继伟在 2007 年中国行业发展报告会上说：目前已征收

石油特别收益金超过 200 亿元，其中 120 亿元已经补贴给农民。财政部同年 3 月发布《石油特别收益金征收管理办法》，规定自 3 月 26 日起，国家对石油开采企业销售国产原油价格超过 40 美元/桶时所获得的超额收入，分 5 个等级分别按 20%—40% 的比率征收石油特别收益金。财政部实行这样的政策是因为石油是缺乏需求弹性的产品，石油价格上涨不会显著减少需求量，从而它能给石油行业带来暴利。财政部此举符合国情，它是将弹性分析引入政策制定的范例。

六、影响需求价格弹性的主要因素

商品的需求价格弹性受多种因素影响，其中比较重要的是：

1. 商品对人们的必要程度。不同商品对人们的必要程度不同。例如，粮食、油、盐、蔬菜等生活必需品对人类生存是必要的，它们的需求价格弹性较小。换言之，即使生活必需品涨价，人们也不会明显减少对它们的需求量。

2. 商品的可替代程度。如果某商品有许多替代品，对其需求的价格弹性容易变大。当价格上升时，消费者可购买其他替代品，从而对其需求量明显减少。

3. 商品在家庭支出中所占比例。在家庭支出中占比例很小的商品，一般缺乏需求价格弹性。因为商品的购买受到人们支付能力的制约，不同商品受这种约束的情况大不相同。

4. 时间因素。一般来说，消费者对价格变动做出反应需要时间，所以，时间越长，需求价格弹性越大。

【例 3－8】　　　　地铁票价的需求弹性

地铁票价的需求弹性随每日时间不同而不同。在上下班高峰时段，地铁票价的需求弹性较小。这是因为此时它缺乏替代品，坐公共汽车和开小汽车都面临交通拥挤问题。在一天中的其他时间段，地铁票价的需求弹性较大。因为此时堵车现象不严重，若地铁票价高，人们可以选择公共汽车或小汽车。根据上述分析，如果地铁公司单纯以盈利为目标，它就可以在上下班高峰时段提高票价以增加总收益，而在一天中的其余时间降低票价以吸引客流来增加总收益。

从时间角度看，需求价格弹性可分为瞬间弹性（1 日内）、短期弹性（半年）和长期弹性（2 年）。在讨论需求弹性时，我们还要注意概念的外延。一般来说，概念外延越宽，其需求弹性越小。

【例 3－9】　　　　时间与香烟的需求价格弹性

戒烟是一件不容易做到的事情。当香烟价格明显上涨后，当天的香烟需求量几乎不变。半年后，可能有些吸烟者承受不住高价的压力，逐渐减少每日吸烟量，需求价格弹性会有所加大。两年后，部分吸烟者可能成功戒烟，香烟价格弹性会进一步加大。

【例3-10】　酒和五粮液的需求价格弹性

很多概念是可以进一步细分的。例如，酒可以分为白酒、红酒、啤酒等，白酒又可分为茅台、五粮液、二锅头等。人们对酒的整体需求是缺乏价格弹性的，但是人们对某特定商店的五粮液的需求是非常富有价格弹性的，如果该店主把五粮液价格降低5%，许多原来喝茅台的人都会跑到这里来买五粮液。

本节内容告诉我们：需求价格弹性是价格变动引起的需求量变动率。中点公式是计算价格和数量变动区间的中点的弹性值的公式。需求价格弹性分为需求缺乏弹性、需求单位弹性、需求富有弹性3种类型。点弹性是价格微小变动所引起的需求量变动率。如果某种商品的需求富有弹性，当该商品的价格下降时，总收益会增加；如果某种商品的需求是缺乏弹性的，当该商品的价格下降时，总收益会减少。商品的需求价格弹性受多种因素影响，其中比较重要的是商品对人们的必要程度、商品的可替代程度、商品在家庭支出中所占比例和时间因素。

第二节
需求收入弹性

本节结构：需求收入弹性的概念→需求收入弹性的类型→需求收入弹性的应用

引导案例：　农民低收入的收入弹性解释

食品的收入弹性较小，食品消费增长幅度落后于国民收入增长速度，农民收入不会像国民收入增长那样快。随着经济发展，农民收入相对低下的现象会越来越明显。解决这个问题需要农民离开农村，政府应当帮助农民向非农产业转移。农民数量减少，人多地少的矛盾就可以缓解，农业劳动生产率就会大幅提高，农民收入低的问题也就得到了解决。

什么是收入弹性？收入弹性受到哪些因素影响？它有什么用途？

一、需求收入弹性的概念

需求收入弹性指收入一定程度的变动所引起的需求量的变动率。在使用该概念时，人们假设收入是影响需求量的主要因素，用公式表示如下：

$$Q_d = f(M) \quad (3-5)$$

式中，Q_d 为需求量，M 为收入。

需求收入弹性的数学定义方程为：

$$E_m = (\Delta Q/Q) / (\Delta M/M) \quad (3-6)$$

式中，E_m 为需求收入弹性系数，ΔQ 和 ΔM 分别为需求量和收入的变动。

二、需求收入弹性的类型

需求收入弹性可大致分为正值收入弹性和负值收入弹性。

正值收入弹性指需求收入弹性大于零（$E_m > 0$），反映收入增加会导致需求量增加，收入减少会引起需求量减少。正常物品是具有正值收入弹性的物品。我们在生活中见到的大多数物品属于正常物品。它还可进一步细分为奢侈品和必需品。奢侈品指收入弹性大于1的物品。当收入增加时，对奢侈品的需求量会以更快的速度增加；当收入减少时，对奢侈品的需求量会以更大的速度减少。新产品刚出现时，往往属于奢侈品。

【例3－11】　　　　汽车收入弹性的计算

2008年初，中国汽车工业协会发布统计报告，2007年我国汽车销售879万辆，同比增长22%，比上年净增158万辆。据中国社科院《2008社会蓝皮书》披露，2007年我国城镇居民人均实际可支配收入增长13%。汽车收入弹性是汽车销售量增长率22%与居民收入增长率13%之商，计算得出1.7。由此可判断汽车为奢侈品。在一些发达国家，汽车属于正常物品。

必需品指收入弹性大于零小于1的物品。当收入增加时，对必需品的需求量会增加，只是它以较慢的速度增加。正是由于这些物品对人们是必需的，即使在低收入时人们也要消费它，所以，在人们收入增加时，进一步增加需求量的余地较小。

【例3－12】　　　　杂志属于必需品，报纸属于奢侈品

在列举必需品时，人们容易想到粮食、蔬菜、服装等，不大容易想到杂志。据国家统计局数据，我国杂志订销数在2007年增长11.5%，低于该年收入增长13%的水平。据此可得到杂志收入弹性为0.88，它小于1，属于必需品。与之相对照的是，我国报纸订销数在2007年增长13.9%，高于收入增长率13%的水平。据此可得到报纸收入弹性为1.07，它大于1，属于奢侈品。杂志属于必需品，是因为它的学术性较强，其主要客户群是企事业单位和科研人员。因为杂志关系到特定个人发展和企业前途，这些单位和个人在订阅杂志时较少考虑收入。报纸属于奢侈品只是暂时现象。我国目前刚迈入中等收入国家行列，随着我国经济进一步发展，报纸将会变为必需品。

负值收入弹性指收入弹性小于零（$E_m<0$），收入与需求量呈反向变动关系。次级物品是收入弹性小于零的物品。随着收入增加，人们对次级物品的需求量减少。

【例 3－13】 住宅电话已成次级物品

2007 年，当城镇居民人均实际可支配收入以 13% 的速度增长时，城市住宅电话用户却减少了 3.7%。据此我们可计算出住宅电话的收入弹性为 －0.28。同期，我国城市移动电话用户增长 18.9%，收入弹性为 1.45。通过对比我们发现，移动电话的出现与发展是住宅电话成为次级物品的主要原因。由此，我们可理解次级的含义：次级并不意味着商品本身出现质量问题，而是其替代品更能满足人们的欲望。

三、需求收入弹性的应用

（一）恩格尔定律

19 世纪，德国统计学家恩格尔根据他对德国某些地区消费数据的研究，提出了恩格尔定律。恩格尔定律是指随着家庭收入增加，食物开支在家庭支出中所占的比重会越来越小。

恩格尔系数＝食物支出/家庭全部支出

恩格尔定律出现于人们提出收入弹性概念之前。从收入弹性角度来看，恩格尔定律所表达的是：食物属于必需品，收入弹性小于 1。目前，恩格尔系数的一个重要用途是帮助人们判断一个国家的富裕程度。如，发达国家恩格尔系数较小，发展中国家恩格尔系数较大。我国在经济发展过程中，恩格尔系数也有明显的不断减少趋势。但是，与处于同等经济发展程度的国家相比，我国恩格尔系数偏大。这主要是因为我国有一种特殊的饮食文化，中国人对食物的偏好程度较高。

（二）企业市场预测

需求收入弹性是企业进行市场预测的工具。企业进行市场预测的第一步是对经济增长速度做出预测。实际上，企业可对多个预测值进行比较后进行判断和选择。这些数字容易得到，政府和许多国际经济组织都会进行预测，许多私人机构也提供这方面的研究成果。第二步是计算某产品的收入弹性值。在这种计算中，销售量增长率和收入增长率都使用过去的数据，收集数据难度不大。最后，企业将收入弹性值和经济增长速度预测值代入需求收入弹性公式，就可计算出未来市场需求量的增长率，并将其作为决策依据。

【例 3－14】 根据收入弹性计算需求量增长率

某国政府预测未来一年经济增长率为 8%。该国某企业用过去的数据计算出 A 产品的收入弹性为 1.5。我们知道收入弹性等于市场需求量增长率除以经济增长率，由此可知市场需求量增长率等于收入弹性乘以经济增长率。我们用 1.5 乘以 8%，得到 12%，即 A 产品市场需求量的增长速度将为 12%。

需要注意的是，收入弹性计算使用的是过去的数据，收入弹性反映的是过去的需求量变动率与收入增长率的对应关系。由于收入弹性会随时间推移而发生变化，所以用收入弹性预测市场变化会有出入。

【例 3－15】　香烟收入弹性的变动

香烟最初是作为奢侈品出现于世人面前，其收入弹性大于1。在它刚面世的时候，作为一种具有诱惑力的商品，它对具有好奇心的男人几乎是不可抗拒的东西。随着人们收入增长，香烟从奢侈品转变为必需品。在改革开放初期，我国人均日消费 4 支香烟，现在该数字上升到 16 支。香烟消费翻了两番，但我国经济翻了不止两番，所以，香烟收入弹性小于1，它是必需品。在发达国家，香烟已成为次级物品。如，早在 1975 年，英国的烟草收入弹性已经为 −0.5。香烟消费量逐年减少，是因为人们更深刻认识到吸烟有害健康的具体含义。

（三）对企业集团收入弹性的解释

在我们身边有各种各样的企业集团。例如，美国电报电话公司既生产面包又生产火箭，既提供电话服务又提供旅游服务。人们为什么要建立这样的企业集团？这与收入弹性有很大关系。在经济高速增长时期，投资于奢侈品行业有利可图，因为对其需求量的增长率高于经济增长率。但是，当经济衰退时，对奢侈品的需求会迅速下降，这可能造成资金链断裂。在经济高速增长时期，投资于必需品行业并非有利可图，因为对其需求量的增长率低于经济增长率。但是，当经济衰退时，对必需品的需求下降较少，这可能使企业更容易渡过难关。所以，企业集团的生产经营既涉及收入弹性高的行业，又涉及收入弹性低的行业。

本节内容告诉我们：需求收入弹性是收入变动引起的需求量变动率。需求收入弹性可大致分为正值收入弹性和负值收入弹性。奢侈品指收入弹性大于 1 的物品。必需品指收入弹性大于零小于 1 的物品。次级物品指收入弹性小于零的物品。恩格尔定律是指随着家庭收入增加，食物开支在家庭支出中所占比重会越来越小。需求收入弹性的主要用途是帮助企业进行市场预测。

第三节 需求交叉弹性

本节结构： 需求交叉弹性的概念→需求交叉弹性的类型→交叉弹性的计算举例→需求交叉弹性的应用

引导案例： **互补品与国产汽车降价的理由**

国产汽车降价有许多理由，如关税降低使进口汽车降价，降价可扩大市场份额和实现规模经营等。在我国，汽车属奢侈品，其价格下降1%，会使需求量上升1.7%。同时，互补品也构成国产汽车降价的理由。汽车和汽车配件属互补品，汽车需求量增加会使人们对汽车配件的需求量同比例增加。我国消费者对汽车价格的关注超过汽车配件。在我国汽车价格不断下降的过程中，专用汽车配件价格很少下降。即使汽车价格下降可能使汽车企业赔钱，降价引起的汽车配件需求量大幅上升也会使企业扭亏为盈。

什么是互补品？互补品与什么弹性有关？

本节介绍需求交叉弹性的概念及其应用。

一、需求交叉弹性的概念

需求交叉弹性指在其他条件不变的前提下，另一种商品价格 P_y 一定程度的变动所引起的该商品需求量 Q_x 的变动率。在使用该概念时，人们假设其他条件不变。我们使用的需求函数为：

$$Q_x = f(P_y) \tag{3-7}$$

需求交叉弹性系数定义方程为：

$$E_{xy} = (\Delta Q_x / Q_x) / (\Delta P_y / P_y) \tag{3-8}$$

式中，E_{xy}为需求交叉弹性系数，ΔQ_x 为商品 X 的需求量变动，ΔP_y 为商品 Y 的价格变动。

二、需求交叉弹性的类型

需求交叉弹性有正交叉弹性和负交叉弹性两大类型。正交叉弹性是指需求交叉弹性系数大于零（$E_{xy} > 0$），它表明另一种商品价格上升会使人们对该商品的需求量增加。替代品是具有正交叉弹性的物品。如，羊肉价格上升会刺激人们用牛肉替代羊肉，从而引起牛肉需求量增加。负交叉弹性是需求交叉弹性系数小于零（$E_{xy} < 0$），它表明另一种商品价格上升会使人们对该

商品的需求量减少。互补品是具有负交叉弹性的物品。如，照相胶卷价格上升会使人们对传统相机的需求量减少。如果需求交叉弹性为零（$E_{xy}=0$），则其他商品价格变动不会影响人们对该商品的需求量。独立物品就是交叉弹性为零的物品。

三、交叉弹性的计算举例

【例3-16】　某学院一食堂伙食的需求交叉弹性

某学院有两个学生食堂，分别租赁给甲、乙两个餐饮公司经营。二食堂实施返券20%的营销策略，导致一食堂的销售量减少10%。一食堂伙食对二食堂的需求交叉弹性为0.5。该交叉弹性大于零，意味着两个食堂伙食属于替代品。学生由一食堂转向二食堂的人数只有10%，因为二食堂排队时间延长，而时间对学生是特别宝贵的。

【例3-17】　飞机票涨价影响国际旅游

某国机票涨价10%，引起出国旅游人数减少2%。我们可计算出国际旅游针对飞机票价的需求交叉弹性为-0.2。该交叉弹性小于零，意味着国际旅游和乘坐飞机属于互补品。出国旅游还可选择火车、客轮和汽车等其他交通方式。机票涨价可能刺激人们选择其他方式出国，从而国际旅游需求量的减少幅度小于机票价格上升幅度。

四、需求交叉弹性的应用

需求交叉弹性是企业进行市场竞争的工具。许多企业同时生产互补品。如果企业降低商品价格导致需求量增加，其互补品需求量也会随之增加。如果顾客只注意其中一种商品价格，而忽略互补品价格，企业就可从这种做法中获利。前面提到的汽车配件案例可以说明该问题。

需求交叉弹性是消费者判断价格走势的工具。一种商品价格变动可能源自该行业之外的原因。这时，需求交叉弹性可帮助消费者判断价格走势。

【例3-18】　我国牛肉涨价的交叉弹性解释

近年来，我国牛肉价格大幅上涨。人们主要从养牛成本方面进行解释，如饲料价格上涨和农村劳力成本上升。我们还可从交叉弹性来分析这个问题。牛肉需求量会受猪肉价格变动的影响。2007年，由于猪病大面积流行，我国生猪存栏数一度下降，引起猪肉价格大幅上升，这刺激部分居民用牛肉消费代替猪肉消费。猪肉价格大幅上升会引起牛肉需求增加，后者也构成牛肉涨价的重要因素。

本节内容告诉我们：需求交叉弹性是另一种商品价格变动引起的该商品

需求量的变动率。需求交叉弹性有正交叉弹性和负交叉弹性两大类型。替代品是具有正交叉弹性的物品。互补品是具有负交叉弹性的物品。需求交叉弹性是企业进行市场竞争的工具，也可帮助人们判断价格走势。

第四节
供给弹性

本节结构： 供给弹性的概念→供给弹性的类型→供给弹性的计算→影响供给弹性的主要因素→供给弹性应用案例

引导案例： **我国粮食的长期供给弹性**

自我国粮食产量达到5亿吨以来，数年在此水平上徘徊。尽管粮价不断上调，但是粮食供给量对它的反应并不敏感。此阶段我国粮食的长期供给弹性为零。

什么是供给弹性？什么是长期供给弹性？它的大小取决于哪些因素？它有什么用途？

本节介绍供给弹性概念及其应用。

一、供给弹性的概念

供给弹性（E_s）一般指供给价格弹性，即商品价格一定程度的变动引起的该商品供给量的变动率。它的数学定义方程式为：

$$E_s = (\Delta Q_s / Q_s)/(\Delta P/P) = (\Delta Q_s / \Delta P) \times (P/Q_s) \tag{3-9}$$

式中，ΔQ_s 和 ΔP 分别为供给量和价格的变动，Q_s 和 P 分别为供给量和价格。

二、供给弹性的类型

供给弹性可大致分为3类，即富有供给弹性、供给单位弹性和供给缺乏弹性。

在图3-4中，横轴为数量Q，纵轴为价格P。在图3-4（a）中，供给曲线 S_1 反映富有供给弹性，即供给弹性系数大于1的情况，其特点是曲线斜率较小，曲线会与纵轴相交。在图3-4（b）中，供给曲线 S_2 表现为一条从原点出发的曲线，它反映供给单位弹性，即供给弹性系数等于1的情况。在图3-4（c）中，供给曲线 S_3 表现为一条与横轴相交的斜率较大的曲线，它反映供给缺乏弹性，即供给弹性系数小于1的情况。

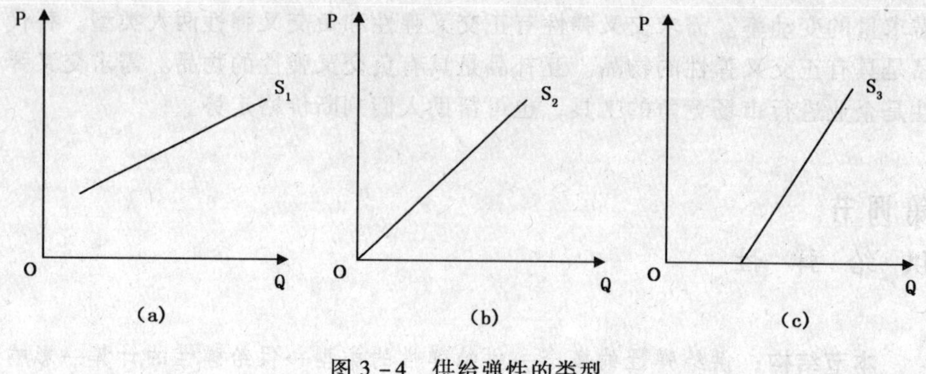

图 3-4 供给弹性的类型

三、供给弹性的计算

供给弹性的大小与时间的长短关系极大。在计算供给弹性时，需要明确界定时间标准。瞬时供给弹性是价格变动引起1日之内供给量的变动率。它一般很小，经常为零，因为企业对价格做出反应需要时间。如早市鲜鱼，无论其价格如何，鲜鱼的数量是固定的，瞬时供给弹性为零。但是，现实生活中也有例外情况。

【例 3-19】 某加油站的瞬时供给弹性

在2008年上半年汽油价格飞速上涨引发许多国家出现示威抗议浪潮时，我国规定了汽油限制价格，并由国有企业承担由此引起的巨额亏损。在2008年6月某一天，国家宣布从第二天起每吨汽油加价1000元。某加油站得知此消息，立即宣布设备维修，当天汽油供给量为零。过了午夜，加油站设备奇迹般恢复正常。因为供给量从零起步，供给量增长率无穷大，所以瞬时供给弹性达到无穷大。

超短期供给弹性是价格变动引起1周之内供给量的变动率。超短期供给弹性通常也较小，因为1周仍属于较短的时期，企业对价格变动的反应是有限的。

【例 3-20】 黄花鱼的超短期供给弹性

由于长期过度捕捞，黄花鱼的每船捕捞量直线下降，致使有些渔船在捕鱼期也停泊在港口。某日，黄花鱼价格上涨40%，刺激了渔民的捕捞热情，并使第7天的黄花鱼供给量增加10%。据此，可以算出黄花鱼的超短期供给弹性为0.25。如果黄花鱼价格上涨能够长期维持，渔民会添置新渔船，供给弹性可以变得更大。

短期供给弹性是价格变动引起半年之内的供给量变动率。

【例 3-21】 牛仔裤的短期供给弹性

某地市场上，牛仔裤的价格在半年内陆续上涨10%，待售的牛仔裤数量增加15%，据此可计算出其短期供给弹性为1.5。相对于许多其他工业产品而言，牛仔裤的生产周期较短，所以其供给量对市场价格的变动较敏感。

长期供给弹性是价格变动引起2年之内供给量的变动率。

【例3-22】 钢的长期供给弹性

在我国房价快速上涨时期，建筑用钢的价格也随之高速上涨。由于炼钢生产周期较长，钢的价格上涨大约需2年时间才能导致钢供给量的充分增长。如果在2年时间内钢价上涨40%引起建筑用钢供给量增加50%，可据此得出钢的长期供给弹性为1.25。

四、影响供给弹性的主要因素

影响供给弹性的因素可简单归纳为：（1）时间因素。供给量对价格的反应要经历一个生产周期，而不同产品的生产周期可能存在较大差异。在其他条件不变的前提下，时间越短，供给弹性越小。（2）成本因素。在价格变动引起企业调整供给量的时期，生产成本可能发生变化。如果价格上升时成本也同比例上升，企业增产的积极性会变小，供给弹性也会较小。如果价格上升时成本反而变小，供给弹性就会较大。（3）生产要素的可获得性。在价格上升时，企业增产的前提条件是能获得生产要素的供应。如果该条件不能满足，供给弹性就会较小。（4）政策因素。企业对市场价格的变动作出反应，需要考虑政府已经或即将实施的各项政策。

【例3-23】 我国化肥供给弹性

在计划经济年代，鉴于粮食不足、化肥供应紧张和准备打仗，我国采取鼓励小化肥企业发展的政策。随着化肥价格上调，全国办起了许多小化肥厂。这些小化肥厂需要的资金少、技术简单、容易建立，导致化肥供给弹性较大。在20世纪，政府出台了一系列环境保护法规，并不断加强执法力度。小化肥厂污染环境、浪费资源，从社会角度来看得不偿失。由于治理污染的投资成本大于厂房设备投资成本，小化肥企业纷纷在政府压力下停产或关门。尽管化肥价格上涨明显，化肥供给增加仍然有限，因为大化肥厂的建立需要较长时间。

五、供给弹性应用案例

1. 农民生产决策中的供给弹性。人们对农产品的需求是相对稳定的。农产品的供给往往需要1年的生产周期。由于生产对价格信号反馈具有滞后性，生产者需要在决策时考虑供给弹性。

【例3-24】 张某的精明决策

张某是呼和浩特郊区的一个居民，有种植地梨（一种咸菜原料）的特长。1982年，市场地梨价格为0.2元/斤，这在当时属于较高价格，张某赚钱了。第二年，许多农民都种植地梨，供给量大幅增加，导致地梨市场价格暴跌到0.1元/斤。张某在1983年没有种植地梨，他没有赔钱。第三年，许多农民都不种地梨了，张某又来种植地梨。结果地梨价格大幅上涨到0.3元/斤，张某获得高收入。张某的精明在于他知道地梨短期缺乏供给弹性，长期富有供给弹性。

2. 税收政策与供给弹性。政府的税收可以针对生产者，也可以针对消费者。其实，无论政府对谁征税，税收负担都可能转嫁。生产者可通过涨价让消费者承担税收，消费者也可通过放弃购买让企业不敢涨价。税收最终由谁负担，取决于供给弹性和需求弹性。

【例3-25】　对烟草生产企业征税，还是对消费者征税？

戒烟是非常不容易做到的事情，在一般情况下，香烟的供给弹性大于香烟的需求弹性。正因为如此，各国政府都把征税对象指向烟草生产企业。企业通过提价消化税收负担，香烟需求弹性较小，它不必担心销售量问题。如果从财政收入角度看，对企业征税是正确的。但是，这种做法抑制香烟消费的作用较差，因为消费者存在一个认识误区，即把高价与高质量联系在一起。因此，只对烟草生产企业征税不足以抑制香烟消费。某些发达国家不仅对香烟生产企业征税，也在香烟出售时对消费者征收消费税，这种税收可以消除消费者的质量幻觉。我国香烟消费高度集中于中低收入人群，对香烟征收消费税可更有效地抑制香烟消费。

本节内容告诉我们：供给弹性指商品价格一定程度的变动所引起的该商品供给量的变动率。供给弹性可大致分为3类，即富有供给弹性、供给单位弹性、供给缺乏弹性。瞬时供给弹性是价格变动引起1日之内供给量的变动率。超短期供给弹性是价格变动引起1周之内供给量的变动率。短期供给弹性是价格变动引起半年之内的供给量变动率。长期供给弹性是价格变动引起2年之内的供给量变动率。影响供给弹性的主要因素是时间因素、成本因素、生产要素的可获得性和政策因素等。供给弹性可帮助企业进行生产决策和帮助政府制定税收政策。

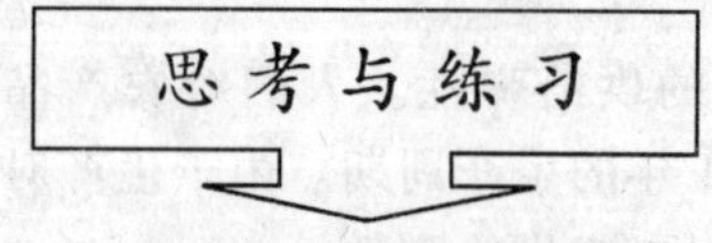

选择题：

1. 某产品价格上升8%，总收益增加5%，则该商品需求价格弹性

(   )。

A. 小于1　　B. 等于1

C. 大于1　　D. 为零

2. 某商品价格从8元降为6元，其需求量由30吨增加到40吨。用中点公式计算的需求价格弹性为(   )。

A. 1.33　　B. 1

C. 0.75　　D. 5

3. 在下列商品中，需求价格弹性最大的商品是(   )。

A. 粮食　　B. 衬衣

C. 小汽车　　D. 圆珠笔

4. 某商品的需求收入弹性小于零，该商品是(   )。

A. 奢侈品　　B. 必需品

C. 替代品　　D. 次级品

5. 2008年上半年某地区居民实际可支配收入增长10%，同期该地区牛奶销售量由100吨增加到150吨，则牛奶的需求收入弹性是(   )。

A. 50　　B. 5

C. 3.3　　D. 0.2

6. 在下列商品中，需求收入弹性最小的商品是(   )。

A. 报纸　　B. 杂志

C. 移动电话　　D. 住宅电话

7. 某商品对相关商品需求交叉弹性小于零，该商品是(   )。

A. 互补品　　B. 替代品

C. 独立品　　D. 次级品

8. 如果北京晚报提价10%，导致北京晨报销售量增加2%，则北京晨报的需求交叉弹性为(   )。

A. 5　　B. −5

C. 0.2　　D. −0.2

9. 打火机对猪肉的需求交叉价格弹性(   )。

A. 大于1　　B. 大于零

C. 等于零　　D. 小于零

10. 时间越长，供给弹性就会(   )。

A. 越大　　B. 越小

C. 不变　　D. 二者无关

11. 早市鲜黄花鱼的瞬时供给弹性(   )。

A. 大于零　　B. 等于零

C. 小于零　　　　　　　　　　　　D. 大于1

12. 某地区在2年内住房每平方米价格由4000元上升到10000元，在此期间待售住房数量共增加20%，则该地区住房长期供给弹性为(　　)。

A. 0.5　　　　　　　　　　　　B. 0.2

C. 1.3　　　　　　　　　　　　D. 0.13

本章选择题参考答案：1. C　2. B　3. C　4. D　5. B　6. D　7. A　8. C　9. C　10. A　11. B　12. D

第四章

消费者行为分析

学习目的

1. 理解效用、基数效用论、边际效用、消费者剩余、消费者均衡、等边际原则、序数效用论、无差异曲线、预算线、边际替代率、边际替代率递减规律等概念。
2. 掌握边际效用分析和无差异曲线分析两种基本分析方法。
3. 能够运用边际效用递减规律解释一些现实问题。

本章结构： 边际效用递减规律→消费者行为的边际效用分析→无差异曲线→预算线→消费者行为的无差异曲线分析

引导案例：　　　　提供廉租房还是发放贫困补贴？

2002—2008 年，我国房价上涨引人注目。一方面国内外炒房团大笔捞钱；另一方面，老百姓望楼兴叹。为解决我国城市化进程中的住房难问题，人们提出了一个又一个方案。其中值得讨论的问题之一是：提供廉租房还是发放贫困补贴？类似问题还有：政府是发放交通补贴还是降低公交票价？

我们需要站在消费者的立场来考虑问题。这就涉及到我们如何判断消费者的效用？消费者如何进行选择？什么样的政策对消费者有利？

第一节
边际效用递减规律

本节结构： 效用→基数效用论→边际效用→总效用与边际效用的关系→消费者剩余

引导案例：　　　　爬雪山过草地的红军战士

许多爬雪山过草地的红军战士腰挎的粮食带中只有 10 把炒米。如果他们一次把粮食吃完，可能不会觉得第一把炒米比第十把炒米的边际效用大。

这些久经考验的战士们并不是一次把粮食吃完，他们每天只吃一把炒米。正是这样的选择，使他们能够完成史无前例的二万五千里长征。这也证明了第一把炒米的效用大于第十把炒米的效用。

什么是效用？什么是边际效用？这个概念有什么用途？

一、效用

效用是消费者主观判断得出的特定商品消费能给他带来的欲望满足程度。效用概念具有主观性，其大小取决于人的主观判断，如吸烟可能给吸烟者带来某种满足。效用概念具有主观性，并不意味着唯心主义。消费者是理性的，其心理感觉是建立在物品有实际使用价值基础之上的。

经济学是一门实证学科，它回避价值判断问题。如，吸烟有害健康，这是医生的劝告；吸烟可能损害他人，这有损于道德。经济学不讨论这些问题，它只关心消费者是否从吸烟中感到满足。

效用是一个反映辩证思维的概念，效用因时因地因人而异。同一物在不同时间对同一人的效用不同。如，冰块在夏天具有给食物降温的作用，在冬天可能无效用。同一物在不同地点对同一人的效用不同。如，一人处于沙漠中，一碗水对他有很大效用。当他来到大河边，这碗水的效用变得很小。同一物对不用人的效用不同。如，吸烟对吸烟者有效用，但是从不吸烟的人对香烟感到厌烦，即它具有负效用。

二、基数效用论

基数效用论是关于效用可以用基数（1，2，…）表示绝对大小的假设。效用数量的计量单位为抽象的效用单位。不同物品有不同的物理计量单位，例如长度单位米和重量单位吨。不同物品对人的具体使用价值千差万别，如米饭和小汽车分别满足人们对吃和行的需要。为了进行比较，经济学假设效用同质。具体使用价值是不同的，但它们都可以使人得到心理满足。而抽象的心理满足是同质的，这使得效用可以进行加总运算。经济学又使用需求价格反映效用大小，即消费者对某特定商品愿意支付的最高价格，它使效用单位得到了外在的货币表现。

【例4-1】　　菜市场需求价格的估计

在露天菜市场，我们经常看到顾客和菜贩讨价还价。如果不考虑谈判技巧，顾客提出的是他能接受的最高价格（需求价格），菜贩提出的是他能接受的最低价格（供给价格）。如果双方未能达成协议，表明需求价格低于供给价格。如果顾客毫不犹豫地买菜，表明需求价格高于供给价格。如果双方讨价还价时间很长，表明需求价格正好等于供给价格。在上面的分析中，假设收入分配是平均的。在此前提下，需求价格才能准确反映效用。

三、边际效用

边际效用是增加单位商品消费所产生的满足程度增量。每一个商品都能给消费者带来效用，最后一个商品的效用为边际效用。其定义方程式为：

$$MU = \Delta TU / \Delta Q \tag{4-1}$$

式中，MU 为边际效用，ΔTU 为总效用增量，ΔQ 为消费增量。

边际效用递减规律的内容是：在其他条件不变的前提下，随着人们对某种物品消费量的增加，消费增量带来的效用增量递减。

在理论上，边际效用递减有两点理由：（1）心理上的反应强度递减。在同一刺激不断反复过程中，人们对刺激的反应会逐渐减小。消费数量增加相当于刺激反复出现，它带给人们的满足程度相当于人们对刺激的反应。（2）物品消费中的要事优先。在物品消费中，人们总会把第一单位物品用于最重要的用途，把第二单位物品用于略为次要的用途。人们这种安排导致边际效用递减。例如，如果某人一天消费 4 桶水，第一桶水的用途是饮用和做饭，第二桶水的用途是洗脸、洗澡，第三桶水的用途是洗衣服，第四桶水的用途是浇花。这种排序反映了他对水的用途的重要性的认识，而边际效用正是由其主观认识决定的。边际效用递减规律是我们分析消费者行为的理论基础。它的应用范围并不限于消费，如我们可利用它进行政策分析。

【例 4－2】　　货币边际效用递减与累进所得税

在基数效用论中，货币作为一种特殊商品，其边际效用也是递减的。例如，一个一无所有的穷人得到 1 元钱，其边际效用很大，这使他能够继续生存。而一个百万富翁得到这 1 元钱，其边际效用很小，这只能使他多打一下高尔夫球。

各国普遍实行累进所得税制，即税率随着收入而递增的制度。在一定收入以下的居民不缴税并可得到补贴，收入达到起征点的居民才要缴税，收入越高，税率越高。人们一般用公平原则解释累进所得税制。和谐社会需要收入分配大体合理，累进所得税制具有减少两极分化程度的作用。

货币边际效用递减规律则从效率角度为累进所得税提供了新的解释。对富人收税 100 元，他们的边际效用损失较小；用 100 元税收资助穷人，他们可获得很大边际效用。累进所得税把富人的收入转化为穷人的收入，从社会角度来看，效用总量得到增加。累进所得税由此获得理论上的效率基础。

四、总效用与边际效用的关系

总效用指人们消费若干数量的商品获得的总的满足程度。目前，我们只考虑消费一种商品的情况。总效用函数是反映总效用与商品消费数量对应关系的函数：

$$TU = f(Q) \tag{4-2}$$

式中，TU 表示总效用，Q 表示商品消费数量。

一定数量商品的总效用是其中每一件商品边际效用之和：

$$TU = MU_1 + MU_2 + MU_3 + \cdots + MU_n \tag{4-3}$$

式中，MU_1、MU_2、MU_3、MU_n 分别为第一、第二、第三、第 n 单位商品的边际效用。

表 4-1　　某人消费水的效用表

水消费量（杯）	0	1	2	3	4	5
总效用（效用单位）	0	30	50	60	60	50
边际效用（效用单位）	/	30	20	10	0	-10

表 4-1 表明，第一杯水的总效用和边际效用都是 30 个单位；第二杯水的边际效用是 20 个单位，总效用达到 50 个单位；第三杯水的边际效用是 10 个单位，总效用达到 60 个单位；第四杯水的边际效用为零，总效用仍然是最大值 60 个单位；第五杯水给他带来的是不适的感觉，边际效用为 -10 个单位，总效用由 60 个单位下降到 50 个单位。表 4-1 反映了边际效用递减规律。如果边际效用大于零，增加单位商品消费会使总效用增加；如果边际效用小于零，增加单位商品消费会使总效用减少；当边际效用等于零时，总效用达到最大值。

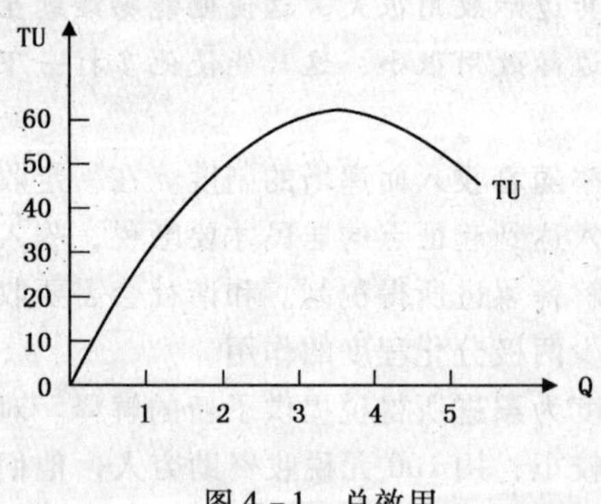

图 4-1　总效用

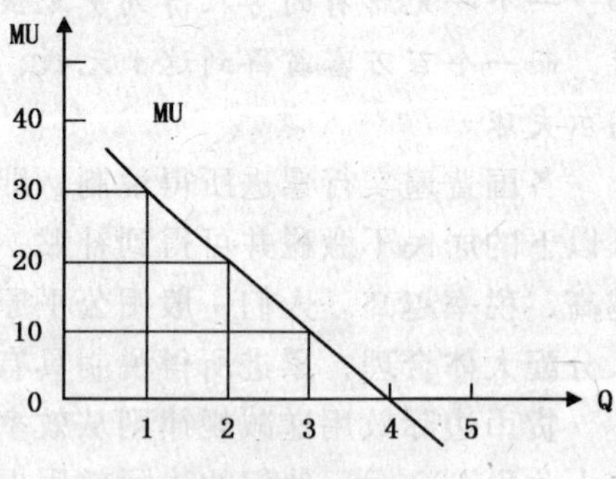

图 4-2　边际效用

在图 4-1 中，横轴表示水的消费量 Q，纵轴表示总效用 TU。总效用曲线 TU 是一条从原点出发向右上方倾斜的抛物线。当其达到最高点后，如果继续增加水的消费，总的满足程度反而会减少。

在图 4-2 中，横轴表示消费量 Q，纵轴表示水的边际效用 MU。边际效用曲线 MU 是一条向右下方倾斜的曲线。随着水消费量的不断增加，消费者得到的欲望满足程度是递减的。人们消费的第一杯水用于生理需要，所以其边际效用较大。人们消费的第二杯水用于洗衣，所以其边际效用变小。当消费者的满足程度达到饱和，最后一杯水的边际效用为零，这时总效用达到最大值。如果消费者继续增加消费，边际效用就成了负值。例如，花浇水过多会枯萎。理性消费者会避免边际效用小于零的情况发生。

我们可用货币衡量商品的边际效用，让它以需求价格反映出来，那么，边际效用曲线就与需求曲线重合。边际效用递减是需求曲线向右下方倾斜的原因。

【例 4－3】　水与钻石的效用比较

曾有一个问题困扰过早期经济学家：水的效用肯定大于钻石，但为什么水的价格低于钻石的价格呢？回答这个问题，需要区别总效用与边际效用的概念。水的效用大，指的是它的总效用大，它是生存所必需的物品。但是，水有很多用途，可饮用，也可洗衣、洗澡、浇地或洗车等。若水供给极少时，它只会用于饮用，水的边际效用会大于钻石。但是在自然界中水的数量很多，人们消费的最后一杯水往往用于洗车，其边际效用很小。水的价格取决于最后一杯水的边际效用，所以水价很低。钻石最广泛的用途是用作装饰品。钻石凭借的是物以稀为贵，正因为其数量少，它才有炫耀的价值。若钻石像沙子一样多，其炫耀方面的边际效用将为零，钻石将一钱不值。

五、消费者剩余

消费者剩余是需求价格与实际支付价格的差额。

如果我们承认边际效用递减规律，就会承认消费者剩余存在。消费者同时购买多个商品，如果最后一个商品的边际效用（需求价格）与价格相等，那么此前购买的边际效用较大的商品会带来消费者剩余。

如果有多个人同时购买一种商品，即使每人只买一件，也会有人获得消费者剩余。同一件商品对不同人的效用是不同的。如果最后购买商品的消费者能够让边际效用等于价格，那么在他之前购买商品的消费者都能获得消费者剩余，因为该商品对他们的边际效用较大。理性消费者的底线是边际效用等于价格。可能有人认为某商品的边际效用小于价格，但是这些人不会购买该商品。

表 4－2 表明，边际效用递减导致需求价格递减，从而商品的消费者剩余递减。如，第一单位黄瓜的消费者剩余是需求价格 5 元与市场价格 1 元之差 4 元。

表4-2 某人的黄瓜消费者剩余表 （单位：元）

消费数量	1	2	3	4	5
边际效用	5	4	3	2	1
需求价格	5	4	3	2	1
市场价格	1	1	1	1	1
消费者剩余	4	3	2	1	0

【例4-4】 上海牌手表的消费者剩余

现在的年轻人很难说出他们愿意为一块手表支付的最高价格以及一块手表的消费者剩余是多少。在计划经济年代，一块上海牌手表的价格曾经高达120元，相当于一个二级工3个月的工资。很多人省吃俭用多年，为的是能够买一块上海牌手表。120元在当时能够购买400公斤大米，人们愿意付出如此高价，是因为手表效用很大，至少可以让人们上班不迟到。改革开放以后，人们用几天的工资就可买到一块手表。现在类似手表的价格相当于30公斤大米。购买一块上海牌手表的消费者剩余相当于370公斤大米。

本节内容告诉我们：效用是消费者主观判断得出的特定商品消费能给他带来的欲望满足程度。基数效用论是关于效用可以用基数表示绝对大小的假设。边际效用是消费增量带来的效用增量。边际效用递减规律是指在其他条件不变的前提下，随着人们对某种物品消费量的增加，消费增量带来的效用增量递减。当边际效用为零时，总效用最大。消费者剩余是需求价格与实际支付价格的差额。

第二节 消费者行为的边际效用分析

本节结构： 消费者均衡的概念→消费者均衡条件→等边际原则的局限性

引导案例： 居民冬贮大白菜已成为历史

在计划经济年代，一些大城市在秋季集中供应大白菜、萝卜和土豆3种蔬菜。由于这些蔬菜在冬季不能保证供应，居民只能在家里冬贮大白菜。当一个家庭购买大白菜达数百公斤时，大白菜的边际效用接近于零。因为过几个月之后，白菜水分、养分、重量、口感都有重大损失。尽管如此，因为政府规定的大白菜售价也接近于零，按照等边际原则，多买仍是理性行为。改革之后，政府取消了廉价供应冬贮大白菜的做法。当大白菜涨价之后，按照等边际原则，极少有人在家里冬贮大白菜了。

什么是等边际原则？为什么同样的等边际原则会让消费者做出不同的选择？

一、消费者均衡的概念

消费者均衡指消费者在既定收入和价格约束下，通过消费选择实现的效用最大化状态。消费者在生活中要消费多种物品，每种物品的消费量都是可以选择的。即使收入是既定的，消费者也可以有多种选择。他可以多消费 A 产品，并相应减少消费 B 产品。每种选择都给消费者带来不同的满足。如果某种选择使消费者总效用最大，那么他就实现了消费者均衡。

二、消费者均衡条件

在基数效用论中，消费者均衡条件表现为等边际原则，即消费者购买多种物品时，在任何一种商品购买中都能实现单位货币的边际效用相等，则消费者实现了效用最大化。等边际原则的数学表达式为：

$$MU_1/P_1 = MU_2/P_2 = \cdots = MU_n/P_n \qquad (4-4)$$

式中，MU_1、MU_2、MU_n 分别表示第一、第二、第 n 种物品的边际效用，P_1、P_2、P_n 分别表示第一、第二、第 n 种物品价格。为分析简化，设消费者只消费 X 和 Y 两种商品。MU_x 和 MU_y 分别为表示商品 X 和商品 Y 的边际效用，P_x 和 P_y 为商品 X 和商品 Y 的价格。等边际原则就表示为：

$$MU_x/P_x = MU_y/P_y \qquad (4-5)$$

要证明的是，当 $MU_x/P_x = MU_y/P_y$ 时，总效用最大。最简单的证明方法是反证法：如果 $MU_x/P_x > MU_y/P_y$，那么消费者减少 1 元 Y 的消费所损失的效用要小于增加 1 元 X 的消费所增加的效用。这时，如果他减少1 元 Y 的消费并增加 1 元 X 的消费，可使总效用增加，这意味着原来的选择不是最优的。如果 $MU_x/P_x < MU_y/P_y$，那么消费者减少 1 元 X 的消费所损失的效用要小于增加 1 元 Y 的消费所带来的效用。这时，如果他减少1 元 X 的消费并增加 1 元 Y 的消费，可使总效用增加，这也意味着原来的选择不是最优的。既然大于和小于都不是最优，所以等于关系才能实现最优。

【例 4－5】　　等边际原则的数字说明

为分析简化，设消费者只消费食物和服装两种商品。如果他购买食物的最后 1 元得到的边际效用为 4，购买服装的最后 1 元得到的边际效用为 2，那么，消费者减少 1 元服装消费并增加 1 元食物消费，可使总效用增加 2 单位。这意味着原来的选择不是最优的。如果他购买食物的最后 1 元得到的边际效用为 2，购买服装的最后 1 元得到的边际效用为 4，那么，消费者减少 1

元食物消费并增加1元服装消费，可使总效用增加2单位。这也意味着原来的选择不是最优的。消费者可根据边际效用递减规律调整消费量，直到购买食物和服装的最后1元的边际效用相等，如它们都是3时，他才不再调整，这时他的选择达到最优。

等边际原则可以帮助我们确定自己的消费结构，即在多种商品可供选择时，确定每种商品的消费数量。精打细算就是要求我们在购买商品时，认真考虑每1元钱花得值还是不值。等边际原则给我们一个判断值还是不值的标准，就是将购买该商品的最后1元钱与购买其他商品的最后1元钱进行比较。

人们的收入和支出一般会随着经济增长而增加。如果消费者的支出变了，他们就需要根据等边际原则重新确定消费结构。

在市场经济条件下，商品价格经常发生变化。如果价格发生变动，消费者也需要根据等边际原则重新确定消费结构。

【例4-6】　打折促销的理论基础

许多商店，特别是合资或独资商店，经常在街头大量散发打折广告。打折促销的作用是打破原有的消费者均衡。对于消费者来说，一些商品的价格打折可使购买该商品的单位货币边际效用上升，从而获得更多的消费者剩余。消费者根据等边际原则，应当购买打折商品。这构成打折可以促销的理论基础。

三、等边际原则的局限性

等边际原则在应用中的局限性主要表现在人们不能准确说出商品的边际效用。对于白菜、大米这样的日常用品，这种局限性表现得并不明显，消费者大体了解商品的质量信息。但是，对于不同型号的汽车，特别是新型汽车，消费者将面临明显的信息不完全问题。解决这种问题，需要了解无差异曲线的分析方法。

本节内容告诉我们：消费者均衡指消费者在既定的收入和价格约束下，通过消费选择实现的效用最大化状态。其实现条件是等边际原则，即购买各种商品的最后1元钱所获得的边际效用相等。等边际原则可帮助我们确定自己的消费结构，它也是企业打折促销的理论基础。等边际原则在应用中的局限性主要表现在人们不能准确说出每单位商品的边际效用。

第三节
无差异曲线

本节结构：序数效用论→无差异曲线→边际替代率递减规律→无差异曲线群

引导案例：　　　　　　　　真的无所谓

一只勤劳的小猪收获了18个胡萝卜和18根黄瓜，它把它们装进麻袋，推起小车呼哧呼哧往家走。在路上，它遇见一只漂亮的小白兔。小白兔说："猪大哥，你能分给我一些东西吗?"慷慨的小猪把麻袋里的东西倒出来，分成3堆。第一堆是7个胡萝卜和5根黄瓜；第二堆是6个胡萝卜和6根黄瓜；第三堆是5个胡萝卜和7根黄瓜。小猪说："好吧，你可以从中任选一堆。"小白兔很高兴，接着又皱起眉头，说："如果你从任何一堆中去掉一点，我就不考虑那一堆；如果你给任何一堆加上一点，我就把它拿走；现在，我对哪一堆都无所谓，不知道该怎么办了。"小白兔跑去找经济学家，经济学家画出一条无差异曲线。

什么是无差异曲线？它有什么用途？

一、序数效用论

序数效用论是关于效用只能用序数（第一、第二、……）表示相对大小的假设。它否定基数效用论，认为物品的效用很难用具体的数字来表达。例如，它关心的是汽车和自行车的效用谁大谁小的问题，而不是大多少和小多少的问题。

序数效用论认为消费者偏好具有可比较性。假定有A和B两个商品组合，A表示3个桔子和2个苹果，B表示2个桔子和3个苹果。消费者不知道A和B两个组合的总效用是多少，但是他知道自己是偏好A组合还是B组合，或者他对A和B是无差异的（偏好相同）。无差异就代表效用相同。

二、无差异曲线

无差异曲线又称为等效用线，是指在只有两种商品可供选择的条件下，反映能给消费者带来相同效用的商品组合点的轨迹。

两种商品假设是图形分析的需要。在作为商品面的图形中，横轴和纵轴分别代表两种商品的数量。商品面上的任何一点都代表一种商品组合，即某种数量的X商品加上某种数量的Y商品。我们每一个人消费的商品都不止两种，两种商品假设有一定的局限性。但是，这个假设并非那么严格，我们只要用Y商品代表所有其他物品，X和Y两种商品便包括了所有商品。商品组合代表简化的消费结构。无差异是人们无所谓的感觉。对理性消费者而言，只有效用相等才能让他无所谓。假设消费者有X和Y两种商品可供选择。通过观察，我们发现某消费者对6种商品组合无差异，就可得到他的无差异表（见表4-3）。

表4-3　　某消费者的无差异表

组合方式	a	b	c	d	e	f
X商品	5	10	15	20	25	30
Y商品	30	18	13	10	8	7

无差异表是反映能给消费者带来同样效用的商品组合的表格。在表4-3中，某消费者有a、b、c、d、e、f 6种商品组合能够给他带来相同的效用。从获得同样满足角度看，消费其中哪一种组合是无所谓的。如，他认为a组合5个X加30个Y与f组合30个X加7个Y没有什么区别。

无差异表可以用无差异曲线表示出来。在图4-3中，横轴代表商品X的数量，纵轴代表商品Y的数量。在该商品面上，a、b、c、d、e、f各点表示6种不同的商品X与Y的数量组合，它们位于同一条无差异曲线I上，表示它们给消费者带来的效用相同。无差异曲线上任何一个点所表示的商品组合虽然各不相同，但它们给消费者所带来的效用即满足程度都是相同的。无差异曲线是一条向右下方倾斜的曲线，这意味着消费者在增加一种商品数量时，必须同时减少另一种商品的数量，才能保证总效用不变。

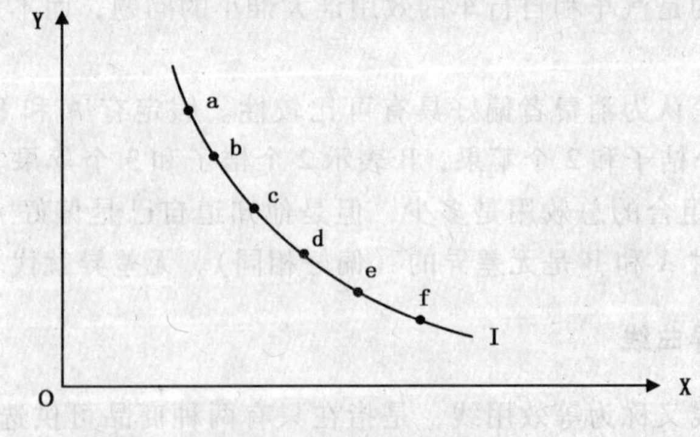

图4-3　无差异曲线

三、边际替代率递减规律

边际替代率是在效用水平不变的前提下，增加单位X商品的消费所需放弃的 Y 商品的消费量。它的数学表达式为：

$$MRS_{XY} = -\Delta Y/\Delta X \quad (4-6)$$

式中，MRS_{XY}表示商品 X 对商品 Y 的边际替代率，ΔX 和 ΔY 分别为商品 X 和商品 Y 的变化量。ΔX 和 ΔY 的变动方向是不同的，后者为负值，因为分析以总效用不变为前提，如果 X 数量增加，Y 的数量必须减少。式中的负号是为了使边际替代率为正值，以便和人们的表达习惯保持一致。

边际替代率递减规律表明，在维持效用水平不变的前提下，消费者在不断增加 X 商品消费量的过程中所需要放弃的 Y 商品的消费量是递减的。序数效用理论使用边际效用递减作为边际替代率递减的理论基础。在图 4-3 中，a 向 b 的移动使 X 商品数量增加，从而 X 的边际效用减少；同时，Y 商品数量减少，从而 Y 的边际效用增加。这样的一减一增，使得增加单位 X 所需放弃的 Y 越来越少，即边际替代率递减。

边际替代率递减使无差异曲线在图形上表现为凸向原点的曲线。

表 4-4　　某人某商品边际替代率表

组合转换	a→b	b→c	c→d	d→e	e→f
ΔX	5	5	5	5	5
ΔY	-12	-5	-3	-2	-1
MRS_{XY}	2.4	1	0.6	0.4	0.2

在表 4-4 中，在保证消费者效用不变的前提下，商品组合由 a 转换到 b，表示消费者为了增加 5 单位 X 商品的消费，就必须放弃 12 单位 Y 商品的消费。这时的边际替代率 $MRS_{xy} = -\Delta Y/\Delta X = 2.4$。在这个转换中，每增加 1 单位商品 X 的消费，需放弃 2.4 单位商品 Y 的消费。由组合 b 转换到组合 c，边际替代率递减到 1，即在保证效用不变的前提下，继续增加单位商品 X 的消费所需放弃的商品 Y 的消费量减少到 1。

四、无差异曲线群

在商品面上存在无数条无差异曲线，即无差异曲线群，如图 4-4 所示。

无差异曲线群有 3 个基本特征：(1) 在商品面上有无数条无差异曲线，它们分别对应于无数种效用水平。(2) 任意两条无差异曲线不能相交。否则，交点同时代表两种不同的效用水平，与无差异曲线定义相背离。(3) 离原点越远的无差异曲线代表的效用水平越高，因为它们代表数量更大的商品组合点的集合。如，无差异曲线 I_3 的效用大于 I_2，无差异曲线 I_2 的效用又大于 I_1。

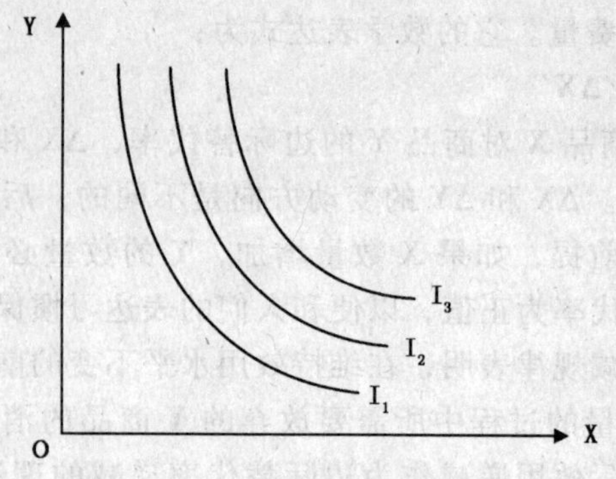

图4-4　无差异曲线群

本节内容告诉我们：序数效用论是关于效用只能用序数表示相对大小的假设。无差异曲线是商品面上能给消费者带来同样满足的商品组合点的轨迹。边际替代率是在效用水平不变的前提下，增加单位X商品消费所需放弃的Y商品的消费量。边际替代率递减使无差异曲线呈凸向原点的形状。无差异曲线群的基本特征是：无数条无差异曲线分别对应无数种效用水平；任意两条无差异曲线不能相交；离原点越远的无差异曲线代表的效用水平越高。

第四节
预　算　线

本节结构：预算线定义→预算线的平移→预算线的旋转

引导案例：　　　　**王小二过年，一年不如一年**

王小二喜欢过年，从小就如此。因为只有过年时他才能吃到肉。他娶媳妇也选择在过年的时候。他杀了一口猪，酒席办得红红火火。等到有了孩子，王小二的负担重了，他在过年时只能把猪卖了，再买上几斤肉和几斤酒，小日子过得仍能让别人羡慕。后来，老婆生病了，而且药品老涨价。为了节约，王小二在过年时不喝酒了，但是他想尽办法也要买点肉，这是他一年唯一的期盼。等到孩子上学时，学费也涨了。王小二望子成龙，咬咬牙，把过年的肉也戒了。我们到处都能看到王小二的影子。学究们说的话是：预算线构成对我们行为的约束。

什么是预算线？它会受到哪些因素影响？它如何制约我们的消费选择？

一、预算线定义

预算线又称消费可能线、等支出线和价格线，是指在商品面中既定价格约束下，消费者用完既定货币能够购买到的商品组合点的轨迹。预算的本意是计划进行的支出。消费可能线的名称源于预算线上所有的点都是消费者可能获取的商品组合。等支出线的名称源自预算线上所有的点都代表同等的货币支出。价格线的名称源自预算线的斜率反映相对价格 P_x/P_y，即横轴商品价格与纵轴商品价格的比值。预算线的数学表达式为：

$$M = P_x \times X + P_y \times Y \quad (4-7)$$

式中，M 表示既定的支出，P_x 和 P_y 分别表示 X 商品和 Y 商品既定的价格，X 和 Y 分别为两种商品的数量。方程（4－7）是一条直线。该方程可写成：

$$Y = (M - P_x \times X) / P_y$$

上式告诉我们预算线的斜率是 $-P_x/P_y$，它与纵轴的截距是 M/P_y。

假设某消费者收入 M＝60 元，他要把这笔钱花完。他可选择两种商品 X 与 Y，其各自的价格为：$P_x=20$ 元，$P_y=10$ 元。根据以上条件我们就能画出一条预算线（如图 4－5 所示）。

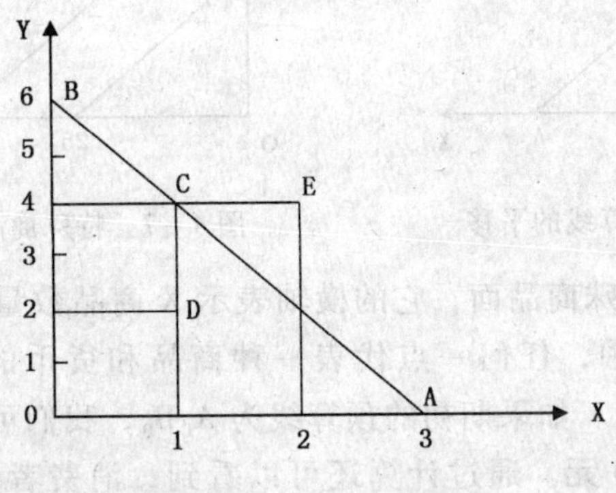

图 4－5 预算线

在图 4－5 中，横轴和纵轴分别表示 X 和 Y 两种商品的数量。当商品 X 的消费量为零时，Y 的数量为 6，我们在纵坐标上找到 B 点。当 Y 的数量为零时，X 的数量为 3，我们在横坐标上找到 A 点。用直线连接 A、B 两点，就得到一条预算线。当 Y 的数量为 4 时，X 的数量为 1，我们在坐标面上找到 C 点，它在 AB 线上。

预算线上的任何一点都是在收入与商品价格既定的条件下，消费者所能购买到的两种商品的最大数量组合。例如，在 C 点，消费者购买 4 单位商品 Y 和 1 单位商品 X，正好用完（10×4＋20×1＝）60 元收入。预算线以内的任何一点所表示的消费组合也是消费者可以实现的，但收入没有用完。

例如，在D点，购买2单位商品Y和1单位商品X的总支出是（10×2+20×1=）40元，小于60元的既定收入。在预算线外的任何一点所表示的商品组合是消费者所不能实现的。例如，在E点，购买4单位商品Y和2单位商品X的总支出是（10×4+20×2=）80元，大于既定的60元支出。

二、预算线的平移

人们计划支出的变动表现为预算线的平移。

在图4-6中，BA为期初预算线。如果消费者收入增加，预算线将向右平移，如BA移至B_1A_1的位置。平移是由于预算线的斜率反映相对价格，两种商品价格未变，所以斜率不变。右移是用X数量由OA增至OA_1反映支出增加。反之，如果消费者收入减少，预算线将向左平移，如BA移至B_2A_2的位置。

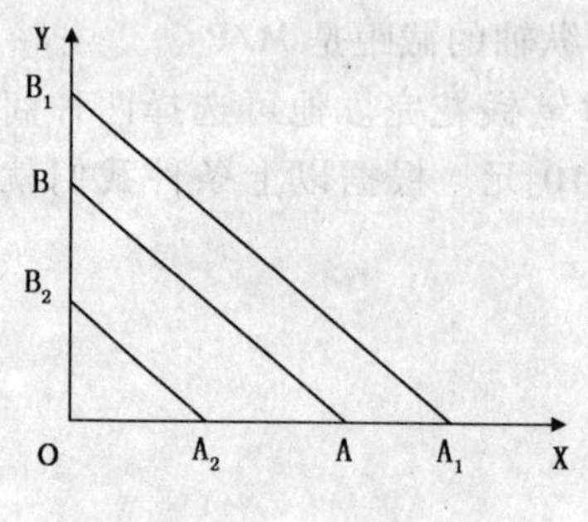

图4-6 预算线的平移

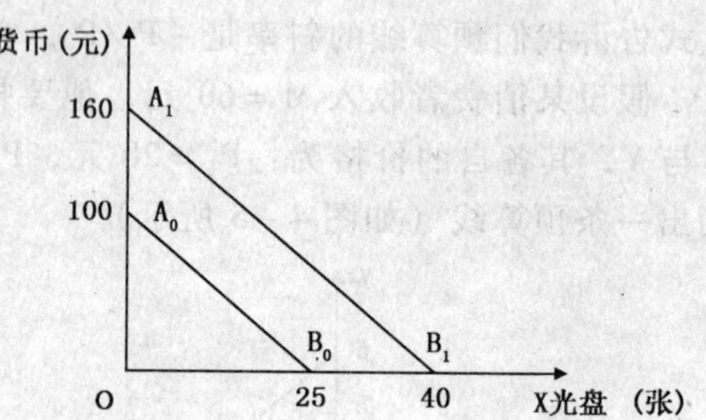

图4-7 特殊商品面中的预算增加

图4-7表示特殊商品面，它的横轴表示X商品数量，纵轴表示货币数量。在特殊商品面中，任何一点代表一种商品和货币的组合，如A_1表示160元和零光盘组合。如果期初的预算线为A_0B_0，我们可以直接看到该消费者的货币支出为100元。通过计算还可以看到，消费者用100元能购买25张光盘，光盘的价格为4元。如果消费者的预算由100元增加到160元，预算线将由A_0B_0移到A_1B_1的位置。在特殊商品面上，A_1A_0表示的预算线垂直上移距离可直接表示预算的增加额。A_1B_1与A_0B_0平行，反映光盘价格不变。

三、预算线的旋转

在市场中，商品价格经常变化。商品价格变化会引起预算线旋转。

在图4-8（a）中，AB是期初预算线。如果商品X价格上升，预算线AB会向左旋转至AB_1的位置。由于商品Y价格未变，所以A点位置不变。X价格上升，用全部收入购买X的数量减少，所以B点将移到B_1。同理，如果商品 X 价格下降，预算线 AB 会向右旋转至 AB_2 的位置。

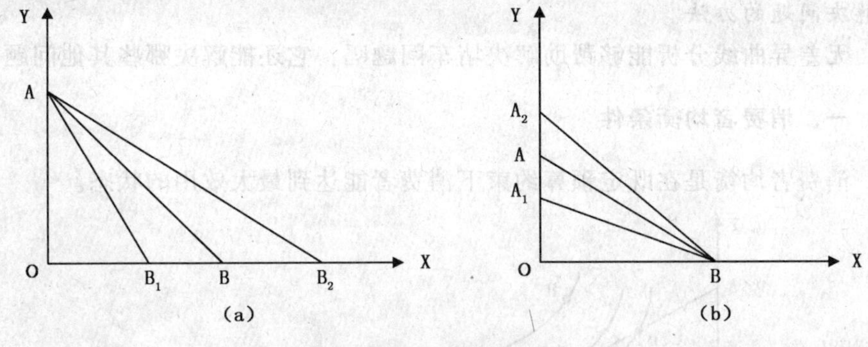

图 4－8　预算线的旋转

在图 4－8（b）中，AB 是期初预算线。如果商品 Y 价格上升，预算线 AB 会向左下旋转至 A_1B 的位置。由于 X 价格未变，所以 B 点位置不变。Y 价格上升，用全部收入购买的 Y 的数量减少，所以 A 点会下移到 A_1 的位置。同理，若 Y 价格下降，预算线 AB 会向右上旋转到 A_2B 的位置。

在特殊商品面中，纵轴物品为货币，它的价格恒等于 1。因此，预算线的斜率可表示商品的绝对价格。若横轴商品价格发生变化，预算线的旋转与一般商品面中的表现相似。X 价格下降使预算线斜率变小，即使其向右旋转；X 价格上升使预算线斜率变大，即使其向左旋转。

本节内容告诉我们：预算线是商品面上消费者用既定收入能够购买到的商品组合点的轨迹。如果收入增加，预算线将向右方平移。如果横轴商品降价，预算线将向右方旋转。

第五节
消费者行为的无差异曲线分析

本节结构：消费者均衡条件→收入增加对消费者选择的影响→价格变动对消费者选择的影响

引导案例：　　　北京的堵车

小汽车在一定程度上是现代人的标志。刚摆脱贫困的现代人尤其喜欢车，因为小汽车还是身份的象征。伴随着中国经济增长，有车族的队伍迅速壮大起来。北京的大街小巷，从早到晚拥挤着车的洪流。由于堵车严重，汽车的速度经常赶不上自行车的速度。宣传在人们的欲望面前显得苍白无力：节约资源、保护环境、骑车有益健康等宣传，均不能改变北京道路上汽车越来越多的趋势。我们只能从有车族的消费行为出发，运用无差异曲线分析找到解决问题的办法。

无差异曲线分析能够帮助解决堵车问题吗？它还能解决哪些其他问题？

一、消费者均衡条件

消费者均衡是在既定预算约束下消费者能达到最大效用的状态。

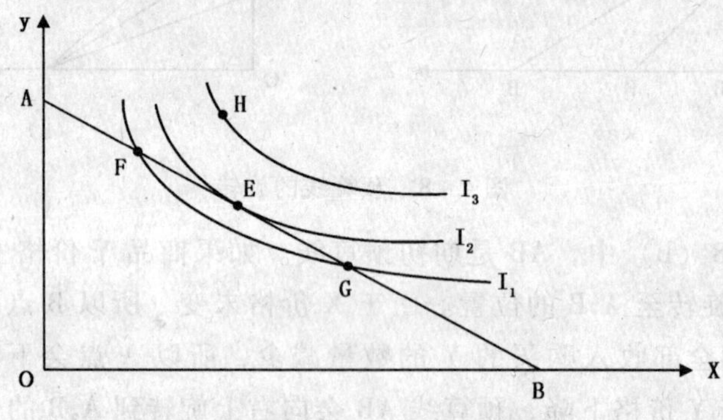

图4-9 消费者均衡条件

在图4-9中，横轴X和纵轴Y分别表示X和Y两种商品的数量。AB为消费者预算线。I_1、I_2、I_3分别表示3条不同效用水平的无差异曲线。在E、F、G、H中，消费者应选哪一点？H点位于无差异曲线I_3之上，代表较高效用水平。但是，它位于预算线AB右上方，是可望不可及的。F点和G点位于无差异曲线I_1之上，代表较低效用水平。尽管它们也位于AB线上，是消费者力所能及的，但是它们不是最好的。无差异曲线I_2与预算线AB相切于E点，它是消费者均衡点，是在既定预算约束下消费者能达到最大效用的唯一选择。

E点的特征是无差异曲线斜率和预算线斜率相等。而在F点，无差异曲线斜率大于预算线斜率；在G点，无差异曲线斜率小于预算线斜率。

由切点特征反映的消费者均衡条件可表达为：

$$MRS_{xy} = P_x/P_y \tag{4-8}$$

式中，MRS_{xy}为边际替代率，即无差异曲线斜率；P_x/P_y为相对价格，它是预算线斜率。消费者均衡条件是边际替代率等于相对价格。

边际替代率$MRS_{xy} = -\Delta Y/\Delta X$反映消费者相对收益。设X为服装、Y为食品，则边际替代率是用食品的数量来表示单位服装的收益。相对价格P_x/P_y反映消费者的机会成本。设$P_x = 50$元/件，$P_y = 5$元/公斤，$P_x/P_y = 10$，它是用食品的数量来表示单位服装的成本，每件服装的机会成本是10公斤食品。

如果当前选择使服装对食品的边际替代率为 12，即 1 件服装能替代 12 公斤食品，大于相对价格 10，这意味着相对收益大于机会成本，于是这个选择不是最优的。它相当于图 4－9 中的 F 点。这时增加服装购买可提高满足程度。如果当前选择使服装对食品的边际替代率为 8，即 1 件服装能替代 8 公斤食品，小于相对价格 10，这意味着相对收益小于机会成本，于是这个选择也不是最优的。它相当于图 4－9 中的 G 点。这时减少服装购买可提高满足程度。只有当相对收益等于机会成本时，消费者才获得最大效用。

二、收入增加对消费者选择的影响

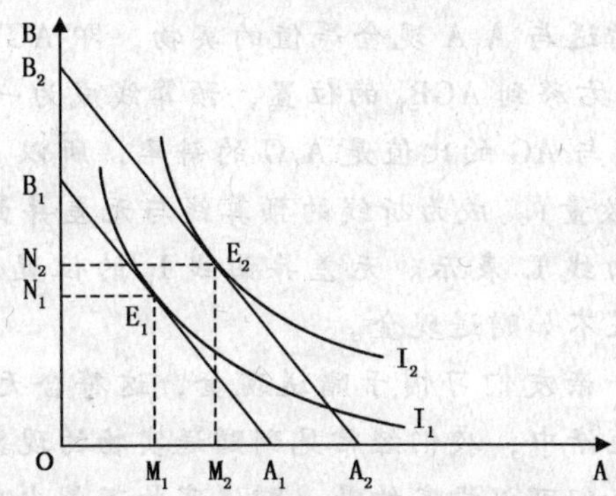

图 4－10　收入增加与消费者均衡

在图 4－10 中，A、B 代表两种商品数量。期初预算线为 A_1B_1，消费者选择 E_1 点，满足程度由无差异曲线 I_1 表示。收入增加使预算线从 A_1B_1 右移到 A_2B_2 的位置。新的预算线与位置更高的无差异曲线 I_2 相切于 E_2 点，E_2 构成新的消费者均衡点。与原来的消费者均衡点 E_1 相比，消费者对 A 商品的消费由 M_1 增加到 M_2，对 B 商品的消费由 N_1 增加到 N_2。

【例 4－7】　　　结婚赠送现金还是赠送实物？

在现代社会中，人们在送礼物时习惯于赠送实物，而很少赠送现金。

在图 4－11 的特殊商品面中，纵轴 Y 表示货币，横轴 X 表示实物。AB 是期初消费者的预算线，我们可直接看到其货币收入为 A；X 商品价格是 AB 的斜率（货币 Y 的价格为 1）。消费者均衡点为无差异曲线与预算线 AB 的切点 E。该消费者的满足程度由无差异曲线 I_0 表示。

如果亲友向他赠送 A_1A 数量的现金，那么，他的预算线将向右方移动到 A_1B_1 的位置。他会选择新的预算线 A_1B_1 与无差异曲线的切点 F，满足程度提高到无差异曲线 I_2 的水平。

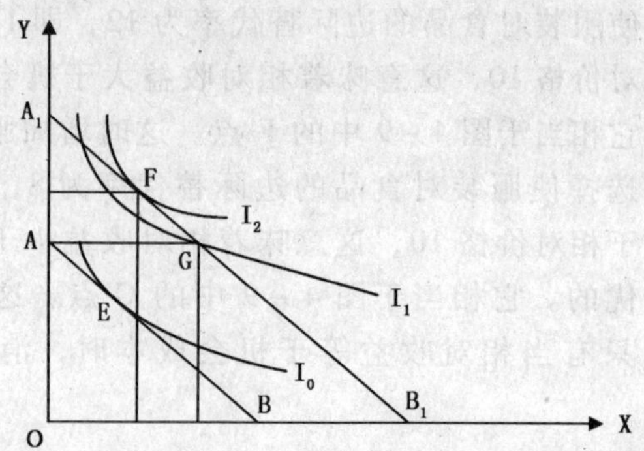

图4－11 赠送现金与实物的不同作用

如果亲友向他赠送与 A_1A 现金等值的实物，即AG数量的X商品，则他的预算线将由AB右移到 AGB_1 的位置，预算线成为一条折线（在三角形 A_1GA 中，现金 A_1A 与AG的比值是 A_1G 的斜率，所以AG正好是现金 A_1A 能够买到的X商品数量）。成为折线的预算线与无差异曲线的切点为G，满足程度可由无差异曲线 I_1 表示。无差异曲线 I_1 的位置低于无差异曲线 I_2，表明赠送实物的效果不如赠送现金。

在人们结婚时，亲友们习惯于赠送现金，这符合无差异曲线分析的结论。但是，在现实生活中，我们经常见到赠送实物的现象。经济学不是包治百病的药方，但是我们可以肯定的是，赠送实物不是出自成本收益考虑做出的选择。

三、价格变动对消费者选择的影响

一种商品降价，会使消费者对它的需求量增加。同时，可能使消费者对其他商品的需求量减少。

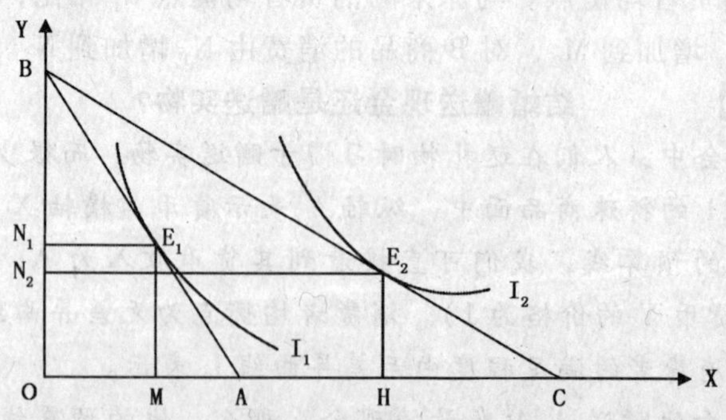

图4－12 价格变动与消费者均衡

在图4－12中，BA是期初的预算线，E_1 是期初消费者均衡点。设商品

X 价格下降，从而预算线旋转到 BC 的位置。消费者均衡点从 E_1 移到 E_2。消费者购买的 X 商品数量由 OM 增加到 OH，Y 商品数量由 N_1 减少到 N_2。他的满足程度提高，表现为无差异曲线 I_2 的位置高于 I_1。

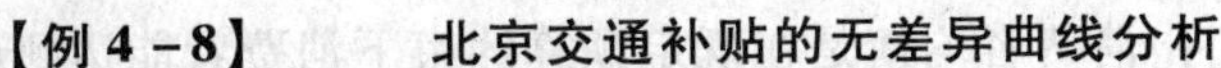

【例 4-8】　北京交通补贴的无差异曲线分析

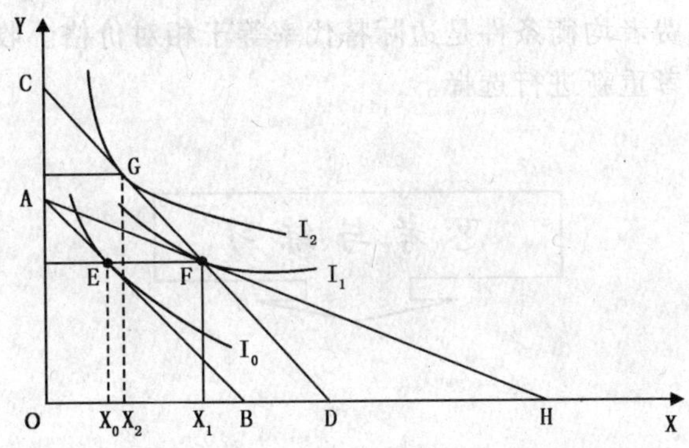

图 4-13　北京交通补贴的无差异曲线分析

在图 4-13 的特殊商品面中，纵轴 Y 为货币，横轴 X 为坐公交的公里数。某消费者在持有货币和坐公交之间进行选择。他期初的预算线为 AB，意味着他的货币收入是 A，全部收入坐公交可达 B 公里。它与无差异曲线 I_0 相切于 E 点，意味着他的效用水平是 I_0。假设北京市将公交车票价降低一半以上，使预算线向右旋转到 AH。他的货币收入仍然为 A，但他把全部收入坐公交可达到 H。消费者会选择 AH 与无差异曲线 I_1 的切点 F，满足程度由无差异曲线 I_1 表示。F 点与 E 点相比，新的选择使他坐公交的里程增加。

如果政府不调整票价，可提供 AC 的货币补贴给个人。为便于比较，过 F 点做 AB 的平行线，它使预算线右移到 CD 的位置。平行是因为票价维持在原来水平。消费者会选择 CD 与新的无差异曲线的切点 G。G 点与 E 点相比，公交里程从 X_0 增加到 X_2。我们发现，货币补贴对减少道路拥挤和保护环境的作用较小。但是，消费者满足程度由无差异曲线 I_2 表示，它的位置高于 I_1。这意味着从提高个人效用来看，降低票价不如货币补贴。政府提供交通补贴的目的是解决交通拥挤问题和节约资源、保护环境，所以公交车票价降低是合理的，其代价是政府要向公交公司提供补贴。

如果我们让图 4-13 的横坐标表示住房面积，它可用于分析廉租房政策效应。降低房租可使预算线由 AB 旋转到 AH 的位置。如果政府提供 AC 的货币补贴，可使预算线向右平移到 CD 的位置。那么，政府是应当提供廉租房，还是应当提供货币补贴？答案应是后者。因为它使消费者满足程度由无差异曲线 I_2 表示，其位置较高，消费者受益最大。如果政府提供廉租房，消费者满足程度只能由无差异曲线 I_1 表示。其原因在于，对于低收入群体来说，最重要的可能不是增加居住面积，而是有更多货币用于吃饭、穿衣、上学、看病等其他需要。政府提供AC的货币补贴，给予消费者进行选择的自由，从而其效果较好。

本节内容告诉我们：消费者均衡是在既定预算约束下消费者能达到最大效用的状态。消费者均衡条件是边际替代率等于相对价格。收入变化和价格变化都会使消费者重新进行选择。

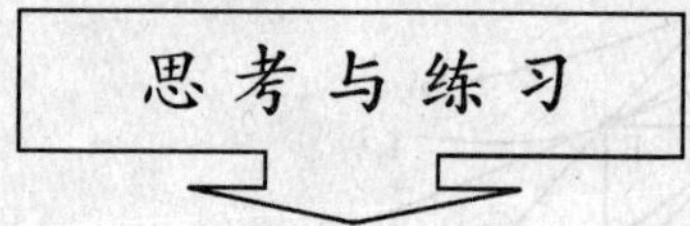

一、选择题

1. 在消费者逐渐增加某商品消费量的过程中，(　　)。

A. 总效用和边际效用都在增加

B. 总效用一直上升，所以平均效用总是上升

C. 边际效用为零时总效用最大

D. 总效用一直上升，所以边际效用总是上升

2. 符合边际效用概念的例子是，某人吃了4个包子(　　)。

A. 获得20单位效用　　B. 每个包子带来5单位效用

C. 还想吃第5个包子　　D. 第4个包子带来2单位效用

3. 消费者剩余是指(　　)。

A. 消费之后钱包剩余的现金

B. 消费者愿意支付的货币超出实际支付的差额

C. 逛商店带给人们的心理满足

D. 价格与生产成本的差额

4. 等边际原则是(　　)。

A. 消费者均衡条件

B. 单位产品的边际效用相等

C. 每种商品的边际效用下降到同一水平

D. 消费者剩余为零

5. 根据等边际原则，在X和Y两种商品价格分别为5元和10元的前提下，如果Y的边际效用为40，则商品X的边际效用应当是(　　)。

A. 20　　B. 40

C. 5　　D. 10

6. 对于无差异曲线，不正确的是(　　)。

A. 它向右下方倾斜

B. 它对所有人都是无差异的

C. 它上面的所有点代表同样的效用水平

D. 它一般凸向原点

7. 边际替代率(　　)。

A. 是一个常数

B. 是预算线的斜率

C. 是无差异曲线的斜率

D. 随横坐标商品消费量增加而递增

8. 预算线上的每一点反映(　　)。

A. 同样的商品组合　　B. 不同的相对价格

C. 不同的支出水平　　D. 同样的支出水平

9. 消费者支出增加，会使预算线(　　)。

A. 向左旋转　　B. 向右旋转

C. 向左方平移　　D. 向右方平移

二、根据调研结果给出一条预算线。

三、用无差异曲线分析说明某商品价格变动对消费者的影响。

四、用无差异曲线分析说明收入变动对消费者的影响。

五、用无差异曲线分析说明交通补贴和下调票价对消费者的不同影响。

本章选择题参考答案：1. C　2. D　3. B　4. A　5. A　6. B　7. C　8. D　9. D

第五章

生产者行为分析

学习目的

1. 了解企业、生产、产权、边际产量、等产量曲线、边际技术替代率、生产者均衡、规模报酬、产出弹性、内在经济、外在经济等概念。
2. 掌握总产量、平均产量和边际产量的关系。
3. 掌握经济学对规模报酬的解释方法。

本章结构： 企业、产权和生产→生产要素和短期生产函数→长期生产函数→规模报酬

引导案例：　　　　中国农村的收割机大军

一支以个体经营为主的收割机大军出现于中原大地上。在收获季节，它们从一个村庄转移到另一个村庄，浩浩荡荡的收割机大军形成一种壮丽景观。

为什么中国农村出现收割机大军？它背后的经济学原理是什么？

第一节 企业、产权和生产

本节结构： 企业定义→产权→生产的概念→企业类型→企业存在的原因

引导案例：　　　　从周扒皮看独资企业

周扒皮是作家高玉宝在《半夜鸡叫》中创造的典型人物，他因为半夜模仿鸡叫让长工早起干活而成为中国“名人”。从产权来看，他经营的是农业独资企业，长工属于雇佣劳动。但地主黄世仁不会半夜模仿鸡叫，因为他把地租出去了。周扒皮的行为表明，独资企业主有极强的“责任心”，天天半夜起床模仿鸡叫是一件很辛苦的事情，没有极强的“责任心”是做不到

的。周扒皮之所以出名，是因为别的农业资本家都没有半夜模仿鸡叫。与众不同的人可能是天才，也可能是蠢才。周扒皮不是天才，因为长工们后来以抓贼为由，把他痛打一顿。农业生产有作业分散和难以有效监督的特点，雇工很容易出工不出力。所以，大多数农业资本家更多地使用笼络办法来剥削长工。资本家给工人拜年等事情也大多发生在独资企业之中。

什么是产权？不同产权结构的企业行为一样吗？为何过去的土地所有者大多选择当地主，而很少选择当农业资本家？

一、企业定义

企业是以盈利为目标，由多数人组成按统一决策进行生产的组织。

【例5-1】　教堂是不是企业？

按国内外某些教材定义，教堂是企业。它和学校类似，生产和出售无形产品。学校提供的是科学和艺术教育，教堂提供的是某种道德和心理教育，如“出售”慈悲、忍耐和转世希望。从唯物主义角度看，教堂起麻痹的作用，但经济学不进行伦理判断。教堂并非免费，它也需要用收入弥补成本。只是它以自愿捐款的方式收费。对于“购买”希望的人们来说，为了表示心诚，自愿出高价并不少见。按本书定义，教堂不是企业，因为它不以盈利为目标。

二、产权

产权是所有权具体的法律表现形式。产是客体，如财产、资产、产品等。权指主体权利，如所有权、占有权、使用权、收益权和处置权等。所有权是产权的统称。占有权指保管和控制权。占有权可与所有权分离。例如，租房的占有权可分为直接占有权和间接占有权。房客租房后，在合同有效期内拥有直接占有权，房主享有间接占有权。使用权亦称支配权，是依法使用某物的权利。资本家雇佣工人给他干活，工人便得到机器的使用权。杨白劳从黄世仁那里租到土地，得到土地使用权。他可决定种什么、用什么肥料、何时收获等。但他不能改变土地用途，如在土地上建房。收益权是物主获取由于物的使用而产生收益的权利。如，黄世仁有要求杨白劳交地租的权利。收益权可以分解，如杨白劳也有获取土地部分收益的权利。处置权是物主拥有让渡和毁损物品的权利，包括出售、赠与和封存。

不同企业有不同产权结构。如，国有企业是一个广义概念，它可以容纳产权结构很不相同的多种类型企业。所有权分解可以体现出各种各样的责权利关系。

三、生产的概念

生产有3种常用概念：（1）广义生产指人们创造物质和精神财富的过程。如，教育和家务活都属于生产活动。（2）市场生产指人们为出售产品创造物质和精神财富的过程。在这里，家务活不属于生产。（3）狭义生产指人们为交换而创造物质财富的过程。在这里，教育和家务活都不属于生产活动。

经济学使用市场生产概念。按这种概念，商业也属于生产活动：(1) 实现物件空间转移，如运输。(2) 实现物品时间转移，如仓储。(3) 实现物品所有权转移，如出售和出租。在国内生产总值统计中，包括商业对生产的贡献。

四、企业类型

企业有4种表现形式，即个人独资企业、合伙企业、公司制企业和国有企业。

1. 个人独资企业指一个人投资建立的企业，业主拥有全部产权并对企业债务承担全部责任。这种企业产权关系十分明确，管理者责任心极强，它的规模一般较小。在现实生活中，绝大多数企业都是个人独资企业。但是，它们在国内生产总值中所占比重很小。它与个体工商户的主要区别在于它要使用雇佣劳动。

2. 合伙企业指多人共同出资、共同经营、共享收益、共担风险，并对企业债务承担无限责任的企业。合伙企业的产权关系难以明确，非常容易产生矛盾。但是，由于出资人增加，这种企业规模可以大于个人独资企业。在当代，合伙企业主要存在于第三产业。合伙企业与公司的主要区别在于它不具有法人资格。

【例5-2】　　　　同甘易共苦难

王某、黄某和李某在1996年按2:3:3的比例出资8万元开了一家合伙商店。当年盈利5000元，3人按出资比例进行了分配。1997年，王某经营海鲜失败，私自取走出资款2万元，并退出合伙。后来该店散伙，黄某和李某将库存平均分配。1998年初，某公司向法院起诉，要求该店偿还所欠货款6万元。这个官司表明，合伙商店是很容易失败的。按出资比例分配盈利是容易的，但是按出资比例分配责任和权力是困难的。每个人都可能产生搭便车倾向，让别人出力，而自己坐享其成。正因为3个人都不出力，结果商店经营失败。此外，由于合伙商店的出资人承担无限责任，黄某和李某的决策失误也会殃及王某，尽管王某自认为已经退出了该合伙商店。

3. 公司制企业是通过发行股票筹资建立的具有法人地位的企业。它与合伙企业最大区别在于股东以其认购股份对公司债务承担有限责任，公司以其全部资产对公司债务负责。公司制企业分为有限责任公司和股份有限公司。二者的区别主要在于规模不同，前者的出资额和股东人数都小于后者。

背景知识：　　　　上市公司

上市公司指其股票可在交易所交易的公司。由于它满足上市条件，属于规模较大、效益较好的公司。上市公司的主要优点是：(1) 股东人数多，企业筹资容易。(2) 风险分散。(3) 股票易转卖，资产流动性较高。(4) 企业对银行贷款依赖性较小。(5) 定期公布财务报表，公司透明度较高。(6) 企业可获较高知名度。其主要缺点是：(1) 上市要付出一些代价。(2) 公布报表可能透露公司机密。(3) 存在恶意控股可能。(4) 双重纳税，即公司缴纳公司所得税，股东缴纳个人所得税。

4. 国有企业指资产归国家所有的企业。它的特点是：(1) 不以盈利为唯一目标。(2) 出资人是国家。(3) 享有某些特权，如垄断地位、财政补贴、信贷优惠、资源开发优先等。(4) 它的法人地位只涉及管理权，不涉及所有权。(5) 它按统一领导、分级管理的原则接受行政干预。国有企业的优点是：(1) 财产公有，贯彻按劳分配原则。(2) 企业发展符合国家战略目标，如邮政局能够赔钱运行。国有企业的缺点是：(1) 产权不明晰，各级代理人责权利难以界定。(2) 政企不分，市场调节与行政干预存在矛盾。(3) 管理不够科学，对公家的东西缺少关心和爱护。1997 年，我国将“产权明晰、权责明确、政企分开、管理科学”作为国有企业改革的阶段性目标。

五、企业存在的原因

个体经营者转变为企业，主要有 4 点原因：(1) 企业组织多数人协作生产，可以展开专业分工，效率较高。(2) 企业用指令或计划组织协作，可节约市场交易成本。(3) 生产社会化对出资额的最低要求需要筹资社会化。(4) 企业把市场交易转变为企业内部交易，可以逃避某些税收。

【例 5－3】　纺纱者和织布者在市场上的交易成本

分工不是企业产生的唯一理由。市场也可以组织分工，如纺纱者和织布者可通过市场组织分工。但是，他们要为此付出交易成本：(1) 搜寻成本。如，纺纱者和织布者要在市场上找到对方，如果找不到，他们就难以继续进行生产。(2) 信息成本。企业要了解市场价格和产品质量信息并进行比较，这是非常费时费力费财的事情。(3) 谈判成本。企业要讨价还价，并要避免进入对方设置的陷阱。双方计谋越高，双方为谈判付出的代价越大。

(4) 履约成本。双方都会遇到质量检验、按时交货、按时付款等问题。在出现矛盾后，双方又面临打官司的问题。

当企业把纺纱、织布纳入统一计划管理，上述问题就可迎刃而解。在一定程度上，企业的本质就是用计划代替市场，用指令代替谈判。与这种制度相适应，企业要有企业文化，如团队精神等。在企业内搞承包，可以作为权宜之计，但它可能不是企业改革的方向。

本节内容告诉我们：企业有个人独资企业、合伙企业、公司制企业和国有企业4种表现形式。企业的本质是用计划或指令代替谈判。企业的类型由其产权结构决定。4种类型的企业各有利弊，公司制企业更适应当代市场经济条件。

第二节 生产要素和短期生产函数

本节结构：生产要素→生产函数→短期生产函数→边际产量递减规律→总产量、平均产量与边际产量的关系→短期生产函数的应用

引导案例： **制造别针的效率**

斯密写道："一个人抽铁丝，一个人拉直，一个人切断，一个人将一端削尖，一个人将另一端磨平，另外有人做别针的圆头，有人再把圆头安上去。一个10人小厂，通过这样的分工，每日生产48000枚别针，平均每人每天4800枚。如果他们各自独立工作，不论他们是谁，绝对不能一天制造20枚别针。"斯密提出分工能提高劳动生产率的原因是：(1) 分工可提高每个人的劳动熟练程度。(2) 专业化有利于工具改进。(3) 协作可减少人们从一道工序转移到另一道工序浪费的时间。

劳动和产出是不是直线关系？你注意过分工的效率吗？

一、生产要素

生产要素指生产中的投入。在现实生活中，企业会使用成千上万种投入。为分析简化，经济学将投入归纳为劳动、资本、土地和企业家才能4种资源。

劳动指生产中体力和智力消耗。它的数量一般以人时为单位。经济学假设所有劳动同质。但在现实生活中，具体劳动是异质的，随社会分工细化，360行早被突破。我们可将复杂劳动折成倍加的简单劳动。如果市场认可李宇春的歌，那么她的劳动就是复杂劳动。当同质的时间作为劳动衡量标准

时，劳动也是同质的。

资本指生产中使用的劳动工具，如厂房、机器、设备和工具。1 头牛和 1 匹马都是资本，但它们无法相加。为解决这个难题，经济学假设资本同质。经济学中的资本不包括资金，但是我们可用钱的多少来衡量资本大小。如，与牛相比，马代表更多资本。具体的资本有很多种形式，如翻地可用铁锨、镐头、犁头、耕牛、手扶拖拉机、履带拖拉机等。我们要归纳生产的一般规律，就要将资本抽象成同质的资金。资金不能直接用于生产，但它可转化成人们需要的具体资本。

土地指以土地为代表的自然资源，如地皮、河流、海面、森林、矿山、石油资源等。为分析简化，理论上假设土地同质。如，海带养殖场只需要近海，而海水大体同质。具体的土地是异质的。海洋与矿山不同，不同地理位置的土地价值大不相同。

企业家才能指企业所有者和经营者具有的投资、管理和组织生产的能力。企业家才能最基本的表现是创办企业，最杰出的能力是创新能力。理论上假设企业家才能同质，以便分析中能把它量化。

背景知识：　　　　创新的 5 种表现

创新的 5 种表现是：(1) 开发新产品。在现实生活中，有大量新产品专利无人问津，因为开发新产品要冒很大风险。企业家是能发现商机并敢于冒险的人。在没有现成专利时，企业家要自行组织研究开发活动。(2) 发现新市场。如，小轿车在发达国家是老产品，在我国属于较新产品。(3) 采用新技术。新技术有逐渐成熟的过程，采用新技术风险很大。如，瓦特蒸汽机的研制曾让两个资本家血本无归，幸亏有第三个资本家继续支持，瓦特蒸汽机才成功面世。(4) 使用新原料。如，用晶体管取代电子管，又用集成电路取代晶体管。(5) 设计新的生产组织管理方式。

本章分析只考虑资本和劳动两种生产要素，这也是流行的简化分析方法。

二、生产函数

生产函数指一定技术水平下反映产出与投入对应关系的函数，可写成：

$$Q = f(a, b, c, \cdots, n) \quad (5-1)$$

式中，Q 为产量，a、b、c、…、n 分别代表 n 个投入。各种投入总会按某种比例进行组合。技术系数指各种投入的配合比例。

简化的生产函数可写成：

$$Q = f(L, K) \quad (5-2)$$

该式假设生产只使用劳动和资本两种投入，它并未完全否认土地和企业家才能对生产的贡献，只是把它们当成常数项对待。这使我们可以集中讨论劳动与资本的配合问题。

【例5-4】　　柯布—道格拉斯生产函数

柯布和道格拉斯根据美国1899—1922年的工业统计，得出以他们的名字命名的生产函数：

$$Q = 1.01L^{0.75}K^{0.25} \tag{5-3}$$

式中，Q为美国工业总产值，L为工业从业人员，K为资本价值总额。该生产函数十分简明，它假设生产中只使用两种投入，即劳动和资本。后人提出柯布—道格拉斯生产函数的一般形式：

$$Q = AL^{a}K^{b} \tag{5-4}$$

一国在不同时期以及各国在同一时期的柯布—道格拉斯生产函数会有所不同。如果我们在统计年鉴中找到Q、L、K的相应数据，就可运用统计软件算出A、a、b的数值。

三、短期生产函数

生产函数的短期指部分投入数量来不及调整的时期。简化的短期生产函数一般写成：

$$Q = f(L) \tag{5-5}$$

该式表明产量变动在短期只能通过改变劳动投入完成，资本作为固定投入存在。在一般情况下，劳动数量越多，产量越大。但二者不是直线关系。柯布—道格拉斯生产函数不是短期生产函数，因为它研究的时间跨度有几十年，而且资本是可变量。对不同行业的不同企业，短期代表不同时间。有空闲厂房的长三角地区服装厂，其短期是1天，它在1天内可能增加缝纫机。但是，甘肃的服装厂增加缝纫机可能需要1周时间，其短期就是1周。炼铁厂要建高炉，可能要2年时间，其短期为2年。飞机厂要造大飞机，先要研究开发，恐怕需要十几年时间才能调试好设备，其短期变成十几年时间。我们目前只是抽象地研究短期生产函数，时间长短并不重要。重要的是在资本固定的前提下，劳动和产出有何种对应关系。

四、边际产量递减规律

边际产量指可变投入增量带来的总产出增量。它的定义方程为：

$$MP = \Delta TP/\Delta L \tag{5-6}$$

式中，MP为边际产量，ΔTP为总产量增量，ΔL为可变投入（劳动）增量。边际产量是增加1人时带来的产量，它不是一个常数。这是因为在增加劳动的过程中，劳动资本比例会不断变化。

边际产量递减规律指技术不变前提下，随可变投入数量增加，投入增量带来的产出增量最终会出现递减现象。边际产量递减规律并不排斥可能存在边际产量递增现象，它强调的是边际产量最终会出现递减现象。本节后面将会证明，对于企业决策来说，边际产量递减的劳动投入区间是最有实际意义的区间。

【例 5-5】　北创出租汽车公司的边际产量递减

北创出租汽车公司是北京首先进行两班倒制度的公司。假设某司机平均每日载客里程为 200 公里，我们可把它看成边际产量为 200 公里。该公司推行两班倒后，该车由两人承包，平均每日总载客里程增加到 350 公里。我们可认为劳动增量，即新来的司机的边际产量为 150 公里。在一个人开车时，时间不受限制，他可选择客流量最大的时段，这是后来边际产量递减的原因。但司机们欢迎公司的改革，因为它使每人的车份减少了。

边际产量递减的根本原因在于资本的数量是固定的。随着劳动投入不断增加，人均资本越来越少。

五、总产量、平均产量与边际产量的关系

总产量是全部投入带来的产量，是每个可变投入的边际产量之和。它可写成：

$$TP = MP_1 + MP_2 + \cdots + MP_n \qquad (5-7)$$

式中，TP 为总产量，MP_1、MP_2、MP_n 分别为第一、第二、第 n 个单位劳动边际产量。

平均产量指单位可变投入分摊到的产量，它可写成：

$$AP = TP/L \qquad (5-8)$$

式中，AP 为平均产量，L 为可变投入劳动的数量。

【例 5-6】　某企业总产量、平均产量与边际产量

某企业通过调查，得到总产量、平均产量与边际产量数据（见表 5-1）。

表 5-1

劳动 L	1	2	3	4	5	6	7
总产量 TP	3	8	12	15	17	17	16
平均产量 AP	3	4	4	3.75	3.4	2.83	2.29
边际产量 MP	3	5	4	3	2	0	-1

劳动投入 L 由 1 增加到 2，边际产量 MP 由 3 增到 5；当劳动投入增加到 7，边际产量递减到最小的 -1。开始时，边际产量递增的原因是劳动增

加使分工更细，从而提高生产率。后来，边际产量递减的原因是资本数量固定，劳动增加使人均固定资产减少。劳动投入由1增加到6，总产量由3增加到17；可是劳动投入为7时，总产量递减到16。只要边际产量大于零，劳动增加就会带来总产量增加；边际产量小于零，劳动增加就会带来总产量减少。在劳动投入为6时，边际产量为零，这时总产量最大。劳动投入为3之前，平均产量递增，此后平均产量递减。在劳动投入为3时，平均产量正好和边际产量相等，此时平均产量最大。

表5－1所依据的是边际产量随着劳动增加先递增后递减的一般趋势。总产量可根据边际产量求出，平均产量可根据总产量求出。

在图5－1中，边际产量曲线MP随着劳动增加，从递增变为递减。平均产量曲线AP的形状与它类似。D点是边际产量曲线与平均产量曲线的交点，它也是平均产量曲线最高点。这意味着当边际产量等于平均产量时，平均产量最大。这可用反证法证明如下：当边际产量大于平均产量时，平均产量不会最大，因为增加劳动会使平均产量上升；当边际产量小于平均产量时，平均产量不会最大，因为减少劳动会使平均产量上升。因此，只有当边际产量等于平均产量时，平均产量才会最大。

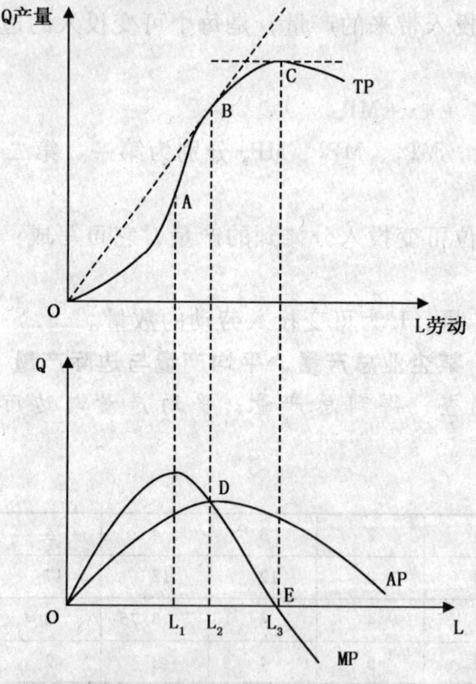

图5－1　短期产量曲线

在图5－1中，C点是总产量曲线TP最高点，E点是边际产量曲线与横轴交点，二者在同一垂线上，表明当边际产量等于零时，总产量最大。这可用反证法证明如下：当边际产量大于零时，总产量不会最大，因为增加劳动会使总产量上升；当边际产量小于零时，总产量不会最大，因为减少劳动会使总产量上升。因此，只有当边际产量等于零时，总产量才会最大。

六、短期生产函数的应用

我们可根据以往投入和产出的统计数字，使用统计软件得到短期生产函数。根据短期生产函数，我们可得到类似于图 5－1 的 3 条短期产量曲线。这些曲线可帮助我们确定劳动的合理投入区间。

在图 5－1 中，如果目前劳动已经大于 L_3，即边际产量小于零，那么，企业应当减少劳动。减人会增加总产量，说明企业人浮于事现象严重。在现实生活中，许多企业都存在这样的问题。因为企业是一种等级制指令组织，它存在强烈的自我膨胀倾向。

如果目前劳动投入小于 L_2，即边际产量大于平均产量的劳动投入区域，那么，企业应当增人。增人不仅会增加总产量，还会提高平均产量。合理的劳动投入区间应在 L_2 和 L_3 之间，此时边际产量递减。至于选择哪一点，还要看产品和投入价格，目前的信息对于企业争取利润最大显得不够充分。

本节内容告诉我们：边际产量指可变投入增量带来的总产出增量。边际产量递减规律指技术不变前提下，随可变投入数量增加，投入增量带来的产出增量最终会出现递减现象。当边际产量小于零时，企业应当裁人；当边际产量大于平均产量时，企业应当增人。合理的劳动投入区间应在边际产量递减之时。

第二节
长期生产函数

本节结构： 长期生产函数→等产量曲线→边际技术替代率递减规律→等成本线→生产者长期均衡

引导案例：　　企业采用新技术是否一定是好事?

对于社会来说，技术进步一定是好事。但是，一个企业是否采用新技术，却是需要研究的事情。为什么？因为采用新技术要花钱。如果设备非常昂贵，而劳动力非常便宜，那么，用人来代替机器可能更加节约开支。其实，许多机器干的活，人也是能干的。如修水库，可以用大型挖掘机，也可以用人海战术。在这里，问题的关键是机器与人力的价格。

在发达国家，机器相对便宜，人工相对较贵，所以企业强调采用资本密集型生产方法。在发展中国家，机器较贵，劳力很便宜，企业更适合采用劳动密集型生产方法。如果发展中国家照搬发达国家企业的生产方法，可能只是照猫画虎，得不偿失。如果一个国家农业人口比例偏高，需要向非农产业转移，那么，片面强调技术进步的后果就更严重。资本密集型生产方法用人少，企业大量采用它会相应减少劳动需求。

我们如何使用数学语言分析企业生产要素的组合方式？

一、长期生产函数

生产函数的长期指所有投入都可调整数量的时期。为分析简化，假设生产中只使用劳动L和资本K，这使得长期生产函数一般写成：

$$Q=f(L, K)$$

在等产量曲线分析中，产量不变，长期生产函数写成：

$$Q_0=f(L, K) \qquad (5-9)$$

式中，Q_0 表示某一特定产量。该函数研究的是在产量不变前提下，劳动与资本存在何种替代关系。

二、等产量曲线

等产量曲线是在技术不变前提下，在要素面上展现出来的能带来同等产量的要素组合点的轨迹。要素面分别以横坐标和纵坐标表示两种投入的数量。要素面上的任意一点代表一种要素组合或一种生产方法。很多资本和很少劳动的要素组合，代表资本密集型生产方法；很多劳动和很少资本的要素组合，代表劳动密集型生产方法。理性的企业会尽量避免边际产量小于零的情况发生。因此，投入数量越多，产量就会越大。在要素面上我们不能直接看到产量，但可根据投入的数量判断产量的大小。

表5-2　某企业等产量表

组合方式	a	b	c	d
资本量（K）	6	3	2	1
劳动量（L）	1	2	3	6

如果我们要生产20吨小麦，可以选择多种生产方法。在表5-2中，a是典型的资本密集型生产方法，即尽可能多用资本少用人的生产方法。1人是劳动下限，6单位资本相当于大型拖拉机。d是典型的劳动密集型生产方法，即尽可能多用人少用资本的生产方法。1单位资本是资本下限，可理解为锄头，6人相当于人海战术。在二者中间还有许多中间型生产方法。如，

b是偏重于资本密集的生产方法，3单位资本可理解为小型拖拉机；c是偏重于劳动密集的生产方法，2单位资本可理解为耕牛。这里的分析有一个前提，即资本和劳动存在替代关系。

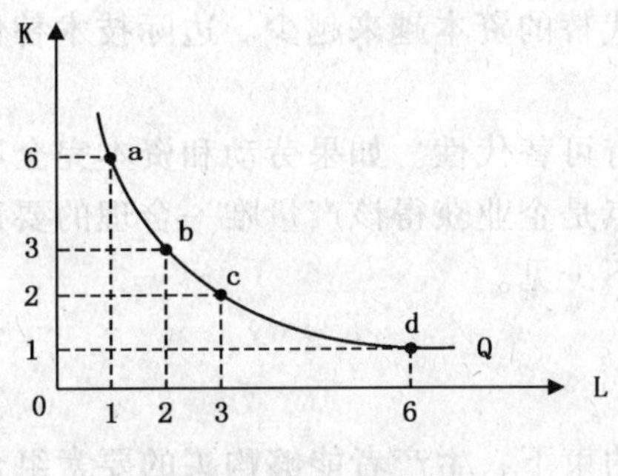

图5-2 等产量曲线

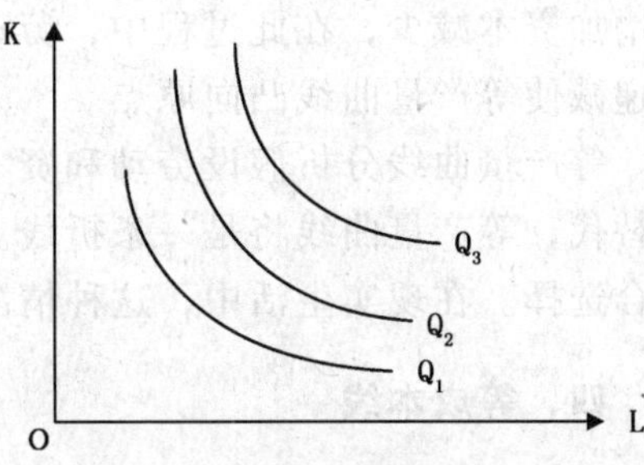

图5-3 等产量曲线群

在图5-2中，横轴L为劳动投入量，纵轴K为资本投入量。该坐标面为要素面，其上任何一点代表一种要素组合。Q为等产量曲线，a、b、c、d各点都能带来同样的产量。但是，各点代表的生产方法并不相同。如，a点为资本密集型生产方法，d点为劳动密集型生产方法。

等产量曲线向右下方倾斜，其斜率为负值。这说明在增加一种投入的数量时，必须同时减少另一种投入的数量，才能维持产量不变。如果两种投入都增加，产量将增加；如果两种投入都减少，产量将减少。

在图5-3中，存在Q_1、Q_2、Q_3这3条等产量曲线。在要素面上，我们只能直接看到投入数量。由于离原点越近的点代表的投入越少，所以离原点越近的等产量曲线代表的产量越低。等产量曲线Q_3代表的产量大于等产量曲线Q_2，等产量曲线Q_2代表的产量大于等产量曲线Q_1。任意两条等产量曲线不能相交。否则，交点同时代表两种产量，这不能成立。

三、边际技术替代率递减规律

边际技术替代率是在产量不变前提下，增加单位投入所需要减少的另一种投入的数量。它可写成：

$$MRTS_{LK} = -\Delta K/\Delta L \tag{5-10}$$

式中，$MRTS_{LK}$为劳动对资本的边际技术替代率，ΔL是劳动增量，ΔK是资本减量。式子的负号使边际技术替代率变为正数。边际技术替代率体现劳动增量能替代多少资本。边际技术替代率是等产量曲线的斜率。在图5-2中，随着劳动投入增加，等产量的要素组合由a点向d点移动，等产量曲线的斜率递减，即边际技术替代率递减。

边际技术替代率递减的原因是边际产量递减规律。由上一节内容可知，劳动的合理投入区域位于边际产量递减区域。所以，这里将边际产量递减作为进一步分析的前提。当劳动增加时，如果资本不变，劳动边际产量递减；当资本减少时，若劳动不变，资本边际产量递增。a点向d点的移动表明劳动增加资本减少，在此过程中，劳动能代替的资本越来越少。边际技术替代率递减使等产量曲线凸向原点。

等产量曲线分析假设劳动和资本具有可替代性。如果劳动和资本完全不可替代，等产量曲线将是一条折线。角点是企业获得该产量唯一合理的要素组合选择。在现实生活中，这种情况并不少见。

四、等成本线

等成本线是在既定成本和要素价格约束下，生产者能够购买的要素组合点的轨迹。它的定义方程为：

$$C = P_k K + P_L L \tag{5-11}$$

式中，C表示既定成本，P_k为既定资本价格，P_L为既定劳动价格，K和L分别为资本和劳动的数量。将该式变形，得到：

$$K = C/P_K - P_L/P_K \times L \tag{5-12}$$

根据解析几何知识，C/P_K表示等成本线在纵轴的截距，P_L/P_K为等成本线斜率。

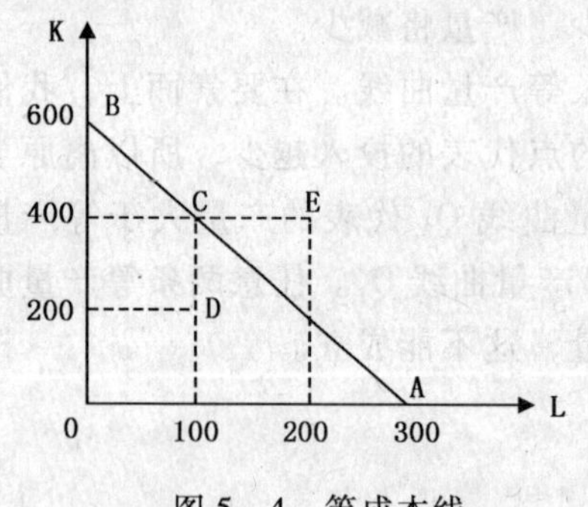

图5-4　等成本线

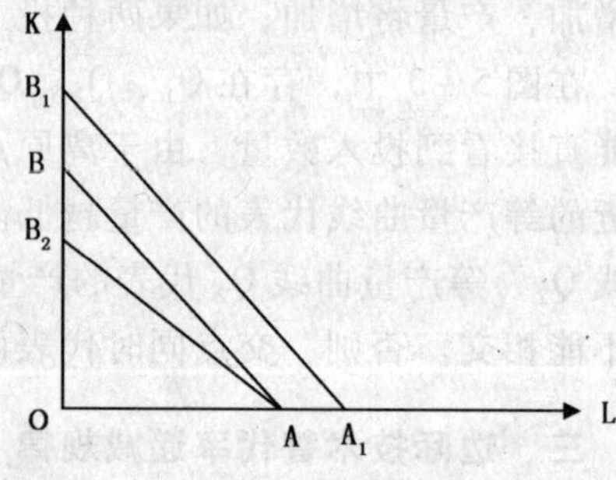

图5-5　等成本线的移动

在图5-4中，AB为等成本线。假设成本为600元，资本价格1元，劳动价格2元。企业若只购买资本，可获600单位，如B点所示；企业若只购买劳动，可获300单位，如A点所示。C点表示企业用600元购买400单位资本和100单位劳动。等成本线上所有点都是企业能够购买到的要素组合。等成本线右边的点是企业用现有成本无法实现的要素组合。如，E点是400单位资本和200单位劳动，它需要800元支出。等成本线左边的点所代表的要素组合用不完这些成本。如，D点代表200单位资本和100单位劳动组合，它只需400元支出。

在图 5－5 中，期初等成本线为 AB 线。若企业增加支出，等成本线将向右方移动到 A_1B_1 的位置。平移的原因是要素价格不变，从而斜率不变。同理，若企业减少支出，等成本线将向左方移动。如果资本价格上升，等成本线 AB 就会向左下旋转到 AB_2 的位置。这意味着企业用全部支出购买资本的数量由 B 减少到 B_2。

五、生产者长期均衡

生产者长期均衡指全部生产要素组合调整到最优状态。资源配置最优的标准是既定成本约束下产量最大，或既定产量约束下成本最小。

在图 5－6 中，AB 线为既定等成本线。该线上任意一点都代表同样的成本，它与等产量曲线相切的切点就是长期生产者均衡点，如图中 E 点所示。企业如果选择 R 点和 S 点，也使支出得到充分利用，但是它们位于位置较低的等产量曲线 Q_1 之上，即它们只能带来较低产量。因此，等成本线与等产量线切点以外的点都是不可取的。等产量曲线 Q_3 位于等产量曲线 Q_2 的右方，代表更大产量，但是它位于等成本线右方，是成本约束下无法实现的产量。切点的特点是：等产量曲线斜率等于等成本线斜率，前者是边际技术替代率，后者是要素相对价格。因此，要素最优组合条件是边际技术替代率等于要素相对价格。这可写成：

$$MRTS_{LK} = P_L/P_K \qquad (5-13)$$

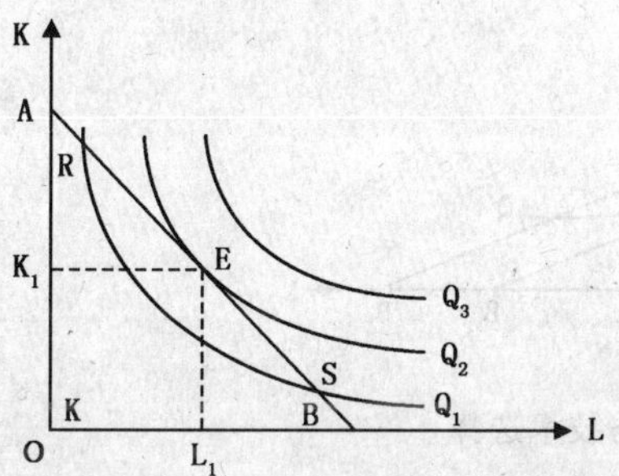

图 5－6　既定成本约束下产量最大

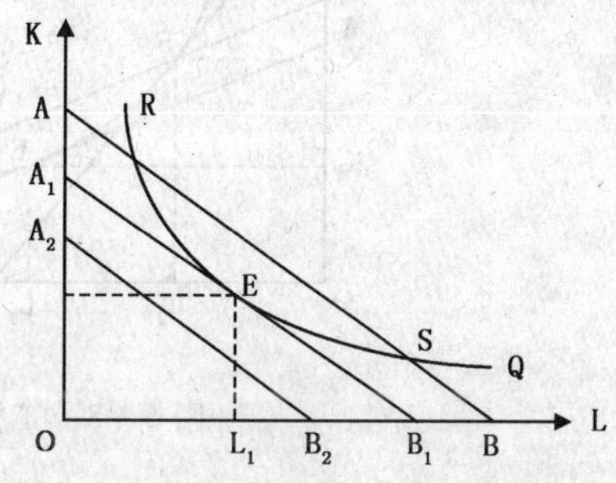

图 5－7　产量约束下成本最小

企业可能实行以销定产策略。如果产品生产周期较短，企业可用这种策略减少库存。该策略在理论上的表现是如何在既定产量约束下让成本最小。在图 5－7 中，等产量曲线 Q 代表企业事前确定的产量，它会与许多等成本线中的一条相切，切点就是长期生产均衡点，如 E 点所示。企业可以选择 R 点和 S 点，它们也代表同样的产量，但它们位于位置更高的等成本线 AB 之上，成本大意味它们不是最优组合。在图形上存在位置更低的等成本线，但是它们位于等产量曲线 Q 的左方，意味着更低成本不足以得到 Q 的产量。

既定产量约束下实现成本最小与既定成本约束下实现产量最大一样，都以切点为最终归宿。因此，要素最优组合条件在任何情况下都是边际技术替代率等于要素相对价格。

【例5-7】 资本密集型技术代表技术进步方向

资本密集型技术代表技术进步方向，因为从本质上看，人们发明机器和各种技术，就是为了减轻人们的劳动繁重程度和提高劳动效率。市场会自发实现这一趋势，是因为随着经济发展，工资水平逐步提高，机器价格相对下降。在这种背景下，企业用机器代替人力是合理选择，它可以节约开支。这也意味着技术的资本密集程度会不断提高。

在图5-8中，等产量曲线上任何一点都代表一种技术。如，E点代表劳动密集型技术，F点代表资本密集型技术。K_2/L_2 大于 K_1/L_1，说明F点人均资本多。企业选择何种技术，取决于要素相对价格。等成本线斜率反映要素相对价格，工资水平逐步提高会使等成本线斜率变大，在图形上表现为AB旋转到CD。这会使长期生产均衡点由E点移动到F点。与E点相比，F点代表资本密集型技术。工资增加会促使企业用资本替代劳动。

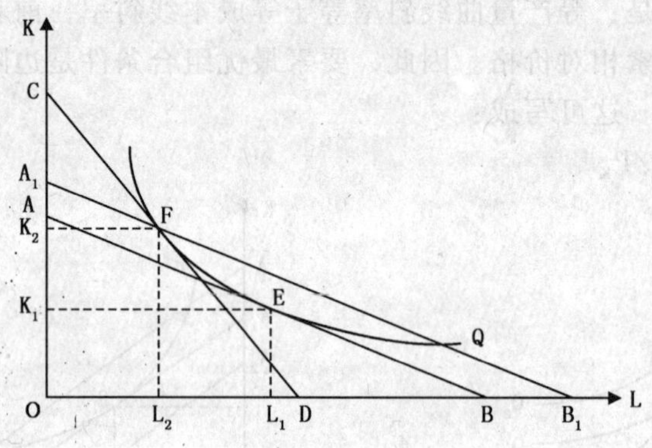

图5-8 工资上升与技术选择

【例5-8】 洋跃进批判

洋跃进指政府鼓励企业进口国外设备以快速实现本国技术进步。在图5-8中，假设CD线斜率代表发达国家要素相对价格，AB线斜率代表发展中国家要素相对价格。该假设以发达国家工资较高为基础。由于发达国家工资较高，它们会选择F点资本密集型生产方法。由于发展中国家工资较低，它们会选择E点劳动密集型生产方法。这两种选择都符合各自国情，都符合要素最优组合条件，即边际技术替代率等于要素相对价格。

如果发展中国家进口发达国家设备，意味着它们选择资本密集型生产方法，即选择F点。这种超越发展阶段的技术进步带来两个不良后果：

(1) 成本上升，表现为等成本线 AB 移到 A_1B_1 的位置。(2) 就业人数减少，表现为 L_1 移到 L_2 的位置。经济学提出适用技术概念。判断技术是否适用的标准是它能否实现要素最优组合。技术水平不是越高越好，而是越适用越好。

中国在改革开放初期面临的最大问题之一是农村人口过多，人多地少的矛盾突出。在这种情况下，外资企业率先采用劳动密集型技术，给我国带来大量就业机会。电视剧《外来妹》曾风靡一时，表明老百姓的看法是，不管什么样的技术，能带来就业机会的就是好技术。

本节内容告诉我们：等产量曲线是在技术不变前提下，在要素面上展现出来的能带来同等产量的要素组合点的轨迹。等成本线是既定成本和要素价格约束下，生产者能够购买的要素组合点的轨迹。要素最优组合条件是边际技术替代率等于要素相对价格。

第四节 规模报酬

本节结构：规模报酬定义→产出弹性→企业规模报酬变动趋势→内在经济→内在不经济→外在经济→外在不经济→决定企业适度规模的因素

引导案例：　　**大船与小船的比较**

在动物界，大鱼吃小鱼。在市场竞争中，大企业吞并小企业。我们可以把一条船看成一个企业。人们总是倾向于在可能的条件下使用大船。就单位载重量而言，船越大，造价越低，因为船体面积是平方关系，船体体积是立方关系。就用人而言，船越大，单位载重量用人越少，如百万吨油轮只有几十个船员。就耗油而言，船越大，单位载重量耗油越少。就安全而言，船越大，越能抵御风浪袭击。

那么，船是不是越大越好？小船是不是应当被淘汰？

一、规模报酬定义

规模报酬指其他条件不变前提下，同比例增加所有投入所引起的产出相对变动。在简单两种投入的生产函数中，人们研究规模报酬时假设资本和劳动的比例不变，生产函数技术系数不变。也就是说，资本和劳动缺乏替代关系。企业在扩大生产规模时，既增加资本，又增加劳动。这里的其他条件不变，主要是技术水平不变。为分析简化，假定企业只有一种技术可供选择。无论这种技术是资本密集型的，还是劳动密集型的，企业在扩大规模时都要按技术系数所规定的比例同时增加资本和劳动。如果资本增加10%，那么劳动也要增加10%。企业在这时最关心的问题是规模报酬表现如何。人们一般用生产力弹性衡量规模报酬。

生产力弹性指所有投入同比例变动引起的产出相对变动。其定义方程为：

$$E_Z = (\Delta Q/Q) / (\Delta Z/Z) = (\Delta Q/\Delta Z) \times Z/Q \qquad (5-14)$$

式中，E_Z 为生产力弹性系数，$\Delta Q/Q$ 为产出变动率，$\Delta Z/Z$ 为所有投入变动率。如果生产力弹性大于1，即产出增长率大于投入增长率，这被称为规模报酬递增；如果生产力弹性小于1，即产出增长率小于投入增长率，这被称为规模报酬递减；如果生产力弹性等于1，即产出增长率等于投入增长率，这被称为规模报酬不变。

生产力弹性可分解为产出弹性，也可根据产出弹性求生产力弹性。

二、产出弹性

产出弹性指某一种投入的相对变动所引起的产出相对变动。在简单生产函数中，它有资本产出弹性和劳动产出弹性两种基本表现形式。

资本产出弹性指资本相对变动所引起的产出相对变动。它可写成：

$$E_K = (\Delta Q/Q) / (\Delta K/K) \qquad (5-15)$$

式中，E_K 为资本产出弹性，$\Delta Q/Q$ 为产出变动率，$\Delta K/K$ 为资本变动率。

劳动产出弹性指劳动相对变动所引起的产出相对变动。它可写成：

$$E_L = (\Delta Q/Q) / (\Delta L/L) \qquad (5-16)$$

式中，E_L 为劳动产出弹性，$\Delta Q/Q$ 为产出变动率，$\Delta L/L$ 为劳动变动率。

生产力弹性是生产中使用的各种投入的产出弹性之和。如果生产中只使用资本与劳动，生产力弹性是资本产出弹性与劳动产出弹性之和。这可写成：

$$E_Z = E_K + E_L \qquad (5-17)$$

【例5-9】　柯布—道格拉斯生产函数中的规模报酬

柯布—道格拉斯生产函数的一般形式为：

$$Q = AL^aK^b$$

式中，a为劳动产出弹性，b为资本产出弹性，A是反映技术进步的系数。如果 $a+b>1$，存在规模报酬递增；如果 $a+b<1$，存在规模报酬递减；如果 $a+b=1$，存在规模报酬不变。

柯布和道格拉斯的研究表明，在该生产函数中，A接近于1，反映技术在他们研究的时期对经济贡献不大。劳动产出弹性为0.75，资本产出弹性为0.25，二者之和正好为1，它反映美国经济存在规模报酬不变的现象。

三、企业规模报酬变动趋势

企业同比例增加各种投入，会导致规模报酬递增、规模报酬不变、规模报酬递减依次出现。

【例5-10】　　一支车队去拉萨

我们把一支去拉萨的车队看成一个企业。它以增加汽车数量的方式扩大企业规模。起初，假设该企业规模很小，只有一辆车。一辆货车去拉萨，效率会很低，因为司机在途中可能遇到各种问题，如道路不熟、半路抛锚、道路塌方、歹徒抢劫等，一个人在解决问题时显得力量较小。如果该企业让两辆货车组成车队去拉萨，效率会有所提高。司机可能出现专业分工，如一位司机熟悉道路，另一位司机善于修车，这会增加每一辆车的日行驶里程。如果有更多的车一起去拉萨，则安全也更有保障，甚至道路塌方也能自行处理。这时出现的是规模报酬递增。当汽车达到一定数量，规模报酬可能不变。如果该企业继续增加汽车的数量，导致一支车队过于庞大，就会带来另一些问题，反而使效率下降，如道路拥挤、住宿不便、难以指挥等，每一辆车的日行驶里程反而会减少。这时出现规模报酬递减。

对于规模报酬的变动，经济学从内在经济、内在不经济、外在经济、外在不经济4个方面加以解释。

四、内在经济

内在经济指企业同比例增加投入会导致资源节约。它是企业层次规模报酬递增的原因。内在经济的理论依据是：

（一）大型设备带来节约

在资本增加过程中，企业会采用大型设备。大型设备会带来节约，除前面提到的大船，大卡车、大高炉、大挖土机等许多例子都能证明这一点。

【例5-11】　　小化肥厂的耗电量

在中苏关系紧张时期，苏联曾试图对我国进行核打击，为此它曾与美国联系。在这种压力下，我国大搞“三线”建设，把许多企业迁往山区。其中一个重要举措是建设小化肥厂。小化肥厂在全国遍地开花。令人始料不及的是，那种小化肥厂生产单位化肥的耗电量居然达到中等化肥厂的100倍。此外，它生产的化肥质量很差，农民宁愿花高价用进口化肥。即使不考虑环境污染，小化肥厂也得不偿失。如果政府对大设备的节约有更深刻的认识，恐怕历史就会改写。

（二）专业化的效率

在规模扩大过程中，专业化得到强化，包括人的专业化和设备专业化，两种专业化都会提高效率。

【例5－12】 车床的专业化

车床是典型的万能机床，它可加工轴、底盘、螺丝、钻孔等。小企业生产规模较小，更多使用车床一类的万能机床。它能加工许多东西，但是它的效率较低，如生产一个螺丝可能都要半个小时。大企业生产每种零件的批量大，它可让设备专业化，把车床改造成适合加工特定零件的专用设备，如只生产螺丝的设备。这往往会使效率百倍提高。

（三）资源综合利用

大企业更容易实现资源综合利用。即使废物积累到一定数量，都会变成有利用价值的宝贵资源。

【例5－13】 猪胆的利用价值

中国自古以来就知道猪胆有药用价值，但是，实际上它从未得到有效利用。农民养猪十分分散，而且他们通常不是同时杀猪，这使得收购猪胆代价高昂。由于无人收购，农民杀猪后经常把猪胆扔掉，因为它也不易保存。如果建一个大型养猪场，上面的问题就会迎刃而解。猪胆数量很大时就便于收购了。药厂可以开出高价，因为生活水平提高使人们对药品的需求增加。大型养猪场相对于个体养猪的重要优势，就是它可利用猪的任何部位赚钱。

（四）节约管理成本

生产规模适度扩大可节约管理成本。一个厂长管理几十人比管理几个人合算。当企业扩大生产规模时，在一定范围内，管理费在总成本中的比重可能下降。

（五）垄断利益

企业规模扩大可能带来垄断利益。随着企业规模扩大，其市场份额相对提高。企业在原料市场可能获得买方垄断地位，在产品市场可能获得卖方垄断地位。它可以更便宜地买到原料，更容易借到钱，以更高价格卖出产品。

五、内在不经济

内在不经济指企业同比例增加投入所导致的资源浪费。它是企业规模报酬递减的原因。内在不经济的理论依据主要在于企业规模过大会导致官僚主义，造成管理效率低下。小企业的最高管理者与一线工人有直接感情交流。资本家给工人拜年之类的事情只能发生于小企业。小企业的委托代理链条较短，上级更了解下情，也更能有效监督，不会出现天高皇帝远的现象。小企业决策高度集中，可迅速对市场作出灵活反应。小企业管理者的责任心一般强于大企业，权责利划分更为明确。小企业船小好调头，企业可更迅速地对市场需求变化作出反应。此外，其他一些因素也对大企业不利，如企业规模过于庞大会导致市场地理范围扩大，企业远离客户，运输成本会相应增加。

六、外在经济

外在经济指技术系数不变前提下，行业规模扩大引起的企业资源节约。外在经济的理论依据是：

首先，行业规模扩大会刺激教育、咨询、设计、施工、铁路、供电、供水等产前服务行业发展。没有一定规模的需求，这些产前服务行业发展不起来。行业达到一定规模，可以给产前服务行业的发展创造条件。一旦这些产前服务行业发展起来，就可显著提高企业效率。例如，对于许多行业来说，人才是成败的关键。如果该行业规模较大，就会出现专业化的机构为其培养人才。这种专业教育的发展可显著降低培养成本和提高培养质量。

【例5-14】　大学轿车专业的发展

20世纪80年代，中国很少有人坐过轿车。因此，我们也很少见到大学里有轿车专业。中国的轿车工业自行培养人才，耗费巨大代价，成效并不显著。人才缺乏成为制约我国轿车工业发展的重要因素。目前，我国的轿车工业已进入世界前列。其原因之一是在我国大学里，轿车专业遍地开花。汽车行业的迅速发展，给轿车专业毕业生解决了就业出路。反过来，轿车专业的发展，解决了我国轿车生产企业人才不足的问题。

其次，行业规模扩大导致社会分工细化，刺激各种产中服务行业发展。在生产社会化的进程中，许多作业转移给社会服务业。例如，耕地、播种、施肥、灭虫、收割、保管等许多作业都是传统农业不可分割的部分，但是现在它们正在独立出来成为产中服务行业的一部分。美国一些农民已经很少下地干活了，他们的日常工作是打电话，让各种农业服务公司给他干活。社会分工的这种趋势显著提高了生产效率，美国一个农民的生产率可顶我国几十个人。

【例5-15】　北京汽车维修店的发展

20世纪80年代，我国许多单位都自己买汽车，自己修车，自己培养修车师傅，自己买车床等设备为修车服务。这使得修车的代价十分高昂。当时各单位车少，不足以支持修车工作的社会化。如今，北京仅出租车就有6万多辆。汽车工业的迅速发展带来了巨大的修车需求，巨大的修车需求导致汽车维修店应运而生。北京随处可见汽车维修店，修车成为很方便的事情。这反过来又进一步鼓励了人们的买车热情，支持了我国汽车工业的发展。

最后，行业规模扩大刺激运输、销售、维修等产后服务行业发展。许多行业的发展都需要产后服务业的支持。如果一个小湖边只有一个渔民，那么不会有人替他卖鱼。但是，如果一个大湖边有几十个渔民，就会有人专门从事销售工作，这可以提高生产和销售的效率。

七、外在不经济

外在不经济是行业规模过大引起的资源浪费和企业成本提高。外在不经济的理论依据是：（1）行业规模过大引起供给大幅度增加，企业之间可能展开恶性竞争，导致产品价格下降。（2）行业规模过大引起要素需求大幅度增加，可能导致要素价格上升。（3）行业规模过大可能引起资源迅速消耗和要素供应不足。（4）行业规模过大可能引起环境污染加剧。例如，我国纺织业规模急剧扩大后，引起全世界纺织品价格下降，并使我国纺织业量大利薄。又如，我国钢铁业迅速发展，导致铁矿石价格一翻再翻，使钢铁企业生产成本不断增加。

八、决定企业适度规模的因素

在一般情况下，企业适度规模指企业进入规模报酬不变阶段时的企业规模。如果企业处于规模报酬递增阶段，它应扩大规模；如果企业处于规模报酬递减阶段，它应减少规模。决定企业适度规模的因素是：（1）行业特点。一般而言，资本密集型行业企业适度规模较大，劳动密集型行业企业适度规模较小。如，造船、汽车、冶金、化工等行业企业适度规模较大，农业、服装、纺织等行业企业适度规模较小。（2）标准化程度。标准化程度越高，企业适度规模越大。如，麦当劳标准化程度较高，企业规模较大；中餐馆标准化程度低，所以规模较小。（3）技术进步程度。该标准与时俱进。如，20世纪50年代，汽车企业适度规模为30万辆，如今的标准是200万辆。一些行业已经公布了企业适度规模的参考标准，如彩色显像管年产200万套，电冰箱年产80万台等。

本节内容告诉我们：规模报酬指其他条件不变前提下，同比例增加所有投入所引起的产出相对变动。规模报酬的变动取决于内在经济、内在不经济、外在经济、外在不经济4个方面的因素。内在经济指企业同比例增加投入会导致资源节约。内在不经济指企业同比例增加投入会导致资源浪费。外在经济指技术系数不变前提下，行业规模扩大引起的企业资源节约。外在不经济指行业规模过大引起的资源浪费和企业成本提高。企业要争取的是实现适度规模。

思考与练习

一、选择题

1. 不属于生产范畴的活动是(　　)。

A. 教师上课　　B. 和尚讲经

C. 商店卖货　　D. 农民种地

2. 个人独资企业的优点是(　　)。

A. 管理者责任心强　　B. 不以盈利为唯一目的

C. 企业减少对贷款的依赖　　D. 管理科学

3. 国有企业的特点是(　　)。

A. 企业有法人地位　　B. 管理者责任心强

C. 不以盈利为唯一目的　　D. 风险分散

4. 上市公司的主要缺点是(　　)。

A. 股票容易转卖　　B. 定期公布财务报表

C. 公司以全部资产对债务负责　　D. 存在双重纳税问题

5. 生产函数的短期是指(　　)。

A. 部分投入来不及调整的时期　　B. 半年以内

C. 1 年以内　　D. 1 个月以内

6. 边际产量递减规律(　　)。

A. 否认边际产量可能递增　　B. 以某些投入固定为前提

C. 以专业分工为依据　　D. 适用于长期分析

7. 当边际产量等于零时，(　　)。

A. 平均产量最大　　B. 总产量最小

C. 总产量最大　　D. 平均产量等于零

8. 当边际产量等于平均产量时，(　　)。

A. 总产量最大　　B. 总产量最小

C. 边际产量最大　　D. 平均产量最大

9. 生产函数的长期是指(　　)。

A. 1 年以上　　B. 5 年以上

C. 所有投入都可调整的时期　　D. 部分投入来不及调整的时期

10. 生产者长期均衡的条件是(　　)。

A. 产量越大越好　　B. 成本越小越好
C. 边际技术替代率等于要素相对价格　　D. 使用最先进的技术

11. 对于资本密集型技术，不正确的是(　　)。
A. 它有助于增加就业
B. 工资上升是企业采用它的原因
C. 它代表技术进步方向
D. 加速推行它会使企业成本上升

12. 企业适度规模的标准是(　　)。
A. 规模报酬递增　　B. 规模报酬不变
C. 规模报酬递减　　D. 以上都不对

二、调查某企业的规模，包括资产和就业人数。

三、从网上寻找企业适度规模数据。

四、运用等产量曲线说明某个现实问题。

五、用数据说明某企业的要素组合。

本章选择题参考答案：1. B　2. A　3. C　4. D　5. A　6. B　7. C　8. D　9. C　10. C　11. A　12. B

第六章

生 产 成 本

学习目的

1. 了解短期总成本、短期平均成本、短期平均固定成本、短期平均可变成本、短期边际成本、长期平均成本、最优企业等概念。
2. 掌握各种成本之间的关系。
3. 能够运用成本理论解释一些现实问题。

本章结构： 短期成本→长期成本

引导案例： **关于日本汽车产业的大辩论**

第二次世界大战结束时，美国工业产量占全世界的60%，是名副其实的世界工厂。在汽车产业，美国的平均成本显著低于日本。在这种情况下，日本发生了关于汽车产业的大辩论。以大藏省为代表的一派主张日本不要发展汽车工业，而应按比较优势原则进口美国汽车。以通产省为代表的一派主张日本要发展汽车工业。最后通产省在表决时多得一票，日本开始大力发展汽车工业。这一票改变了日本的历史，帮助日本实现经济起飞。

日本大力发展汽车工业的理论依据是什么？经济学是如何分析成本的？为什么日本人认为从长期来看，日本汽车产业能够具有成本优势？

第一节 短 期 成 本

本节结构： 短期总成本→短期边际成本→短期平均成本→短期平均成本和边际成本曲线

引导案例： **懒惰的猴子**

市场上椰子每个涨到3元，小猪很高兴，因为它有一片椰林。可是小猪不会爬树，于是找猴子帮忙。猴子说："你1小时给我多少钱?"小猪想了一下，说："你先摘6个椰子让我看看。"猴子摘回6个椰子，用了1小时。小猪说："我给你1小时12元钱。"过了3小时，小猪回来了，发现地上一共有16个椰子。原来，猴子第二个小时摘了5个椰子，第三个小时摘了4个椰子，第四个小时只摘了1个椰子。小猪在大热天卖椰子，一边卖一边想，自己白忙活了，卖完椰子它就跑去向经济学家请教。经济学家告诉小猪："因为边际产量递减，所以边际成本递增。"在回家的路上，小猪一直在想："到底什么是边际成本呢？为什么边际产量递减，边际成本就会递增?"

一、短期总成本

短期是存在固定投入的时期。

在两种投入的模型中，企业使用资本K和劳动L，它们的价格分别是利率i和工资W。假设资本是固定投入，劳动是可变投入。

固定成本FC是资本价格与资本数量的乘积：

$$FC = i \times K$$

可变成本VC是劳动价格与劳动数量的乘积：

$$VC = W \times L$$

短期总成本STC是企业在短期生产全部产量的成本总和，也是固定成本FC与可变成本VC的总和，写成：

$$STC = FC + VC = i \times K + W \times L \tag{6-1}$$

二、短期边际成本

（一）短期边际成本的概念

短期边际成本SMC是产品增量ΔQ带来的总成本增量ΔSTC。由于固定成本的变动为零，即$\Delta FC = 0$，所以短期边际成本也是产品增量带来的可变成本增量ΔVC。该定义方程可写成：

$$SMC = \Delta STC/\Delta Q = (\Delta VC + \Delta FC)/\Delta Q = \Delta VC/\Delta Q \tag{6-2}$$

（二）短期边际成本递增规律

短期边际成本递增规律指产量达到某一数量之后，短期边际成本会随着产量增加而递增。它并不否认短期边际成本存在递减的可能，它强调的只是早晚会出现短期边际成本递增。之所以如此，是因为在第五章短期生产分析中，劳动合理投入区间是边际产量递减区间。

本节引导案例提到的那只懒惰的猴子，它1小时工资是12元钱。如果它1小时摘了6个椰子，每个椰子边际成本为2元；如果它1小时只摘了1

个椰子，每个椰子边际成本就是12元。猴子摘椰子的数量由6个减少到1个，反映了边际产量递减，所以我们看到边际成本由2元递增到12元。

表6－1　　某企业短期边际成本表

产量Q	0	1	2	3	4	5	6	7
短期边际成本SMC	/	12	11	7	3	4	14	16

在表6－1中，我们发现某企业的产量由1增加到4时，短期边际成本由12递减到3。此后，产量继续由4增加到7，短期边际成本由3递增到16。这反映了短期边际成本随着产量增加先递减后递增的一般趋势。

背景知识：　　短期边际成本与边际产量的关系

短期边际成本与边际产量MP有倒数关系。如果边际产量先递增后递减，边际成本就会先递减后递增。二者关系的数学证明方法是：

$\because MP = \Delta Q/\Delta L$，$SMC = \Delta VC/\Delta Q$，$\Delta VC = W \times \Delta L$

$$\therefore SMC = \Delta VC/\Delta Q = (W \times \Delta L)/\Delta Q = W \times 1/MP \qquad (6-3)$$

这表明，如果边际产量递增，边际成本就会递减；如果边际产量递减，边际成本就会递增。

（三）短期边际成本与总可变成本的关系

总可变成本VC是随着产量变动而变动的成本支出总和，是生产一定数量商品所付出的工资总额，也是每个产品短期边际成本之总和。它可写成：

$$VC = W \times L = MC_1 + MC_2 + MC_3 + \cdots + MC_N \qquad (6-4)$$

式中，MC_1、MC_2、MC_3、MC_N分别表示第一、第二、第三、第N件产品的边际成本。

表6－2　　某企业短期边际成本和总可变成本

产量Q	0	1	2	3	4	5	6	7
短期边际成本SMC	/	12	11	7	3	4	14	16
总可变成本SVC	0	12	23	30	33	37	51	67

任何一种产量下的总可变成本都是它和在它之前的每一个产品的短期边际成本的总和。例如，在表6－2中，产量为3时，短期边际成本之和为：$12+11+7=30$，即总可变成本为30。

短期总成本STC是固定成本加上总可变成本，也是固定成本与所有产品短期边际成本之总和。它可写成：

$$STC = FC + VC = FC + MC_1 + MC_2 + MC_3 + \cdots + MC_N \qquad (6-5)$$

背景知识：　　正常利润

正常利润是企业为使用企业家才能而向企业家支付的报酬，属于成本的一部分。企业家用自己的钱办企业。如果他不办企业，而是把钱存入银行，那么他可以得到利息。他把钱用来办企业而不能获得利息，这部分损失的利息要列入他办企业的机会成本。假设生产中使用资本、劳动、土地、企业家才能4种要素，成本就要考虑正常利润。现在假设生产中只使用两种要素，生产成本就是利息与工资的总和，不用考虑正常利润。

三、短期平均成本

平均固定成本AFC是单位产品平均分摊到的固定成本：

$$AFC = FC/Q \tag{6-6}$$

平均可变成本AVC是单位产品平均分摊到的可变成本：

$$AVC = VC/Q \tag{6-7}$$

短期平均成本SAC即单位产品平均分摊到的总成本，它也是平均固定成本AFC与平均可变成本AVC之总和：

$$SAC = STC/Q = (FC + VC)/Q = AFC + AVC \tag{6-8}$$

表6-3　　某企业短期成本表

Q	0	1	2	3	4	5	6	7
STC	3	15	26	33	36	40	54	70
FC	3	3	3	3	3	3	3	3
VC	0	12	23	30	33	37	51	67
SAC	/	15	13	11	9	8	9	10
AFC	/	3	1.5	1	0.75	0.6	0.5	0.43
AVC	/	12	11.5	10	8.25	7.4	8.5	9.57
SMC	/	12	11	7	3	4	14	16

从表6-3我们可以发现，固定成本FC是常数3，不会随产量增加而变化。在产量为零时，企业支付的总成本只有固定成本，二者相等，都是3。平均固定成本AFC随着产量增加而递减。随着产量由1增加到7，平均固定成本由3减少到0.43。

平均可变成本AVC随着产量增加先下降后上升。随着产量由1增加到5，平均可变成本由12减少到7.4；随着产量由5增加到7，它由7.4增加到9.57。

背景知识：　短期平均可变成本与平均产量的关系

短期平均可变成本与平均产量AP有倒数关系，可用数学方法证明：

$\because AP = Q/L$

$$\therefore AVC = VC/Q = (W \times L)/Q = W \times (1/AP) \quad (6-9)$$

这种倒数关系表明，随着平均产量递增，短期平均可变成本递减；随着平均产量递减，短期平均可变成本就会递增。第五章已经表明平均产量随着劳动投入增加，出现先递增后递减的一般趋势，它可解释短期平均可变成本的变动趋势。

短期平均成本 SAC 随着产量增加出现先递减后递增的现象。如表 6－3 所示，产量由 1 增加到 5，短期平均成本由 15 减少到 8；产量由 5 增加到 7，短期平均成本由 8 增加到 10。短期平均成本递减有两个原因：首先，由于固定成本 FC 是一个常数，所以产量 Q 越大，平均固定成本越少。平均固定成本递减引起平均成本递减。其次，在一定产量区间，平均可变成本 AVC 会随着平均产量上升而下降。在增产时，分工由于增人而细化，劳动生产率提高，从而平均产量上升。在表 6－3 中，随着产量由 1 增加到 5，平均可变成本由 12 减少到 7.4，短期平均成本也由 15 减少到 8。

例如，本节开始提到的那只懒惰的猴子，它 1 个小时的平均产量是 6 个椰子，2 个小时的平均产量是 5.5 个椰子，3 个小时的平均产量是 5 个椰子，4 个小时的平均产量是 4 个椰子。它摘椰子的平均产量递减。与此相关的是，1 个小时每个椰子的平均成本是 2 元，2 个小时每个椰子的平均成本是 2.2 元，3 个小时每个椰子的平均成本是 2.4 元，4 个小时每个椰子的平均成本是 3 元。从中我们看到，平均产量递减导致短期平均成本递增。

背景知识：　　短期平均成本与平均产量的关系

短期平均成本 SAC 与平均产量 AP 有倒数关系，可用数学方法证明：

$\because VC = W \times L,\ AP = Q/L$

$$\therefore SAC = AFC + AVC = AFC + VC/Q = AFC + (W \times L)/Q$$

$$= AFC + W \times (1/AP) \quad (6-10)$$

根据倒数关系，平均产量先递增后递减，所以短期平均成本先递减后递增。

【例 6－1】　　好学的猴子

小猪找到一只好学的猴子，给它 1 小时 12 元钱，让它帮自己摘椰子。第一个小时，猴子摘了 6 个椰子，平均产量为 6；第二个小时，猴子摘了 8 个椰子，2 个小时的平均产量为 7；第三个小时，猴子摘了 10 个椰子，3 个小时的平均产量为 8；第四个小时，猴子摘了 12 个椰子，4 个小时的平均产量为 9。猴子边干边学，平均产量不断递增。这样，1 个小时每个椰子的平均可变成本（小时工资/平均产量）是 2 元，2 个小时每个椰子的平均可变成本是 1.7 元，3 个小时每个椰子的平均可变成本是 1.5 元，4 个小时每个椰子的平均可变成本是1.3元。从中看到，随着平均产量递增，平均可变成本递减。

四、短期平均成本和边际成本曲线

短期平均成本曲线是反映短期平均成本与产量对应关系的曲线。短期平均可变成本曲线是反映短期平均可变成本与产量对应关系的曲线。短期边际成本曲线是反映短期边际成本与产量对应关系的曲线。

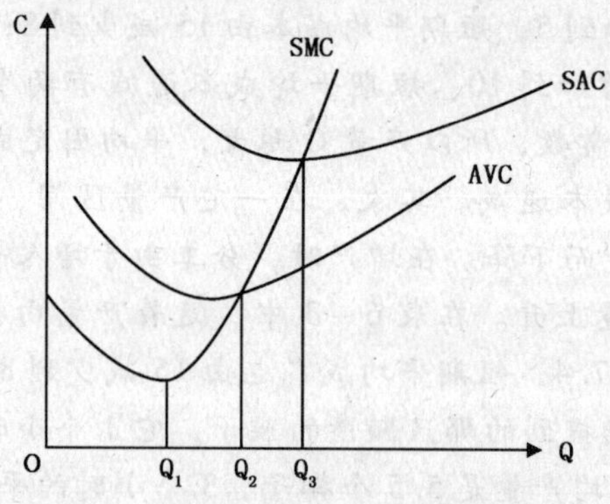

图6-1 短期平均和边际成本曲线

在图6-1中，短期平均成本曲线SAC、短期平均可变成本曲线AVC、短期边际成本曲线SMC都呈U型，它们在产量增加时都有先递减后递增的特点。短期平均可变成本更类似于短期平均成本曲线，它位于后者的下方，它们之间的垂直距离是平均固定成本AFC。由于平均固定成本随着产量增加而递减，所以二者之间的垂直距离越来越小。

这3条曲线都有一个最低点。随着产量增加，短期边际成本曲线在产量为Q_1时最先达到最低点，然后是短期平均可变成本曲线在产量为Q_2时达到最低点，短期平均成本曲线在产量为Q_3时最后达到最低点。在Q_1Q_2区间，短期边际成本递增，平均可变成本递减；在Q_1Q_3区间，短期边际成本递增，平均成本递减。我们要关注的不仅是短期边际成本变动趋势，还有它的相对大小。在Q_1Q_2区间，短期边际成本小于平均可变成本，增产会使平均可变成本下降；在Q_1Q_3区间，短期边际成本小于平均成本，增产会使平均成本下降。

短期边际成本曲线必过平均可变成本曲线的最低点，即短期边际成本等于平均可变成本时，平均可变成本最小。因为当短期边际成本小于平均可变成本时，它会使平均可变成本继续下降，这时平均可变成本不是最低；当短期边际成本大于平均可变成本时，它会使平均可变成本上升，这时平均可变成本也不是最低。所以，只有当短期边际成本等于平均可变成本时，平均可变成本才能达到最低点。

短期边际成本曲线必过短期平均成本曲线的最低点，即短期边际成本等于平均成本时，平均成本最小。这是因为当短期边际成本小于平均成本时，它会使平均成本继续下降；当短期边际成本大于平均成本时，它会使平均成本继续上升。所以，只有当短期边际成本等于平均成本时，平均成本才能达到最低点。

本节内容告诉我们：短期边际成本是单位产品增量所带来的总成本增量和可变成本增量。短期平均成本曲线、短期平均可变成本曲线、短期边际成本曲线都呈 U 型，它们在产量增加时都有先递减后递增的特点。随着产量增加，短期边际成本最终会出现递增。当短期边际成本与短期平均成本相等时，短期平均成本最小。当短期边际成本与平均可变成本相等时，平均可变成本最小。

第二节
长期平均成本

本节结构： 长期平均成本曲线→长期平均成本的变动趋势→长期平均成本曲线的移动

引导案例：　为什么有人会买 ST 股？

上市公司要满足股票市场的上市条件。某些上市公司由于主观或客观原因，在某一时期可能不能满足交易所规定的条件。这时它们就会受到黄牌警告，其股票被称为 ST 股。ST 股是比较廉价的股票。由于企业经营不善，它们很容易破产。一旦破产，ST 股将一钱不值。

为何有人会买 ST 股？如果那些股民是赌 ST 股企业被别人吞并，那么为什么被别人吞并后股票会升值？长期平均成本可帮助我们了解问题答案。

长期成本包括长期总成本、长期平均成本和长期边际成本。本节只介绍长期平均成本概念并说明它的应用。

长期指所有投入数量都可调整的时期，它不存在固定投入。但是，长期由一个又一个短期构成，每一个短期存在固定投入。长期分析的着眼点是企业随着时间推移在每一个短期固定资本投资决策的变化。

一、长期平均成本曲线

长期平均成本是在各种产量下，由许多最优企业实现的最低平均成本的集合。长期平均成本不是某一个企业的平均成本，它反映的是无数个企业在无数种产量下的无数个最低平均成本的集合。

最优企业是能使特定产量短期平均成本达到最小值的企业。任何一个企业在任何时候都有一个特定的固定资产规模。对于一个特定的产量，总会有一个特定企业的固定资产规模能够使平均成本最小。固定资产规模大的企业适合于大批量生产。产量越小，最优企业需要的固定资产规模越小。如果企业的市场份额有限，固定资产规模过大反而得不偿失。高射炮对于打蚊子来说并不是最佳武器。

【例 6－2】　　养猪场的破产

2005 年，我国出现卖猪难，有一家养猪场破产了。这种事在市场经济中经常发生，不足为奇。问题在于许多附近地区的农民仍然在养猪，为什么他们没有破产？价格对所有生产者基本是相同的，为什么偏偏是养猪场破产？从长期平均成本角度看，当销售量减少时，作为养猪场的大企业平均成本会高于农民的养猪成本。因为它的固定资产多，平均固定成本会随着产量减少而提高。这些固定资产是靠银行贷款购买的，一旦猪卖不出去，企业就面临破产困境。

长期平均成本曲线是反映产量与最低平均成本对应关系的曲线。它是各种产量下最优企业短期平均成本的集合，也是所有企业短期平均成本曲线的包络线。

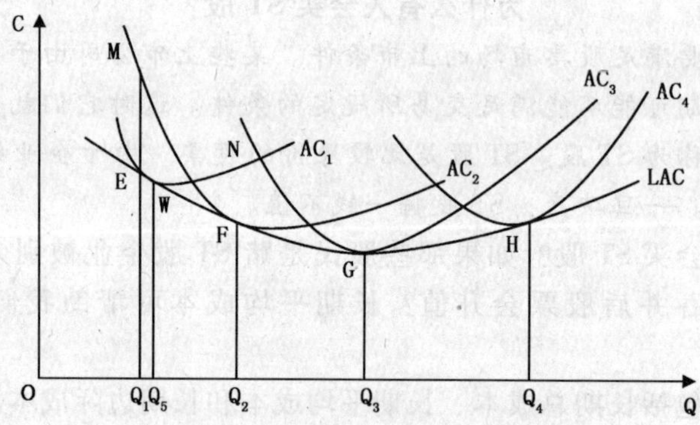

图 6－2　长期平均成本曲线

在图 6－2 中，LAC 为长期平均成本曲线。为说明它的形状，我们考察 4 个固定资产规模由小到大的企业，它们的短期平均成本曲线分别为 AC_1、AC_2、AC_3、AC_4。对于产量 Q_1 来说，短期平均成本曲线为 AC_1 的第一个企业代表最优企业，它生产 Q_1 产量的短期平均成本为 EQ_1，这是可能达到的最小值。对于产量 Q_2 来说，短期平均成本曲线为 AC_2 的第二个企业代表最优企业。对于产量 Q_3 来说，短期平均成本曲线为 AC_3 的第三个企业代表最优企业。对于产量 Q_4 来说，短期平均成本曲线为 AC_4 的第四个企业代表最优企业。如果让短期平均成本曲线为 AC_2 的第二个企业生产 Q_1 产量，短期平均成本将是 MQ_1，它高于第一个企业的 EQ_1。

需要注意的是，E 点不是第一个企业短期平均成本曲线的最低点，E 点在与产量 Q_5 对应的 W 的左边。Q_5 产量有自己的最优企业，其固定资产规模大于第一个企业，但小于第二个企业。

由各切点的连线构成长期平均成本曲线 LAC，我们可看到它是 4 条短期平均成本曲线的包络线。在理论上，我们假设有无数个固定资产规模不同的企业可供选择，这会使长期平均成本曲线变得平滑起来。每一个产量都有一个最优企业使其短期平均成本最小。每一个最优企业都只适合于生产某一特定产量，对于其他产量我们总能找到另一个企业使短期平均成本更低。

二、长期平均成本的变动趋势

在图 6－2 中我们可以看到，长期平均成本会随着产量递增而递减，其原因是我们在第五章提到的规模报酬递增。

正是规模报酬递增所造成的长期平均成本递减，导致有人购买 ST 股。如果发生企业合并，企业规模扩大，成本就会下降，效益就将好转，股票自然会升值。企业扩大规模有两种基本办法：（1）资本积聚，即依靠企业自身资本积累扩大企业规模。（2）资本集中，即依靠企业合并扩大企业规模。资本积聚需要一个长期过程，资本集中可以迅速实现规模经营。尽管 ST 股的企业目前效益不佳，但是它们当年能上市，说明还是具备一定基础的。实践证明，企业合并后大都能让股票升值。

产量达到一定程度（如 Q_3）后，长期平均成本会随着产量增加而递增。其原因是我们在第五章提到的规模报酬递减。长期平均成本递增主要存在于理论研究之中。微软规模不断扩大，并未明显表现出长期平均成本递增。一般企业很难达到能让长期平均成本递增的规模。

三、长期平均成本曲线的移动

在图 6－3 中，LAC_1 为期初的长期平均成本曲线。如果企业的外部环境发生了对企业有利的变化，长期平均成本曲线可能会向下移动，例如移到 LAC_3 的位置。第五章提到的外在经济是长期平均成本曲线向下移动的原因。LAC_1 和 LAC_3 不是存在于同一时期，我们还可把技术进步看成它向下移动的原因。

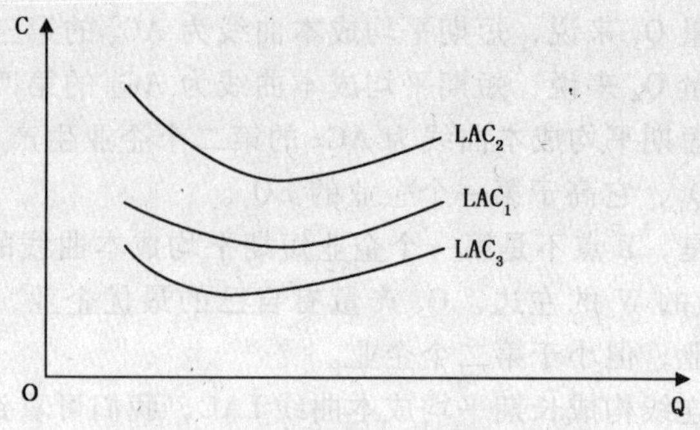

图6-3 长期平均成本曲线的移动

如果企业的外部环境发生了对企业不利的变化，长期平均成本曲线可能会向上移动，例如移到 LAC_2 的位置。前面提到的外在不经济是长期平均成本曲线向上移动的原因。在现实生活中，工资和石油价格上涨对长期平均成本曲线上移起着特别重要的作用。

【例6-3】　　　　中国要造大飞机

我国的飞机工业目前比较落后，还不能造大飞机。清理汶川地震形成的堰塞湖靠的是俄罗斯的大型直升机把挖土机运上山。这件事给国人深深的触动。再看看我国的天空，民航客机不是美国的波音，就是欧洲的空中客车。我们可以进口飞机，但是我们要用1亿件衬衣才能换来一架飞机。从长期来看，这种情况是否需要改变？

讨论这个问题的关键是我国大飞机的市场有多大？随着中国经济的高速增长，问题的答案越来越明显。大多数中国人没有坐过飞机的现状很快就会变成历史。长期平均成本的变动趋势给出的答案是：只要市场足够大，企业规模就会足够大。随着企业规模扩大，平均成本不断下降。大规模经营会给飞机工业带来盈利空间，我们应当造出大飞机。

本节内容告诉我们：长期平均成本是在各种产量下，由最优企业实现的最低平均成本的集合。长期平均成本曲线是无数条短期平均成本曲线的包络线。它的变动趋势表现为长期平均成本随着产量增加先递减后递增。

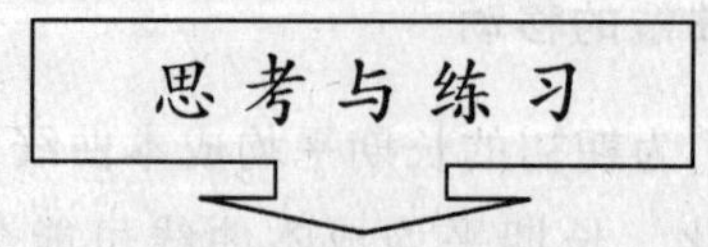

一、选择题

1. 某企业固定成本增加，会导致（　　）。

A. 平均可变成本上升和边际成本上升

B. 平均可变成本上升和边际成本不变

C. 平均可变成本下降和边际成本上升

D. 平均可变成本不变和边际成本不变

2. 短期边际成本等于平均成本时，平均成本(　　)。

A. 递增　　B. 递减

C. 最小　　D. 最大

3. 所有产品的边际成本之和为(　　)。

A. 总成本　　B. 总可变成本

C. 总固定成本　　D. 以上都不对

4. 短期边际成本递增规律(　　)。

A. 产生于边际产量递减　　B. 产生于边际产量递增

C. 否定边际成本递减　　D. 否定平均成本递减

5. 长期平均成本曲线(　　)。

A. 由于规模报酬而不断递减

B. 是短期平均成本最低点的连线

C. 表明企业规模越大越好

D. 表明每种产量都对应一个最优企业规模

6. 长期平均成本曲线向上方移动是由于(　　)。

A. 规模报酬递增　　B. 规模报酬递减

C. 外在不经济　　D. 外在经济

7. 边际成本与边际产量存在(　　)。

A. 导数关系　　B. 倒数关系

C. 同向变动关系　　D. 没有关系

8. 平均可变成本与(　　)存在倒数关系。

A. 平均产量　　B. 边际产量

C. 平均固定成本　　D. 平均成本

9. 最优企业是(　　)的企业。

A. 利润最大　　B. 规模最大

C. 特定产量下平均成本最低　　D. 技术水平最高

10. 长期平均成本曲线向下方移动是由于(　　)。

A. 规模报酬递增　　B. 规模报酬递减

C. 技术进步　　D. 收入提高

11. 平均固定成本(　　)。

A. 随着产量增加而递减　　B. 是一个常数

C. 越大越好　　D. 越小越好

12. 产量为零时，企业成本为(　　)。

A. 零　　B. 固定成本

C. 平均固定成本　　D. 长期固定成本

二、填表：

总产量	总成本	总固定成本	总可变成本	平均成本	边际成本
0	300				
42	656				
100	1050				
138	1390				

三、画图表明短期平均成本、短期平均可变成本和短期边际成本的关系。

四、试用成本理论说明一个现实问题。

五、调查某企业成本与产量的对应关系。

本章选择题参考答案：1. D　2. C　3. B　4. A　5. D　6. C　7. B　8. A　9. C　10. C　11. A　12. B

第七章

完全竞争市场企业行为

学习目的

1. 了解完全竞争市场、边际收益、长期均衡价格、生产效率、资源配置效率、边际企业等概念。
2. 掌握完全竞争企业行为的函数分析方法和图形分析方法。
3. 能够运用完全竞争市场企业行为理论解释一些现实问题。

本章结构：完全竞争企业的收益和决策目标→完全竞争企业短期均衡→完全竞争企业长期均衡→纯粹竞争企业行为

引导案例：　　北京5月份的鲜玉米

在计划经济时代，北京的粮库从不供应鲜玉米，很多北京人不知道鲜玉米是什么味道，吃鲜玉米在当时被看成是一种浪费。改革开放以来，5月份的北京市场上就出现了反季节生产的鲜玉米。

为什么会出现这种变化？什么东西使老百姓手中的货币变成了指导生产者决策的选票？农产品市场这样的高度竞争市场是不是最理想的经济调节机制？

第一节 完全竞争企业的收益和决策目标

本节结构：完全竞争市场→完全竞争企业收益→利润最大化目标→利润最大化条件

引导案例：　　菜市场很少讨价还价

我们在菜市场很少见到讨价还价。这是因为在完全竞争市场上，企业是市场价格的接受者。如果某个菜贩的菜卖得比别人贵，他的菜就卖不掉。如果某个菜贩的菜卖得比别人便宜，他就可能赔钱。

什么是完全竞争市场？讨价还价通常发生在什么地方？完全竞争企业的目标是什么？

一、完全竞争市场

完全竞争市场是买者和卖者为数众多、产品同质、信息充分、没有进入和退出障碍的市场。完全竞争市场最重要的特点是每个交易者都是市场价格的接受者。由于生产者为数众多，任何一个企业增加或减少产量对市场供给的影响微不足道，从而不会影响市场价格。价格由市场供求关系决定，企业只能被动地接受市场价格。当企业成为市场价格接受者时，就出现了完全竞争。产品同质使人们不用关心产品是谁生产出来的。信息充分假设意味着所有企业的生产函数和成本函数相同。特别是当企业可以获得技术信息时，进入市场是无障碍的。

在现实生活中，农产品市场最接近于完全竞争市场。农产品生产者为数众多，每个农民都无力影响市场价格。在集市贸易中，农产品购买者也为数众多，每个购买者也无力影响市场价格。农产品的质量大体相同。尽管小麦可以分级，但是每一等级小麦的质量是相同的，这使得买者并不关心小麦是谁生产出来的。农产品的生产技术信息和产品质量信息相对充分。农业生产技术保密性差，较少受到专利法保护。我国的专业化机构几乎免费地推广农业生产技术。农产品质量也相对便于观察，例如两种不同牌子的汽车质量很难比较，而蔬菜是否新鲜一目了然。农业进入障碍较少，它对资本数量要求较低，新企业比较容易进入农业。

但是，农产品市场不等于完全竞争市场。现在的农产品购买者变成一些大公司，它们具有一定程度的买方垄断地位。农产品的质量差异越来越明显，消费者越来越关心农产品用什么方法生产出来，如放养的鸡和生产线生产的鸡已不是一个概念。农产品的信息越来越难以了解，例如蔬菜生产是否更多使用了农药。农业生产对人力资本的要求越来越高，一些发达国家要求农产品生产者必须拥有绿色证书（农业高等教育证书）才能从事农业生产，工业却没有类似规定。农业也有明显的进入障碍，主要是土地要素的供给缺乏弹性。我国的土地制度使这个问题十分突出。

二、完全竞争企业收益

完全竞争企业收益涉及总收益、平均收益和边际收益。

总收益 TR 指销售额，它是价格 P 与产量 Q 的乘积：

$$TR = P \times Q \quad (7-1)$$

平均收益 AR 即单位产品的销售收入，它与价格相等：

$AR = TR/Q = (P \times Q)/Q = P$　(7-2)

边际收益 MR 是产量增量所带来的收益增量，它也等于价格：

$MR = \Delta TR/\Delta Q = (P \times \Delta Q)/\Delta Q = P$　(7-3)

表 7-1　某企业总收益、平均收益和边际收益（价格为 2 元）

销售量 Q	0	10	20	30	40	50	60
总收益 TR	0	20	40	60	80	100	120
平均收益 AR	/	2	2	2	2	2	2
边际收益 MR	/	2	2	2	2	2	2

如表 7-1 所示，由于完全竞争企业面临的价格不变，与其选择的产量无关，该企业平均收益和边际收益都等于价格 2 元。总收益随销售量增加而递增。例如，产量为 10，总收益为 20 元；产量为 60，总收益为 120 元。

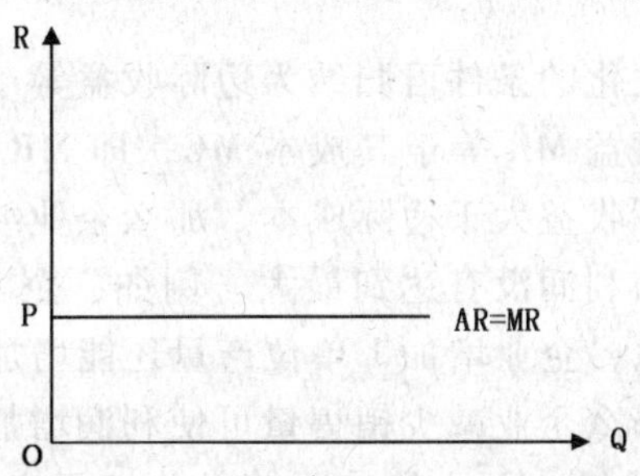

图 7-1　完全竞争企业平均和边际收益

在图 7-1 中，横坐标 Q 表示某农产品产量，纵坐标 R 表示某农产品收益，P 表示市场供求关系决定的该农产品价格，平均收益曲线 AR 是反映平均收益与产量对应关系的曲线。在完全竞争市场上，它是一条水平线。因为市场价格不会因某一个农民增产或减产而发生变化，所以平均收益对单个农民来说是一个常数，它等于价格。边际收益曲线 MR 是反映边际收益与产量对应关系的曲线。由于价格与企业行为无关，它与平均收益曲线重合，也是一条水平线。

三、利润最大化目标

利润 π 是总收益 TR 与总成本 TC 的差额：

$\pi = TR - TC = P \times Q - AC \times Q = (P - AC) \times Q$　(7-4)

式中，总收益 TR 是价格 P 与销售量 Q 之积，即销售额；总成本 TC 是平均成本 AC 与销售量 Q 之积；价格减去平均成本是单位产品利润，后者与销售量之积是总利润。经济学中的利润是经济利润，也称超额利润。经济学的成本是经济成本，又称为机会成本，机会成本中包括正常利润。所以，即使经济利润为零，企业家也获得了企业家才能的报酬，企业也会长期经营下去。

利润最大化是经济学对企业目标的假设，即假设人们办企业的目的是为了尽可能地赚钱。该假设基本上符合现实生活中的企业目标。

在现实生活中，企业目标形形色色。例如，公司总经理有时追求适度利润，没有利润他会下台，利润太多可能吸引潜在竞争者打入该市场，也可能使第二年利润指标提高。有的企业追求销售额最大化，这样可消除潜在竞争者打入该市场的动力，也可在消费者中提升企业声誉，保证企业长期发展。某些合伙企业追求声誉最大化。例如，律师事务所可能为穷人免费打官司，这可以提高它的声誉，从而有利于增加客户。但是，利润最大化最具普遍适用性，经济学做此假设也是为了分析的简化。

四、利润最大化的条件

企业实现利润最大化的条件可归纳为边际收益等于边际成本，即企业卖出的最后一个产品的收益 MR 等于其成本 MC，即 MR = MC。我们可用反证法加以证明：如果边际收益大于边际成本，那么企业继续扩大销售量可使利润增加，这意味着目前利润没有达到最大。例如，企业的边际收益为 3 元，边际成本为 2 元，那么，企业增加 1 单位产量还能增加 1 元利润。如果边际收益小于边际成本，那么企业减少销售量可使利润增加，这也意味着目前利润还没有达到最大。例如，企业的边际收益为 2 元，边际成本为 3 元，那么，企业减少 1 单位产量就能增加 1 元利润。大于和小于都不能实现利润最大，那么只有等于能够实现利润最大。

另一种证明方法是使用微分。将利润方程对产量求导，令导数为零：

$\because d\pi/dQ = d(TR - TC)/dQ = MR - MC = 0$

$\therefore MR = MC$

利润方程对产量的导数为零时，利润最大。边际收益 MR 是总收益的导数，边际成本 MC 是总成本的导数。边际收益等于边际成本这个利润最大化条件也适用于其他市场。对于完全竞争企业而言，由于边际收益等于价格，价格等于边际成本（P = MC）也是完全竞争企业的利润最大化的条件。

本节内容告诉我们：完全竞争市场是买者和卖者为数众多、产品同质、信息充分、没有进入和退出障碍的市场。完全竞争市场最重要的特点是每个交易者都是市场价格的接受者。在完全竞争市场上，企业平均收益和边际收益都等于价格。企业的目标是利润最大化，利润最大化的条件是边际收益等于边际成本。

第二节
完全竞争企业短期均衡

本节结构：完全竞争企业短期均衡概念→完全竞争企业短期生产决策→停止营业点

引导案例：　　　　　　山楂树

《山楂树》是前苏联一首爱情歌曲的名称，但在中国一些农民的心中，山楂树是让人伤心的记忆。农民大砍山楂树曾经是几家报纸的大标题。把山楂运出山区的运费就超过山楂能卖到的钱，山楂成为无人收购的东西。农民指着土地吃饭，只能把山楂树砍掉另谋出路。

问题出在哪里？为什么农民充满希望的“摇钱树”一下子变成了“伤心树”？

一、完全竞争企业短期均衡概念

完全竞争企业的短期指企业固定资产规模既定且市场中企业数量固定的时期。完全竞争企业短期均衡是完全竞争企业在短期所达到的利润最大或亏损最小状态。在完全竞争市场上，价格是由市场供求关系决定的。价格对企业来说是外生变量，即与企业行为无关的变量。不同的市场价格会对企业行为产生不同影响。

二、完全竞争企业短期生产决策

表 7-2 表明，完全竞争企业面临的市场价格 P 为 8，这也是它出售一个产品能获得的平均收益 AR 和边际收益 MR。TR 为总收益，它是价格 P 和产量 Q 的乘积。例如，产量为 4 时，总收益 TR 为（4×8=）32。MC 为边际成本，它有先递减后递增的特点。例如，产量由 1 增加到 3，边际成本由 6 减少到 4，产量由 3 增加到 7，边际成本由 4 增加到 8。TC 是总成本，产量为零时，总成本 15，意味固定成本是 15。固定成本加上边际成本之和就是总成本。例如，产量为 4 时，边际成本之和 20 加上固定成本 15 等于 35。AC 为平均成本，它是总成本与产量之商。例如，产量为 4 时，总成本是 35，平均成本就是（35/4=）8.75。π 代表利润，它是总收益与总成本之差。例如，产量为 4 时，总收益为 32，总成本为 35，利润为 -3。该企业要考虑的问题是要不要生产、生产多少、结果如何。按边际收益等于边际成本原则，企业可以选择产量 7，这时边际收益和边际成本都是 8，企业利润为

零。这是企业能够接受的结果，也是最好的结果。企业仍然获得正常利润。

表7-2　　某个完全竞争企业的收益和成本

Q	0	1	2	3	4	5	6	7
P	8	8	8	8	8	8	8	8
TR	0	8	16	24	32	40	48	56
MC	/	6	5	4	5	6	7	8
TC	15	21	26	30	35	41	48	56
AC	/	21	13	10	8.75	8.2	8	8
MR	/	8	8	8	8	8	8	8
π	-15	-13	-10	-6	-3	-1	0	0

在短期，由于存在沉没成本，企业只能被动地对市场价格做出反应。下面我们考察3种不同价格情况下完全竞争企业的行为。

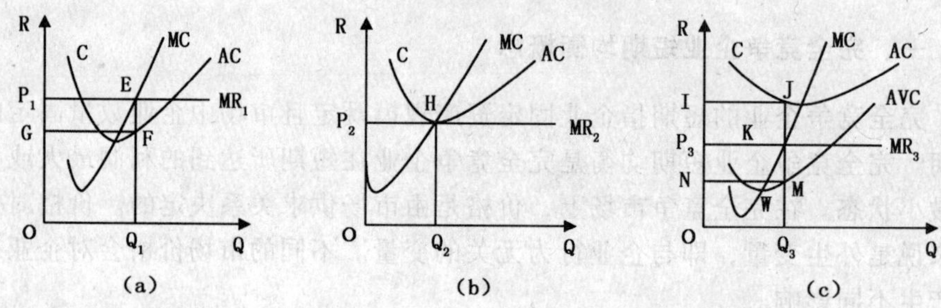

图7-2　竞争企业短期均衡

在图7-2（a）中，市场价格 P_1 较高，这使得该企业的边际收益曲线 MR_1 的位置较高。企业选择边际成本曲线MC与边际收益曲线 MR_1 交点E，产量为 Q_1，边际收益和边际成本都是 EQ_1。该企业的总收益是价格与产量的乘积，在图形上表现为 P_1EQ_1O。该企业的总成本是平均成本与产量的乘积，在图形上表现为 GFQ_1O。该企业获得的利润是上面的两个面积之差 P_1EFG。

【例7-1】　　养猪的短期决策

某农业大学毕业生毕业后回乡养猪，他根据自己的筹资能力估计出养猪场的每月总成本（包括正常利润）为：$STC=4000+2Q+0.01Q^2$。已知生猪市场价格P为每公斤17元。为追求利润最大，他应当养多少公斤猪？可获得多少利润？

解：求解总成本方程对产量Q的导数，得到边际成本方程：

$MC=dSTC/dQ=2+0.02Q$

利润最大要求价格等于边际成本：

$17 = 2 + 0.02Q$

据此得到利润最大产量：$Q = 750$（公斤）

总收益 TR 是价格与产量之积：

$TR = P \times Q = 17 \times 750 = 12750$（元）

将产量代入总成本方程，得到：

$STC = 4000 + 2 \times 750 + 0.01 \times 750^2 = 11125$（元）

利润是总收益 TR 与总成本 STC 之差：

$12750 - 11125 = 1625$（元）

在图 7-2（b）中，市场价格 P_2 正好处于平均成本曲线最低点 H 的位置。该企业选择边际收益曲线 MR_2 与边际成本曲线的交点 H，产量 Q_2 能使边际收益和边际成本都是 HQ_2。该企业的总收益是价格与产量的乘积，在图形上表现为 P_2HQ_2O。该企业的总成本是平均成本与产量的乘积，在图形上表现为 P_2HQ_2O。该企业获得的利润是零，因为平均成本等于价格。

在图 7-2（c）中，市场价格 P_3 处于较低的位置，这使得该企业的边际收益曲线 MR_3 低于平均成本曲线 AC，企业无论如何选择都会赔钱。那么，企业是否应当生产？如果不生产，企业会损失固定成本或者说沉没成本。固定成本是平均固定成本与产量之积，平均固定成本是平均成本减去平均可变成本的差额。因此，该企业不生产的代价在图形上表现为 IJMN，它是总成本 IJQ_3O（平均成本 $JQ_3 \times$ 产量 OQ_3）与总可变成本 NMQ_3O（平均可变成本 $MQ_3 \times$ 产量 OQ_3）之差。如果进行生产，它只能争取损失最小。企业选择边际收益曲线 MR_3 与边际成本曲线 MC 的交点 K，产量 Q_3 能使边际收益和边际成本都是 KQ_3。该企业的总收益是价格与产量的乘积，在图形上表现为 P_3KQ_3O。该企业的总成本是平均成本与产量的乘积，在图形上表现为 IJQ_3O。该企业蒙受的损失是 $IJKP_3$。但是与不生产相比，该企业少亏了 P_3KMN。

三、停止营业点

在图 7-2（c）中，平均可变成本曲线的最低点 W 是停止营业点。如果市场价格比它还低，企业只能选择停产。停止营业点是平均可变成本曲线与边际成本曲线的交点。

停止营业点之上的边际成本曲线是该企业的供给曲线，因为边际成本正好反映企业在各种产量下愿意接受的最低价格。所有企业供给曲线之和（水平相加）构成市场供给曲线。

完全竞争企业短期均衡条件除边际收益和边际成本相等外，还有价格高于停止营业点，或价格高于短期平均可变成本。

【例7-2】 **关厂价格计算**

一家自行车企业处在完全竞争市场中，它的总可变成本方程为：$TVC = 150Q - 20Q^2 + Q^3$。在激烈竞争中，市场价格有下降趋势。企业想了解在什么价格下应当关厂？

解：边际成本方程为总可变成本对产量的导数：

$MC = dTVC/dQ = 150 - 40Q + 3Q^2$

平均可变成本方程为：

$AVC = TVC/Q = (150Q - 20Q^2 + Q^3)/Q = 150 - 20Q + Q^2$

如果边际成本等于平均可变成本，平均可变成本最小，得到：

$150 - 40Q + 3Q^2 = 150 - 20Q + Q^2$

方程有两个根：$Q = 0$，或 $Q = 10$

合理的解是产量非零，$Q = 10$ 是能使平均可变成本最小的产量。

把 $Q = 10$ 代入平均可变成本方程：

$AVC = 150 - 20 \times 10 + 10^2 = 50$

答案是：市场价格50元是自行车企业的关厂价格。

完全竞争企业生产周期较长，这很容易造成价格波动。例如，山楂供不应求，但是种树需要时间，所以，山楂高价会持续一年以上。山楂高价可能刺激成千上万的农民种山楂树。一旦这些树结出果实，山楂供大于求，山楂价格可能低于停止营业点。此时，农民只能砍掉山楂树了。

本节内容告诉我们：完全竞争企业的短期指企业固定资产规模既定且市场中企业数量固定的时期。完全竞争企业短期均衡条件是边际收益和边际成本相等，以及价格高于停止营业点。停止营业点是平均可变成本曲线的最低点。

第三节 完全竞争企业长期均衡

本节结构：企业长期规模的调整→完全竞争市场长期均衡→生产效率和资源配置效率

引导案例： **种粮大户正在兴起**

我国农村的土地所有权是集体所有、个人承包制度。这使得我国农业生产单位规模十分小，更接近完全竞争市场原子式企业。近年来，由于我国农业剩余劳动力大量向城市转移，农村的土地所有关系发生变化，一些人将承包的土地二次转包，另一些人再次承包多人土地成为种粮大户，他们像发达国家的农民那样种成千上万亩地，实现了土地的规模经营，使用大型拖拉机和收割机进行生产。

这是不是企业发展的必然趋势？我们如何分析这些种粮大户的行为？

一、企业长期规模的调整

完全竞争企业的平均收益是一个常数，与企业的产量无关。这就决定了完全竞争企业在调整企业规模时只考虑成本因素。

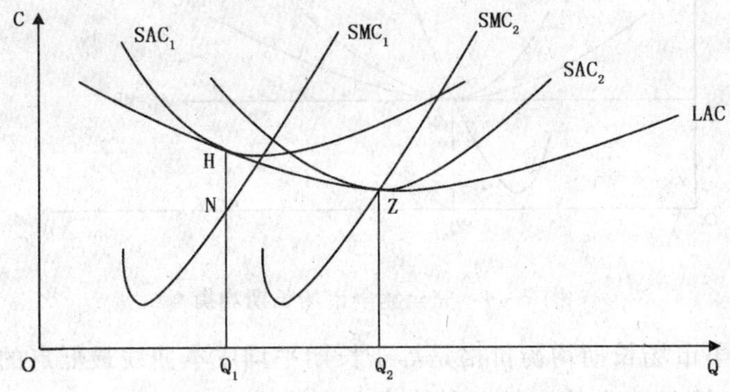

图 7－3 完全竞争企业长期规模调整

在图 7－3 中，假设存在两类农业企业，它们的短期平均成本曲线分别是 SAC_1 和 SAC_2。第一类企业对于产量 Q_1 是最优的，第二类企业对于产量 Q_2 是最优的。但是，无论市场价格如何，完全竞争企业都会争取生产 Q_2 产量，因为这可以使平均成本下降。第一类企业生产 Q_1 产量的平均成本是 HQ_1，第二类企业生产 Q_2 产量的平均成本是 ZQ_2，后者较低。

第二类企业完成了企业长期规模的调整。它的短期平均成本曲线的最低点 Z 与长期平均成本曲线最低点重合。它的边际成本曲线会过短期平均成本曲线的最低点。Z 点是 3 条成本线的交点，因此，完全竞争企业长期最优规模的条件为：SMC = SAC = LAC。

我们可以看到，第一类企业选择 Q_1 产量，短期平均成本和长期平均成本相等，但它们（HQ_1）又大于短期边际成本 NQ_1，不能满足长期最优规模条件。

我国出现的种粮大户说明完全竞争企业也要实现规模经营。现代的农业生产技术使得粮食生产企业对土地面积的要求超过 3000 亩（平原地区）。企业种植面积扩大可以有效降低平均成本。种粮大户是我国农业企业规模发展的方向。

二、完全竞争市场长期均衡

完全竞争市场长期均衡指经济利润为零，从而没有新企业进入也没有老企业退出的市场状况。如果存在利润，新企业就会进入，这不是均衡状态。如果存在亏损，老企业就会退出，这也不是均衡状态。完全竞争市场长期均衡的条件是：P = MR = AR = MC = SAC = LAC。

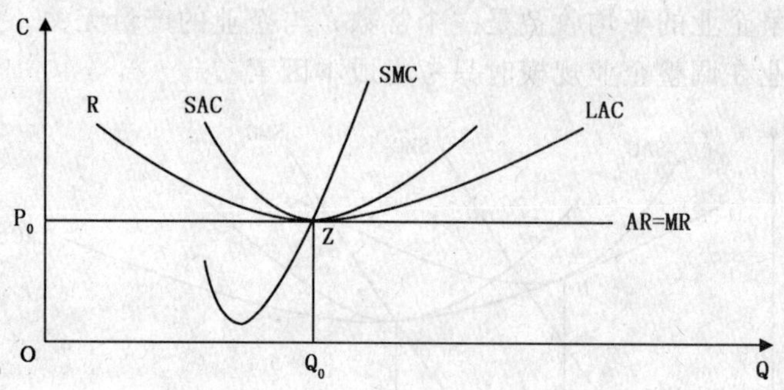

图 7－4　完全竞争市场长期均衡

完全竞争市场长期均衡价格是等于长期平均成本曲线最低点的价格。例如图 7－4 中的 P_0，它等于长期平均成本曲线的最低点 Z 的水平。在这个价格下，平均收益曲线 AR 和边际收益曲线 MR 重合。任何高于它的价格都会产生利润，导致新企业进入。新企业进入又引起市场供给增加和价格下降。所以，任何高于它的价格都不是长期均衡价格。任何低于它的价格都会带来亏损，导致老企业退出。老企业退出又引起市场供给减少和价格回升。所以，任何低于它的价格也不是长期均衡价格。当市场价格为长期均衡价格 P_0 时，企业将选择产量 Q_0。这种选择不仅满足边际成本等于边际收益原则，而且使价格等于短期平均成本和长期平均成本。

三、生产效率和资源配置效率

完全竞争市场的生产效率表现为企业在长期平均成本曲线的最低点经营，它表现为：P = LAC。

长期均衡价格处于长期平均成本曲线的最低点 Z 的水平，如图 7－4 中的 P_0。只有这个价格才能满足价格等于长期平均成本的条件。

在经济学中，企业的生产能力指短期平均成本曲线与长期平均成本曲线切点对应的产量。因此，生产效率还可以表示为企业的生产能力得到充分利用。

完全竞争市场的资源配置效率表现为企业生产的产量不多不少，正好满足社会需要。资源配置效率的条件是：$P = MC$。理解这个条件需要注意的是价格能够反映边际效用，即 $P = MU$。如果边际效用等于边际成本 MC，那么资源配置就是最优的。这意味着最后一个产品给社会带来的收益等于社会为它付出的代价。我们可用反证法加以证明：如果边际效用大于边际成本，那么资源配置不是最优的。这意味着最后一个产品给社会带来的收益大于社会为它付出的代价。该产品的产量太小，企业应当扩大产量。如果边际效用小于边际成本，那么资源配置也不是最优的。这意味着最后一个产品给社会带来的收益小于社会为它付出的代价。该产品的产量太大，企业应当减少产量。如果大于和小于都不是最优的，那么只有等于是最优的。

【例 7-3】　　　　长期均衡价格的计算

假设某个完全竞争市场所有企业的成本函数相同，A 企业的总成本方程为：$TC = 500Q - 20Q^2 + Q^3$。长期均衡价格应为多少？

解：边际成本方程为总成本方程对 Q 的导数：

$MC = 500 - 40Q + 3Q^2$

平均成本方程为总成本方程对 Q 的商：

$AC = 500 - 20Q + Q^2$

边际成本等于平均成本时，平均成本最小，即：

$500 - 40Q + 3Q^2 = 500 - 20Q + Q^2$

$Q = 10$，即平均成本最小的产量是 10。

将 $Q = 10$ 代入平均成本方程，得 $AC = 400$

即长期均衡价格等于最小平均成本 400。

本节内容告诉我们：完全竞争市场长期均衡指经济利润为零，从而没有新企业进入也没有老企业退出的市场状况。完全竞争市场的长期均衡可以带来生产效率，其条件是价格等于长期平均成本。完全竞争市场存在资源配置效率，其条件是价格等于边际成本。

第四节
纯粹竞争企业行为

本节结构：纯粹竞争企业→技术进步动力→技术革新能力→一体化企业集团

引导案例：　　　　洋博士回国当农民

洋博士回国当农民已不是新鲜事，此类报道频频出现。洋博士回国养牛、养鱼等，不是因为他们有献身精神，而是因为他们掌握了先进的技术。

洋博士回国当农民是不是理性选择？他们进入农业会带来何种影响？

一、纯粹竞争企业

在完全竞争市场分析中，有一个隐含的假设，即所有企业的生产函数和成本函数相同。这样的假设使理论与现实相差较大。作为完全竞争市场的分支，纯粹竞争市场是不包含完全信息假设的完全竞争市场。纯粹竞争企业指处于纯粹竞争市场的具有不同生产函数和成本函数的企业。这里假设企业不能充分了解其他企业的生产技术和管理方法。纯粹竞争企业可按获取利润能力分为3类，即边际内企业、边际企业和边际外企业。

边际内企业是利润大于零的企业。企业家由于掌握了先进技术，他们的生产成本低于大多数企业，所以他们能够赢利。我国农业是国民经济各领域中与发达国家差距最大的行业，这也意味着农业是我国生产率提高潜力最大的行业。洋博士与文化程度较低的农民不处于同一起跑线上，他们建立的企业属于边际内企业。为了鼓励创业，国家给予他们优惠政策。他们选择当农民是理性选择，他们进入农业会带来先进技术的普及和提高。

边际企业是利润等于零的企业。大多数纯粹竞争企业属于边际企业。因为纯粹竞争市场不存在进入障碍，如果企业能够获得利润，新企业就会进入，并使供给增加、利润消失。

边际外企业，即利润小于零的企业。农业中存在大量的边际外企业，它们在短期赔钱也会生产。但是，如果市场价格不变，它最终会退出市场。这种无情的淘汰机制是纯粹竞争市场具有较高效率的根源。

我国的农业边际外企业长期赔钱也不退出市场。这是因为我国有比较严格的户籍制度，进城的代价较高。农民文化水平低，他们很难胜任市场对劳动力素质的要求。我国农民自古以来有吃苦耐劳的传统，他们通过压低自身的劳动报酬维持生产。我国的二元经济特征，与我国存在大量边际外企业有密切关系。

二、技术进步动力

在纯粹竞争市场中，企业属于哪一个类型完全取决于自己的努力。在理论上，完全竞争企业的生产函数相同，这种假设忽略了竞争压力。在纯粹竞争市场中，企业的生产函数不同，竞争压力非常大，边际外企业每天都面临破产威胁。纯粹竞争企业有最强的技术进步动力。边际内企业的盈利给所有企业带来技术进步的内在动力。破产威胁给企业带来技术进步的外在压力。竞争成败的关键就在于谁能掌握先进技术。

农业企业一般是独资企业。他们是给自己干活，而工人是给别人干活。

农民脸朝黄土背朝天的辛劳、一分钱掰成两半花的责任感、天灾人祸前的坚忍不拔，都是其他企业难以比拟的。农民掌握新技术的热情在理论上是最高的。这个理论与现实有明显反差，是因为农民处在一个相对封闭的环境，他们获取的信息较少，文化水平较低。目前这种情况已经发生了巨大变化。

三、技术革新能力

纯粹竞争企业有技术进步动力，但它缺乏技术革新能力。现代的技术进步需要巨额资金投入，这是利润为零的边际企业无力承担的。即使边际内企业略有微利，也难以解决科研经费问题。这是完全竞争市场的重要弊病。

农业取得了很多技术突破，如农业机械、化肥、良种、节水、塑料薄膜、流水线养鸡等，但是它们基本上不是由农民搞出来的。这说明政府必须承担推动农业技术进步的责任。

四、一体化企业集团

纯粹竞争企业摆脱困境的办法是建立各种一体化企业集团，如农商一体化企业集团和农工商一体化企业集团。担任龙头企业的公司可以向分散的农户提供技术支持、生产资料供应、产品收购、资金扶持，它自已也获得稳定的原料来源和部分产品的市场。

本节内容告诉我们：纯粹竞争市场是不包含完全信息假设的完全竞争市场。纯粹竞争企业有技术进步动力，但缺乏技术革新能力，它们的出路是参加一体化企业集团。

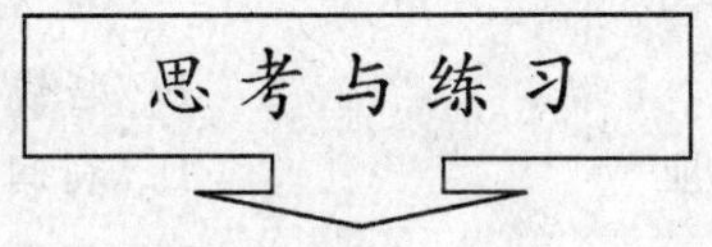

一、选择题

1. 完全竞争市场的特点是(　　)。

A. 企业是市场价格接受者　　B. 边际收益等于边际成本

C. 平均收益等于价格　　D. 企业追求利润最大化

2. 完全竞争市场的定义中不包括的是(　　)。

A. 信息充分　　B. 产品质量有差异

C. 没有进入障碍　　D. 企业数量非常多

3. 在完全竞争市场，企业的边际收益(　　)。

A. 等于边际成本　　B. 等于价格
C. 递减　　D. 递增

4. 利润最大化的条件是(　　)。
A. 产量最大化　　B. 平均成本最小化
C. 边际收益等于边际成本　　D. 边际收益等于价格

5. 完全竞争企业短期均衡的条件除边际收益等于边际成本外，还有(　　)。
A. 价格高于平均成本最低点
B. 价格高于平均可变成本最低点
C. 价格高于边际成本最低点
D. 价格等于平均成本最低

6. 完全竞争市场的长期均衡价格(　　)。
A. 能实现企业最大利润目标
B. 可能造成企业亏损
C. 等于企业长期平均成本最低点
D. 高于企业长期平均成本最低点

7. 生产效率的条件是(　　)。
A. 价格等于长期平均成本　　B. 价格等于边际成本
C. 边际收益等于边际成本　　D. 企业规模达到最大

8. 资源配置效率的条件是(　　)。
A. 价格等于长期平均成本　　B. 边际收益等于边际成本
C. 企业规模达到最大　　D. 价格等于边际成本

9. 边际企业是(　　)。
A. 赚钱的企业　　B. 赔钱的企业
C. 新进入市场的企业　　D. 利润为零的企业

10. 纯粹竞争企业(　　)。
A. 技术进步最快　　B. 生产函数相同
C. 技术进步动力最大　　D. 掌握充分信息

11. 纯粹竞争企业的出路是(　　)。
A. 组建企业集团　　B. 开发新技术
C. 加强管理　　D. 节约开支

12. 完全竞争企业长期规模调整到最优状态的表现是(　　)。
A. SMC = SAC = LAC　　B. MR = MC
C. P = MC　　D. P = LAC

二、已知某个完全竞争市场价格为400元，某个企业总成本方程为：

$TC = 1000 + 200Q + 2Q^2$。企业短期利润最大化的产量是多少？

三、利用所学知识说明一个纯粹竞争企业的行为。

四、画图说明完全竞争企业短期赔钱也要生产。

五、调查附近一个农贸市场的价格。

本章选择题参考答案：1. A　2. B　3. B　4. C　5. B　6. C　7. A　8. D　9. D　10. C　11. A　12. A

第八章

不完全竞争市场企业行为

学习目的

1. 了解完全垄断、垄断竞争、寡头、纳什均衡、支配性策略、最大最小策略、非合作博弈、合作博弈等概念。
2. 掌握不完全竞争市场企业的图形分析方法和函数计算方法。
3. 理解不完全竞争市场的性质和特点。

本章结构：完全垄断企业行为→垄断竞争企业行为→寡头企业行为的博弈分析

引导案例：　　从日光灯看垄断企业

列宁在论证帝国主义是资本主义最高阶段时曾经谈到过日光灯。一家制造灯泡的垄断企业购买了日光灯专利权，然后把它束之高阁。为了保护灯泡生产的沉没成本，它不惜让技术进步推迟了十几年。

垄断企业对技术进步是什么态度？这家企业的行为能否代表其他垄断企业？

第一节 完全垄断企业行为

本节结构：完全垄断市场→完全垄断市场的收益曲线→完全垄断企业短期均衡→完全垄断企业长期均衡

引导案例：　　我国公路建设市场中的寻租行为

租金是一种不劳而获的收入，经济学将追求获得不劳而获收入的做法称为寻租行为。我国公路建设市场是一个完全垄断市场，它给承包商带来巨额利润。一些企业为了得到修建公路的权利，采用行贿手段获取道路建设权。然后，它们再将工程层层转包出去，坐享其成。这是典型的寻租行为。最后得到修建公路权的企业经常是一些资质低的施工单位，它们以偷工减料手段弥补行贿成本。此外，层层压价后总收益已经非常低，它们经常不能按时发工资。这导致我国一些公路质量低劣，需要反复翻修，甚至出现公路桥梁倒塌事件。

什么是完全垄断市场？为什么我国交通部门官员出问题的人数比较多？

一、完全垄断市场

完全垄断市场是独家企业生产、产品不易替代、信息成本较高、存在严重进入障碍的市场。其最大特点是垄断企业是市场价格制定者。在现实生活中，最典型的完全垄断市场是邮政服务市场。如果某旅游点只有一家星级宾馆，该地区高级住宿服务市场接近完全垄断市场，因为高级住宿服务和低级住宿服务替代程度不是很大。

完全垄断市场形成的原因包括：（1）企业国有。例如，邮政、供水、供电、铁路、公路等行业在许多国家都由国有企业经营。理论上，国有企业的决策权掌握在政府手中，国有企业之间不会展开竞争。（2）政府特许。例如，烟草、石油、电讯等行业需要得到政府特许，才能由私人企业经营。如果政府只特许一家企业经营，该行业就成为完全垄断市场。（3）某行业的规模报酬非常明显，在市场激烈竞争中只有一家企业最终生存下来。例如，在两个城市之间，通常只有一条铁路，在两个城市之间的铁路运输就成为完全垄断市场。（4）企业控制了技术或其他资源，使别的企业无法打入该市场。（5）地区市场规模有限，一家企业产品完全满足市场需要。例如，某县的市场需求只能让一家水泥厂实现规模经营，其他地区的水泥厂将产品打入该市场运输成本较高，本地水泥厂就成为完全垄断企业。

二、完全垄断市场的收益曲线

完全垄断企业将市场需求作为顾客对本企业产品的需求，这就使得它的收益曲线与完全竞争企业完全不同。

表 8－1　　某完全垄断企业的平均收益和边际收益

需求量 Q	5	10	15	20	25
价格 P	50	45	40	35	30
总收益 TR	250	450	600	700	750
平均收益 AR	50	45	40	35	30
边际收益 MR	/	40	30	20	10

根据需求定理，需求量增加会引起价格下降。所以，表 8－1 中的价格

随着需求量增加而下降。例如，需求量由5增加到25，价格由50下降到30。这也意味着完全垄断企业平均收益随着需求量增加而下降。价格和平均收益是一个事物的两种说法。从交换角度它是价格，从卖者角度它是平均收益。价格可变是完全垄断市场的重要特点。作为对比，我们知道完全竞争企业面临不变价格（不随企业产量变化而变化）。

总收益TR是价格P与需求量Q的乘积，它随着需求量增加而增加。例如，需求量由5增加到25，总收益由250增加到750。

边际收益 $MR = \Delta TR/\Delta Q$。例如，需求量由5增加到10，总收益由250增加到450，每个产品增加的总收益即边际收益是（200/5 =）40。边际收益是随着产量增加而递减的，与平均收益相比，它以更快的速度递减。例如，当需求量由10逐渐增加到25时，平均收益递减表现为45→40→35→30，边际收益递减表现为40→30→20→10。这是因为价格下降不仅是产品增量的价格下降，在此之前的所有产品价格都要下降。

完全垄断市场的市场需求曲线也是完全垄断企业的需求曲线和平均收益曲线。完全垄断企业边际收益曲线的位置低于平均收益曲线。在图8－1中，D为需求曲线或平均收益曲线，MR为边际收益曲线，边际收益曲线的位置较低。

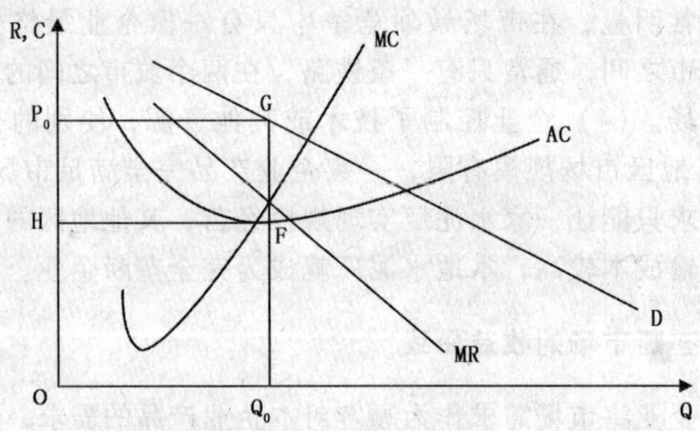

图8－1　完全垄断企业的短期均衡

三、完全垄断企业短期均衡

完全垄断企业短期均衡是企业在固定资产不变前提下实现利润最大的状态。在图8－1中，完全垄断企业为追求利润最大，选择边际收益曲线MR与边际成本曲线MC的交点，将利润最大产量确定为 Q_0，价格确定为 P_0。该选择能够保证边际收益等于边际成本。在 P_0 价格下，市场需求量 Q_0 正好与产量相等。价格 P_0 是企业能够制定的最高价格，如果企业进一步提高价格，需求量将小于利润最大产量。企业的总收益是价格 GQ_0 与产量 OQ_0 的乘积，在图形上表现为 P_0GQ_0O。企业的总成本是平均成本 FQ_0 与产量 OQ_0 的乘积，在图形上表现为 HFQ_0O。利润是二者的差额，即为 P_0GFH。

完全垄断企业可以保证获取利润，因为该市场存在难以逾越的进入障碍。这种利润是垄断地位带来的，属于垄断利润，又称为超额利润，它具有租金的性质。如果企业继续增产，本来可能使平均成本下降，但是企业增产会使增产之前的所有产品的价格一起下降，这不符合利润最大化目标，所以企业不会继续增产。

垄断企业选择限产提价，损害了消费者的利益。市场经济的活力来源于竞争，垄断是与竞争相对立的。垄断利润的存在是市场经济收入分配制度出现问题的表现。如果一个完全竞争企业公司高管年薪过千万元（这只是一种假设），它可以说明这个公司高管的能力超强，社会也能够认可他的高收入。但是，如果一个完全垄断企业公司高管年薪过千万元，它可能与公司高管的能力没有关系，所以社会对这种高收入持批判态度。垄断利润还可能使完全垄断企业的活力减弱。拼搏精神既需要内在动力，又需要外在压力。垄断并没有消除内在动力，但是它消除了外在压力。

表 8－2　　　　某水泥厂的收益与成本

产　量	1	2	3	4	5	6	7	8
价格	380	360	340	320	300	280	260	240
总收益	380	720	1020	1280	1500	1680	1820	1920
总成本	520	580	680	820	1000	1220	1480	1780
边际收益	—	340	300	260	220	180	140	100
边际成本	—	60	100	140	180	220	260	300
利润	－140	140	340	460	500	460	340	140

某水泥厂在某地区是垄断企业，所以价格随着产量增加而递减。在表 8－2中，随着产量由 1 增加到 8，价格由 380 下降到 240。水泥厂总收益是递增的，说明需求富有弹性。随着产量由 1 增加到 8，总收益由 380 增加到 1920。水泥厂总成本随着产量增加而递增。随着产量由 1 增加到 8，总成本由 520 增加到 1780。边际收益是产量增量带来的总收益增量。例如产量由 2 增加到 3，总收益增量是（1020－720＝）300。边际收益小于价格，随着产量增加，二者相差越来越大。例如，产量为 2，价格比边际收益大 20；产量为 8，价格比边际收益大 140。边际成本是产量增量带来的总成本增量。例如，产量由 2 增加到 3，总成本增量是（680－580＝）100。水泥厂产量为 5 时，利润达到最大值 500。需要注意的是，此时边际收益大于边际成本，这

与利润最大化要求二者相等有所不同。如果产量可无限细分，那么不会出现这样的矛盾，二者相等才能使利润最大。但是在现实生活中，产量经常是不能无限细分的。第五个产量的边际收益比边际成本大40，所以生产第五个产量能使利润增加40。第六个产量的边际收益比边际成本小40，所以企业不能生产第六个产量。

【例8-1】　计算垄断企业利润最大化价格

已知某企业需求函数为：$P = 400 - 20Q$，总成本方程为：$TC = 500 + 20Q^2$。该企业应当如何制定利润最大化价格？

解：总收益TR是价格与产量乘积，其方程为：

$TR = P \times Q = (400 - 20Q) \times Q = 400Q - 20Q^2$

边际收益方程是总收益方程对Q的导数：

$MR = dTR/dQ = 400 - 40Q$

边际成本方程是总成本方程对Q的导数：

$MC = dTC/dQ = 40Q$

利润最大要求边际收益等于边际成本：

$400 - 40Q = 40Q$，则 $Q = 5$

把 $Q = 5$ 代入需求函数，得到 $P = 300$

答案是该企业制定300元的价格可以实现最大利润。

四、完全垄断企业长期均衡

完全垄断企业长期均衡也是完全垄断市场长期均衡，它是企业根据市场需求调整固定资产规模并实现利润最大的状态。

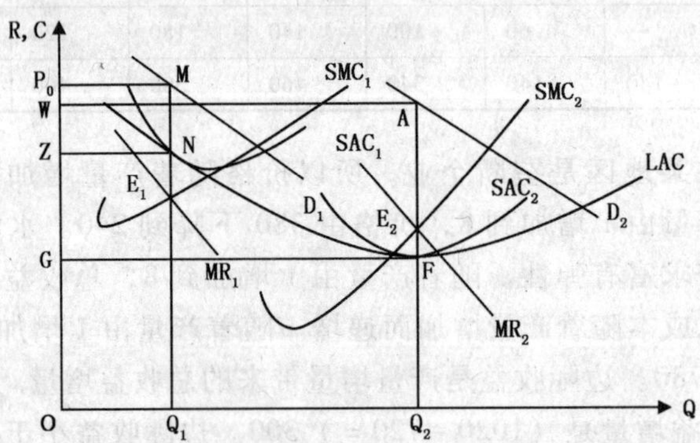

图8-2　完全垄断企业的长期均衡

在图8-2中，期初的市场需求曲线为D_1。完全垄断企业的短期平均成本曲线是SAC_1，它选择边际收益曲线MR_1与短期边际成本曲线SMC_1的交

点 E_1，生产 Q_1 产量，获得 P_0MNZ 的利润。它这时已经处于长期均衡状态。与完全竞争企业不同，垄断企业的平均收益与它所选择的产量有密切关系。所以，完全垄断企业扩大规模要受到需求制约。需求增加可能刺激完全垄断企业扩大企业规模。如果需求由 D_1 增加到 D_2，完全垄断企业就会通过扩大规模使短期平均成本曲线变为 SAC_2。企业选择边际收益曲线 MR_2 与短期边际成本曲线 SMC_2 的交点 E_2，生产 Q_2 产量，制定价格 W，可以使利润达到 WAFG。但是，它仍然缺乏生产效率。在 Q_2 这个产量上，价格高于长期平均成本的差额是缺乏生产效率的表现。它也缺乏资源配置效率。在 Q_2 这个产量上，企业边际成本是 E_2Q_2，价格高于边际成本的差额 AE_2 是缺乏资源配置效率的表现。

【例 8－2】　　　从日光灯到计算机操作系统

在本节引导案例中，列宁谈到的老板是非理性的和与众不同的人物。这个老板不知道日光灯是眼镜的朋友，不知道日光灯的启动非常费电，也没有预见到人们即将发明出来成千上万种新灯。他既然买了专利，为什么不自己生产日光灯？

微软是当代最典型的垄断企业之一。微软计算机操作系统价格下降和质量迅速提高同时发生，从 Windows 95 到 Windows 98 再到 Windows XP，让我们对垄断企业有了新的看法。正因为垄断利润存在，它才能够投入巨额资金搞研发。垄断企业对技术进步的贡献不是源自比尔·盖茨个人的品德，而是源自垄断企业对利润追逐的内在动力。

本节内容告诉我们：完全垄断企业边际收益曲线的位置低于平均收益曲线。完全垄断企业以减产提价为基本手段，可以获取垄断利润。这使它缺乏生产效率和资源配置效率。垄断可能使技术进步动力减弱，但是它仍然存在推动技术进步的内在动力。

第二节
垄断竞争企业行为

本节结构：垄断竞争市场→垄断竞争企业短期均衡→垄断竞争企业长期均衡

引导案例：　　　中国食品的差异化

中国的餐饮业与国外不同，它属于垄断竞争市场。我国食品的品种数不胜数，质量差异是我国食品的特色。例如，西方人是不炒菜的，蔬菜不是生吃就是做汤。正因为如此，炒菜的中餐馆遍及全球。中国拥有历史悠久的食文化，每个中餐馆的炒菜各具特色。

我们如何评价食品的差异化？垄断竞争企业是如何决策的？

一、垄断竞争市场

垄断竞争市场是企业为数众多、产品有差别、进入障碍较少的市场。它的主要特点是产品有差别。产品的差别表现在质量、销售地点、品牌、性能、外观、售后服务、商标等方面。销售地点对于零售业来说是产品差异的重要组成部分，因此，同一物在不同地点可卖出不同价格。每一个企业生产的产品都是独一无二的，它使垄断竞争企业具有一定程度垄断性。这些有差别的产品在性质上属于同类产品，这使得各垄断竞争企业相互之间的竞争十分激烈。垄断竞争企业为数众多，这意味着每一个企业都是中小企业。零售业、服务行业和某些劳动密集型手工业以及轻工业属于垄断竞争市场。例如，电影院、饭店、零售商店、服装厂、印刷厂、制锁厂等都处于垄断竞争市场。

【例8-3】　　　　《街上流行红裙子》

《街上流行红裙子》是我国改革开放初期一部电影的名称。在计划经济年代，中国人的服装十分单调，绝大多数人都穿蓝色中山装。这样的服装可以大批量生产，生产成本较低，但是它不能满足人们多样化的服装需求。当时一个穿裙子的女人走在大街上，会吸引很多人的目光。改革开放后，蓝色的海洋几乎在一夜之间就变成了五彩缤纷的世界。《街上流行红裙子》是人们的需求发生革命性变化的文艺概括。需求成为指导生产的最终依据，大批量生产的服装逐渐被市场淘汰，因为它不能满足人们张扬个性的需求。我国的服装行业加入了垄断竞争市场，它不再追求规模经营，而是不断推出新产品以满足人们对服装不断变动的需求。

二、垄断竞争企业短期均衡

垄断竞争企业的短期是指固定资产数量来不及调整和新企业来不及进入的时期。当市场上企业数量是一个常数的时候，每一个企业都可得到一定的市场份额，面临一条既定的需求曲线。

垄断竞争企业可能获得短期利润。在图8-3（a）中，某垄断竞争企业面临一条向右下方倾斜的需求曲线D。这表明垄断竞争企业因为它的产品与别人的产品有所不同，拥有一定程度的制定价格的权利。如果它降价，便可能增加需求量。垄断竞争企业找到边际成本曲线MC与边际收益曲线MR的交点E，并依此确定能带来最大利润的产量Q_1和价格P_1。在这种选择下，总收益是平均收益MQ_1与产量OQ_1的乘积，即P_1MQ_1O。总成本是平均成

本 NQ_1 与产量 OQ_1 的乘积，即 GNQ_1O。利润是总收益与总成本的差额，即 P_1MNG。

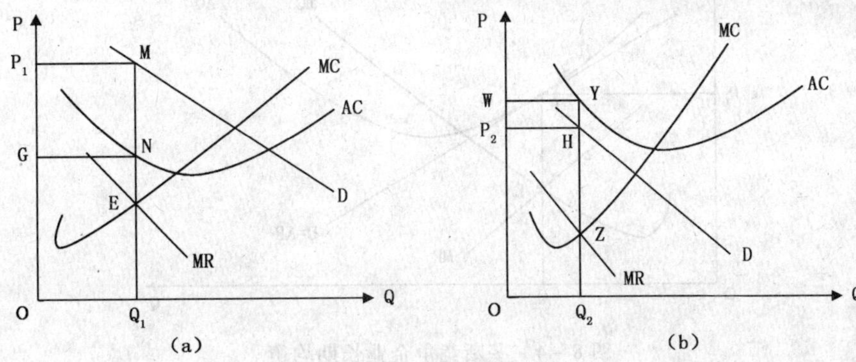

图 8－3　垄断竞争企业短期均衡

垄断竞争企业的利润与完全垄断企业的利润相比有 3 点重要区别：第一，垄断竞争企业的利润从量上来看是很小的。市场上有成千上万家垄断竞争企业，每一家企业的市场份额都很小，企业规模也不大，从而利润不会很多。第二，垄断竞争企业的利润来自产品差异，利润的存在有利于企业创造更能满足消费者需要的产品。第三，这种利润只能存在于短期，因为它可能吸引新企业进入。一旦这种情况发生，每一个企业的市场份额都会变小，即需求曲线向左移动。

在图 8－3（b）中，Z 点能使边际收益等于边际成本，企业选择 Q_2 产量和 P_2 价格能够使利润最大。在这种选择下，总收益是平均收益 HQ_2 与产量 OQ_2 的乘积，即 P_2HQ_2O。总成本是平均成本 YQ_2 与产量 OQ_2 的乘积，即 WYQ_2O。亏损是总收益与总成本的差额，即 $WYHP_2$。

这种亏损只能存在于短期，因为它可能导致企业退出。一旦这种情况发生，其他企业的市场份额会变大，即需求曲线向右移动。企业退出是市场机制发挥作用的具体表现。正是因为市场毫不留情，才会不断有新产品出现，顾客的多样化需求才能得到充分满足。

三、垄断竞争企业长期均衡

垄断竞争市场的长期是利润为零的时期，这种市场状况不会吸引新企业进入，也不会迫使老企业退出。

在短期，垄断竞争市场需求曲线的位置是不确定的，它可能让某些企业盈利，也可能让某些企业亏损。但是，盈利会使新企业进入，每一个企业的市场份额都会变小，即需求曲线向左移动，直到盈利消失为止；亏损会使老企业退出，每一个企业的市场份额都会变大，即需求曲线向右移动，直到亏损消失为止。

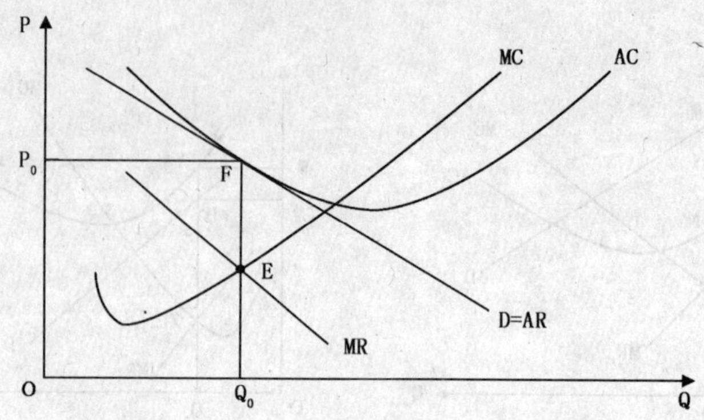

图 8－4 垄断竞争企业长期均衡

在长期，垄断竞争企业将不能获得经济利润，在图 8－4 中表现为需求曲线 D 与垄断竞争企业平均成本曲线 AC 相切于 F 点。企业根据边际收益曲线 MR 与边际成本曲线 MC 的交点 E，选择 Q_0 的产量和 P_0 的价格争取利润最大。但是，它的总收益和总成本都是 P_0FQ_0O，利润为零。需要注意的是，企业选择的产量 Q_0 小于平均成本最低产量，垄断竞争企业并不是在平均成本最低的状况下经营。

垄断竞争企业的长期均衡条件是：（1）边际收益等于边际成本，MR = MC。（2）价格等于平均成本，P = AC。

【例 8－4】　　　　北京某电影院的定价

北京的电影市场属于垄断竞争市场。假设某个电影院每天的需求方程为：$P = 50 - 0.02Q$，Q 为观众人数，其平均成本函数为：$AC = 60 - 0.04Q + 0.00001Q^2$。电影院经理应如何制定长期均衡价格？

解：长期均衡价格与平均成本相等：

$$50 - 0.02Q = 60 - 0.04Q + 0.00001Q^2$$

$$Q = 1000$$

将 $Q = 1000$ 代入每天需求方程：

$P = 30$，即长期均衡价格为 30 元。

本节内容告诉我们：垄断竞争市场是企业为数众多、产品有差别、进入障碍较少的市场。它的主要特点是产品有差别，可以满足消费者多样化的需求。在长期，垄断竞争企业的利润为零。因为利润会吸引新企业进入，使每个企业分配到的市场份额减少。

第三节
寡头企业行为的博弈分析

本节结构：寡头市场→博弈分析的基本概念→非合作博弈→合作博弈→顺序博弈→广告竞争

引导案例：　　　　囚犯难题与寡头博弈

囚犯难题是经济学经典案例。有两个囚犯因为共同偷窃而被捕。警察局的政策是坦白从宽、抗拒从严。每一个犯罪嫌疑人都面临两难选择：由于多次作案，招了，会被判多年刑，法律不是儿戏。如果自己不招，但是对方招了，自己会被判得更重。

两个囚犯是否会招供？博弈分析如何回答这个问题？囚犯难题给我们什么启示？

囚犯难题与寡头博弈有一点是相同的，就是寡头企业在决策时要考虑竞争对手的反应。如果寡头企业在决策时考虑对手反应，各种决策会带来什么后果？两方的决策如何相互作用？博弈分析研究寡头企业行为有几种基本方法？

寡头市场有多种分析方法，本节介绍重要的博弈分析方法。

一、寡头市场

寡头市场是卖者数量很少、市场进入障碍较大的市场。寡头市场的显著特点是寡头企业之间存在相互依存性，企业决策要考虑对手的反应。由于卖者数量很少，每一家寡头企业在市场中都占有重要地位，所有企业的价格和产量决策都会对市场产生重大影响。

寡头市场存在于汽车、钢铁、石油、化工、飞机、胶卷、烟草、啤酒、粮食加工、报纸等规模报酬非常明显的行业。

寡头市场是最接近现实情况的市场，多数大企业都处于寡头市场之中。寡头市场形成的原因类似于完全垄断市场，包括：（1）政府给予各个国有企业较大的经营管理权，这使国有企业之间可能出现决策不一致的情况，形成大企业之间的竞争关系。（2）政府特许一家以上企业进入相关市场，这些得到特许的企业成为寡头企业。（3）某行业规模报酬比较明显，在市场激烈竞争中只有少数大企业能够最终生存下来。（4）寡头企业各有高招，它们控制了技术或其他资源，新的企业难以打入该市场。（5）地区市场规模有限，几家企业的产品就能满足市场需要。例如，两个城市之间可能只有几家公共汽车公司。

二、博弈分析的基本概念

寡头市场中的企业行为可以看成是一种博弈。博弈的参加者存在目标冲突，每一方都想战胜另一方。在进行博弈时，每一方都要考虑自己的行为会给对方产生什么样的影响。

（一）收益矩阵

收益矩阵是在参加者的博弈中，显示他们采取各种策略组合的收益表格。

策略指参加者采取的行动方案。在简化的博弈分析中，假设只有两名参加者，他们只有两种策略可供选择。例如，两个男孩子发生矛盾，他们可选择动手和协商两种方案。

策略组合指两名参加者选择的策略和对策的集合。例如，一个人动手，另一个人也动手，这是一种策略组合。在简单的两个参加者两种策略选择的博弈中，存在4种策略组合。

收益指策略实行的结果。例如，两个打架的男孩都受伤，都受到处分，是打架策略组合的一种收益。在简单的两方两种选择的博弈中，存在4种收益组合。

收益矩阵有4个方格，表示4种策略组合的收益。每个方格中第一个数字是甲的收益，第二个数字表示乙的收益。

表8－3　男孩子解决矛盾的收益矩阵

		乙男孩	
		协商	动手
甲男孩	协商	0，0	－100，－200
	动手	－200，－100	－400，－400

在表8－3中，左上角的方格表明甲乙双方都采取协商策略的组合，双方收益都是零。右上角的方格表明甲男孩采取协商策略、乙男孩采取动手策略的组合，甲挨打损失100，乙接受处分损失200。左下角的方格表明甲男孩采取动手策略、乙男孩采取协商策略的组合，甲受到处分损失200，乙挨打损失100。右下角的方格表明甲乙双方都采取动手策略的组合，双方都受伤，都接受处分，各损失400。

这个模型只能证明在假设的数字约束下，打架是非理性行为。动手要受处分，是这个模型的关键假设。现实生活要比这个模型复杂得多。例如，历史上国家之间发生战争，一个重要原因是不存在处分侵略者的机制。正因为如此，第二次世界大战后建立了联合国。

（二）纳什均衡

纳什均衡指这样一种最优的策略组合，在对方策略既定的前提下，任何博弈参与者选择任何其他对策都不能再增加其收益。如果其他选择不能增加收益，就意味着目前的策略组合已经是最优的。对纳什均衡来说，每家企业的最优策略取决于另一家企业所选择的策略。

纳什均衡不是唯一解。在博弈分析中，可能出现两个纳什均衡解。

【例8-5】　两家寡头企业的价格竞争

假设市场上只有两家寡头企业，它们都有两种策略可供选择：维持价格不变或涨价。在它们的博弈中，存在4种策略组合：两家企业都涨价；两家企业都不涨价；甲企业涨价，乙企业不改变价格；乙企业涨价，甲企业不改变价格。

		乙企业	
		价格不变	涨　　价
甲企业	价格不变	100万元，100万元	300万元，-200万元
	涨　　价	-200万元，300万元	400万元，400万元

上面的收益矩阵显示各种策略组合下两个企业的利润情况。左上角的方格表明两家企业都选择维持价格不变的策略组合，它们各获得100万元利润。右上角的方格表示甲企业维持价格不变、乙企业涨价的策略组合，甲企业获得300万元利润，乙企业亏损200万元。甲企业得到更多的顾客，所以利润增加；乙企业顾客流失，所以它会亏损。左下角的方格表明乙企业维持价格不变、甲企业涨价的策略组合，甲企业亏损200万元，乙企业盈利300万元。右下角的方格表明双方都涨价的策略组合，两个企业都获得400万元利润。双方都涨价，它们采取类似于完全垄断企业的减产提价行为，从而能获得更多利润。

在本例中存在两个纳什均衡。左上角的双方价格不变策略组合方格表现为一种纳什均衡，双方都获得100万元利润。在甲企业维持价格不变的前提下，乙企业也维持价格不变是最优对策。如果它要涨价，就会由盈利变成亏损200万元。在乙企业维持价格不变的前提下，甲企业也维持价格不变是最优对策。如果它要涨价，同样会由盈利变成亏损200万元。在对方维持价格不变的前提下，自己也维持价格不变将得到最好的结果。双方都不愿意改变现行的维持价格不变的策略组合，这就是一种策略组合的均衡状态。右下角的双方都涨价的策略组合方格表现为另一种纳什均衡，双方都获得400万元利润。在甲企业涨价的前提下，乙企业也涨价是最优对策。若乙企业维持价格不变，它的利润会减少到300万元。在乙企业涨价的前提下，甲企业也涨价是最优对策。如果甲企业维持价格不变，它的利润也会减少到300万元。双方都不愿意改变现行的共同涨价的策略组合，这也是一种策略组合均衡状态。纳什均衡有时不是唯一的，这是该分析的缺陷。得到唯一解需要附加假设条件。

三、非合作博弈

非合作博弈指博弈参与者不能进行共谋的博弈。共谋指博弈参与者通过协商达成协议，以约束彼此行为。非合作博弈通常会带来博弈双方都不满意的结果。

【例8－6】　　囚犯难题

		乙嫌疑犯		甲的最坏结果
		不招	招供	
甲嫌疑犯	不招	1，1	10，6	10
	招供	6，10	6，6	6
乙的最坏结果		10	6	

囚犯难题是典型的非合作博弈。假设两个犯罪嫌疑人曾经多次共同作案，终于在犯罪现场被抓。警察局实行坦白从宽、抗拒从严政策。为了破案，审讯是单独进行的。假设两个犯罪嫌疑人采用最大最小策略。

在收益矩阵中，左上角的方格表明两个犯罪嫌疑人都不招供的策略组合，他们各获得1年刑期，现场被抓使得这次作案证据确凿。右上角的方格表明甲嫌疑犯不招供、乙嫌疑犯招供的策略组合，甲被判10年刑，乙被判6年刑，这是以往多次共同作案的结果。左下角的方格表明甲招供、乙不肯招供的策略组合，甲被判6年刑，乙被判10年刑。右下角的方格表明两人都招供的策略组合，两人都将被判6年刑。

依据最大最小策略，犯罪嫌疑人决策的第一步是找出最坏的可能性。甲不招有两种结果，坐牢1年和10年，最坏的可能性是坐牢10年。甲要是招供只有一种结果，无论同犯使用什么策略，他都要坐牢6年。甲的最坏可能性是坐牢10年和6年。乙不招有两种结果，坐牢1年和10年，最坏的可能性是坐牢10年。乙要是招供只有一种结果，无论同犯使用什么策略，他都要坐牢6年。乙的最坏可能性是坐牢10年和6年。

犯罪嫌疑人决策的第二步是在最坏可能性中找到最好的结果。在最坏可能性10年和6年中，6年是较好的结果。所以，两人都招供，都被判6年。

需要注意的是，在现实生活中，犯罪嫌疑人并非一定选择最大最小策略。这里反映的是通常情况下的犯罪嫌疑人行为。多次作案的人是相当自私而且多疑的，他们很难把自己的命运交到同伙手上。

【例 8－7】　　　　寡头企业非合作降价博弈

寡头企业非合作降价博弈是我们在现实生活中较少看到的现象，但它是可能发生的。例如，我国汽车企业曾经发生价格大战。假设在寡头市场中只有甲、乙两家企业，它们可以选择维持价格不变或者降价两种策略。

		乙企业	
		价格不变	降　价
甲企业	价格不变	100 万元，100 万元	30 万元，200 万元
	降价	200 万元，30 万元	60 万元，60 万元

在这个收益矩阵中，左上角的方格表明两家企业都维持价格不变的策略组合，它们各获得 100 万元利润。右上角的方格表明甲企业维持价格不变、乙企业降价的策略组合，甲企业获得 30 万元利润，乙企业获得 200 万元利润。乙企业得到更多的顾客，所以利润增加；甲企业顾客流失，所以它会亏损。左下角的方格表明乙企业维持价格不变、甲企业降价的策略组合，甲企业盈利 200 万元，乙企业利润减少到 30 万元。甲企业降价，导致乙企业的顾客流向甲企业。右下角的方格表明双方都降价的策略组合，两个企业都获得 60 万元利润。双方都降价，谁也不能争取对方的顾客，从而只能获得更少利润。

假设两个寡头企业的目标都是追求利润最大，他们的策略将是选择降价。这种降价竞争会一直持续到双方利润为零，以至于谁也没有能力继续降价。

四、合作博弈

合作博弈指参加者通过公开或不公开的协商和协议，彼此之间实现行为约束的博弈。在囚犯难题例子中，如果他们采用合作博弈策略，就会订立攻守同盟，规定被抓之后不许招供。犯罪嫌疑人根据协议，都选择不招，那么，按现有证据，都只坐牢 1 年。

寡头市场上的合作博弈有多种表现形式：

1. 卡特尔。卡特尔是英文“协议”的音译，指寡头企业通过协商，在限制产量、提高价格等方面达成协议，采取受到约束的行为。

卡特尔建立之后，它首先像一个完全垄断企业那样，确定利润最大产量和价格。然后，它组织内部协商，确定每一个企业的市场份额。

卡特尔是一个不稳定的经济组织，因为它的成员企业各有自己的目标，都有搭便车倾向。它们都希望别的企业严格遵守协议，而自己多生产以获取高价带来的利益。如果一家企业不遵守协议，就会使别的企业处于不利地位。大家都不遵守协议，卡特尔就会瓦解。

鉴于卡特尔会使寡头企业采取类似于完全垄断企业行为，许多国家都制定了相应的法规反对共谋行为。

背景知识：　　　　　　　石油输出国组织

石油输出国组织成立于1960年9月，是亚非拉主要石油生产国为协调石油政策而建立的国际组织。它属于国际卡特尔。其成员国的石油储量占世界60%以上，石油出口量占世界80%左右。它的主要作用是联合各成员国共同减产提价，以维护成员国的共同利益。

2. 价格领导。由于公开勾结非法，寡头企业采取了一些不公开的办法，其中一种常见的做法是价格领导。价格领导指某一个寡头企业率先定价，然后其余寡头企业参照该价格各自定价的共谋行为。法院很难找到企业勾结的证据，事实上也没有这样的证据。寡头企业对此是心照不宣的。

率先定价的寡头企业可能是占市场份额较大的寡头企业，也可能是成本最低的较小寡头企业。其他企业在博弈中采取的是跟随策略。跟随策略指不管对手采取什么策略，企业都采取与对手策略相同的策略。这可以有效地避免寡头企业之间的价格竞争，使寡头市场上的价格相对稳定。

3. 成本加成定价。成本加成定价是寡头市场上最常用的定价方法。它是在行业平均成本基础上，加上本行业其他企业认可的某种固定利润率。例如，某行业产品平均成本100元，各企业认可的利润率是10%，那么产品价格就是110元。

人们对寡头市场上的价格相对稳定提出了各种各样的解释。成本加成定价理论认为，成本变化会引起价格变化。如果成本不变，那么企业不会轻易改变价格。提价等于把顾客送给别的企业，降价会引起两败俱伤的竞争。改变价格本身需要成本。例如，企业要更换每一件产品的价格标签。更重要的是，寡头企业都是大企业，企业内部核算会由于价格变动而调整，容易造成混乱。

4. 不回避竞争法则。不回避竞争法则是一种隐蔽性很强的勾结，即寡头企业以广告形式保证自己的索价不会高于其他企业的价格。从表面上看，这是一种价格竞争，这种做法符合消费者利益。实际上，它起到限制其他企业进行价格竞争的作用。其他企业从这种保证中看到的是，如果自己降价，该寡头企业必然会降价，降价不能给自己带来好处，所以它们不会降价。在成本不断下降的情况下，寡头企业只要维持价格不变，就能获得垄断利润。

本节内容告诉我们：寡头市场的显著特点是寡头企业之间存在相互依存

性。纳什均衡指这样一种最优的策略组合，在对方策略既定的前提下，任何博弈参与者选择任何其他对策都不能再增加其收益。支配性策略是一家企业制定的不会受到对手选择影响的最优策略。最大最小策略指决策者在博弈中采取的厌恶风险策略，即无论对手如何选择，都力争在最坏可能性中争取得到最好结果。

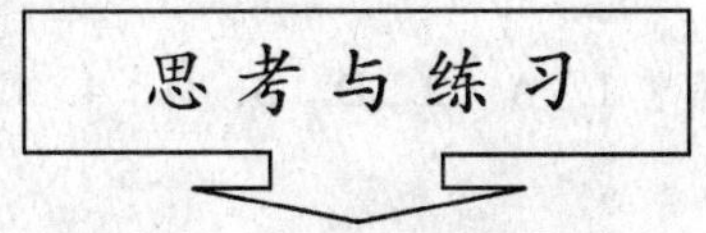

一、选择题

1. 人们认为垄断企业违背公众利益，是因为垄断企业(　　)。

A. 限产提价　　B. 边际成本等于价格

C. 不考虑市场需求　　D. 成本较高

2. 追求利润最大的垄断企业将使产量达到(　　)。

A. 平均成本最低　　B. 边际收益大于边际成本

C. 价格最高　　D. 总收益与总成本的差额最大

3. 垄断企业的边际收益(　　)。

A. 大于平均收益　　B. 等于价格

C. 等于边际成本　　D. 小于平均收益

4. 垄断竞争企业最可能处于(　　)部门。

A. 农业　　B. 钢铁业

C. 零售业　　D. 化学工业

5. 垄断竞争企业长期均衡条件除了边际收益等于边际成本外，还有价格等于(　　)。

A. 边际成本　　B. 平均成本

C. 边际收益　　D. 平均收益

6. 产品差异是(　　)市场的典型特征。

A. 完全竞争　　B. 完全垄断

C. 垄断竞争　　D. 寡头

7. 企业决策必须考虑对手反应是(　　)市场的典型特征。

A. 完全竞争　　B. 完全垄断

C. 垄断竞争　　D. 寡头

8. 在博弈分析中，纳什均衡(　　)。

A. 可能有两个解　　　　　　　　　B. 只有一个最优解
C. 博弈参与者利益相等　　　　　　D. 反映利润最大

二、用博弈分析说明一个现实问题。

三、观察我国电视广告并写出其特点。

四、从网上找出寡头企业开展竞争的例子。

五、从网上找出寡头企业进行共谋的例子。

本章选择题参考答案：1. A　2. D　3. D　4. C　5. B　6. C　7. D　8. A

第九章

市场失灵和微观经济政策

学习目的

1. 了解公共物品、公共选择、免费搭乘难题、外部效应、外部成本、社会成本、平均成本定价法、边际成本定价法等概念。
2. 画图说明存在外部成本条件下，私人企业会导致资源配置扭曲。
3. 理解政府针对市场失灵的各项政策。

本章结构：公共物品和公共选择→外部效应→反垄断政策

引导案例： **美国的财政支出**

美国的经济学教科书中有两个给人印象深刻的命题：完全竞争市场是一个理想的世界；最小的政府是最好的政府。但是，我们发现，一个数字就能驳倒这两个命题，这个数字就是美国的财政支出。自第二次世界大战结束以来，美国的财政支出占美国国民收入的比重始终超过20%，这意味着美国的社会购买力20%以上是通过政府支出实现的，也意味着美国维持着一个庞大的政府。

如果市场是万能的，为什么美国还要维持那么庞大的政府？在市场的神话后面，有哪些领域是市场无能为力的？从经济学角度看，政府扮演什么角色？政府使用什么手段干预市场？

第一节
公共物品和公共选择

本节结构：公共物品的概念→免费搭乘难题→公共选择→集体决策规则→投票悖论→选举成本→官僚制度的效率→私人提供准公共物品→解决政府失灵的对策

引导案例：　　　　　　　　贫困县拥有豪华车

我国有些贫困县拥有豪华车。豪华车由私人拥有，本不足为奇，市场会不断制造两极分化。问题在于这些豪华车是由政府拥有的。贫困县有那么多人生活在贫困线下，我们的中小学还要在一定程度上依靠希望工程，政府有什么理由买豪华车？或许一个外国总理骑自行车上班被人暗杀的例子能给官员们一点理由。但是，人家总理都能骑自行车上班，为什么我们的官员不能驾驶一般的汽车？我国并非所有的官员都开豪华车，但是，我国的公车支出在目前仍然是国外媒体热炒的话题。这件事表明，在市场失灵的同时，政府也可能是失灵的。

为什么政府会失灵？政府失灵表现在哪些领域？如何解决政府失灵？

一、公共物品的概念

公共物品是由公共机构提供的有形物品和无形物品。

公共机构指政府机关和政府部门的下属机构，例如政治局、全国人大、国务院、国防部、警察局、法院、交通部、交通厅、民政厅、宣传部、教育局等。公共机构包括数以千计的政府部门，它与私人机构（企业、学校、医院等）的主要区别在于它拥有行政权利。

典型的公共物品是国防、外交、广播、电视、治安、图书馆、下水道、垃圾处理、消防、防洪、防震、天气预报、社会统计、道路、交通管理、法规制定、环境保护、国民经济管理等。

公共物品的基本特征是它在消费中无排他性和具有非竞争性。无排他性是指其他人不能且不会被排除于消费之外。例如，警察局提供治安服务，一个人的生命和财产安全得到保护，并不妨碍其他人也得到警察局的保护。又如，一个人听广播，不能排除他人也来听广播。但是，无排他性的物品并不一定属于公共物品。例如，一个人晒太阳，并不妨碍别人也来晒太阳，但是阳光不是公共物品，它没有稀缺性，不是经济学的研究对象。非竞争性是指消费者和消费数量增加不会引起生产成本增加。例如，一个小区的人数增加，一般不会使消防队的成本增加。又如，听广播的人数增加，不会使广播电台制作节目的成本增加。但是，非竞争性的物品不一定属于公共物品。例如，技术成果的使用人数增加，不会影响发明新技术的成本，但是在知识产权保护下，技术不是公共物品。

公共物品对于社会安定和谐具有特别重要的意义。

【例9-1】　　　　　　　　国家的诞生

假设在古代有两个部落，他们有勤劳和抢劫两种策略可供选择。人们的目标是追求本部落收益最大化。

		乙部落	
		勤劳	抢劫
甲部落	勤劳	100万元，100万元	30万元，150万元
	抢劫	150万元，30万元	0，0

在上述收益矩阵中，左上角方格表示双方都选择勤劳的策略组合，双方各得到100万元的收入；右上角方格表示甲部落勤劳、乙部落抢劫的策略组合，甲部落得到30万元的收入，乙部落得到150万元的收入；左下角方格表示乙部落勤劳、甲部落抢劫的策略组合，甲部落得到150万元的收入，乙部落得到30万元收入；右下角方格表示双方都选择抢劫的策略组合，双方的收入都为零。根据本模型假设条件，两个部落都会选择抢劫，最后都会灭亡。

这样的悲剧并没有发生，是因为人们找到了解决问题的方法，即建立国家。国家依靠军队保护本民族免遭外族侵略。国家不是按照市场契约自由原则获取收入，而是依靠强权获取收入。公民有纳税义务，国家依靠税收建立军队保护人民。需要说明的是，国家的产生是一个复杂的问题，这里只是从一个方面进行解释。

二、免费搭乘难题

免费搭乘难题是指人们免费获取公共物品的愿望与公共物品的提供之间存在矛盾。搭乘具有公共物品的特征。在乡间公路上，汽车司机遇到要求搭乘的漂亮姑娘，他可能会停下来。司机并未因为多搭一人而增加成本，说明搭乘服务具有非竞争性。姑娘上车，并不妨碍司机回家，说明搭乘具有无排他性。需要注意的是，这里的无排他性是有条件的，搭乘需要司机同意。而公共物品的无排他性是无条件的。司机一般不给小伙子停车，因为这样做有遭遇抢劫的可能。理性人都具有免费搭乘倾向。人们对公共物品的消费无法被排除，只要公共物品生产出来，不支付代价也能享受它带来的利益。

世界上没有免费午餐，公共物品的生产也要耗费成本。如果不能弥补成本，公共物品就生产不出来。公共物品的生产者不能依靠强调契约自由的市场获得收入，私人不会生产公共物品。在封建社会，曾经存在私人组建军队、私人设法庭等现象。这是社会秩序存在问题的表现，那些私人都在掠夺国家权利。

市场不能提供公共物品，这是市场失灵的典型表现之一。免费搭乘难题可以通过联合购买得到解决。联合购买是指人们通过纳税方式购买公共物品。联合购买引出公共选择问题。

三、公共选择

公共选择是指公共机构为提供公共物品进行资源配置的选择。公共选择所要解决的问题是：生产什么公共物品？如何生产公共物品？为谁生产公共物品？

经济学对公共选择的分析建立在3个假设的基础之上：（1）公共选择的行为主体是理性的，他们根据成本收益原则追求效用最大化。（2）公共选择是在政治市场上完成的。政治市场指公共物品的交易市场。在这个市场上也存在供求关系。公共物品的需求者是选民，他们通过选票来反映自己对于公共物品的愿望。公共物品的供给者是公共机构和政治家。例如，选民是国家安全的需求者，军队是国家安全的供给者。（3）契约双方都会遵守法律所体现的游戏规则，这些规则以公众利益为基本出发点。

与私人选择相比，公共选择的特点是：（1）民众之间可能存在目标冲突。例如，有人拥护增加军费，有人希望增加社会保障支出；有人要求保护环境，有人要求高速发展。这就使得为谁生产和生产什么的问题变得非常复杂。与之相比，私人的决策目标比较单一，而且不会出现冲突。（2）政府的目标是相互制约的。社会目前需要和长远发展之间存在矛盾，积累多，消费就会少。平等与效率目标之间存在冲突，强调平等，就会损害效率。民众既想要物价稳定，又希望经济增长。但是，控制通货膨胀与经济发展速度存在矛盾，控制通货膨胀可能影响经济发展速度。两全其美是很难做到的，政府需要考虑各方面的问题，做出取舍。（3）公共选择必须遵循特定的程序。例如，竞选、组阁、提出议案、开会、辩论、投票、执行等。这套程序经常是繁琐的，导致大量人财物力和时间消耗。例如，苏联解体之后的苏维埃开会一度成为万人欢呼的节日，但人们很快就发现它很难形成决议，形成的决议也难以实行。（4）公共选择依靠行政权力执行。权力具有强制性，个别官员滥用职权就足以造成巨大损失。社会需要监督权力，依靠道德防止权力滥用是极其不可靠的。对权力的社会监督是一个系统工程，各国都没有从根本上解决腐败。公共选择的这些特点决定了集体决策需要规则。

四、集体决策规则

人民是国家的主人，公共选择本质上属于集体决策。但是，选民的意见存在分歧，只能通过投票机制反映人们对公共物品的偏好。

集体决策规则有两种基本表现形式：一致同意规则和多数规则。

一致同意规则是指某项提案的通过必须以所有人通过为前提。如果某项提案没有获得所有人同意，那么就要进行修改，直到所有人通过为止。按照一致同意规则通过的提案符合帕累托效率标准，能使资源配置达到最优。但是，这个规则有明显的缺点。首先，反复修改提案，需要大量的人财物力和时间投入。其次，为了使提案获得通过，人们会采取各种手段，如拉票、反复劝说、收买、威胁等。

多数规则分为简单多数规则和比例多数规则。简单多数规则是指某项提案的通过必须以半数以上人通过为前提。比例多数规则是指某项提案的通过必须以赞成票达到规定比例为前提，例如2/3票多数或4/5票多数。多数规则可以相对节约集体决策的成本，它对多数派有利，对少数派不利。在特定的条件下，可能出现多数人暴政。例如，殖民主义者曾对土著居民实行多数人暴政，把他们赶出家园，镇压他们的反抗。英国发动鸦片战争，在议会能得到顺利通过。

五、投票悖论

投票悖论是指按照多数规则进行的投票可能无法得到令多数人满意的结果。按照多数规则进行投票的目的是为了让多数人满意。但是，这个目的往往是多数规则难以达到的。对个人选择来说，如果A大于B，B大于C，那么A大于C。但是，对于3个人的集体决策，逻辑并非如此。

【例9-2】 看电影的投票悖论

某校甲、乙、丙3人决定一起去看电影。当时有3家影院分别放映A、B、C 3部电影。为了满足多数人的偏好，他们决定以投票方式做出选择。甲的偏好次序是A、B、C，乙的偏好次序是B、C、A，丙的偏好次序是C、A、B。他们发现，任何一部电影都不能获得多数票，依靠投票机制不能得到令多数人满意的结果。只有当他们在两部电影中进行选择时，才能得到满足多数人偏好的结果。例如，如果他们只在A和B之间选择，A能获得多数票。如果他们只在A和C之间选择，C能获得多数票。如果他们只在B和C之间选择，B能获得多数票。

在投票表决中，中间投票人往往决定最后的结果。假设在关于财政预算的投票中，主张增加预算、预算不变、减少预算的人各占1/3，政治家为了当选，往往隐蔽自己的观点，站在中间投票人的立场。这使他可以获得更多选票。正因为如此，选民很难了解政治家们的真实想法，有时会对选举缺乏兴趣。

六、选举成本

选举成本是选举活动的各项支出。为了让选民了解自己的政治主张，候选人需要筹措巨额竞选经费。他需要组织竞选班子、起草和散发竞选纲领、出席群众集会和发表演说、参加电视辩论等。这些活动的经费支出十分庞大。国家越大，人口越多，竞选支出越大。对于发展中国家来说，这种支出的数额是老百姓难以想象的。选举成本不是来自纳税人的税收。如果存在税收支持竞选的制度，成千上万的公民都可能想当候选人，挑选候选人又成为一个大问题。

在实际竞选活动中，竞选经费来自特殊利益集团的赞助。特殊利益集团是指具有共同利益的人组成的集团。例如，军火商、农场主形成不同的特殊利益集团，他们分别要求军火订单和出口补贴。如果没有竞选经费问题，政治家可以客观判断是非。但是，政治家需要当选才能发挥才能，当选需要竞选经费，各个特殊利益集团按照成本收益原则向自己选中的候选人提供赞助。接受了赞助之后，政治家必然要代表特殊利益集团的利益，提出符合他们需要的竞选纲领。候选人一旦当选，必然会以各种形式对特殊利益集团进行回报。这是民主制度的一条软肋。

七、官僚制度的效率

官僚制度是官员管理政治事务的制度，它广泛存在于各种组织之中。例如，军队、企业、学校、政府都实行官僚制度。不同组织中的官僚制度既有共同特点，例如下级服从上级等，也有不同点。政府的官僚制度有5个与众不同的特点：

（一）公共机构具有完全垄断性

每个公共机构都有特定的职权范围。针对特定的公共物品，它们是垄断供给者。例如，中央军委是国防的垄断供给者，公安部是治安的垄断供给者。公共机构永远不会破产。缺乏竞争压力是政府机构效率低下的重要原因。

公共机构的完全垄断性是私人垄断企业望尘莫及的。私人完全垄断企业的建立主要是通过国有化或政府特许。在市场条件下，完全垄断企业的垄断程度并不完全，它仍面临国际竞争、潜在竞争、替代品竞争等多种竞争压力。

（二）成本收益分析缺乏合理标准

市场价格可以作为企业和消费者进行成本收益分析的合理标准。但是，公共物品没有价格，它的收益和成本分析都难以找到类似的合理标准。

【例9-3】　计划生育政策的收益和成本

计划生育政策是具有中国特色的公共物品，它的目标和收益是减少出生率。这一政策在城市得到执行，在农村不得不放宽。计划生育是要付出代价的。我国村一级组织都有主管计划生育的官员，这是一支庞大的队伍。一对夫妇只生一个孩子，将会带来史无前例的老年社会。在社会保障不够健全的条件下，一对夫妇要养4个老人。计划生育政策的成本和收益都难以量化。

（三）公共机构追求规模最大化

公共机构追求的目标是规模最大化，不是利润最大化。公共机构规模越大，每个工作人员的工作就会越轻松，官员就越能获得下级的拥护。公共机构规模越大，官员的地位就会越高，权力就会越大，官员对权力地位的追求就越能得到满足。公共机构规模越大，官员越有能力与上级讨价还价，越能获得更多的财政预算。

公共机构有很多办法来扩大规模。例如，它可编制大量的永远不会有人看的报表，开一些没人感兴趣的马拉松式会议，多次组织不懂外语的人出国考察。

（四）公共机构工作人员存在浪费倾向

公共机构通常会以其工作的重要性为理由，要求涨工资，要求使用最先进的办公设备，要求组织各种会议，要求出国考察，要求配备小汽车，等等。公共机构的任何一级官员都不是花自己的钱，上级难以抵御下级一次又一次的要求。

【例9－4】　出国考察分析

假设有两个县政府，它们有出国考察和不出国考察两种策略可供选择。它们的目标是追求政府收益最大化。

		乙县政府	
		出国考察	不出国考察
甲县政府	出国考察	100，100	110，0
	不出国考察	0，110	0，0

在上述这个收益矩阵中，左上角方格表示双方都选择出国考察的策略组合，双方各得到100的收益。因为出国考察的效果很难检查，它与出国旅游密不可分，出国考察不会给考察团带来成本，只能给他们带来收益。右上角方格表示甲县政府出国考察、乙县政府不出国考察的策略组合，甲得到110收益，乙得到零收益。甲县政府更能得到下级拥护，它的收益增加。左下角方格表示乙县政府出国考察、甲县政府不出国考察的策略组合，甲得到零收益，乙得到110收益。右下角方格表示甲乙都选择不出国考察的策略组合，双方各得到零收益。根据假设条件，两个县政府都会选择出国考察。

（五）公共机构的委托代理链条特别长

选民是公共物品生产的委托人，公共机构的官员是代理人。委托人是授权他人从事某项活动的人，代理人是接受他人委托从事某项活动的人。委托代理关系普遍存在于经济生活之中。例如，股东是委托人，董事会是代理人。公共机构的委托代理关系的特点是委托代理链条特别长。选民的意见要通过人民代表、各级人大层层上传。政治局的意见要通过国务院、各部委、各厅局、各处、各科逐级下达。委托代理链条越长，信息越容易扭曲，越不容易监督，最下一级代理人离委托人的距离越远。由于公共机构存在这些问题，经济学建议在可能的条件下由私人提供准公共物品。

八、私人提供准公共物品

准公共物品是具有无排他性或非竞争性的物品，是拥有价格的接近于公共物品的物品。教育是典型的准公共物品。例如，教室里增加一名学生，不会影响他人学习，教育有一定程度的无排他性；教室里增加一名学生，不会使教育成本增加，教育有一定程度的非竞争性。公共物品可以通过产权界定转化为准公共物品。例如，孔子未出名时，他演讲不收费，他的教育是公共物品；当他出名后，他演讲要收礼物，他的教育就是准公共物品。私人企业也使用官僚制度，为什么由它提供准公共物品呢？原因之一是它的官僚制度效率较高。首先，它的产权主体明确，股东不会容忍亏本的管理者长期无所作为。其次，它可依靠市场价格进行政绩考察，奖惩制度更有效率。此外，企业的利润最大目标使它不会养闲人。在发展中国家，由于法制不够健全，私人企业可能对劳动力支付更低的工资，或任意延长劳动时间，这会使它的成本低于公共机构。发展中国家也可能出于缺乏资金的考虑而让私人企业生产准公共物品，并赋予它们某种收费特权，以解决免费搭乘难题。私人提供准公共物品的典型领域是修路、架桥、灯塔、电视、广播、教育等。私人提供准公共物品可能导致资源配置效率损失，需要政府进行价格管制。

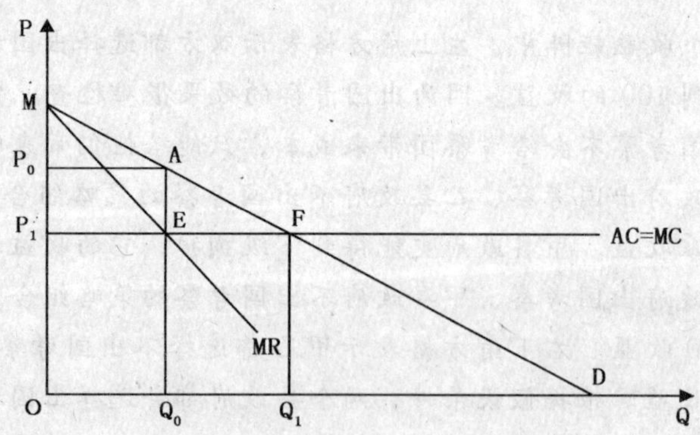

图9－1　私人企业修路的效率损失

图9－1的横轴Q表示车辆行驶里程，纵轴P表示每公里过路费。曲线D为需求曲线，它向右下方倾斜，表明过路费越低，过往车辆越多。曲线MR为边际收益曲线。为分析简化，假设曲线AC＝MC同时代表平均成本和边际成本曲线，它是一条水平线。

如果由私人企业决定过路费的多少，那么它会按照边际收益等于边际成本的原则，将行驶里程确定为Q_0，规定每公里过路费为P_0。这时，它得到的总收益为P_0AQ_0O，总成本为P_1EQ_0O，利润为P_0AEP_1。价格高于边际成本（AE）反映资源配置缺乏效率。在Q_0Q_1的行驶里程区间，需求曲线的位置高于平均成本曲线和边际成本曲线，三角形AFE的面积是社会的福利损失。

这个问题可以通过政府管制价格得到解决。政府应当把价格确定为P_1。这一方面保证了价格等于边际成本，资源配置达到最优；另一方面，使行驶里程达到Q_1，消除上述福利损失。

私人企业收取过路费还会导致时间的浪费。我国的收费站经常出现汽车排队长龙。如果政府修路，就不会有收费站。

九、解决政府失灵的对策

解决政府失灵的对策是一个系统工程，经济学提出的建议是：

1. 精兵简政。我国领导人曾多次进行精兵简政。这是一项持续性的工作，不可能一劳永逸。如果这项工作严重失误，政府就会垮台。太平天国领袖洪秀全任命了上千个王，社会不堪重负的机构膨胀成为农民起义失败的重要原因。

2. 发扬民主。民主即人民当家作主。如果官员是老百姓选出来的，他要上台或继续执政就要考虑老百姓的想法，官员偏好就容易与社会偏好保持一致。民主的重要内容就是人民有权按照法律程序撤换不称职的官员。

3. 建立制衡机制。制衡机制是机构之间的相互约束。例如，中央纪律检查委员会和审计署对防治腐败发挥了重大作用。新闻自由（在任何国家它都是相对的）是现代制衡机制的重要环节，没有信息透明，就很难实现有效监督。

4. 加强法制建设。法律体现的是游戏规则，它是透明的，而且所有人在法律面前一律平等。我国有悠久的封建社会和深厚的封建传统，用法制代替人治是长期过程。

本节内容告诉我们：公共物品是由公共机构提供的有形物品和无形物品。市场不能提供公共物品，这是市场失灵的典型表现之一。公共选择是指公共机构的选择，即在公共物品生产中如何进行资源配置的选择。但是，公共选择也存在成本，包括选举成本和官僚制度的低效率等。政府需要采取一系列措施解决政府失灵问题。

第二节
外 部 效 应

本节结构：外部效应的概念→社会成本→社会收益→政府针对外部效应的对策

引导案例：　　辽宁关闭41家造纸厂

中央电视台新闻频道2008年8月23日报导，辽宁关闭41家污染环境的造纸厂。造纸厂把污水排入河流，造成一系列恶劣影响，例如，鱼和植物死亡，饮用水质恶化，人们不能在遭受污染的河流中游泳，对旅游点有破坏作用。对周围居民来说，它带来了外部成本。什么是外部成本？为什么长期以来造纸厂不理会周围居民的呼声？政府干预是否是必须的？我们如何解决环境保护问题？

一、外部效应的概念

外部效应是指人们的经济活动对契约关系之外的他人产生的影响。市场契约关系一般表现为生产者和消费者的关系。在契约关系之内，收益和成本是对应的，市场大体能够实现资源的有效配置。但是，人们的生产和消费活动可能影响到契约关系之外的第三者，承受外部效应的人没有为此付出努力或得到补偿。正是在这个收益和成本不对称的领域，市场在调节资源配置上失灵。

外部效应可分为外部成本和外部收益。

（一）外部成本

外部成本是指人们的生产和消费对他人产生的契约关系之外的消极影响。例如，工厂向大气层排放烟尘会影响人们的生活质量，而工厂并未对此作出补偿。又如，吸烟者的消费可能造成周围的人被动吸烟，他也未作出相应补偿。

外部成本产生的原因是产权界定不清。如果契约关系能够考虑到人们的生产和消费对所有人的消极影响，并对此作出相应补偿，那么就不会出现外部成本问题。

【例9-5】　　公共河流的排污行为

假设一条公共河流旁有两家造纸厂，它们有排污和治污两种选择。

		乙企业	
		排污	治污
甲企业	排污	100 万元，100 万元	120 万元，30 万元
	治污	30 万元，120 万元	70 万元，70 万元

在上述这个收益矩阵中，左上角方格表示双方都选择排污的策略组合，双方各得到 100 万元的利润。右上角的方格表明甲企业排污、乙企业治污的策略组合，甲企业盈利 120 万元，乙企业盈利 30 万元。治理污染需要大量的资金投入，生产成本上升，价格随之上升，所以，乙企业盈利减少。甲企业获得更多客户，所以盈利增加。左下角的方格表明乙企业排污、甲企业治污的策略组合，甲企业获得 30 万元利润，乙企业盈利 120 万元。右下角的方格表明双方都采取治污策略的组合，两个企业都盈利 70 万元。

在市场机制指导下，两个企业都会选择排污策略。环境污染给周围居民带来巨大损害与企业家的道德无关，谁有道德谁就会被市场淘汰。问题出在河流的公共所有，它不能限制企业的排污行为。

【例 9－6】　　国有河流的排污行为

假设一条国有河流旁有两家造纸厂，它们有排污和治污两种选择。

		乙企业	
		排污	治污
甲企业	排污	－100 万元，－100 万元	－80 万元，50 万元
	治污	50 万元，－80 万元	70 万元，70 万元

在上述这个收益矩阵中，左上角方格表示双方都选择排污的策略组合，双方各亏损 100 万元。国家有权限制企业向国有河流排污，对排污企业处以高额罚款。右上角的方格表明甲企业排污、乙企业治污的策略组合，甲企业亏损 80 万元，乙企业盈利 50 万元。乙企业治理污染需要大量的资金投入，但是它可免受罚款，所以略有盈利。甲企业仍然排污，继续受到惩罚，所以继续亏损。左下角的方格表明乙企业排污、甲企业治污的策略组合，甲企业获得 50 万元利润，乙企业亏损 80 万元。右下角的方格表明双方都采取治污策略的组合，两个企业都盈利 70 万元。

只要河流产权界定清晰，企业都会选择治理污染，外部成本随之消失。

（二）外部收益

外部收益是指人们的经济活动对他人产生的契约关系之外的积极影响。例如，在 2008 年北京夏季奥运会上，我国运动员获得的金牌数量名列第一，激发了全国人民的民族自豪感。又如，基础理论研究者取得突破，全世界都会从中受益。

二、社会成本

社会成本是社会为某项活动付出的代价，它是私人成本与外部成本之和。私人成本是私人为某项活动付出的代价。例如，吸烟者的私人成本是他购买香烟的支出（经济学的理性人假设使我们可以不考虑他的健康问题），外部成本是它对周围人们健康的影响。造纸厂的私人成本是它造纸的各项费用，例如利息、工资、租金等。但是，社会民众也为造纸付出了外部成本，例如水质恶化、健康受到损害等。由于许多活动都存在外部成本，社会成本通常要高于私人成本。私人企业的目标是追求利润最大化，它在市场中只考虑私人成本。从社会成本角度看，这会造成资源配置扭曲，即资源配置不符合成本收益原则。

社会边际成本是产量的增量导致的社会成本增量，它是私人边际成本与外部成本之和。

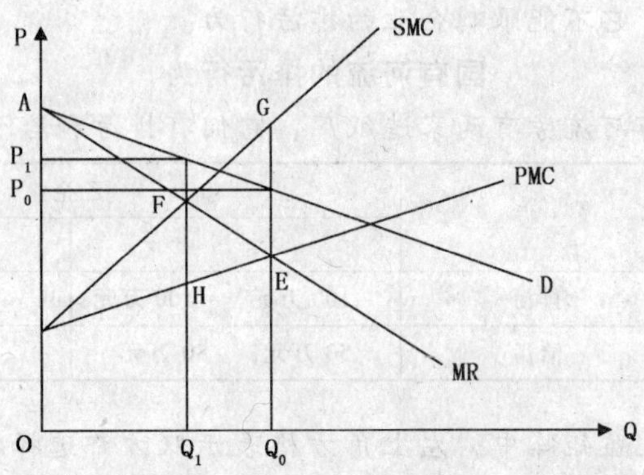

图 9－2 造纸厂的资源配置扭曲

在图 9－2 中，横轴 Q 为纸的数量，纵轴 P 为纸的价格，曲线 D 为需求曲线，MR 为边际收益曲线，PMC 为私人边际成本曲线，SMC 为社会边际成本曲线。社会边际成本曲线的位置高于私人边际成本曲线，二者之间的垂直距离表示外部成本。随着造纸数量增加，排污数量也会增加，外部成本递增，两条曲线的垂直距离越来越大。

企业找到边际收益曲线与私人边际成本曲线的交点为 E，确定最大利润产量为 Q_0，并把价格确定为 P_0。为图形简化，我们没有画出平均成本曲线，所以图形上不能显示利润的大小，它与我们的分析关系不大。

对于社会来说，资源最优配置的条件是：

$$MR = SMC \qquad (9-1)$$

上式表明，在考虑外部成本的情况下，边际收益 MR 等于社会边际成本 SMC 是资源最优配置的条件。资源最优配置以社会福利最大为标准。社会福利是收益超过社会成本的余额。我们可用反证法证明上述资源最优配置条件。如果边际收益大于社会边际成本，那么资源配置没有达到最优，因为增加产量仍然可以增加福利。如果边际收益小于社会边际成本，那么资源配置没有达到最优，因为减少产量可以增加福利。所以，只有等于关系才能保证资源最优配置。

对于社会来说，最优产量应当是边际收益曲线与社会边际成本曲线的交点 F 所对应的产量 Q_1。对社会来说，在 Q_1Q_0 产量区间，社会边际成本（FG）大于边际收益（FE），生产这部分产量是得不偿失的。但是，私人企业看到的是在 Q_1Q_0 产量区间，私人边际成本（HE）小于边际收益（FE）。所以，它不会把产量停止在 Q_1。这是市场失灵的重要表现。

从中还可以看到，对待污染企业的办法不一定是让它关门。在目前的技术水平下，完全消除污染不够现实，纸张对于社会也是不可忽视的产品。

三、社会收益

社会收益是社会从某项活动中得到的收益，它是私人收益与外部收益之和。私人收益是私人在某项活动中得到的收益。例如，学校收取的学费是学校的私人收益。但是，社会民众也从教育事业的发达中获得了好处。受过教育的人会更热爱祖国、更遵守纪律、更有知识。受过教育的人越多，国家越强大，大家都会从中受益。一般情况下，社会收益要高于私人收益。

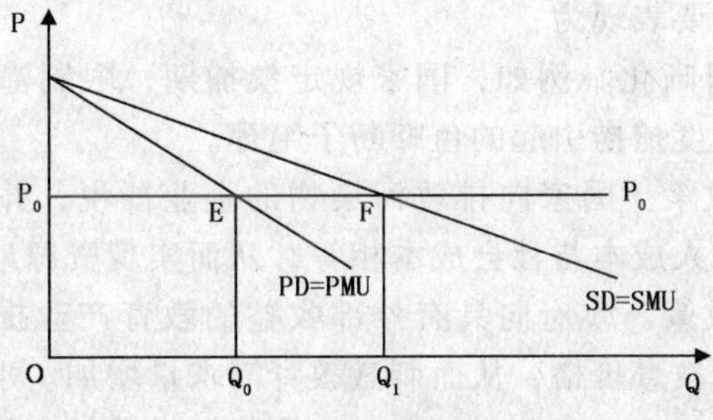

图 9－3 市场的教育需求

在图 9－3 中，横轴 Q 为教育数量，纵轴 P 为教育价格。曲线 PD＝PMU 为私人对教育的需求曲线和边际效用曲线，如果我们用货币衡量效用，两条曲线就会重合。它向右下方倾斜，表示教育的边际效用递减。曲线 SD＝SMU 为教育的社会需求曲线和社会边际效用曲线。社会边际效用是产量增量导致的社会收益增量。社会边际效用曲线的位置高于私人需求曲线，二者之间的垂直距离表示外部收益。随着教育数量增加，外部收益递增，两条曲线的垂直距离越来越大。为分析简化，假设价格线 P_0 是一条水平线，即学费不变。

私人找到私人边际效用曲线与价格线的交点 E，确定对私人的最优教育数量 Q_0。如果教育数量高于 Q_0，就会出现私人边际效用小于价格的现象。

对于社会来说，教育资源最优配置的条件是：

$$SMU = P \tag{9-2}$$

上式表明，社会边际效用 SMU 等于价格 P 是资源最优配置的条件。我们可用反证法加以证明。如果社会边际效用大于价格，那么资源配置没有达到最优，因为增加教育仍然可以增加福利（这里，福利指效用大于价格的差额）。如果社会边际效用小于价格，那么资源配置没有达到最优，因为减少教育可以增加福利。所以，只有等于关系才能保证资源最优配置。

在图 9－3 中，最优教育数量是社会边际效用曲线与价格线的交点 F 所对应的教育数量 Q_1。在 Q_0Q_1 教育数量区间，社会边际效用高于价格，提供这部分教育数量是有利可图的。但是，私人看到的是在 Q_0Q_1 教育数量区间，私人边际效用小于价格，它不会把教育数量增加到 Q_1。这是市场失灵的重要表现。

四、政府针对外部效应的对策

外部效应使市场不能实现资源最优配置，政府需要采取相应对策解决问题。政府的对策主要表现为：

1. 产权界定清晰化。例如，国家规定禁捕期，限制渔民使用渔船的产权，就可以杜绝过度捕捞引起的鱼虾断子绝孙。

2. 利用税收政策。国家向排放污染物的企业征税，并使税收等于外部成本，就可以让私人成本与社会成本相等，从而实现资源最优配置。

3. 使用补贴政策。政府向具有外部收益的教育产业提供补贴，可以增加教育供给和降低教育价格，从而刺激教育需求量增加。事实上，发达国家对中小学的补贴已经实现了免费教育。法律还把接受教育作为公民义务。对于外部收益特别明显的基础理论研究，国家设立专项资金进行扶植。

4. 用法律规定人们的行为规范。例如，法律规定人们不得在公共场所吸烟，不得酒后驾车，不得乱丢果皮等。

本节内容告诉我们：外部效应是指人们的经济活动对契约关系之外的他人产生的影响。外部成本是指人们的经济活动对他人产生的契约关系之外的消极影响。社会成本是社会为某项活动付出的代价，它是私人成本与外部成本之和。由于外部效应的存在，市场不能自发实现资源最优配置。政府需要利用法律和经济手段解决外部效应引起的市场失灵。

第三节
反垄断政策

本节结构：反托拉斯法→规定专利时限→对垄断企业的价格管制

引导案例：　　　　联通向移动挑战

移动公司在中国电讯市场曾处于垄断地位。我国政府成立联通公司，向垄断市场发起挑战。但是，在一段时间里，消费者没有看到竞争机制的好处，寡头市场是可能出现共谋行为的。联通公司的产权界定、技术创新、内部管理都曾出现过一些问题，它比较充分地表现出国有企业的各种弊端。随着时间推移，我国政府的努力得到回报，手机费终于有所下降。

政府是如何反垄断的？什么样的措施更加有效？

垄断企业的限产提价行为造成社会福利损失，导致资源配置扭曲，所以，许多国家都采取反垄断政策。

一、反托拉斯法

托拉斯是产业内若干企业通过层层控股关系形成的企业集团。由于股权十分分散，掌握10%的股权的人经常就可以控制一家企业。通过金字塔式层层控股关系，可能形成庞大的垄断组织。在企业集团内，掌握母公司多数股权的金融寡头可控制多个子公司和孙公司的决策权，从而在市场上可以采取类似于完全垄断企业的行为。例如，在1870—1899年间，洛克菲勒曾控制美国石油销售的90%。

【例9－7】　　　　洛克菲勒的家庭教育

洛克菲勒小时候曾经爬到一棵树上。他的父亲说："孩子，跳下来！"树很高，洛克菲勒不敢跳。老洛克菲勒说："跳吧，我接着你。"洛克菲勒跳了下来，但没人接他，摔得鼻青脸肿。老洛克菲勒说："孩子，我要你记住的是，不要相信任何人。"

洛克菲勒长大以后，经营石油并买下铁路，对其他企业运油收取高额运费，迫使那些企业成为他的子公司。这种近于强盗的行径激起社会的反对。但是，洛克菲勒在晚年时设立洛克菲勒基金，又把巨额财富回报给社会。

反托拉斯法是限制企业占据市场支配地位和限制企业采取共谋行为的法律。它的主要内容是：（1）禁止大公司垄断国内外贸易。例如，美国的标准是一家公司所占市场份额不得超过25%。（2）如果一家公司所占市场份额比重过大，政府要将其分解成几家独立企业。（3）禁止企业签订卡特尔协议，或通过君子协定进行共谋。君子协定是一种不受法律保护的口头协议，它完全建立在彼此信任的基础之上，是寡头企业经常采用的手段。（4）禁止企业实行价格歧视。价格歧视是指同一种商品对不同顾客规定不同价格。

【例9-8】　　美国的反托拉斯法

19世纪末，美国出现第一次企业大兼并。美国的汽车、钢铁、石油、化工等行业都成为垄断行业。1890—1950年，美国国会通过一系列法案反对垄断，其中比较有名的是《谢尔曼法》（1890年）、《克莱顿法》（1914年）、《联邦贸易委员会法》（1914年）、《罗宾逊—帕特曼法》（1936年）、《惠特—李法》（1938年）、《塞勒—凯弗维尔法》（1950年），统称为反托拉斯法。

《谢尔曼法》规定，托拉斯和共谋是非法的。《克莱顿法》把限制性契约、相互持股定性为非法的不公平竞争。《联邦贸易委员会法》授权政府建立联邦贸易委员会以反对不公平竞争。《罗宾逊—帕特曼法》宣布价格歧视非法。《惠特—李法》宣布损害消费者利益的不公平贸易非法。《塞勒—凯弗维尔法》禁止大公司之间的兼并和大公司对小企业的兼并。

一些国家在制定了反托拉斯法之后，在执行上采取比较灵活的态度。其主要原因是反托拉斯法与规模经营存在冲突。特别是欧洲国家在美国和日本的强大竞争压力下，甚至以政府的力量鼓励企业合并，以降低成本和获取规模报酬。

二、规定专利时限

掌握专利是垄断企业保持垄断地位的重要手段。专利制度实际上是保护垄断的制度。但是，它可以保护技术发明者的利益，使发明成本得到补偿，对于推动技术进步具有特别重要的意义。如果按照完全竞争市场模式，实现完全信息，不保护技术发明者的利益，技术进步速度将会放慢。

世界产权组织规定了专利权的保护年限。许多国家参加了世界产权组织，规定了各自的专利保护年限。规定专利保护年限可以保护中小企业利益，使大企业无法依靠一项发明长期占有垄断地位，也促使企业不断发明新技术来迎接市场竞争挑战。例如，美国的专利保护年限为17年。专利时限的长短是一个复杂的问题。专利时限过长，会削弱竞争机制；专利时限过短，会导致创新动力不足。不同领域的技术创新所需投入不同，技术的生命周期也不同，合理的专利时限应当有所不同。但是，法律很难深入这些技术细节。目前，绝大多数技术在专利时限内就已经被新技术替代，说明目前的专利时限仍然偏长。

三、对垄断企业的价格管制

政府对垄断企业的价格管制有两种常见的方法，即平均成本定价法和边际成本定价法。

（一）平均成本定价法

平均成本定价法是政府按照企业的平均成本来规定管制价格。

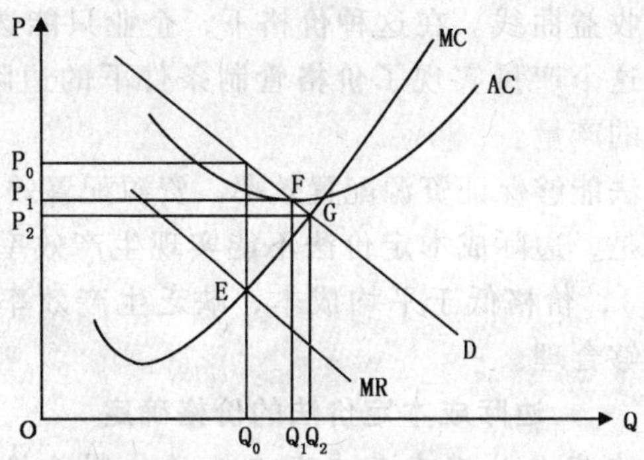

图 9－4　对垄断企业的价格管制

在图 9－4 中，横轴 Q 为数量，纵轴 P 为价格。垄断企业为追求利润最大化，会根据边际收益曲线 MR 和边际成本曲线 MC 的交点 E 选择产量 Q_0，并确定最大利润价格 P_0。

政府平均成本定价法是根据平均成本曲线 AC 和需求曲线 D 的交点 F 规定管制价格 P_1。P_1F 这条价格线成为价格管制条件下的平均收益曲线和边际收益曲线。在这种价格下，企业只能选择产量 Q_1，它的利润为零。

平均成本定价法能保证生产效率和收入分配的合理性。生产效率的条件就是价格等于平均成本。利润为零对企业是合理的，经济学中的成本是机会成本，企业仍能获得正常利润。但是，平均成本定价法不能实现资源配置效率。在相应产量下（Q_1），价格大于边际成本，资源缺乏配置效率。

【例 9－9】　平均成本定价法的价格确定

政府可以采用平均成本定价法确定某垄断企业的管制价格。已知某企业的需求函数为：$P=50-0.02Q$，该企业的总成本函数为：$TC=60Q-0.04Q^2+0.00001Q^3$。求管制价格的大小。

解：平均成本函数为总成本函数对产量的商：

$AC=TC/Q=60-0.04Q+0.00001Q^2$

如果价格等于平均成本，则

$50-0.02Q=60-0.04Q+0.00001Q^2$

$Q=1000$

将 $Q=1000$ 代入需求函数，得：

$P=30$，即政府规定的管制价格为30元。

（二）边际成本定价法

边际成本定价法是政府按照企业的边际成本来规定管制价格。

在图9－4中，政府边际成本定价法是根据边际成本曲线MC和需求曲线D的交点G规定管制价格 P_2。P_2G 这条价格线成为价格管制条件下的平均收益曲线和边际收益曲线。在这种价格下，企业只能选择产量 Q_2，它会蒙受亏损。但是，这个产量实现了价格管制条件下的边际收益等于边际成本，它是亏损最小的产量。

边际成本定价法能够保证资源配置效率。资源配置效率的条件就是价格等于边际成本。但是，边际成本定价法不能实现生产效率和收入合理分配。在相应产量下（Q_2），价格低于平均成本，缺乏生产效率。企业赔本经营，在收入分配上也不够合理。

【例9－10】　边际成本定价法的价格确定

政府用边际成本定价法确定某垄断企业的管制价格。已知需求函数：$P=60-0.02Q$，该企业的总成本函数为：$TC=60Q-0.04Q^2+0.00001Q^3$。求管制价格的大小。

解：边际成本函数为总成本函数对产量的导数：

$MC=dTC/dQ=60-0.08Q+0.00003Q^2$

如果价格等于边际成本，则

$60-0.02Q=60-0.08Q+0.00003Q^2$

$Q=2000$

将 $Q=2000$ 代入需求函数，得：

$P=20$，即政府应规定的管制价格为20元。

边际成本定价法的实施通常需要以企业国有化为前提。国家可对价格管制引起的企业亏损进行补贴。

本节内容告诉我们：政府反垄断政策主要表现为反托拉斯法、规定专利时限和对垄断企业的价格管制。反托拉斯法是限制企业占据市场支配地位和限制企业采取共谋行为的法律。规定专利时限是限制垄断企业保持垄断地位的重要手段。政府对垄断企业的价格管制有两种常见方法，即平均成本定价法和边际成本定价法。平均成本定价法能够保证生产效率和收入分配的合理性，但是它不能实现资源配置效率。边际成本定价法能够保证资源配置效率，但是它不能实现生产效率和收入合理分配。

思考与练习

一、选择题

1. 公共物品是(　　)。

A. 全民所有的物品　　B. 政府提供的物品

C. 无排他性的物品　　D. 非竞争性的物品

2. 免费搭乘难题反映(　　)。

A. 免费搭乘很难成功　　B. 免费搭乘让司机为难

C. 人们有免费获取公共物品的愿望　　D. 人们都想免费搭乘

3. 公共选择的特点是(　　)。

A. 民众之间可能存在目标冲突

B. 公共选择必须遵循特定的程序

C. 公共选择依靠行政权力执行

D. 以上都对

4. 政府的官僚制度的特点是(　　)。

A. 追求规模最大化　　B. 追求效用最大化

C. 追求利润最大化　　D. 产权主体明确

5. 外在成本是指(　　)。

A. 自己的额外负担　　B. 对手承担的成本

C. 契约之外的人承担的成本　　D. 以上都对

6. 外部效应产生于(　　)。

A. 产权界定不清　　B. 道德观念不强

C. 技术水平不高　　D. 以上都对

7. 政府针对外部效应的对策包括(　　)。

A. 产权界定清晰化　　B. 规定行为规范

C. 利用税收政策　　D. 以上都对

8. 平均成本定价法能够保证(　　)。

A. 生产效率　　B. 资源配置效率

C. 生产效率和收入分配合理　　D. 收入分配合理

9. 边际成本定价法能够保证(　　)。

A. 生产效率和收入合理分配　　B. 资源配置效率

C. 生产效率　　D. 收入合理分配

10. 反托拉斯法的内容不包括(　　)。

A. 解散托拉斯　　B. 禁止企业实行价格歧视

C. 禁止企业签订卡特尔协议　　D. 禁止大公司垄断国内外贸易

11. 规定专利时限是为了保护(　　)的利益。

A. 技术发明者　　B. 中小企业

C. 垄断企业　　D. 以上都对

12. 一些国家在执行反托拉斯法时采取比较灵活的态度，是由于(　　)。

A. 政府的官僚主义　　B. 新政府上台

C. 群众反对　　D. 它与规模经营冲突

二、画图说明存在外部成本条件下，私人企业会导致资源配置扭曲。

三、调查一个存在外部成本的企业，并进行分析。

四、说明你接受教育能给其他人带来什么好处。

五、上网寻找一个我国政府反垄断的案例。

本章选择题参考答案：1. B　2. C　3. D　4. A　5. C　6. A　7. D　8. C　9. B　10. A　11. B　12. D

第二篇

宏 观 经 济 学

第十章

国民收入核算

学习目的

1. 了解国民收入、国内生产总值、国民生产总值、实际国内生产总值、GDP 平减指数、购买力平价、绿色 GDP 等概念。
2. 理解国民收入核算体系各指标之间的关系和国民收入核算方法。
3. 掌握收集国民收入数据的能力。

本章结构：国民收入指标体系→国民收入核算方法

引导案例：　中国各省人均购买力收入的国际比较

瑞士银行 UBS 世界区域经济调查机构公布中国截止到 2006 年 3 月各省区按购买力平价计算的人均国民收入（美元）。从国际比较中可以看出，上海、北京、天津的人均购买力收入已经超过了台湾地区和韩国，浙江、广东、福建均突破 1 万美元大关。人均购买力排序如下（单位：美元）：(1) 卢森堡 47364；(2) 瑞士 40285；(3) 美国 39881；(4) 日本 35620；(5) 丹麦 35227；(6) 瑞典 34758；(7) 新加坡 30592；(8) 英国 28780；(9) 中国香港 28155；(10) 澳大利亚 28404；(11) 上海 27734；(12) 法国 24388；(13) 意大利 24162；(14) 新西兰 23566；(15) 北京 22371；(16) 天津 18933；(17) 西班牙 18737；(18) 中国台湾 16758；(19) 韩国 15837；(20) 希腊 14399；(21) 葡萄牙 13469；(22) 沙特 12844；(23) 浙江 12355；(24) 智利 11340；(25) 墨西哥 10264；(26) 马来西亚 10184；(27) 广东 10758；(28) 福建 10074；(29) 江苏 9720；(30) 利比亚 9732；(31) 山东 9168；(32) 辽宁 8669；(33) 阿根廷 7867；(34) 内蒙古 7846；(35) 新疆 7341；(36) 泰国 7121；(37) 海南 7038；(38) 俄罗斯 6983；(39) 南非 6978；(40) 河北 6882；(41) 山西 6570；(42) 黑龙江 6259；(43) 巴西 6246；(44) 湖北 5976；(45) 中国 5742；(46) 湖南 5637；(47) 重庆 5464；(48) 吉林 5321；(49) 古巴 5283；(50) 河南

5183；（51）陕西4911；（52）四川4550；（53）伊朗4325；（54）江西4242；（55）青海4154；（56）安徽4078；（57）宁夏3817；（58）埃及3784；（59）广西3749；（60）印度尼西亚3644；（61）西藏3336；（62）云南3288；（63）甘肃2943；（64）印度2942；（65）越南2514；（66）贵州2363；（67）尼日利亚1963。

什么是国民收入？什么是人均国民收入？什么是购买力平价？什么是按购买力平价计算的人均国民收入？国民收入是如何计算的？它如何折算成美元？

第一节 国民收入指标体系

本节结构：国民收入→国内生产总值→国民生产总值→实际国内生产总值→用美元表示的国内生产总值→人均国内生产总值→绿色GDP

引导案例：　　　　我国国内生产总值的增长

按当年价格计算，1978年我国国内生产总值为3645.2亿元，2007年为249530亿元，后者是前者的68.5倍。其中，国内生产总值从1978年增加到1986年的10000亿元用了8年时间，增加到1991年的20000亿元用了5年时间，此后10年平均每年增加近10000亿元，2002—2006年平均每年增加20000亿元，2007年增加37600亿元。我国经济总量居世界位次稳步提升，由1978年的第十位上升到目前的第四位，仅次于美国、日本和德国。根据国际货币基金组织统计，我国2007年国内生产总值为32801亿美元，相当于美国的23.7%、日本的74.9%、德国的99.5%，分别比1978年提高17.2个百分点、59.7个百分点和78.9个百分点。与此同时，我国经济总量占世界经济的份额也有明显上升，1978年为1.8%，2007年提高到6.0%。1979—2007年，我国GDP年均实际增长9.6%，明显高于1953—1978年平均6.1%的增长速度，也大大高于同期世界经济年平均3.0%的增长速度。我国人均GDP在1978年为381元，1987年为1112元，1992年达到2311元，2003年达到10542元，2007年又增加到18934元。

什么是国内生产总值？什么是人均国内生产总值？

国民收入核算体系涉及多种指标，其中最常使用的两种概念是国内生产总值和国民生产总值。

一、国民收入

国民收入（NI）是指一个国家在一定时期生产的最终产品的市场价值

的总和。理解这个概念，需要注意以下几点：

1. 国民收入是一个流量。流量是指一定时期经济变量变动的数值。例如，3 月底某人存款有 100 元，4 月底他的存款有 200 元，在 4 月该人增加的存款是 100 元。存款的流量是存款变动的数值，即 100 元。

与流量相对应的概念是存量。存量是指某一时点经济变量的数值。例如，3 月底是一个时点，某人存款 100 元是一个存量。流量也是两个时点存量的差额。国民收入作为流量涉及的是一定时期的收入，通常为 1 年。

2. 国民收入只包括最终产品的价值，而不包括中间产品的价值。中间产品是本期生产出来，并在本期再次投入生产活动的产品，如原材料、燃料、动力、辅助材料的产品，它是构成企业本期生产活动的成本的重要内容。最终产品则是指本期生产、当期不再加工、可供社会最终消费和使用或者库存的产品。最终产品包括消费品、军工产品、固定资产、库存物品、净出口产品。净出口是出口大于进口的部分，其中部分产品在国外会继续加工，但对出口国来说它已经不用继续加工了。

3. 最终产品包含物质产品和服务。随着经济发展，服务在国民收入中所占比重越来越大。第三产业（广义服务业）在发达国家国民收入中占 60% 以上。

4. 国民收入统计的是市场价值总和。商品的市场价值是商品价格与数量的乘积。由于商品的价格每年都会变动，所以直接使用它进行纵向比较是不够准确的。例如，按当年价格计算的 2007 年我国国民收入是 1978 年的 68.5 倍，但是由于我国在此期间发生过严重通货膨胀，实际增长幅度为 10 倍左右。

背景知识：

马克思政治经济学和西方经济学的国民收入定义比较

马克思政治经济学将国民收入定义为物质生产部门劳动者在一定时期创造的价值。例如，马克思经济学把教育、科研、金融、保险、医疗卫生、广播电视、租赁、娱乐、体育、旅游等许多部门排除于物质生产部门之外。而按西方经济学的定义，第三产业可以创造国民收入。

二、国内生产总值

国内生产总值（GDP）是指居民在国内某时期内生产的最终产品价值的总和。

国内生产总值是衡量国民收入的最为常用的指标，它比国民收入笼统地将国家作为主体更加准确。它突出了两点，即主体是居民和范围是在国内。

居民（常住居民）是指在本国长期从事生产和消费的自然人或法人。

符合上述情况的他国公民也可能属于本国居民。自然人居民是指那些在本国居住时间长达1年以上的个人，但官方外交使节、驻外军事人员等一律是所在国的非居民。法人居民是指在本国从事经济活动的政府机构、企业和非营利团体。但是，联合国、国际货币基金组织等国际性机构是任何国家的非居民。

在一国领土范围内，无论其居民国籍如何，在一定时期内所生产的最终产品和提供劳务价值都可算作本国的国内生产总值。

【例10－1】　2005年外商投资企业工业产值

2005年，全国工业总产值为249625亿元，其中外商投资企业工业产值为78399.4亿元，所占比重为31.41%。外商投资企业属于法人居民，它们所创造的产值属于我国国内生产总值。

三、国民生产总值

国民生产总值（GNP）是指一个国家居民在一定时期内由于生产最终产品而获得的所有收入总和。该定义强调的是居民所有收入，而不是在本国领土上的产值。产值必然转化为收入，不是作为工资转化为劳动力的收入，就是作为地租转化为土地所有者的收入，或者作为利息和利润转化为资本家的收入。但是，部分产值会转化为外国人的收入，如对外债支付的利息和对外国人支付的劳务费。同时，居民也会在外国领土上获得资本和劳务报酬。

投资收益（IK）指居民在外国领土上获得的资本报酬减去非居民在本国领土上获得的资本报酬之差。投资收益涉及利息和红利（包括股息）两部分。如果它是负数，那么说明非居民在本国领土上获得的资本报酬大于居民在外国领土上获得的资本报酬。外商投资企业属于该国居民，其产值属于该国产值，但是它的股东可能有不少非居民，他们获得的红利和股息属于外国国民生产总值。同时，本国对外投资企业属于外国居民，其产值也属于外国的产值，但是，对外投资企业的股东有大量本国居民，他们获得的红利和股息属于本国国民生产总值。

职工报酬（IL）指居民在外国领土上获得的劳务报酬减去非居民在本国领土上获得的劳务报酬之差。

$$GNP = GDP + IK + IL \tag{10-1}$$

上式表明国民生产总值等于国内生产总值加上投资收益和职工报酬。如果投资收益和职工报酬之和大于零，GNP就大于GDP；反之，GNP会小于GDP。

从表10－1看出，我国职工报酬和投资收益项都是正数，收益项顺差383亿多美元。这也意味着2008年上半年我国国民生产总值大于国内生产总值。

表 10－1　　2008 年上半年我国投资收益和职工报酬　　（单位：亿美元）

	差 额	贷 方	借 方
收益	383.46	596.92	213.46
职工报酬	31.64	44.78	13.14
投资收益	351.82	552.14	200.32

四、实际国内生产总值

实际国内生产总值是按照基年不变价格计算的国内生产总值。

基年是作为比较基础的年份。因为物价每年都会变化，所以不同年份的 GDP 的名义价值（用当年价格计算的 GDP）不够准确。假如 2000 年 A 国只生产一个苹果，价格为 100 元，该国的名义 GDP 为 100 元。2001 年该国又只生产一个苹果，价格为 200 元，于是名义 GDP 为 200 元。如果我们选择 2000 年为基年，那么，这两年的实际 GDP 都只能按 100 元的不变价格来计算，都是 100 元。

一个国家生产成千上万种商品和服务，所以在将名义 GDP 折算成实际 GDP 时，要使用 GDP 平减指数。GDP 平减指数又称 GDP 缩减指数，是现价 GDP 除以基年不变价 GDP 之商。在上例中，2001 年按现价计算的 GDP 为 200 元，用 2000 年不变价计算的 GDP 为 100 元，GDP 平减指数就是：200 元 ÷ 100 元 × 100% = 200%。

GDP 平减指数的计算基础比其他价格指数广泛得多，涉及全部商品和服务。因此，这一价格指数能够更加准确地反映一般物价水平走向。如，我国 2004 年 GDP 平减指数上涨 6.9%，高出消费价格指数 3 个百分点，这是因为我国投资物品价格的上涨远远高于消费品价格的上涨。

我国没有公布 GDP 平减指数的数据，但是公布了现价 GDP 和实际 GDP（即基年不变价 GDP）数据，我们可根据它们求出 GDP 平减指数。根据《中国统计年鉴 2008》，我国实际 GDP 分别以 1990 年、2000 年和 2005 年为基年。

【例 10－2】　　我国实际 GDP 的增长率

我国实际 GDP 的增长率，2000 年为 8.4%，2001 年为 8.3%，2002 年为 9.1%，2003 年为 10%，2004 年为 10.1%，2005 年为 10.4%，2006 年为 11.1%，2007 年为 11.4%。

实际 GDP 概念使我们可在通货膨胀年代对经济发展情况进行纵向比较。

五、用美元表示的国内生产总值

不同国家的国内生产总值通常以本国货币计算，在进行国际比较时需要转换为用美元表示的国内生产总值。这样的转换通常有两种方法：

（一）用名义汇率进行转换

用美元表示的国内生产总值 = 本币国内生产总值 ÷ 名义汇率　　(10-2)

这里的名义汇率采用直接标价法，即1美元所兑换的本国货币数量。它一般使用年末平均价，即全年每一天汇率的平均数。

【例10-3】　2007年我国与其他国家GDP比较

根据国际货币基金组织数据库数据，2007年世界国内生产总值用名义汇率折算的美元数额和近几年的增长率如表10-2所示。

表10-2

国家	亿美元	2003年	2004年	2005年	2006年	2007年
世界	543116	2.6	4.0	3.4	3.9	3.7
中国	32508	10.0	10.1	10.4	11.1	11.4
印度	10989	6.9	7.9	9.1	9.7	9.2
印度尼西亚	4329	4.8	5.0	5.7	5.5	6.3
伊朗	2941	7.2	5.1	4.7	5.8	5.8
以色列	1619	2.3	5.2	5.3	5.2	5.3
日本	43838	1.4	2.7	1.9	2.4	2.1
韩国	9571	3.1	4.7	4.2	5.1	5.0
马来西亚	1865	5.8	6.8	5.0	5.9	6.3
新加坡	1613	3.5	9.0	7.3	8.2	7.7
泰国	2457	7.1	6.3	4.5	5.1	4.8
埃及	1279	3.2	4.1	4.5	6.8	7.1
尼日利亚	1668	10.3	10.6	5.4	6.2	6.4
南非	2826	3.1	4.9	5.0	5.4	5.1
加拿大	14321	1.9	3.1	3.1	2.8	2.7
墨西哥	8934	1.4	4.2	2.8	4.8	3.3
美国	138438	2.5	3.6	3.1	2.9	2.2
巴西	13136	1.1	5.7	3.2	3.8	5.4
委内瑞拉	2364	-7.8	18.3	10.3	10.3	8.4
法国	25603	1.1	2.5	1.7	2.0	1.9
德国	33221	-0.3	1.1	0.8	2.9	2.5
意大利	21047	0.0	1.5	0.6	1.8	1.5
荷兰	7687	0.3	2.2	1.5	3.0	3.5
波兰	4203	3.9	5.3	3.6	6.2	6.5
俄罗斯	12896	7.3	7.2	6.4	7.4	8.1
土耳其	6634	5.3	9.4	8.4	6.9	5.0
西班牙	14390	3.1	3.3	3.6	3.9	3.8
英国	27726	2.8	3.3	1.8	2.9	3.1
澳大利亚	9088	3.0	3.8	2.8	2.8	3.9
新西兰	1281	3.4	4.5	2.8	1.5	3.0

从长期来看，人们购买外国货币，归根结底是为了购买外国商品。如果某国货币能兑换更多的外币，归根结底是由于该国货币购买力强。两国绝对价格的比值决定长期均衡汇率的理论大体符合发达国家之间的汇率情况。这也意味着，从长期来看，发达国家用名义汇率进行 GDP 比较不会出现严重扭曲。

但是，在发达国家和发展中国家之间，名义汇率严重偏离货币购买力的比例。这是因为：（1）发展中国家对第三产业产品的需求较少，服务价格偏低。由于这些服务不参与国际贸易，低价不能在汇率中反映出来。（2）发达国家制造业生产率高，从而其制造业产品价格偏低。这些产品参与国际贸易，由供求关系决定的汇率大体由它们的价格决定，从而低估了发展中国家的货币价值。从短期来看，人们购买外国货币可能是为了购买外国股票或债券，它可能使汇率严重偏离不同国家货币购买力。在短期内，即使发达国家之间的汇率也可能偏离货币真实购买力。因此，从 20 世纪 60 年代后半期开始，联合国统计司、世界银行、美国宾州大学研究组采用购买力平价方法进行 GDP 的国际比较。

（二）以购买力平价进行转换

购买力平价是一种理论上的长期均衡汇率，它等于两国绝对价格的比值：

$$PPP = P/P^* \tag{10-3}$$

式中，PPP 为购买力平价，P 为本国价格水平，P^* 为外国价格水平。

用美元表示的 GDP = 用本国货币表示的 GDP/PPP　　（10－4）

由于每个国家都生产成千上万种产品，而且每个国家生产的产品种类和每种产品所占比例各不相同，所以购买力平价的计算是非常复杂的工作。由于经费限制，国际机构只能每隔数年调整一次。如果在此期间各国通货膨胀率差异较大，以购买力平价进行转换也会产生重大扭曲。

【例 10－4】　世界银行对我国购买力平价收入做出大幅调整

2008 年 2 月底，世界银行公布了 146 个国家和地区 2005 年 GDP 国际比较结果。中国 11 个城市（即北京、上海、重庆、大连、哈尔滨、宁波、厦门、武汉、青岛、广州、西安）参加了 2005 年的调查活动。世界银行和亚洲开发银行根据这 11 个城市资料及其他相关统计资料推算中国全国平均价格，并在此基础上计算中国购买力平价。世界银行确定的 2005 年中国 PPP 为 1 美元等于 3.45 元人民币，相当于当年汇率 8.19 的 42%。按 PPP 法测算，中国 2005 年 GDP 总量为 5.33 万亿美元，居世界第二位，占世界 GDP 总量的 9.7%，仅次于美国的 22.5%。日本占 7%，印度占 4%，分别排名第三位和第四位。由于世界银行将中国的 PPP 数值从原来的 1 美元等于

2.08元人民币下调至目前的3.45元人民币，中国GDP总量也相应从原来的8.82万亿美元下调至5.33万亿美元，修正幅度达40%。世界银行过去一直根据1986年的中美物价对比来推算中国的购买力平价，此后再也没考虑过物价变化。近20年来，相当一部分中国产品的物价已翻了几倍。

2006年美国购买力平价收入仍排名第一位，达到13.2万亿美元。中国以6.1万亿美元排第二位，之后的依次是日本4.2万亿美元、印度2.7万亿美元、德国2.7万亿美元、英国2.0万亿美元、法国1.9万亿美元、意大利1.7万亿美元、俄罗斯1.6万亿美元、巴西1.6万亿美元、墨西哥1.2万亿美元和西班牙1.2万亿美元。

六、人均国内生产总值

人均国内生产总值是用美元表示的国内生产总值与人口数量的比值。该指标主要用于各国人民生活水平的比较。我国按购买力平价计算的GDP在世界已经位居第二位，但是我国是世界第一人口大国，人均GDP处于世界中流位置。理论上合理的计算应是按购买力平价折算的人均GDP。

七、绿色GDP

GDP指标使人们可以更具体地了解宏观经济运行，并在它的引导下进行宏观调控。但是，该指标有一个重要缺陷，即它不能反映人们为获得国民收入所付出的代价。例如，沿淮河曾建有1500多个小造纸厂，对当地GDP做出不小贡献。但小造纸厂造成的污染使淮河流域1.2亿百姓喝不上净水。近年来，我国土地荒漠化速度加快，造成水土流失和沙尘暴由西向东不断蔓延。中国经济增长的GDP中，至少有18%是依靠资源和生态环境的透支获得的。在全球性环境恶化、资源耗竭的背景下，各国都在考虑人类的进步建立在什么样的成本之上。绿色GDP概念应运而生。

绿色GDP（可持续收入）的基本思想是希克斯在1946年的著作中提出的。绿色GDP是指一个国家或地区在考虑了自然资源（主要包括土地、森林、矿产资源、水资源）与环境（包括生态系统、自然环境、人文环境等）影响之后经济活动的最终成果，它等于GDP减去经济活动中所付出的资源耗减成本和环境保护成本。

绿色GDP = GDP总量 −（环境资源成本 + 环境资源保护成本）　（10 − 5）

【例10 − 5】　北京GDP与绿色GDP的关系

据北京市哲学社会科学“九五”重点课题对北京市1997年绿色GDP进行核算的研究，按生产法计算的绿色GDP占GDP的74.94%，按支出法计算的绿色GDP占GDP的75.75%。

本节内容告诉我们：国民收入是指一个国家在一定时期生产的最终产品和服务的市场价值总和。国内生产总值是指一个国家所有居民于该国领土上，在一定时期内生产最终产品和提供劳务价值的总和。国民生产总值是指一个国家所有居民在一定时期内由于生产最终产品和提供劳务而获得的收入总和。国民生产总值等于国内生产总值加上投资收益和职工报酬。实际国内生产总值是按基年不变价格计算的国内生产总值。GDP 平减指数是现价 GDP 除以不变价 GDP 之商。用美元表示的国内生产总值的转换通常有两种方法，用名义汇率进行转换和以购买力平价进行转换。购买力平价是一种理论上的长期均衡汇率，它等于两国绝对价格的比值。绿色 GDP 等于 GDP 减去经济活动中所付出的资源耗减成本和环境保护成本。

第二节
国民收入核算方法

本节结构：生产法→收入法→支出法

引导案例：

1978 年到 2006 年中国国内生产总值　(单位：当年价，亿元)

年　份	GDP	第一产业	第二产业	工　业	建筑业	第三产业
1978	3645.2	1027.5	1745.2	1607.0	138.2	872.5
1979	4062.6	1270.2	1913.5	1769.7	143.8	878.9
1980	4545.6	1371.6	2192.0	1996.5	195.5	982.0
1981	4891.6	1559.5	2255.5	2048.4	207.1	1076.6
1982	5323.4	1777.4	2383.0	2162.3	220.7	1163.0
1983	5962.7	1978.4	2646.2	2375.6	270.6	1338.1
1984	7208.1	2316.1	3105.7	2789.0	316.7	1786.3
1985	9016.0	2564.4	3866.6	3448.7	417.9	2585.0
1986	10275.2	2788.7	4492.7	3967.0	525.7	2993.8
1987	12058.6	3233.0	5251.6	4585.8	665.8	3574.0
1988	15042.8	3865.4	6587.2	5777.2	810.0	4590.3
1989	16992.3	4265.9	7278.0	6484.0	794.0	5448.4
1990	18667.8	5062.0	7717.4	6858.0	859.4	5888.4
1991	21781.5	5342.2	9102.2	8087.1	1015.1	7337.1
1992	26923.5	5866.6	11699.5	10284.5	1415.0	9357.4

续表

年份	GDP	第一产业	第二产业	工业	建筑业	第三产业
1993	35333.9	6963.8	16454.4	14188.0	2266.5	11915.7
1994	48197.9	9572.7	22445.4	19480.7	2964.7	16179.8
1995	60793.7	12135.8	28679.5	24950.6	3728.8	19978.5
1996	71176.6	14015.4	33835.0	29447.6	4387.4	23326.2
1997	78973.0	14441.9	37543.0	32921.4	4621.6	26988.1
1998	84402.3	14817.6	39004.2	34018.4	4985.8	30580.5
1999	89677.1	14770.0	41033.6	35861.5	5172.1	33873.4
2000	99214.6	14944.7	45555.9	40033.6	5522.3	38714.0
2001	109655.2	15781.3	49512.3	43580.6	5931.7	44361.6
2002	120332.7	16537.0	53896.8	47431.3	6465.5	49898.9
2003	135822.8	17381.7	62436.3	54945.5	7490.8	56004.7
2004	159878.3	21412.7	73904.3	65210.0	8694.3	64561.3
2005	183867.9	23070.4	87364.6	77230.8	10133.8	73432.9
2006	210871.0	24737.0	103162.0	91310.9	11851.1	82972.0

资料来源：《中国统计年鉴2007》。

根据国家统计局按照生产法统计的国内生产总值，我们可以看到三次产业的产值。国内生产总值还有其他什么统计方法？它们是如何进行统计的？

一、生产法

生产法又称部门法或增值法，它是汇总该国各部门产品和服务每一生产阶段的增加值来计算国内生产总值的方法。

增加值是总产值与中间产品价值（中间消耗）之差。例如，汽车企业的增加值是汽车销售收入减去它消耗的汽车配件、轮胎、玻璃、油漆、钢材和其他投入的支出。

增加值 = 总产值 - 中间消耗 (10-6)

总产值也称总产出，是指一个国家（或地区）的常住单位在一定时期内生产的所有货物和服务产品的总价值。中间消耗是指常住单位在生产货物或提供服务的过程中因生产所消耗的所有非固定资产形式的货物和服务的价值。

生产法是实际统计工作广泛采用的方法。它按照部门进行统计，所以又称为部门法。它统计的是增加值，以避免重复计算，所以也称为增值法。

我国与其他国家一样，首先将经济划分为三次产业。我国的三次产业划分是：第一产业是农业；第二产业是工业；第三产业是除第一、第二产业以外的其他各业。农业包括种植业、林业、牧业和渔业。工业包括采掘业、制造业、电力、煤气及水、建筑业。第三产业分为4个层次：第一层次为流通部门，包括交通运输、仓储及邮电通信业、批发和零售贸易、餐饮业。第二层次为生产和生活服务部门，包括金融、保险业、地质勘查业、水利管理业、房地产业、社会服务业、农林牧渔服务业、交通运输辅助业、综合技术服务业等。第三层次为提高科学文化水平和居民素质服务的部门，包括教育、文化艺术及广播电影电视业、卫生、体育和社会福利业、科学研究业等。第四层次为社会公共需要服务的部门，包括国家机关、政党机关和社会团体以及军队、警察等。

二、收入法

收入法又称成本法，它是以生产要素在生产领域得到初次分配收入来计算国内生产总值的方法。初次分配指市场机制按照生产要素的贡献进行的分配。一个国家的国民生产总值必然会转化为人们的收入。因此，GDP可看作是各种生产要素（资本、土地、劳动）所获得的收入总和。它的计算公式是：

$$GDP = W + i + R + \pi + Ti + De \qquad (10-7)$$

式中，W为劳动者报酬（工资），i为利息，R为租金，π为利润，Ti为间接税净额，De为折旧。

劳动者报酬指劳动者从事生产活动所获得的全部报酬，包括劳动者获得的各种形式的工资、奖金和实物形式津贴，劳动者所享受的公费医疗和医药卫生费，上下班交通补贴和单位支付的社会保险费等。劳动者报酬是税前收入，个人所得税也在其中。个体经济所有者所获得的劳动报酬和经营利润不易区分，这两部分统一作为劳动者报酬处理。利息表示的是净利息，即用于生产目的的资本报酬，它等于总利息扣除公债利息和消费信贷利息之后所剩余额。只有净利息能够计入成本，是与生产有关的要素报酬。租金包括地租、房租、专利使用费、版权收入等。利润指税前利润，包括股息、红利和未分配利润。间接税指货物税、消费税、周转税、关税等不直接与要素收入挂钩的税种，它来源于要素的收入，而且会转嫁于商品价格。间接税净额是间接税减去各种补贴后的差额。这里没有加直接税，是因为它已经在税前工资和利润中加过一次了。固定资产折旧指在一定时期内企业为弥补固定资产损耗，按照核定的固定资产折旧率计提的固定资产折旧，它反映了固定资产在当期生产中的转移价值。固定资产折旧是生产成本的重要组成部分，它在产值中必然体现出来。

三、支出法

支出法又称最终产品法，它是从社会产品最终支出的角度来计算GDP。它只计算最终产品价值，而把所有中间产品支出排除在外。其一般计算公式如下：

$$GDP = Q_1 \times P_1 + Q_2 \times P_2 + \cdots + Q_n \times P_n \quad (10-8)$$

式中，Q代表各种劳务与最终产品，P代表劳务与最终产品的价格。

为了便于宏观经济分析，人们又提出理论计算公式，即

$$GDP = C + I + G + (X - V) \quad (10-9)$$

式中，C为消费支出，I为私人总投资支出（设备的更新和净投资），G为政府购买产品和劳务的支出（不包含政府补助、失业救济、退休金等福利支出及国债利息支出），X为出口总额，V为进口总额。

消费是社会生产的商品和服务中被居民所消耗掉的那一部分。居民消费按市场价格计算，即购买者取得货物所支付的价格，包括购买者支付的运输和商业费用。居民消费除了直接以货币形式购买货物和服务的消费之外，还包括虚拟消费支出。居民虚拟消费支出包括单位以实物报酬及实物转移形式提供给劳动者的货物和服务，住户生产并由本住户消费了的货物和自有住房服务，金融机构提供的金融媒介服务以及保险公司提供的保险服务。

政府支出又称政府消费，指政府部门为全社会提供公共服务的消费支出和免费或以较低价格向住户提供的货物和服务的净支出。

资本形成总额指常住单位在一定时期内对固定资产和存货的投资支出合计，包括固定资本形成总额和存货增加两部分。固定资本形成总额指常住单位购置、转入和自产自用的固定资产扣除固定资产的销售和转出后的价值，分有形固定资产形成总额和无形固定资产形成总额。有形固定资产形成总额包括一定时期内完成的建筑工程、安装工程和设备工器具购置价值，以及土地改良，新增役、种、奶、毛、娱乐用牲畜和新增经济林木价值。无形固定资产形成总额包括矿藏的勘探、计算机软件、娱乐和文学艺术品原件等。存货增加指常住单位存货实物量变动的市场价值，即期末价值减期初价值的差额。存货增加可正、可负，正值表示存货上升，负值表示存货下降，包括生产单位购进的原材料、燃料和储备物资等存货，以及生产单位生产的产成品、在制品等存货。

货物和服务净出口指货物和服务出口减货物和服务进口的差额。出口包括常住单位向非常住单位出售或无偿转让的各种货物和服务的价值。进口包括常住单位从非常住单位购买或无偿得到的各种货物和服务的价值。由于服

务活动的提供与使用同时发生，因此服务的进出口业务并不发生出入境现象，一般把常住单位从国外得到的服务作为进口，非常住单位从本国得到的服务作为出口。货物的出口和进口都按离岸价格计算。

从理论上说，按上述方法3种方法核算出来的GDP应该是完全相等的。但在国民经济核算的实践中，由于受资料来源、统计口径等因素的限制，3种方法的计算结果往往不相等。特别是支出法所得出的GDP数值与生产法、收入法的核算结果之间经常存在一定的出入。在我国国民经济核算实践中，生产法和收入法所计算的GDP数值相等。这是因为生产法和收入法都是对各个产业部门增加值的计算。支出法核算的GDP则与之存在一定的统计误差。根据《中国统计年鉴2000》公布的数据，我国1999年按生产法和收入法计算的GDP是81910.9亿元，而按支出法计算的GDP则是82429.7亿元，两者的统计误差为518.8亿元。

本节内容告诉我们：生产法又称部门法或增值法，它是汇总该国各部门产品和服务在每一生产阶段的增加值来计算国内生产总值的方法。收入法又称成本法，它是以生产要素在生产领域得到的初次分配收入来计算国内生产总值的方法。支出法又称最终产品法，它是从社会产品最终支出的角度来计算GDP。

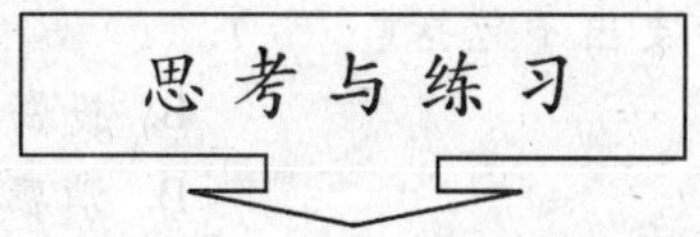

一、选择题

1. 国民收入是一个国家在一定时期内生产的(   )。

A. 最终产品　　B. 所有产品

C. 所有产品和服务　　D. 以上都对

2. 国内生产总值是指(   )某时期内生产的最终产品价值总和。

A. 公民在国内　　B. 居民在国内

C. 公民在国内外　　D. 居民在国内外

3. 国民生产总值等于国内生产总值加上(   )。

A. 投资收益　　B. 职工报酬

C. 投资收益和职工报酬　　D. 以上都错

4. 将名义GDP折算成实际GDP时，要使用(   )。

A. 消费价格指数　　B. 生产价格指数

C. 零售价格指数　　D. GDP平减指数

5. 购买力平价是一种理论上的长期均衡汇率，它等于(　　)。

A. 价格指数比例　　B. 绝对价格比例

C. 消费价格比例　　D. 生产价格比例

6. 绿色 GDP 等于 GDP 减去(　　)。

A. 资源耗减成本　　B. 环境保护成本

C. 资源耗减成本和环境保护成本　　D. 以上都对

7. 收入法又称(　　)。

A. 增值法　　B. 部门法

C. 产品法　　D. 成本法

8. 我国第三产业分为(　　)个层次。

A. 2　　B. 3

C. 4　　D. 5

9. 收入法中的利息包括(　　)。

A. 净利息　　B. 公债利息

C. 消费信贷利息　　D. 以上都对

10. 支出法又称(　　)。

A. 成本法　　B. 最终产品法

C. 部门法　　D. 增值法

11. 支出法所统计的支出不包括(　　)。

A. 纳税　　B. 投资

C. 净出口　　D. 消费

12. 居民虚拟消费支出包括(　　)。

A. 单位提供的实物报酬　　B. 自有住房服务

C. 保险服务　　D. 以上都对

13. 属于投资的是(　　)。

A. 企业购买股票

B. 企业从其他企业购买一套设备

C. 企业建造一座工厂

D. 居民购买股票

14. 属于消费的是(　　)。

A. 企业购买电脑　　B. 居民购买日用品

C. 居民购买电脑　　D. 政府买办公设备

二、上网收集我国最近的国民收入数据。

三、了解学术界对绿色 GDP 的讨论并归纳基本观点。

四、比较我国与其他国家经济发展速度的差异。

五、购买力人均收入指标还有哪些缺陷?

本章选择题参考答案：1. A 2. B 3. C 4. D 5. B 6. C 7. D 8. C 9. A 10. B 11. A 12. D 13. C 14. B

第十一章

简单国民收入决定理论

学习目的

1. 了解边际消费倾向、边际储蓄倾向、总需求、总供给、均衡收入、投资乘数、政府支出乘数、出口乘数、边际进口倾向等概念。
2. 理解财政制度的自动稳定器功能和自由贸易政策、保护贸易政策、超保护贸易政策、新贸易保护政策和管理贸易政策。
3. 掌握均衡收入和乘数的计算方法。

本章结构：二部门经济的收入决定→三部门经济的收入决定→四部门经济的收入决定

引导案例：　　我国应对国际金融危机的十大举措

2008 年 11 月，中华人民共和国国务院常务会议决定，我国将以十大举措应对国际金融危机，增加内需和促进国民收入增长。

这 10 项举措是：(1) 加快建设保障性安居工程。加大对廉租住房建设支持力度，加快棚户区改造，实施游牧民定居工程，扩大农村危房改造试点。(2) 加快农村基础设施建设。加大农村沼气、饮水安全工程和农村公路建设力度，完善农村电网，加快南水北调等重大水利工程建设和病险水库除险加固，加强大型灌区节水改造。加大扶贫开发力度。(3) 加快铁路、公路和机场等重大基础设施建设。重点建设一批客运专线、煤运通道项目和西部干线铁路，完善高速公路网，安排中西部干线机场和支线机场建设，加快城市电网改造。(4) 加快医疗卫生、文化教育事业发展。加强基层医疗卫生服务体系建设，加快中西部农村初中校舍改造，推进中西部地区特殊教育学校和乡镇综合文化站建设。(5) 加强生态环境建设。加快城镇污水、垃圾处理设施建设和重点流域水污染防治，加强重点防护林和天然林资源保护工程建设，支持重点节能减排工程建设。(6) 加快自主创新和结构调整。支持高技术产业化建设和产业技术进步，支持服务业发展。(7) 加快地震灾区灾后重建各项工作。(8) 提高城乡居民收入。提高明年粮食最低收购价格，提高农资综合直补、良种补贴、农机具补贴等标准，增加农民收入。提高低收入群体等社保对象待遇水平，增加城市和农村低保补助，继续提高企业退休人员基本养老金水平和优抚对象生活补助标准。(9) 在全国所有地区、所有行业全面实施增值税转型改革，鼓励企业技术改造，减轻企业负担1200亿元。(10) 加大金融对经济增长的支持力度。取消对商业银行的信贷规模限制，合理扩大信贷规模，加大对重点工程、“三农”、中小企业和技术改造、兼并重组的信贷支持，有针对性地培育和巩固消费信贷增长点。实施上述工程建设到2010年底约需投资4万亿元。会议决定，今年四季度先增加安排中央投资1000亿元，明年灾后重建基金提前安排200亿元，带动地方和社会投资，总规模达到4000亿元。

国民收入是如何决定的？政府对国民经济的调节能够发挥多大作用？

第一节
二部门经济的收入决定

本节结构：二部门经济→消费函数→储蓄函数→投资函数→均衡收入的决定→二部门经济乘数

引导案例： **我国消费占收入的比例**

改革开放以来，我国国民收入快速增长，居民消费也增长迅速，但消费倾向呈现出先升后降的趋势。1978年，我国国内生产总值3645.2亿元，居民消费1759.1亿元，居民消费率（居民消费占国内生产总值比例）为48.3%。2006年，我国国内生产总值211808.0亿元，居民消费80120.5亿元，居民消费率已跌到37.8%，这一比例低于所有发达国家，也低于很多发展中国家。美国消费倾向一般都在60%以上，个别年份达到70%，这表明美国经济主要是依靠居民消费拉动的。中国经济较少依靠消费拉动，更多依靠投资和净出口拉动。我国经济目前存在的许多问题都与这个指标有关。

什么是居民消费率？它在经济运行中发挥什么作用？为什么我国经济目前存在的许多问题都与消费率低有关？

一、二部门经济

简单国民收入决定理论采用模型分析方法，它有一系列使分析简化的假设。

（一）二部门假设

模型假设国民经济由两个部门组成，即家庭和企业。在这个经济中存在3个市场，即产品市场、劳动市场和金融市场。家庭是产品市场的需求者，是劳动市场和金融市场的供给者。家庭依靠出售生产要素获得收入（转让劳动、资本、土地使用权），并向企业购买最终产品（包括服务）。企业是产品市场的供给者，是劳动市场和金融市场的需求者。企业的收入通过支付要素报酬转化为家庭收入。企业自身是一个法人，资本家属于家庭。如果家庭将部分收入通过金融市场储蓄起来，这一部分资金将通过购买股票、债券、银行存款等方式转化为企业的投资。

二部门经济暂时不考虑政府部门和涉外部门，只是为了分析简化。

（二）需求约束假设

模型假设国民经济存在失业问题，资本也不能充分利用，只有需求构成经济增长的约束。这意味着只要需求增加，产量就会增加。在市场经济中，需求约束比资源约束更为明显，这与计划经济正好相反。

（三）价格不变假设

价格不变指产品价格和要素价格都不变。要素价格主要指工资和利率。这是一个脱离实际的假设，所以该模型称为简单收入决定模型。研究这样的模型可为理解更复杂的模型奠定基础。

二、消费函数

消费函数反映消费与影响消费的各种因素的函数关系。在简单的收入决定模型中，影响消费的因素只有收入。影响消费的其他因素还有：（1）持久收入，即人们在其一生的阶段所能赚取的平均收入。（2）居民个人的财产，如股票价格上涨可能使人们增加消费。（3）物价水平，如物价上涨会使人们的实际收入减少。（4）预期因素，如对经济形势的悲观预期会使人们减少消费。（5）收入分配的平均程度，如两极分化严重会使大多数人缺乏购买力，引起消费不足。消费方程的简单表达式为：

$$C = A + bY \tag{11-1}$$

式中，C为消费，A为自发性消费，b为边际消费倾向，Y为国民收入。

自发性消费指与收入无关的消费。没有收入的人也要消费，否则他们无法生存。在正常情况下，他们的消费来源于动用储蓄。经济学不考虑社会救济等方面的消费来源。边际消费倾向是消费增量与收入增量的比例：

$$b = \Delta C/\Delta Y \tag{11-2}$$

平均消费倾向（APC）又称居民消费率，它是消费占收入的比例：

$$APC = C/Y \tag{11-3}$$

【例 11-1】　　边际消费倾向的计算

已知某经济体国民收入由 100 亿元增加到 110 亿元，消费由 50 亿元增加到 55 亿元，求边际消费倾向。

解：b = （55-50）/（110-100） = 50%

即该经济体的边际消费倾向为 50%。

三、储蓄函数

储蓄是货币收入中没有被用于消费的部分。这种储蓄包括个人储蓄、公司储蓄和政府储蓄。储蓄的内容有银行存款、购买有价证券及手持现金等。

储蓄函数反映储蓄与影响储蓄的各种因素的函数关系。在简单的收入决定模型中，影响储蓄的因素只有收入。在更为复杂的模型中，影响储蓄的因素还有：(1) 文化传统，如我国的传统文化使家庭愿意为子女的成长而储蓄。(2) 社会保障机制发育程度，该机制不完善可能迫使人们为养老防病而储蓄。(3) 实际利率，即利率与通货膨胀率之差。如果它是负数，那么储蓄就会减少。(4) 税收。储蓄来源于可支配收入，即收入减去税收的余额。(5) 居民个人的财产。储蓄方程的简单表达式为：

$$S = -A + sY \qquad (11-4)$$

式中，S 为储蓄，-A 为自发性储蓄，s 为边际储蓄倾向。

自发性储蓄是指与收入无关的储蓄，它等于负值的自发性消费。当人们的收入为零时，只能动用储蓄来维持消费。动用储蓄就是负值储蓄。边际储蓄倾向是指储蓄增量在收入增量中所占的比率：

$$s = \Delta S/\Delta Y \qquad (11-5)$$

平均储蓄倾向 APS 是储蓄占收入的比例：

$$APS = S/Y \qquad (11-6)$$

收入不是用来消费，就是用来储蓄，因此储蓄倾向与消费倾向的和为 1，边际消费倾向与边际储蓄倾向的和为 1。边际储蓄倾向一般为正数，但小于 1，即 $0 < s < 1$。

【例 11-2】　　边际储蓄倾向的计算

已知某经济体国民收入由 100 亿元增加到 110 亿元，消费由 50 亿元增加到 55 亿元，求边际储蓄倾向。

解：根据储蓄定义，储蓄是由 50 亿元增加到 55 亿元。

s = （55-50）/（110-100） = 50%

即该经济体的边际储蓄倾向为 50%。

【例 11-3】　　我国的高储蓄

国家储蓄是家庭储蓄、企业储蓄和政府储蓄之和。10 年前，我国储蓄占GDP的比例大约为36%，而今天已经上升到46%。其中，家庭储蓄占GDP的比重只有16%左右，而10年前则超过了20%。政府的储蓄是政府的收入扣除政府消费，它占GDP的比重当前达到了6%左右，与10年前的5%相比增长并不显著。储蓄增加最明显的是企业部门。10年前，中国的企业储蓄占GDP约为12%，而今天已经高达20%以上，世界上只有日本达到了这个水平。中国和美国储蓄率最大差异在于家庭储蓄，中国和印度储蓄率差异主要在于企业储蓄。印度的企业储蓄只占GDP的5%。我国企业存款大量增加主要是由于企业生产经营效益创新高，贷款增加派生了部分存款，出口创汇增加了企业存款，新股发行增加了融资规模，企业普遍增强了自身积累。

四、投资函数

投资是经济单位用于增加资本存量和未来生产能力的支出。宏观经济学提到的投资都是指实体经济的投资，不涉及在金融市场上的投资。投资可分为企业的固定资产投资、企业在存货上的投资、社会上的住宅建筑投资。

净投资等于总投资减去折旧。折旧是指资本的损耗。净投资把折旧的部分扣除，它反映整个社会资本存量的增加。

投资函数反映投资与影响投资的各种因素的函数关系。在本模型中，影响投资的因素只有利率。在更为复杂的模型中，影响投资的其他因素还有：(1) 经济增长速度。较高的速度会带来市场的扩大和较大的盈利空间。(2) 税率。税率提高会降低企业投资积极性。(3) 生产要素价格。如，低工资、低石油价格都会刺激投资。(4) 通货膨胀率。它的恶性发展会破坏投资环境。(5) 预期因素。如果人们对经济发展产生悲观预期，就会减少投资。

投资方程的简单表达式为：

$$I = I_a + I_i \times I \qquad (11-7)$$

式中，I为投资，I_a为自发性投资，i为利率，I_i表示针对利率的边际投资倾向。自发性投资是与利率无关的投资，在通常情况下，它来源于自有资金。针对利率的边际投资倾向是指投资增量与利率增量的比例：

$$I_i = \Delta I / \Delta i \qquad (11-8)$$

在本章的简单收入决定模型中，投资是常数，因为模型假设利率不变。投资率API又称资本形成率，它是资本形成占国内生产总值的比例：

$$API = I/Y \qquad (11-9)$$

【例11-4】 中国的投资率

投资率是国民经济中波动较频繁的因素。我国投资率在世界居较高水平。例如，2006 年我国国内生产总值为 221170.5 亿元，资本形成为 94103.2 亿元，投资率为 42.5%，而美国投资率为 18% 左右。我国投资率波动也比较大。例如，1982 年我国投资率为 31.9%，1993 年为 42.6%，2000 年为 35.3%，2006 年为 42.5%。

投资率高是我国经济高速增长的火车头。但是，这里存在隐患，因为从长期来看，人们生产生产资料，归根结底是要用它生产消费资料。我国消费不足，导致我国经济对国外市场依赖程度较大。如果国外市场出现问题，我国经济发展就会受到冲击。

五、均衡收入的决定

（一）总需求

总需求（AD）是指一个国家或地区在一定时期内（通常为 1 年）由社会实际形成的对最终产品的购买总量。在二部门经济中，总需求包括家庭的需求消费和企业的需求投资两部分：

$$AD = C + I \tag{11-10}$$

（二）总供给

总供给（AS）是指一个国家或地区在一定时期内（通常为 1 年）由社会生产活动提供给市场的最终产品（服务）总量。总供给是由生产性投入（主要是劳动与资本）的数量和这些投入的组合效率（即技术）决定的。总供给转化为国民收入，它在二部门经济中进一步分解为消费加储蓄，因为按照定义储蓄是收入中没有被消费的部分：

$$Y = AS = C + S \tag{11-11}$$

将上式两边都除以 Y，得到：

$$1 = C/Y + S/Y$$

上式意味着消费倾向与储蓄倾向之和等于 1。根据式（11-11），$\Delta Y = \Delta C + \Delta S$，将等式两边都除以 ΔY，得到：

$$1 = \Delta C/\Delta Y + \Delta S/\Delta Y$$

上式意味着边际消费倾向与边际储蓄倾向之和等于 1。

（三）总供给取决于总需求

在需求约束型经济假设前提下，总供给取决于总需求。这可以用反证法证明。如果总供给大于总需求，意味着部分产品卖不掉，企业就会减产，从而总供给减少，直到它等于总需求为止。如果总供给小于总需求，意味着存在未占领的市场，企业会增加产量，以使闲置资源得到更充分的利用，这个过程将持续到它等于总需求为止。均衡收入是总供给与总需求相等时的国民收入。

$$Y = AS = AD = C + I \tag{11-12}$$

这是国民收入均衡方程式。

【例11-5】 二部门经济的均衡收入计算

假设某经济只有家庭和企业两个部门，消费为70亿元，投资为30亿元。求均衡国民收入。

解：Y=70+30=100（亿元）

即该经济的均衡国民收入为100亿元。

六、二部门经济乘数

（一）乘数定义

乘数是因变量的变动与自变量的变动的比率：

$$K=\Delta Y/\Delta X \tag{11-13}$$

式中，K为乘数，Y为因变量，X为自变量。在许多方面我们都可以进行乘数分析，宏观经济学研究的核心内容为国民收入，乘数针对的是收入。

在二部门经济中有两个自变量，即自发性消费和投资，因此，二部门经济有两个乘数：K_a 为自发性消费乘数，它是自发性消费增量所带来的收入增量；K_I 为投资乘数，它是投资增量所带来的收入增量。

（二）乘数的计算公式

计算二部门经济乘数，需要将式（11-1）的消费函数代入式（11-12）的收入均衡方程，得到：

$$Y=A+bY+I \tag{11-14}$$

$$(1-b)\ Y=A+I$$

$$(1-b)\ \Delta Y=\Delta A+\Delta I$$

$$K_a=\Delta Y/\Delta A=1/(1-b)=1/s \tag{11-15}$$

$$K_I=\Delta Y/\Delta I=1/(1-b)=1/s \tag{11-16}$$

根据投资乘数计算公式，消费倾向越大，则乘数越大。二部门经济乘数是1减去边际消费倾向的倒数。由于1减去边际消费倾向等于边际储蓄倾向，所以乘数也等于边际储蓄倾向的倒数。

【例11-6】 二部门经济投资乘数的计算

假设某经济只有家庭和企业两个部门，边际消费倾向为0.8。求投资乘数。

解：$K_I=1/(1-0.8)=5$

该经济投资乘数为5，即投资增加1元，国民收入可增加5元。

【例11-7】 国民收入增量的计算

假设某经济只有家庭和企业两个部门，乘数为3。如果人们的自发性消费增加10亿元，问国民收入增加多少元？

解：$3 = \Delta Y/10$，$\Delta Y = 30$（亿元）。

即该经济的国民收入增加30亿元。

（三）乘数的传导机制

投资乘数的传导机制是：投资100元→收入增加100元→消费增加80元→收入增加80元→消费增加64元→收入增加64元→消费增加51.2元。如此不断互相影响下去，所有收入增加量之和是500元。

自发性消费乘数与投资乘数的作用原理相同。

【例11－8】　　喝一碗豆浆、倒一碗豆浆

按照乘数原理，喝一碗豆浆、倒一碗豆浆是爱国行为。如果一碗豆浆1元钱，边际消费倾向是0.8，那么倒一碗豆浆会使国民收入增加5元钱。这显然是荒谬的。其一，倒一碗豆浆是非理性行为，它不能带来任何效用。其二，乘数分析假设经济中不存在资源约束，这是违背现实的。

本节内容告诉我们：边际消费倾向是消费增量与收入增量的比例。边际储蓄倾向是增加单位收入中用于增加储蓄的部分。总需求是指一个国家或地区在一定时期内（通常为1年）由社会实际形成的对最终产品的购买总量。总供给是指一个国家或地区在一定时期内（通常为1年）由社会生产活动提供给市场的可供最终使用的产品和劳务总量。均衡收入是总供给与总需求相等时的国民收入。乘数是因变量的变动与自变量的变动的比率。投资乘数是投资增量所带来的收入增量。根据投资乘数计算公式，消费倾向越大，则乘数越大。

第二节
三部门经济的收入决定

本节结构：三部门经济→三部门的消费函数→三部门的收入决定→三部门的乘数→财政制度的自动稳定器功能→扩张性和紧缩性财政政策

引导案例：　　中国的税种结构

1994年税制改革之后，我国的税种由37个缩减到目前的22个，具体包括增值税、消费税、营业税、企业所得税、外商投资企业和外国企业所得税、个人所得税、资源税、城镇土地使用税、房产税、城市房地产税、城市维护建设税、耕地占用税、土地增值税、车辆购置税、车船税、印花税、契税、烟叶税、固定资产投资方向调节税、筵席税、关税、船舶吨税。其中，固定资产投资方向调节税和筵席税已经停征，关税和船舶吨税由海关征收。因此，目前税务部门征收的税种只有18个。

政府的财政政策有税收政策和政府支出政策两种基本手段。政府是如何运用这些手段的？它们对经济运行能够发挥多大的作用？

一、三部门经济

三部门经济模型假设国民经济由3个部门组成，即家庭、企业和政府。在这个经济中存在3个市场，即产品市场、劳动市场和金融市场。家庭是产品市场的需求者，是劳动市场和金融市场的供给者。家庭的收入来自企业支付的要素报酬，但是在三部门经济中，它要分解成税收、消费和储蓄。企业是产品市场的供给者，是劳动市场和金融市场的需求者。企业的收入不仅来自出售消费品，而且来自向政府出售大炮、公路、核电站等物品。为分析简化，本模型没考虑企业纳税问题。政府也是产品市场需求者，它的收入通过非市场手段即税收获得。为分析简化，假设政府按统一税率征税。

二、三部门的消费函数

在三部门经济中，消费者要向国家缴纳所得税，税收T是税率t与收入的乘积。

$$T = t \times Y \qquad (11-17)$$

由于家庭需要向政府纳税，消费函数变为：

$$C = A + b\ (1-t)\ Y \qquad (11-18)$$

式中，$(1-t)\ Y$为可支配收入，即收入Y减去税收T之后的余额。

【例11-9】　三部门经济消费额的计算

已知某封闭经济（三部门经济）的自发性消费是30亿元，消费倾向是0.6，税率是20%，国民收入是100亿元。求消费的大小。

解：$C = 30 + 0.6 \times (1-20\%) \times 100 = 78$（亿元）

即该经济的消费为78亿元。

【例11-10】　三部门经济税率对消费的影响

已知某封闭经济的自发性消费是30亿元，消费倾向是0.6，税率由20%提高到25%，国民收入是100亿元。求消费的大小。

解：$C = 30 + 0.6 \times (1-25\%) \times 100 = 75$（亿元）

即该经济的消费为75亿元，说明税率提高会使消费减少。

【例11-11】　三部门经济消费倾向对消费的影响

已知某封闭经济的自发性消费是30亿元，消费倾向是0.8，税率是20%，国民收入是100亿元。求消费的大小。

解：$C = 30 + 0.8 \times (1-20\%) \times 100 = 94$（亿元）

即该经济的消费为94亿元，说明消费倾向提高会使消费增加。

三、三部门的收入决定

在三部门经济中，总需求是家庭消费需求、企业投资需求与政府支出需求之和：

$$AD = C + I + G \quad (11-19)$$

式中，G为政府支出，这里仅代表政府采购支出。

在三部门经济中，总供给转化为国民收入后可分解为税收、消费和储蓄：

$$AS = C + S + T \quad (11-20)$$

当国民经济处于均衡状态时，总供给等于总需求：

$$Y = AS = AD = C + I + G = A + b(1-t)Y + I + G \quad (11-21)$$

【例11-12】　三部门经济均衡收入的计算

已知某封闭经济的自发性消费为10亿元，投资为20亿元，政府支出为30亿元，消费倾向为0.5，税率为20%。求均衡国民收入的大小。

解：$Y = 10 + 0.5 \times (1-20\%)Y + 20 + 30$，则 $Y = 100$

即该经济均衡收入为100亿元。

【例11-13】　三部门经济自发性消费变动对均衡收入的影响

已知某封闭经济的自发性消费由10亿元增加到16亿元，投资为20亿元，政府支出为30亿元，消费倾向为0.5，税率为20%。求均衡国民收入大小。

解：$Y = 16 + 0.5 \times (1-20\%)Y + 20 + 30$，则 $Y = 110$

即该经济均衡收入为110亿元，说明收入增加额大于自发性消费增加额。

【例11-14】　三部门经济消费倾向变动对均衡收入的影响

已知某封闭经济的自发性消费为10亿元，投资为20亿元，政府支出为30亿元，消费倾向由0.5增加到0.75，税率为20%。求均衡国民收入的大小。

解：$Y = 10 + 0.75 \times (1-20\%)Y + 20 + 30$，则 $Y = 150$

即该经济均衡收入为150亿元，说明消费倾向提高会使收入增加。

【例11-15】　三部门经济税率变动对均衡收入的影响

已知某封闭经济的自发性消费为10亿元，投资为20亿元，政府支出为30亿元，消费倾向为0.5，税率由20%下降到10%。求均衡国民收入的大小。

解：$Y = 10 + 0.5 \times (1-10\%)Y + 20 + 30$，则 $Y \approx 109.1$

即该经济均衡收入为109.1亿元。当税率为20%时，收入是100亿元，说明减税会使收入增加。

四、三部门的乘数

三部门经济的自变量有自发性消费、投资和政府支出。政府支出乘数 K_g 是政府支出增量所带来的国民收入增量。

根据式（11－21）的收入均衡方程，得到：

$$(1-b+bt)\ Y=A+I+G \tag{11-22}$$

$$(1-b+bt)\ \Delta Y=\Delta A+\Delta I+\Delta G$$

$$K_a=\Delta Y/\Delta A=1/(1-b+bt) \tag{11-23}$$

$$K_I=\Delta Y/\Delta I=1/(1-b+bt) \tag{11-24}$$

$$K_g=\Delta Y/\Delta G=1/(1-b+bt) \tag{11-25}$$

根据政府支出乘数公式，消费倾向越大，则乘数越大；税率越高，则乘数越小。在推导过程中有一个不言自明的假设，即其他条件不变。例如，在政府支出变动时，自发性消费和投资不变。与二部门经济中的乘数 $1/(1-b)$ 相比，三部门经济中的乘数较小。因为这里存在税收，它减少了消费，从而限制了消费和收入相互促进的程度。

【例 11－16】　　三部门的乘数计算

已知某封闭经济消费倾向为0.5，税率为25%。求乘数大小。

解：$K=1/(1-0.5+0.5\times25\%)=1.6$

即该经济乘数为1.6。

五、财政制度的自动稳定器功能

（一）财政制度

财政制度是法律和政府关于财政收支的各项规定。它主要涉及财政转移支付制度、政府采购制度和税收制度。

根据国际货币基金组织《政府财政统计手册》中的支出分析框架，政府转移支付包括两个层次：一是国际间的转移支付，包括对外捐赠、对外提供商品和劳务、向跨国组织交纳会费；二是国内的转移支付，如养老金、住房补贴等政府对家庭的转移支付，政府对国有企业提供的补贴，各级政府间的财政资金转移。

政府采购制度是约束政府机关和公共机构运用市场竞争机制采购货物、工程和服务以实现公共职能的制度。政府采购法的宗旨和功能是以法律方式强制地为国家机关和公共机构的采购行为引入市场竞争。

税收制度是国家根据税收政策、通过法律程序确定的征税依据和规范，它包括税收体系、税制要素、税收管理体制和税收征收管理制度。税收体系是指税种、税类的构成及其相互关系，即一国设立哪些税种和税类，这些税种和税类各自所处的地位如何。税制要素是指构成每一种税的纳税义务人、征税对象、税率、纳税环节、纳税期限、减税免税、违章处理等基本要素。

国民收入总是处在波动过程之中。能够自动减少收入波动程度的因素称为自动稳定器。在财政制度中，转移支付制度和税收制度具有自动稳定器功能。

(二) 转移支付的自动稳定器功能

转移支付本身是比国民收入更稳定的因素，而且它的变动方向通常与收入变动相反，从而能够在一定程度上抵消收入变动。例如，收入减少→失业增加→失业救济金增加→总需求增加→收入增加。又如，农业丰收→农产品价格下降→农民收入减少→农业补贴自动增加→农民收入增加。

(三) 税收制度的自动稳定器功能

税率是法律规定的，是比较稳定的因素。税收的变动方向通常与收入变动相同，从而能够在一定程度上抵消收入变动。例如，收入减少→税收减少→总需求增加→收入增加；反之，收入增加→税收增加→总需求减少→收入减少。在现实生活中，各国通常征收累进所得税，它使税收制度的自发调节作用增强。当收入增加时，税收以更快的速度增加；当收入减少时，税收以更快的速度减少。

六、扩张性和紧缩性财政政策

财政政策的手段主要包括税收、预算、国债、购买性支出和财政转移支付等手段。扩张性财政政策是以刺激总需求为目标的财政政策，它的基本手段是增加政府支出和减税。政府通常在经济衰退或失业率较高时期实行扩张性财政政策。紧缩性财政政策是以压抑总需求为目标的财政政策，它的基本手段是减少政府支出和增税。政府通常在通货膨胀严重时期实行紧缩性财政政策。

【例 11－17】　世界金融危机背景下我国扩大内需政策

2007 年美国爆发金融危机。世界各国普遍出现房地产泡沫破灭、股市暴跌、银行流动性不足、投资基金大量倒闭的金融危机。欧洲和美国在 2008 年出现经济衰退。美国准备用 7000 亿美元救市，英国准备用 5000 亿英镑救市，德国准备用 5000 亿欧元救市。如此严重的金融危机对于严重依赖外贸的我国经济来说是一次重大挑战，我国出现房地产价格下降、股市暴跌、中小企业流动性不足、南方一些出口企业出现倒闭潮、大量农民工登上返乡列车等。

我国政府在此背景下推出十大举措的特点是：(1) 反应及时。财政政策的出台要经过复杂的程序，而且其发挥作用需要较长时间，时机不对就会影响它的实施效果。(2) 措施力度大。4 万亿元的财政支出在中外历史上都是少见的。(3) 突出财政政策作用。其他国家应对金融危机的措施主要是以降息为核心的货币政策，我国率先采用扩张性财政政策。(4) 不以救市为重点。我国政府没有强调救市，即用财政资金支持金融机构，而是加大对"三农"的投入，加大基础设施建设，加强教育卫生文化事业投入，这些都能帮助农民与低收入者增收减支。这些投资不但可以刺激经济增长，还能促进我国结构性改革，推动科学发展观的落实。(5) 把增加政府支出和减税结合起来。

除了十大举措外，我国在2008年10月调整了出口退税率。此次调整一共涉及3486项商品，大约占海关税则中全部商品总数的25.8%。具体为：将部分纺织品、服装、玩具出口退税率提高到14%，将日用及艺术陶瓷出口退税率提高到11%，将部分塑料制品出口退税率提高到9%，将部分家具出口退税率分别提高到11%、13%，将艾滋病药物、基因重组人胰岛素冻干粉、黄胶原、钢化安全玻璃、电容器用钽丝、船用锚链、缝纫机、风扇、数控机床硬质合金刀等商品的出口退税率分别提高到9%、11%、13%。

本节内容告诉我们：在三部门经济中，总需求是家庭消费需求、企业投资需求与政府支出需求之和。总供给可以分解为税收、消费和储蓄。政府支出乘数是政府支出增量所带来的国民收入增量。根据政府支出乘数公式，消费倾向越大，则乘数越大；税率越高，则乘数越小。在财政制度中，转移支付制度和税收制度具有自动稳定器功能。扩张性财政政策是以刺激总需求为目标的财政政策，它的基本手段是增加政府支出和减税。政府通常在经济衰退或失业率较高时期实行扩张性财政政策。紧缩性财政政策是以压抑总需求为目标的财政政策，它的基本手段是减少政府支出和增税。政府通常在通货膨胀严重时期实行紧缩性财政政策。

第三节
四部门经济的收入决定

本节结构：四部门经济→四部门的收入决定→进口函数→四部门经济乘数→贸易理论→贸易政策

引导案例： **我国出口占GDP的比重**

2007年，中国国内生产总值为246619亿元，货物出口12180亿美元，年平均汇率7.6071，出口依存度（即出口占GDP比率）为37.57%，这个数字显著高于世界平均水平。

出口依存度这个指标是衡量出口对经济增长贡献的重要指标。它意味着我国的最终产品有近38%是在国外市场销售的。很多人习惯于用净出口衡量出口的贡献，把进口看成阻碍经济增长的因素，这是不准确的。我国的进口包含大量技术、设备和原料，它们同样是促进我国经济增长的因素。尽管有些消费品进口阻碍了民族工业的发展，但是它们也有强化竞争机制、限制垄断的作用。

开放经济的国民收入是如何决定的？国际贸易对经济发展有什么作用？

一、四部门经济

四部门经济模型假设国民经济由4个部门组成，即家庭、企业、政府和涉外部门。四部门国民收入决定理论即开放经济条件下国民收入决定理论。在这个经济中存在4个市场，即产品市场、劳动市场、金融市场和国际市场。本国与国外经济部门的经济联系只涉及进口与出口。为分析简化，不考虑劳动、资本等生产要素的国际流动。家庭是产品市场和国际市场的需求者，是劳动市场和金融市场的供给者。企业是产品市场和国际市场的供给者，是劳动市场和金融市场的需求者。政府是产品市场的需求者。

二、四部门的收入决定

（一）四部门的总需求

四部门的总需求除了消费需求、投资需求与政府需求外，又增加了国外的需求，即出口X减进口V：

总需求＝消费＋投资＋政府支出＋出口－进口

即：$AD = C + I + G + X - V$　　(11－26)

（二）四部门的总供给

四部门的总供给包含进口，但进口是来自国外的供给，而国民收入统计的是本国提供的最终产品，因此，四部门的总供给仍然是国民收入分解的消费、储蓄和税收：

总供给＝消费＋储蓄＋税收

即：$AS = C + S + T$　　(11－27)

（三）四部门均衡国民收入的决定

根据国民收入均衡条件，即总供给等于总需求，得到：

$Y = C + S + T = C + I + G + X - V$　　(11－28)

上式的左边代表国内总供给，右边代表开放经济条件下的国内总需求。$X - V$为净出口，即出口大于进口的差额。

【例11－18】　开放经济的均衡收入计算

已知某开放经济的消费为600亿元，投资为100亿元，政府支出为200

亿元，净出口为100亿元。求均衡收入。

解：Y = 600 + 100 + 200 + 100 = 1000（亿元）

即该经济的均衡收入为1000亿元。

三、进口函数

进口函数反映进口和影响进口的各项因素的函数关系。在本模型中，它写成：

$$V = V_a + vY \tag{11-29}$$

式中，V_a 为自发性进口，v 为边际进口倾向。自发性进口指与收入无关的进口，也就是说，即使收入为零，各国也会进口。边际进口倾向是指进口增量与收入增量的比例：

$$v = \Delta V / \Delta Y \tag{11-30}$$

APV 为平均进口倾向，它是进口与收入的比例，也称为进口依存度，它反映一个国家对进口的依赖程度：

$$APV = V/Y \tag{11-31}$$

【例11-19】　　我国的进出口总额

中国海关总署公布2007年中国外贸进出口达21738亿美元，比2006年增长23.5%。2002年正式加入世界贸易组织以来，中国对外贸易增长速度连续6年保持在20%左右，进出口规模翻了两番。2007年，出口12180亿美元，增长25.7%；进口9558亿美元，增长20.8%，全年累计贸易顺差2622亿美元。

四、四部门经济乘数

四部门经济的自变量有自发性消费、投资、政府支出和出口，因此，这里存在的乘数是自发性消费乘数、投资乘数、政府支出乘数和出口乘数。

将式（11-18）的消费方程和式（11-30）的进口方程代入式（11-28）的国民收入均衡方程，得到：

$$Y = A + b(1-t)Y + I + G + X - (V_a + vY) \tag{11-32}$$

$$(1 - b + bt + v)Y = A + I + G + X$$

$$(1 - b + bt + v)\Delta Y = \Delta A + \Delta I + \Delta G + \Delta X$$

$$\Delta Y/\Delta A = 1/(1 - b + bt + v) \tag{11-33}$$

$$\Delta Y/\Delta I = 1/(1 - b + bt + v) \tag{11-34}$$

$$\Delta Y/\Delta G = 1/(1 - b + bt + v) \tag{11-35}$$

$$K_x = \Delta Y/\Delta X = 1/(1 - b + bt + v) \tag{11-36}$$

式中，K_x 为出口乘数，它是收入增量与出口增量的比例。由于存在进口倾向，四部门经济的乘数较小，但是它更接近于现实。根据出口乘数计算公式，消费倾向越大，则乘数越大；税率越高，则乘数越小；进口倾向越大，则乘数越小。

【例 11－20】　出口乘数的计算

已知某经济消费倾向为 0.5，税率为 25%，进口倾向为 0.2。求出口乘数。

解：$K_x = 1/(1-0.5+0.5\times25\%+0.2) \approx 1.2$

即该经济的出口乘数为 1.2。

五、贸易理论

贸易理论是人们对国际贸易发生原因及其作用的分析。它是一个庞大的理论体系，其中比较重要的是绝对优势理论、比较优势理论、要素禀赋理论和规模经济理论。

（一）绝对优势理论

亚当·斯密的绝对成本说主要阐明了如下内容：（1）分工可以提高劳动生产率，增加国民财富。（2）分工的原则是成本的绝对优势。每个人专门从事他最有优势的产品的生产，然后彼此交换，这对每个人都是有利的。（3）在国际分工基础上开展国际贸易，对各国都会产生良好效果。如果每个国家都按照其绝对有利的生产条件（即生产成本绝对低）进行专业化生产，然后彼此进行交换，这对所有国家都是有利的，世界的财富也会因此而增加。（4）国际分工的基础是有利的自然禀赋或后天的有利条件。自然禀赋和后天的条件因国家而不同，这就为国际分工提供了基础。绝对优势理论未解决的问题是：如果一个国家在任何领域都不具备绝对优势，它为什么也会参与国际贸易。

（二）比较优势理论

英国经济学家李嘉图提出的比较优势理论的基本内容是：各国出口自己具有比较优势的产品，同时进口自己不具有比较优势的产品，各国福利都会增加。比较优势是指一种商品与本国其他商品相比较，与外国劳动生产率差异较少。例如，我国农业和纺织业劳动生产率都低于美国，但是，我国纺织业与美国劳动生产率差异较小，那么它具有比较优势。两个国家通过国际分工专业化生产和出口其具有比较优势的商品，进口其处于比较劣势的商品，则两国都能从贸易中得到利益。比较优势理论未解决的问题是：它只考虑劳动生产率，而未考虑劳动价格以及其他生产要素的成本。

（三）要素禀赋理论

瑞典学者赫克谢尔和俄林提出了要素禀赋理论，它的核心思想是各国要素禀赋不同导致要素价格不同，不同产品要素密集度不同，又引起生产成本不同。例如，中国的劳动力比较丰富，劳动力价格低，从而劳动密集型产品成本低，应该出口劳动密集型产品；澳大利亚的矿产资源和土地资源比较丰富，矿产和土地价格低，资源密集型产品成本低，应当出口资源密集型产品。要素禀赋理论未解决的问题是：发达国家要素禀赋相似，为什么第二次世界大战后国际贸易主要在这些国家之间展开。

（四）规模经济理论

2008年度诺贝尔经济学奖得主、美国普林斯顿大学教授保罗·克鲁格曼（Paul Krugman）提出以规模经济为核心的国际贸易新理论。它把规模经济作为国际贸易的原因。生产规模扩大带来生产成本的下降，如果两个国家进行国际专业化分工，那么每一个国家都可以扩大各自选中的产业规模，并通过成本下降获得贸易利益。在这里，规模经济的传导机制是：规模经济→生产专业化、产品细分→国际分工→国际贸易。

克鲁格曼将不完全竞争模型引入区域经济的分析中。规模经济会产生经济租金。经济租金是指收入在支付给劳动者和资本所有者的报酬后所剩余的部分。经济租金将鼓励企业家进行创新，使企业具有比较优势。经济租金可能成为征税的来源。税收可以为城市设施建设提供投资资金，从而有利于聚集效应发挥。聚集效应是指企业聚集所带来的成本节约。在这里，规模经济的传导机制是：规模经济→经济租金→刺激企业创新→税收增加→厂商集聚→市场扩张。不完全竞争使某个地区的制造业发展起来之后形成工业地区，而另一些地区则仍处于农业地区，两者的角色一旦固定下来，各自的优势被锁定，就会形成中心区与外围区的国际分工与国际贸易关系。该模型强调企业研发活动所产生的知识和经验（技术革新）决定着竞争优势。在导致国际分工的各种力量中，技术显得越来越重要。

克鲁格曼还将经济地理学引入贸易理论。经济地理学研究个人和企业在不同地理区位的迁移、企业集聚、城市兴起和城市如何在空间层面得到组织。例如，他发现运输成本过高会导致某个国家闭关自守、自给自足；运输成本过低会导致企业分散于各国，不足以形成世界经济中心；只有当运输成本处于中间水平，才会引起世界经济中心建立和彼此之间的贸易活动。

六、贸易政策

贸易政策可分为自由贸易政策、保护贸易政策、超保护贸易政策、新贸易保护政策和管理贸易政策。

（一）自由贸易政策

自由贸易政策是指国家对商品和服务的进出口不加干预，取消对进出口贸易和服务贸易的限制和障碍，同时取消对本国进出口商品和服务贸易的各种特权与优待，使商品和服务能自由输出输入，在国内外市场上自由竞争的贸易政策。

例如，香港地区奉行自由贸易政策，除烟、酒、甲醇酒精、汽车用汽油和柴油等极少数商品外，进出香港的商品均无须缴纳关税。港府对企业经营进出口贸易没有限制，任何企业只要依法注册登记，即可从事进出口贸易。进出口报关手续十分简便，企业可在商品进出口后 14 天内报关。除对设限国家的纺织品出口受被动配额管制外，香港没有主动的进出口配额管理。为履行对外承诺和公众卫生、安全、内部保安等要求，根据《进出口条例》、《储备商品条例》、《保护臭氧层条例》及其附属法例，香港对少数商品实行进出口证管理。

（二）保护贸易政策

保护贸易政策是指国家广泛利用各种措施限制外国商品、服务和有关要素参与本国市场竞争，并对本国出口的产品和服务给予优待与补贴的贸易政策。传统的保护贸易政策流行于自由竞争阶段，主要是以关税手段限制进口，并以幼稚产业为主要保护对象。

（三）超保护贸易政策

超保护贸易政策是发达国家在垄断阶段实行的保护贸易政策。它在第一次世界大战与第二次世界大战之间盛行。第二次世界大战后超保护贸易政策的新特点是：（1）保护对象扩大了，更多地保护高度发展或出现衰落的垄断工业。（2）工业品保护程度降低，农产品的保护程度提高。（3）非关税壁垒（即关税之外的各种限制进口的手段）在超保护贸易政策中占有重要地位，国家垄断资本主义在推行超保护贸易政策和措施中的作用大大加强。（4）一些西方发达国家和一些发展中国家结成了一些经济集团，在这些经济集团的内部，贸易自由化的程度超过了同集团外国家的贸易自由化程度。（5）不再是单纯防御性地限制进口，而是在垄断国内市场的基础上以出口补贴等手段向国外市场进行扩张。

（四）新贸易保护政策

新贸易保护政策是 20 世纪 70 年代以来以绿色壁垒和技术壁垒为主要特色的贸易保护政策。

绿色贸易壁垒也称为环境壁垒。目前，国际上使用的绿色贸易壁垒主要有以下形式：（1）绿色关税制度，即进口国对可能造成环境威胁及破坏的进口产品征收的一种进口附加税。（2）绿色市场准入制度，即进口国以污染环境、危害人类健康以及违反有关国际环境公约或国内环境法律规章而采取的限制国外产品进口的措施。（3）“绿色反补贴”、“绿色反倾销”以及环境贸易制裁，即一国怀疑进口产品的低价是由于接受了来自于出口国政府的环境补贴或未将生产过程中的环境成本内在化，对进口商品采取的一种限制措施或给予相应的制裁。（4）推行国内环保标准，即一些国家制定了较为严格的国内环保标准，要求进口商品必须达到。（5）强制性绿色标志（签）、强制要求ISO14000认证等。（6）繁琐的进口检验程序和检验制度。为了达到限制进口的目的，进口国政府不惜重力研究制定了一整套严密的检验制度和繁琐的检验程序，利用其先进的检验设备和条件对进口货物实施检验，使进口货物难以通过。（7）要求回收利用、政府采购、押金制度等强制性措施。例如，荷兰政府规定啤酒饮料一律采用可以回收利用的包装容器，实际上为进口的同类产品带来了极大的麻烦。

技术壁垒是商品进口国在实施贸易进口管制时，通过颁布法律、法令、条例、规定，建立技术标准、认证制度、卫生检验检疫制度、检验程序以及包装、规格和标签标准等，提高对进口产品的技术要求，增加进口难度，最终达到保障国家安全、保护消费者利益和保持国际收支平衡的目的。技术壁垒的特点是：（1）合理性。设立技术法规、标准及检验程序，主要是为了保护国家安全及消费者利益。WTO并不否认各国技术壁垒存在的合理性和必要性，只是要求技术壁垒不得具有歧视性。（2）复杂性。技术壁垒因其涉及的技术和适用范围的广泛性，使其比配额、许可证等其他非关税壁垒形式更为复杂。WTO允许各国制定与别国不同的技术标准。（3）隐蔽性。区别一项技术标准或检验程序是否合理往往比较困难，不容易遭到其他国家的报复。（4）灵活性。不断发展的技术为灵活运用技术壁垒提供了条件，技术壁垒也较其他非关税壁垒更容易实施。

WTO《技术壁垒协议》将技术壁垒分为技术法规、技术标准和合格评定程序。技术法规是规定强制执行的产品特性或其相关工艺和生产方法，如有关产品、工艺或生产方法的专门术语、符号、包装、标志或标签要求。技术标准是经公认机构批准的、规定非强制执行的、供通用或反复使用的产品或相关工艺和生产方法的规则、指南或特性的文件。技术法规与技术标准的关键区别是，前者是强制性的，后者是非强制性的。合格评定程序是指按照国际标准化组织的规定，对生产、产品、质量、安全、环境等环节以及对整个保障体系进行全面监督、审查和检验，由国家或国外权威机构授予合格证书或合格标志。合格评定程序包括产品认证和体系认证两个方面。产品认证是指确认产品是否符合技术规定或标准的规定。体系认证是指确认生产或管理体系是否符合相应规定。当代最流行的国际体系认证有ISO9000质量管理体系认证和ISO14000环境管理体系认证。

（五）管理贸易政策

管理贸易政策又称协调贸易政策，是指国家对内制定一系列的贸易政策、法规，加强对外贸易的管理；对外通过谈判签订双边及多边贸易条约或协定，协调与其他贸易伙伴在经济贸易方面的权利与义务。管理贸易政策是20世纪80年代以来在国际经济联系日益加强而新贸易保护主义重新抬头的双重背景下逐步形成的。在这种背景下，为了既保护本国市场又不伤害国际贸易秩序，各国政府纷纷加强对外贸易的管理和协调，从而逐步形成管理贸易政策。管理贸易是介于自由贸易和保护贸易之间的一种对外贸易政策。

【例11－21】　美国《综合贸易及竞争办法法规》

最著名的管理贸易政策是1988年美国国会修订并通过的《综合贸易及竞争办法法规》。该法案授权政府对贸易对手不合理的贸易政策采取必要的行动，以减少国内产业的压力，从而加强美国政府对外贸易调控的合法性。该法案301节包括所谓超级301条款和特别301条款。超级301条款授权美国贸易代表办事处对自由贸易有所欠缺的国家和地区提出名单和报告，并在规定的时间内通过谈判迫使其采取符合美国要求的开放措施。特别301条款授权美国贸易代表办事处，对未有效保护其知识产权的国家以及未给予依赖知识产权的美国企业公平进入市场机会的国家进行调查和考虑实施报复。以上条款事实上已成为美国政府频频威胁别国的推行贸易保护主义的武器。

本节内容告诉我们：四部门的总需求除了消费需求、投资需求与政府需求外，又增加了反映国外需求的净出口，即出口减进口的差额。国内总供给仍然是消费、储蓄和税收之和。进口倾向是进口与收入的比例。边际进口倾向是指进口增量与收入增量的比例。出口乘数是收入增量与出口增量的比例。根据出口乘数计算公式，消费倾向越大，则乘数越大；税率越高，则乘数越小；进口倾向越大，则乘数越小。贸易理论中比较重要的是绝对优势理论、比较优势理论、要素禀赋理论和规模经济理论。贸易政策可分为自由贸易政策、保护贸易政策、超保护贸易政策、新贸易保护政策和管理贸易政策。

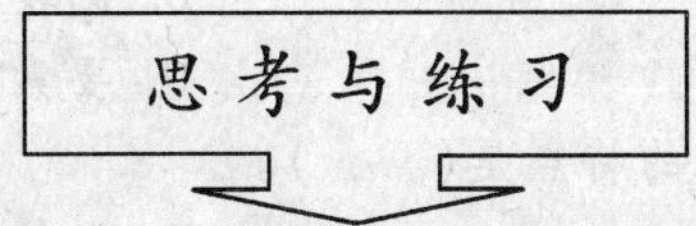

一、选择题

1. 边际消费倾向是(　　)。

A. 消费增量与收入增量的比例　B. 消费与收入的比例
C. 消费增量与储蓄增量的比例　D. 消费增加数量

2. 边际储蓄倾向加上(　)等于1。
A. 自发性储蓄　B. 自发性消费
C. 边际消费倾向　D. 消费倾向

3. 在二部门经济中，总需求等于(　)。
A. 消费　B. 消费加储蓄
C. 消费加投资　D. 储蓄加投资

4. 在需求约束型经济假设前提下，总供给取决于(　)。
A. 生产要素数量　B. 技术
C. 生产要素数量和技术　D. 总需求

5. 均衡收入时，(　)。
A. 总供给大于总需求　B. 总供给与总需求相等
C. 总供给小于总需求　D. 边际消费倾向为0

6. 投资乘数变大的条件是(　)。
A. 边际消费倾向提高　B. 边际消费倾向降低
C. 投资效率提高　D. 投资效率降低

7. 使政府支出乘数变大的因素是(　)。
A. 储蓄倾向变大　B. 税率变小
C. 税率变大　D. 消费倾向变小

8. 已知三部门经济消费倾向为0.8，税率为25%，则乘数为(　)。
A. 5　B. 2.2
C. 2　D. 2.5

9. 某经济消费倾向为0.5，税率为25%，进口倾向为0.2，则出口乘数为(　)。
A. 1　B. 1.2
C. 1.6　D. 2

10. 最新的贸易理论是(　)。
A. 绝对优势理论　B. 比较优势理论
C. 规模经济理论　D. 要素禀赋理论

11. 超保护贸易政策的特点是(　)。
A. 关税特别高　B. 保护幼稚产业
C. 工业保护程度高　D. 农业保护程度高

12. 新贸易保护政策的特点是强调(　)。
A. 绿色贸易壁垒　B. 协调贸易政策

C. 制定贸易法规　　　　　　　　D. 国外市场扩张

二、上网了解我国消费、投资、政府购买和进出口的最新数据。

三、阅读一篇关于出口对我国经济贡献的文章。

四、结合所学知识分析国际金融危机背景下我国政府采取的应对措施。

五、根据我国近年来国民收入和消费的数据，计算我国历年的边际消费倾向。

本章选择题参考答案：1. A　2. C　3. C　4. D　5. B　6. A　7. B　8. D　9. B　10. C　11. D　12. A

第十二章

总供求模型

学习目的

1. 了解财富效应、凯恩斯效应、潜在国民收入、充分就业、工资粘性、需求拉上型通货膨胀、成本推进型通货膨胀等概念。
2. 理解总需求曲线、总供给曲线、凯恩斯总供给曲线、古典总供给曲线、常规总供给曲线的形状及意义。
3. 掌握使用总供求模型分析经济运行的方法。

本章结构： 总需求曲线→总供给曲线→总供求模型中的收入决定

引导案例： **刺激内需已成当务之急**

2008年10月20日，国家统计局发布了第三季度宏观经济数据，GDP增幅连续数月下降，经济形势不容乐观的预期越来越强烈。按不变价格计算，我国GDP在2008年一季度比2007年同期增长10.6%，二季度比2007年同期增长10.1%，三季度比2007年同期增长9.0%。国家统计局2008年10月13日发布的调查结果显示，三季度我国消费者信心指数为93.8，比二季度和2007年同期分别回落了0.3个百分点和3.2个百分点。在此背景下，10月份我国政府连续出台多项刺激内需措施。

为什么政府要刺激内需？刺激内需能够发挥多大作用？

三部门经济的总需求就是内需。总供求模型有一个重要的假设条件，即价格可变，商品和要素价格都是可变的。研究范围也相应地由商品市场扩大到商品市场、劳动市场和货币市场。

第一节
总需求曲线

本节结构： 投资函数→总需求曲线概念→总需求曲线的形状说明→总需

求曲线的移动

引导案例：　2008 年底我国刺激房市和股市的措施

2008 年我国实行一系列刺激内需措施，包括刺激房市和股市的措施。10 月 22 日，财政部首次将购房首付下调为 20%。从 2008 年 11 月 1 日起，对首次购买 90 平方米及以下普通住房的个人，契税税率暂时统一下调到 1%；对个人销售或购买住房暂免征收印花税；对个人销售住房暂时免征收土地增值税。贷款利率的下限可扩大为贷款基准利率的 0.7 倍。同时下调个人住房公积金贷款利率，各档次利率分别下调 0.27 个百分点。10 月 26 日，财政部、国家税务总局决定自 2008 年 10 月 9 日起，对证券市场个人投资者取得的证券交易结算资金利息所得比照储蓄存款利息所得暂时免征收个人所得税。

刺激房市和股市与扩大内需是什么关系？

一、投资函数

在总供求模型中，投资是利率 i 的减函数，写成：

$$I = I(i),\ dI/di < 0 \tag{12-1}$$

上式表明，利率上升会导致投资减少，利率下降会导致投资增加。无论企业是否依靠贷款来投资，利息都属于机会成本。企业将自有资金存入银行，也能获得利息。企业在投资时必须考虑投资收益能否补偿利息成本。利率越低，补偿越容易，从而投资越多。利率取决于货币市场供求关系，下一章将进一步讨论。

二、总需求曲线概念

三部门的总需求曲线表示在一系列价格水平下，家庭、企业、政府计划购买的商品和服务总量。这里的价格水平是该经济所有商品和服务价格的加权平均值。实际收入即前面提到的实际 GDP。三部门的总需求是消费、投资和政府支出之和，它是实际需求，即用不变价格计算的总需求。总需求曲线是总需求函数的图形表示，它反映经济单位的计划总支出与价格水平的对应关系，在图形中表现为一条向右下方倾斜的曲线。总需求函数可表示为：

$$AD = AD(P) \tag{12-2}$$

在图 12 - 1 中，P 为价格水平，Y 为实际收入。总需求曲线 AD_0 为向右下方倾斜的曲线。总需求曲线的形状表明，价格水平下降，会使实际支出（总需求）增加；价格水平上升，会使实际支出减少。这与微观经济学中的需求曲线类似。

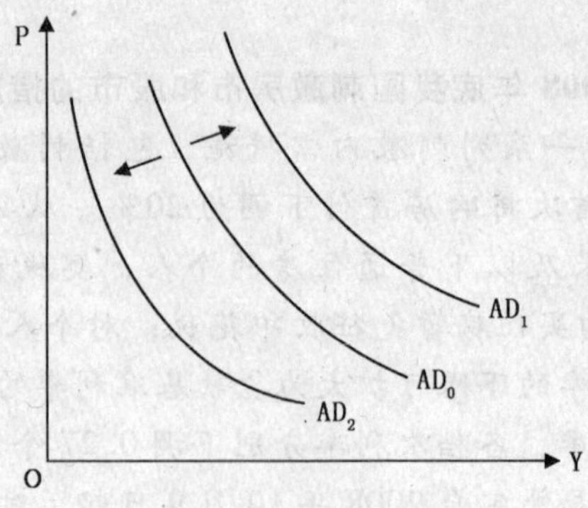

图 12－1 总需求曲线

三、总需求曲线的形状说明

总需求曲线向右下方倾斜的原因是实际收入效应、财富效应和凯恩斯效应。在开放经济中，它还涉及国际商品替代效应。

（一）实际收入效应

实际收入效应指价格水平下降使人们的实际收入提高，从而增加投资和消费的效应。需要注意的是，这里的假设是其他条件不变。这个假设在分析需求曲线时是成立的，因为它只考察一种商品价格，但是在分析总需求曲线时，所有商品价格都下降，其他条件不变假设不一定成立。在现实生活中，经济出现衰退时才会出现显著的价格下降。

（二）财富效应

财富效应又称实际余额效应，是指财产（金融资产或其他财产）实际价值的变动对消费和投资产生的影响。余额指财产存量，实际余额指财产存量的实际价值，即财产存量能够转换的购买力。在价格下降时，货币的实际价值会增加，货币的持有者能购买更多的物品，从而提高实际支出水平。价格水平下降会使资产（如股票、债券等金融资产和房地产等不动产）的实际价值上涨，这使公众对商品和劳务的消费增加。财富效应的传导机制是：价格水平下降→货币实际余额增加→消费和投资增加；价格水平下降→人们所持有财产的实际价值升高→消费和投资增加。

（三）凯恩斯效应

凯恩斯效应指价格水平变动引起实际货币供给量的变动和利率变动，进而促进或抑制投资和消费的效应。凯恩斯效应将分析由商品市场扩大到货币市场。实际货币供给量是货币供给量与物价指数的比率。价格下降会使实际货币供给量增加。在市场经济国家，利率是由货币市场供求关系决定的。实际货币供给量增加导致利率下降，利率下降意味着借款成本下降，刺激人们通过贷款增加总需求。凯恩斯效应的传导机制是：价格水平下降→实际货币供给量增加→利息率下降→投资和消费增加。凯恩斯效应强调价格水平变动通过货币市场影响总需求，而财富效应强调价格水平变动通过商品市场影响总需求。

在四部门经济中，国际商品的替代效应也是总需求曲线向右下倾斜的重要原因。国际商品的替代效应是指本国价格水平变化引起本国与外国的相对价格水平变化，从而影响到本国和外国的进出口水平，引起总需求水平变化。它的传导机制是：价格水平下降→外国商品相对价格提高（外国商品价格/本国商品价格）→国外增加对本国产品的需求→净出口增加→总需求增加。在三部门经济中，暂时不考虑这种替代效应。

四、总需求曲线的移动

总需求变动表现为总需求曲线移动。总需求曲线向右方移动，例如在图12-1中由AD_0移动到AD_1，表示总需求增加；总需求曲线向左方移动，例如在图12-1中由AD_0移动到AD_2，表示总需求减少。在三部门经济中，总需求变动可分解为消费需求、投资需求和政府支出变动。除了价格水平之外，影响消费、投资、政府支出的因素都会引起总需求曲线的移动，其中最重要的因素是预期、财政政策和货币政策。

（一）预期因素

预期会影响人们对未来经济的信心，从而影响消费和投资。在各种预期中，最重要的预期是：（1）通货膨胀预期。如果人们预期价格水平将会上升，就会提前购买，从而当前的消费和投资就会增加。（2）未来收入预期。如果人们预期未来收入将会提高，就会增加当前的总需求。（3）未来利润预期。如果企业对投资的盈利前景缺乏信心，就会减少投资。预期因素可以通过一些人为设计的指标加以量化。

（二）财政政策

财政政策涉及政府支出和税收政策。政府支出增加直接引起总需求增加，导致总需求曲线向右移动；政府购买减少，会导致总需求曲线左移。税收政策又涉及直接税和间接税。直接税又称所得税，税率提高引起可支配收入减少，从而消费和投资减少，导致总需求曲线左移。间接税是与收入无关的其他税收，它会引起价格上涨。当税率降低时，人们的实际收入增加，导致消费需求增加，从而总需求曲线右移；同理，税率增加会导致总需求曲线左移。

（三）货币政策

货币政策是政府通过改变货币供给量来调节经济运行的政策。当货币供给量增加时，利率下降，贷款增加，导致投资和消费需求增加，从而总需求曲线向右移动；同理，货币供给量减少会导致总需求曲线左移。下一章我们将讨论货币政策的具体内容。

本节内容告诉我们：总需求曲线表示在一系列价格水平下家庭、企业和政府计划购买的商品和服务总量。在三部门经济中，总需求曲线向右下方倾斜的原因是实际收入效应、财富效应和凯恩斯效应。财富效应指财产实际价值的变动对消费和投资产生的影响。凯恩斯效应指价格水平变动引起实际货币供给量的变动和利率变动，进而促进或抑制投资和消费的效应。总需求变动可分解为消费需求、投资需求和政府支出变动。除了价格水平之外，影响消费、投资、政府支出的因素都会引起总需求曲线的移动，其中最重要的是预期、财政政策和货币政策。

第二节 总供给曲线

本节结构：关于工资决定的三种假设→总供给曲线概念→古典总供给曲线→凯恩斯总供给曲线→常规总供给曲线→总供给曲线的移动

引导案例：　我国从2009年1月1日起推行增值税全面转型

我国一直实行生产型增值税，它在计算应纳税额时只允许扣除购入原材料，不允许扣除外购固定资产。增值税转型就是将生产型增值税转为消费型增值税。消费型增值税在计算应纳税额时对所有外购项目（包括原材料、固定资产在内）都予以扣除。国务院决定在全国所有地区、所有行业全面实施增值税转型改革，转型方案按照财政部提交的全额抵扣、全行业转型思路执行。我国目前执行的增值税率为17%。国务院常务会议预计此举将为全国企业减轻1200亿元税负。

为什么我国要进行此项改革？税收政策对总供给有什么影响？

一、关于工资决定的假设

经济学把工资作为影响总供给的最重要的因素。

古典经济学、凯恩斯主义经济学和当代经济学对工资决定有3种不同看法。这种分歧导致它们的政策主张也不相同。

古典经济学认为工资取决于劳动市场供求关系。均衡工资是能够使劳动供给等于劳动需求的工资。

在图12－2中，L为劳动数量，W为工资，S为劳动供给曲线，D为劳

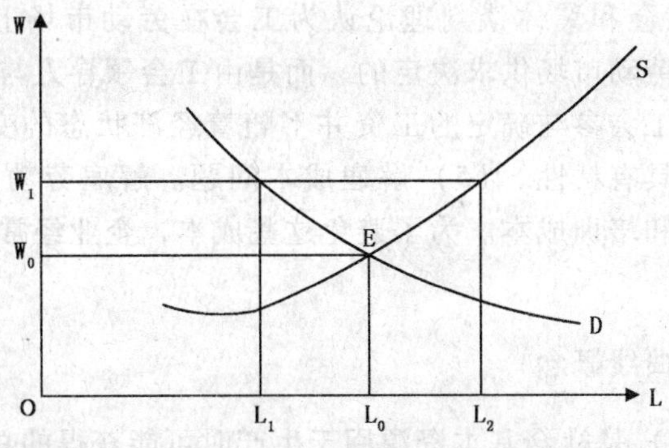

图 12-2 均衡工资的决定

动需求曲线。劳动供给曲线向右上方倾斜，表示工资越高，人们愿意提供的劳动数量越多。劳动需求曲线向右下方倾斜，表示工资越高，企业愿意雇佣的劳动数量越少。劳动市场供求曲线的交点 E 是均衡点，它对应的工资 W_0 为均衡工资，对应的就业 L_0 为充分就业。充分就业指所有愿意接受市场工资的人都能实现就业。劳动市场具有自发实现充分就业的功能。如果市场工资为 W_1，劳动供给量为 L_2，劳动需求量为 L_1，L_1L_2 表示失业数量。失业迫使人们接受较低工资，市场工资将下降到 W_0 水平。工资下降会使就业由 L_1 增加到 L_0。同理，如果市场工资低于均衡工资，劳动需求量将大于劳动供给量，企业将提高工资以满足自己的劳动需求。在均衡工资下所有愿意接受市场工资的人都能找到工作。充分就业不等于100%就业率，它承认自愿失业存在，即不愿意接受市场工资所造成的失业。

凯恩斯主义经济学认为工资具有刚性，即它是固定的。凯恩斯分析的经济是萧条经济。在社会存在大量失业者的时期，工资处于社会公认的能够维持生存的低水平。工资无法下降，否则人们难以生存；它也不会上升，因为失业者愿意接受该工资，企业能够以这样的低工资获得劳动力。但是，随着经济摆脱萧条，工资就会上升。

当代经济学认为工资具有粘性。工资粘性是指工资变动滞后于劳动供求关系变动和产品价格变动。其中，工资向下粘性表现得特别明显，即使存在严重失业现象，工资向下调整也很少发生或调整幅度很小。工资粘性的原因是：（1）劳动合同的长期性。劳动合同总是具有数年期限，因为过于短暂的合同会增加劳资双方的谈判成本和调整成本。（2）劳动合同的交错签订。一个社会经济中所有的劳动合同不可能是在同一时间签订的，也不可能同时达到终止期，因此，工资的调整不可能非常及时，这也是工资具有粘性的重要原因。（3）效率工资论认为企业的劳动生产率依赖于企业支付给工人的工资。企业为了保持较高的劳动生产率而不愿轻易降低工资，从而使工资具有粘性。（4）工会和集体谈判理论认为工会在劳动市场上具有垄断力量，工资主要不是由劳动市场供求决定的，而是由工会领导人与雇主之间的集体谈判决定的。由工会参与确定的工资并不随着经济状态的变化而立即变化，这样就会使工资具有粘性。（5）解雇成本问题。解雇劳动力需要耗费解雇成本、雇佣成本和培训成本。为了避免这些成本，企业经常在劳动供大于求时维持工资不变。

二、总供给曲线概念

总供给（AS）是社会基本资源用于生产时可能获得的总产量。

总供给函数是表示价格水平与总产出的关系的函数。它可以表示为：

$$Y = AS(P) \tag{12-3}$$

式中，Y 表示经济中总的实际产出，P 表示价格水平。

总供给曲线是总供给函数的图形显示，它表示一系列价格水平下国民经济提供的总产出量。所有企业愿意供给的产品总量取决于它们提供这些产品的价格，以及它们在生产这些产品时所必须支付的生产成本。由于工资是生产成本的主要组成部分，劳动市场供求关系对于总供给曲线形状至关重要。需要注意的是，不同产品的物理计量单位不同，必须把它们转化为货币单位才可加总，所以，总产出量是用实际国民收入来表示的。

三、古典总供给曲线

古典总供给曲线又称长期总供给曲线。长期是生产要素价格（主要是工资）能够得到完全调整的时期。古典总供给曲线是一条位于充分就业国民收入水平（潜在产量水平）上的垂直线。充分就业国民收入指劳动市场实现充分就业时可能达到的国民收入。

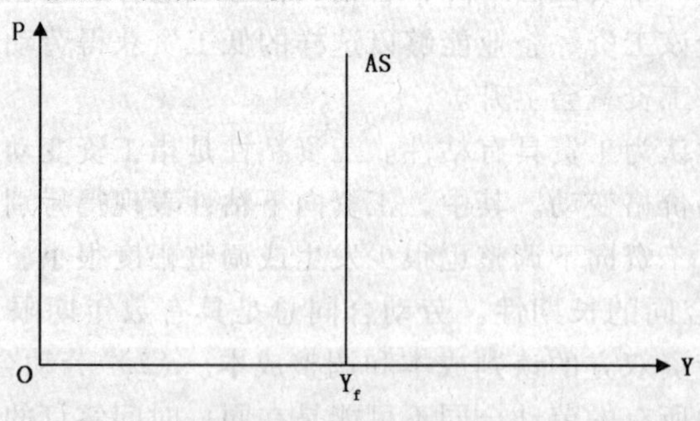

图 12-3 古典总供给曲线

在图 12-3 中，Y 为实际国民收入，P 为物价水平，Y_f 为充分就业国民收入，AS 为古典总供给曲线。古典总供给曲线是一条垂直线，它的形状表明无论价格水平如何变动，长期总供给量都是固定不变的。古典经济学认为，劳动市场上的货币工资具有完全的伸缩性，劳动市场能够自发实现劳动力充分就业，所有愿意接受市场工资的人都能找到工作，即使价格水平上升，产量也无法增加。因此，总供给曲线是一条与价格水平无关的垂直线。

四、凯恩斯总供给曲线

凯恩斯总供给曲线是一条水平线，这表明在既定的价格水平下，厂商愿意供给社会所需求的任何数量产品。

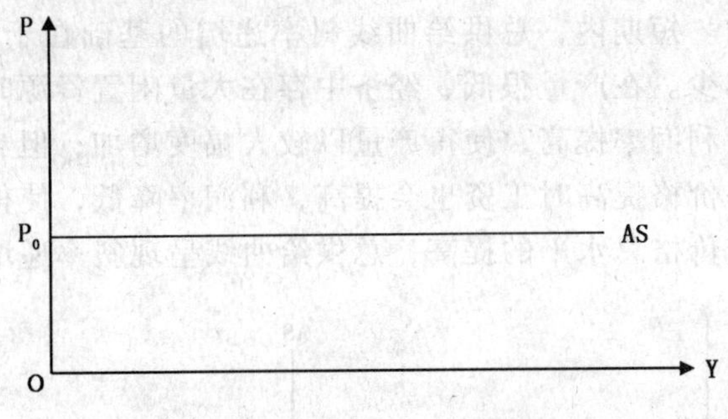

图 12-4　凯恩斯总供给曲线

在图 12-4 中，Y 为实际国民收入，P 为物价水平。与价格 P_0 相对应的水平线 AS 即凯恩斯总供给曲线。它的假设条件是物价和工资都不会变动。在经济萧条时期，社会上存在较为严重的失业率，厂商可以在现行工资水平之下得到它们所需要的任何数量的劳动力。假设生产成本只考虑工资，则生产成本不会随产量的变动而变动，从而价格水平也就不会随产量的变动而变动。

五、常规总供给曲线

常规总供给曲线又称短期总供给曲线。它是一条向右上方倾斜的曲线，这表明物价水平越高，所有企业能够提供的总产出越大。

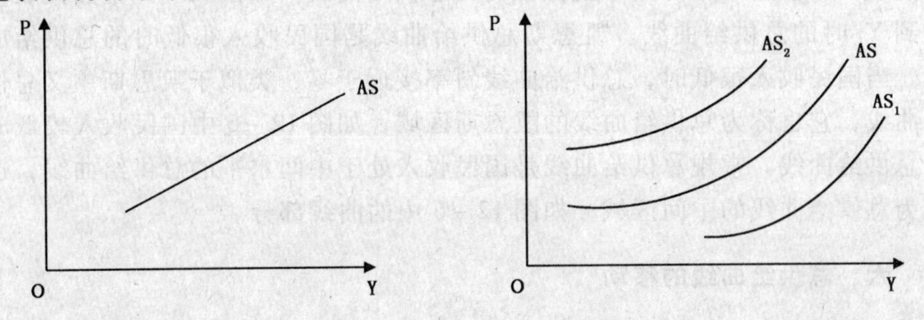

图 12-5　常规总供给曲线

在图12－5左图中，常规总供给曲线表现为向右上方倾斜的直线，斜率不变的假设可以使分析得以简化。解释常规总供给曲线形状的关键是工资粘性。在短期内，由于价格水平下降而工资不下降，企业利润相应减少，企业就会减少产量。价格水平下降和减少产量的对应关系在图形上表现为总供给曲线向右上方倾斜。

在图12－5右图中，常规总供给曲线表现为向右上方倾斜的斜率递增的曲线。总供给曲线在价格较低时较为平缓，并且向右上方逐渐延伸。当价格提高到一定程度之后，总供给曲线越来越陡峭，表示随着产出增加，总供给曲线的斜率递增。短期内，总供给曲线斜率递增的基础在于随着产量增加，闲置资源越来越少。在产量很低、经济中存在大量闲置资源时，价格提高时工资很少提高，利润率提高，使得产量以较大幅度增加；但当经济接近于资源充分利用时，价格提高时工资也会提高，利润率降低，使得产量增加幅度很小。因而随着价格总水平的提高，总供给曲线呈现斜率递增的特点。

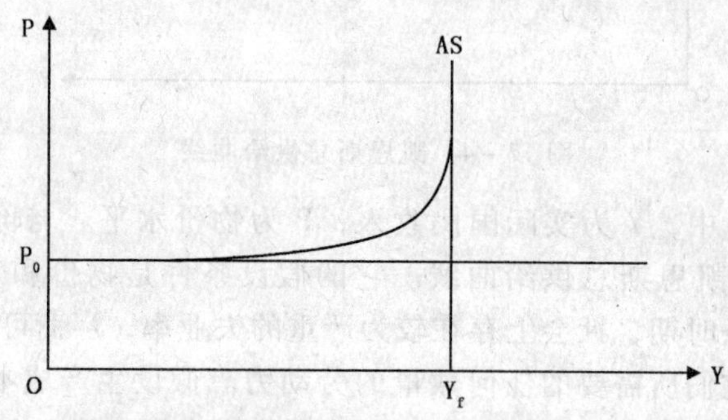

图12－6 3条总供给曲线的关系

古典总供给曲线、凯恩斯总供给曲线、常规总供给曲线都可看成是总供给曲线组成部分。古典总供给曲线是国民收入达到充分就业时的总供给曲线，也称为总供给曲线的古典区域。当国民收入达到充分就业收入时，总供给曲线斜率接近于无穷大，类似于古典总供给曲线，如图12－6中国民收入达到 Y_f 时的总供给曲线。凯恩斯总供给曲线是国民收入很低时的总供给曲线。当国民收入很低时，总供给曲线斜率接近于零，类似于凯恩斯主义总供给曲线，它也称为总供给曲线的凯恩斯区域，如图12－6中国民收入较低时的总供给曲线。常规总供给曲线是国民收入处于中间水平的总供给曲线，也称为总供给曲线的中间区域，如图12－6中的曲线部分。

六、总供给曲线的移动

总供给曲线向右移动表示总供给增加，总供给曲线向左移动表示总供给减少。在图 12－5 右图中，AS 移动到 AS_1，表示总供给增加；AS 移动到 AS_2，表示总供给减少。

导致总供给曲线移动的因素主要有以下几个方面：（1）自然的和人为的灾祸。例如，地震或战争会极大地减少经济的总供给，使得总供给曲线向左上方移动。（2）技术变动。引起总供给曲线移动的一个重要原因是技术的变化。技术变动通常是正向的，即技术水平倾向于提高，所以技术变动的影响一般使得总供给曲线向右移动。（3）工资率等要素价格的变动。当工资下降时，对于任何给定的价格总水平，厂商愿意供给更多的产品，因而降低工资将使总供给曲线向右下方移动；反之，工资上升，总供给曲线向左上方移动。（4）政府税收政策。当政府对企业减税时，对于任何给定的价格总水平，厂商愿意供给更多的产品，因而减税将使总供给曲线向右下方移动；反之，税率上升，总供给曲线向左上方移动。（5）人口和劳动力的增长。从长期来看，人口和劳动力数量增加，会使总供给曲线向右移动。

【例 12－1】　　农村剩余劳动力和我国总供给

我国的经济增长在很大程度上归功于我国存在大量农村剩余劳动力。当他们源源不断地进入城市，不但保证了生产要素供应，而且使工资水平有所下降。这使我国总供给曲线向右移动。

目前，民工荒从珠三角地区扩展到长三角地区，再扩展到很多原本是劳动力输出的内地地区。无论大城市、中等城市还是小县城，都出现了民工荒。劳动年龄人口增长速度将越来越慢，到 2013 年左右将达到零，尤其是 16 岁到 25 岁的年轻劳动力供给是逐年减少的。从 2004 年开始，新增劳动年龄人口数将持续低于劳动力需求量，而且两者差距越来越大，供求关系出现拐点。其原因在于经济发展越来越快，对劳动力需求也越来越大。此外，从 1980 年以来计划生育政策的执行，降低了生育率。那时候生育下来的人，现在已经进入劳动力市场，这批人增加速度变慢，但是进入老年的人口却多了起来，人口结构的变化影响了劳动力的供给。这是引起总供给曲线向右移动速度变慢的因素之一。

此外，进口商品价格的变化也会引起总供给曲线的移动。如果厂商以进口商品作为原料，那么进口商品的价格变化时，厂商的成本就会发生变动，从而愿意生产的数量也会变动。

本节内容告诉我们：充分就业是指所有愿意接受市场工资的人都能实现就业。工资粘性是指工资变动滞后于劳动供求关系变动和产品价格变动。总供给曲线表示一系列价格水平下国民经济提供的产出量。古典总供给曲线是一条位于充分就业国民收入水平上的垂直线。凯恩斯总供给曲线是一条水平线。常规总供给曲线是一条向左上方倾斜的斜率递增的曲线。导致总供给曲线移动的因素主要有自然的和人为的灾祸、技术变动、工资率等要素价格的变动、政府税收政策和劳动力的增长。

第三节
总供求模型中的收入决定

本节结构：短期宏观经济目标→总供求模型中的均衡收入→总需求变动对均衡收入的影响→总供给变动对均衡收入的影响→宏观经济调节

引导案例：　　　2002—2006年我国收入与物价

2002—2006年，世界国内生产总值增长率分别是1.8%、2.6%、4.0%、3.3%和3.9%。同期，我国国内生产总值增长率为9.1%、10.0%、10.1%、10.4%和11.1%。2002—2006年，我国居民消费价格指数分别是99.2、101、103.9、101.8和101.5。根据总供求模型（不考虑涉外部门），2002—2006年我国收入增加和物价相对稳定源自总供给曲线和总需求曲线同时向右移动。我国总需求增加产生于工资水平显著提高、政府实行积极的财政政策、较低利率下的信贷扩张（引人注目的是居民购房贷款规模很大）和投资高速增长。我国总供给增加产生于就业人数增加（特别是农村剩余劳动力向城镇转移）和技术进步。除2002年之外，我国物价略有上涨，是因为总需求曲线的移动幅度大于总供给曲线的移动幅度。

总供给曲线和总需求曲线的移动分别对收入和物价产生何种影响？

一、短期宏观经济目标

在三部门经济中，政府的短期宏观经济目标是充分就业和物价稳定。

（一）充分就业目标

政府把充分就业作为首要宏观经济目标，主要有3个原因：（1）失业是最大的浪费。失业所浪费的是人的生命。在劳动生产率已经达到很高水平并且仍在继续提高时，对人力资源的浪费是所有浪费中最大的。如果实现充分就业，那么人们能够创造出十分巨大的物质财富。（2）失业是最大的痛苦。它不仅剥夺了失业者的谋生手段，而且剥夺了失业者的自尊心。（3）失业会引起社会动荡。它可能导致家庭不和或解体、犯罪率上升、民族矛盾激化、政权更迭、爆发革命或战争等。

（二）物价稳定目标

政府把物价稳定作为第二宏观经济目标，主要有3个原因：（1）通货膨胀会加剧两极分化，使低收入者生活水平下降，并给高收入者带来投机机会。(2) 通货膨胀初期的囤积倾向会使经济过热，通货膨胀后期的产品积压会使经济萧条。特别是生产周期较长的原料在通货膨胀中涨价幅度较大，它会抑制投资，影响经济发展。(3) 通货膨胀严重时，它也会激化社会矛盾，和失业的影响相似。

背景知识：　　　　　　　　　　痛苦指数

痛苦指数是失业率加通货膨胀率。它假设对于社会来说，1%的失业率和1%的通货膨胀率给社会带来的痛苦相同。痛苦指数越低，人们的满意程度越高。该指数便于计算，但是它也有一些局限性，如失业和通货膨胀带来的痛苦不尽相同，在不同时期人们对二者的看法可能有很大差异。

二、总供求模型中的均衡收入

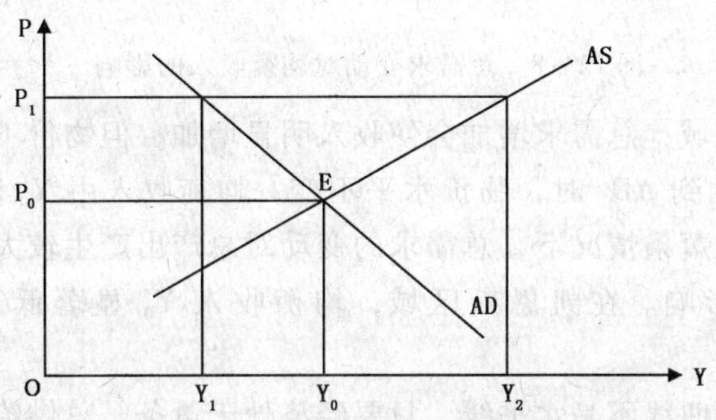

图 12－7　总供求模型中的均衡收入

在图 12－7 中，总供给曲线 AS 与总需求曲线 AD 的交点 E 所对应的收入 Y_0 是均衡收入，所对应的物价水平 P_0 是均衡物价水平。这意味着决定总需求的产品市场和货币市场以及决定总供给的劳动市场同时处于均衡状态。

如果货币市场处于均衡状态，即货币供求相等，利率就会稳定，从而投资才会稳定。所以，货币市场非均衡会导致利率波动，使投资变动和产品市场非均衡。

如果劳动市场处于均衡状态，即劳动供求相等，工资就会稳定，从而总供给才会稳定。所以，劳动市场非均衡会导致工资波动，使就业变动和产品市场非均衡。

如果物价水平 P_1 高于均衡水平 P_0，就会导致总供给大于总需求，东西卖不掉，过剩产品表现为 Y_1Y_2。这会引起物价下降、企业减产，直到总供给等于总需求。反之，如果物价水平低，总供给小于总需求，供不应求会使物价上升，企业增产，直到总供给等于总需求。

三、总需求变动对均衡收入的影响

在图12-8中，横轴为实际收入Y，纵轴为物价P。为分析简化，总供给曲线AS表现为三段斜率不同的线段，分别表示凯恩斯区域、常规区域和古典区域。期初，总需求为AD_0，均衡收入为Y_0，均衡物价为P_0。

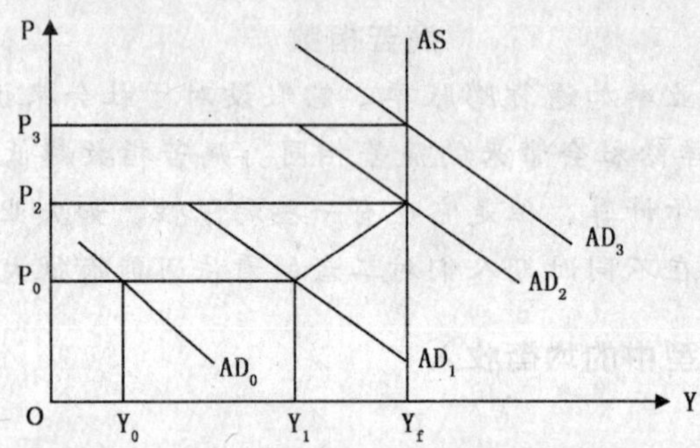

图12-8 总需求变动对均衡收入的影响

在凯恩斯区域，总需求增加会使收入明显增加，但物价不会上涨。当总需求由AD_0移动到AD_1时，物价水平不变，均衡收入由Y_0增加到Y_1。这种情况表明，在萧条情况下，总需求的变动对总产出产生较大影响，而对价格总水平没有影响。在凯恩斯区域，均衡收入Y_0显著低于充分就业收入Y_f。

即使总供给曲线不是水平线，只要经济处于萧条，总供给曲线斜率就较小，总需求的变动对价格总水平的影响也会很小。这是因为，在失业严重时，收入增加带来的就业增加不足以使工资明显上升，从而不足以推动物价上涨。

在中间区域，总需求增加既推动物价上升，又促进收入增加。当总需求由AD_1移动到AD_2时，物价水平由P_0上升到P_2，均衡收入由Y_1增加到Y_f。这是因为，在常规区域，失业问题相对缓和，增加产量和增加劳动需求会使工资上升，从而物价相应上升。

在古典区域，总需求增加只会使物价上升，而不会使产量增加。当总需求由AD_2移动到AD_3时，物价水平由P_2上升到P_3，但是收入维持在Y_f水平不变。这是因为经济已经实现充分就业，提高工资只能抬高物价，而不能增加产量。

即使总供给曲线不是垂直线，只要经济处于充分就业水平，总供给曲线斜率就很大，总需求的变动对价格总水平的影响也会很大，同时对产量影响非常小。需要注意的是，收入达到充分就业水平后，仍有继续小幅度提高余地。这是因为高工资可以刺激工人加班工作。

需求拉上型通货膨胀指总需求增加所引起的物价上涨。其推动力来源于货币因素，即货币的过量发行。在其他条件不变的前提下，通货膨胀率等于货币供给增长率减经济增长率。如果货币供给增长率大于经济增长率，货币发行就属于过量。增发的货币可以通过消费、投资和政府支出3个渠道引起总需求增加，并导致物价上涨。

四、总供给变动对均衡收入的影响

在图12－9中，横轴为实际收入Y，纵轴为物价P。期初，经济处于E点，均衡收入为Y_0，均衡价格水平为P_0。如果总供给曲线由AS_0移动到AS_1的位置，均衡点会由E点移动到F点，均衡收入由Y_0移动到Y_1，均衡价格水平由P_0移动到P_1的位置。与原有的均衡状态相比，总供给曲线向左上方移动使得价格总水平更高，总产出更低。这种情况表示经济处于滞涨的状态，即经济停滞与通货膨胀同时存在。总供给减少是滞涨的根源。

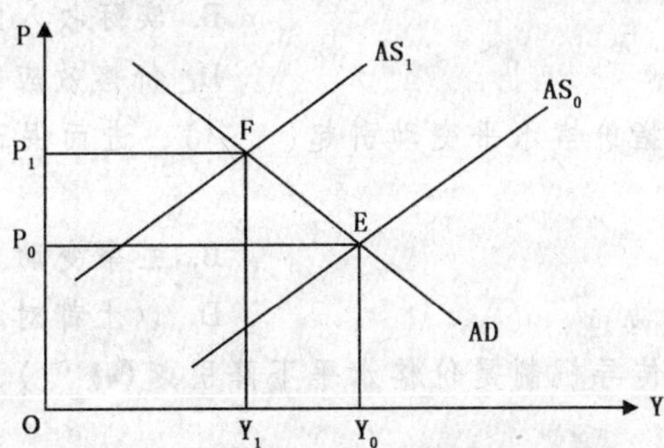

图12－9　总供给变动对均衡收入的影响

成本推进型通货膨胀指总供给增加所引起的物价上涨。其推动力来源于成本因素，特别是工资迅速上升。在其他条件不变的前提下，工资增长率大于劳动生产率增长率，物价就会上升。企业只能通过涨价来消化工资过度上升，即高于劳动生产率增长的工资上涨。

五、宏观经济调节

根据宏观经济目标，政府可采取相机抉择的政策进行宏观经济调节。在萧条时期，总需求不足，国民收入低于充分就业下的国民收入。这时，政府应通过扩大政府支出、减税等财政政策手段，或采取增加货币供给的政策扩大总需求，使均衡国民收入达到充分就业水平。在繁荣时期，政府则应减少总需求，以减少政府支出、提高税率或减少货币供给的手段抑制通货膨胀。

本节内容告诉我们：在三部门经济中，政府的短期宏观经济目标是充分就业和物价稳定。在凯恩斯区域，总需求增加会使收入明显增加，但是物价不会上涨。在常规区域，总需求增加既推动物价上升，又促进收入增加。在古典区域，总需求增加只会使物价上升，而不会使产量增加。总供给减少是滞涨的根源。根据宏观经济目标，政府可采取相机抉择的政策进行宏观经济调节。

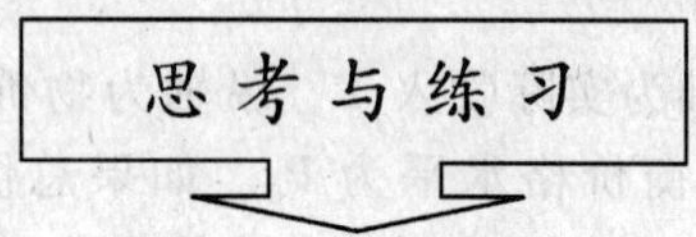

一、选择题

1. 总需求曲线向右下方倾斜的主要原因是(　　)。

A. 替代效应　　B. 实际收入效应

C. 财富效应　　D. 价格效应

2. 凯恩斯效应指价格水平变动引起(　　)，进而促进或抑制投资和消费的效应。

A. 利率变动　　B. 汇率变动

C. 财产价值变动　　D. 以上都对

3. 财富效应的传导机制是价格水平下降引起(　　)，导致消费和投资增加。

A. 利率下降　　B. 财产实际价值增加

C. 实际工资提高　　D. 替代效应

4. 充分就业指(　　)。

A. 100%就业

B. 令人满意的就业

C. 无法继续增加的就业

D. 所有愿意接受市场工资的人都能实现就业

5. 凯恩斯总供给曲线(　　)。

A. 是水平线　　B. 向左上方倾斜

C. 向右下方倾斜　　D. 斜率递增

6. 古典总供给曲线(　　)。

A. 是水平线　　B. 是垂直线

C. 向左上方倾斜　　D. 向右下方倾斜

7. 导致总供给曲线移动的因素主要是( )。

A. 投资增加　　B. 政府支出增加

C. 储蓄增加　　D. 技术进步

8. 政府短期宏观经济目标是( )。

A. 经济增长　　B. 100%就业率

C. 物价稳定　　D. 以上都对

9. 在( )区域，均衡收入显著低于充分就业收入。

A. 凯恩斯　　B. 中间

C. 古典　　D. 以上都对

10. 在( )区域，总需求增加只会使物价上升，而不会使产量增加。

A. 凯恩斯　　B. 中间

C. 古典　　D. 以上都对

11. 货币过量发行引起的通货膨胀为( )通货膨胀。

A. 成本推进型　　B. 需求拉上型

C. 结构型　　D. 输入型

12. 工资粘性的原因是( )。

A. 劳动合同的长期性

B. 工会在劳动市场上具有垄断力量

C. 解雇成本问题

D. 以上都对

二、上网了解近期我国总需求的变动。

三、上网了解近期我国总供给的变动。

四、用数据分析我国通货膨胀的原因。

五、用总供求模型解释我国的经济增长。

本章选择题参考答案：1. C 2. A 3. B 4. D 5. A 6. B 7. D 8. C 9. A 10. C 11. B 12. D

第十三章

货币与货币政策

学习目的

1. 了解准货币、货币替代物、M_1、M_2、法定准备率、存款乘数、公开市场业务、再贴现、流动性陷阱等概念。
2. 理解货币政策的局限性。
3. 掌握中央银行控制货币供给的主要手段。

本章结构：货币的需求与供给→银行和存款货币的创造→货币政策应用

引导案例：　　　　美国次贷危机的根源

造成今天美国金融系统空前危机的一个重要原因，在于前美联储主席格林斯潘在位的18年期间所实行的宽松的货币政策。长期的低利率政策（曾低到1%）刺激了贷款需求，助长了房地产泡沫形成。从2004年6月开始，为了抑制通货膨胀，美联储连续17次加息，联邦基金利率被逐步提至5.25%。随着美国联邦基金利率的提高，次级抵押贷款的还款利率也大幅上升，购房者的还贷负担不断加重。从2006年起，美国房地产价格上涨幅度减缓，购房者出售住房或者通过抵押住房再融资变得困难，大批次级抵押贷款的借款人不能按期偿还贷款，引发次贷危机。

利率与贷款是什么关系？货币政策和利率是什么关系？政府是如何实施货币政策的？

第一节
货币的需求与供给

本节结构：货币的概念→货币的需求→货币的供给→均衡利率→信贷配给

引导案例：　　　　社会群岛的物物交换

若干年前，巴黎拉利克戏院的歌手塞利小姐曾在社会群岛举办过一次演唱会。作为演唱一首咏叹调和其他几首歌的报酬，她得到门票收入的1/3。她的报酬包括3头猪、23只火鸡、44只鸡、5000个椰子，还有很多香蕉、柠檬和橘子。在巴黎，这些家畜和水果值4000法郎。然而在社会群岛，她得到的不是货币，而是实物。由于塞利小姐无法消费掉这些收入中的大部分，她只好用水果去喂猪和家禽。

什么是货币？什么是货币需求？什么是货币供给？

一、货币的概念

货币是被人们普遍接受的交换媒介。

引导案例说明物物交换是一种低效的交易方式。在甲乙双方进行的物物交换中，甲方所卖物品未必是乙方需要的物品。如果存在这样的巧合，乙方所卖物品也未必是甲方需要的物品，双重巧合是很难实现的。我们去超市买东西，在上万种商品中，我们通常只买几种或十几种。因此，在缺少货币的年代，人类社会是自给自足的社会，发展相对缓慢。随着人类生产能力的提高和富余产品的增加，原始的物物交换已经难以满足经济发展的需要，货币应运而生。

除了充当交换媒介，货币还有其他一些主要的职能：（1）计算单位。货币可以作为一切东西的价值尺度。人们可以用货币作为共同标准来表示价值的大小。（2）价值贮藏手段。货币代表着一般的购买力，因此也就是一种可以用来贮藏价值的手段。人们通常会保留一部分货币，在需要的时候才动用它们。值得注意的是，贮藏货币是有机会成本的，将货币贷放出去可以获得利息；价格水平上涨也将减少货币的实际购买力。（3）延期支付手段。人们签定各种契约都以货币作为计算单位，同时在期满时都以货币作为支付手段。

在历史上，家畜、烟草、酒类、贝类、武器等物品都曾被用作商品货币。但经过多年的历史检验与淘汰，进入19世纪后，商品货币已经基本上由金属担任。相对于其他商品货币，金属有易于分割、便于携带和贮藏、便于计量、高价值（低价值商品不便于携带和贮藏）等优势。

在商品货币发展的后期，货币本身的有用性已被人们抛弃。黄金、白银在生活中用处有限（列宁曾设想在共产主义社会用黄金修厕所），可是作为货币，这一缺陷并不重要。货币最大用途不是使用它，而是花掉。于是，更易携带、更易分割且面值更高的纸币登上了历史舞台，人类由商品货币进入到信用货币阶段。纸币包含了货币所需要的一切性质，也进一步弱化了货币的有用性。根据纸币是否可以兑换贵金属，纸币阶段可以划分为可兑换贵金属的纸币阶段和不可兑换贵金属的纸币阶段。这两个阶段的纸币在性质上有很大不同。

现代经济社会中，货币的主要表现形式是：（1）硬币是一种小额交易的辅币①，多为铜质、铝质或镍质。一般情况下，硬币的面值超过其所含金属的价值（它具有耐磨损、便于自动售货机识别等优点）。（2）纸币是一种法币。法币的意义在于，如果某人拒绝别人用法币偿还债务，那么他们之间的债权债务关系在法律上将不再被承认。正由于纸币有这样的性质，它也被认为是最能体现货币本质的一种货币，即人们需要货币不是为了消耗它，而是要用它去交换其他商品。（3）需求存款是指可以随时提取的存储于商业银行的可以开支票进行支付的活期存款。支票是流通手段，但是支票在开出之前是空白的，所以统计只能按需求存款计算。（4）储蓄存款是指为居民个人积蓄货币资产和获取利息而设定的一种存款。它有活期和定期两种。活期储蓄存款不能开支票，利率高于需求存款。定期储蓄存款可以通过预先通知银行的方式转换成现金。储蓄存款本身不是流通手段，但是它很容易转化为流通手段。（5）定期存款是指存款户在存款后的一个规定日期才能提取款项或者必须在提款前若干天通知银行的一种存款。提前支取定期存款一般只能获得活期存款利息。定期存款本身不是流通手段，它依靠金融创新可以转化为流通手段。20世纪70年代后，随着各类金融创新的发展，储蓄存款、定期存款和活期存款间的差别有所缩小。（6）准货币是指能执行价值贮藏职能，易于转换成交换媒介，但本身却不是交换媒介的资产，主要包括定期存款、债券等金融资产。（7）货币替代物是指能够暂时执行交换媒介职能，但不具备价值贮藏职能的物品。最有代表性的货币替代物是信用卡。

【例13－1】　　NOW和ATS

NOW是可转让定期存单的简称。可转让意味着它使定期存款也具有交换手段的职能，某些交易中人们用定期存单作为支付手段。ATS是自动转移服务的简称，它允许存款人根据一定条件用定期存款开支票，使ATS项下的定期存款具有交换手段的职能。诸如此类的金融创新使需求存款、储蓄存款和定期存款的界限模糊，并使货币的范围扩大。

二、货币的需求

货币需求也称为流动偏好，是指人们出于某些动机所持有的货币数量。货币没有收益（现金）或收益率很低（需求存款），为什么人们存在对货币

① 辅币即辅助货币，是本位币单位以下的小额货币，主要用来辅助大面额货币的流通，供日常零星交易或找零之用。

的需求？这是因为人们存在持有货币的3种动机，即交易动机、谨慎动机和投机动机。与此相联系存在着3种货币需求，即对货币的交易性需求、预防性需求和投机性需求。

货币的交易性需求是指个人和企业为应付日常的交易活动所持有的货币数量。家庭需要货币购买日用品，厂商需要货币支付原料、工资，这些形成对货币的交易性需求。在经济生活中，人们每隔一段时间才有可能获得收入，但交易支出每天都可能发生。人们的交易支出和收入获得在时间上不一致，导致对货币的交易性需求。不同消费者、不同家庭和不同企业对货币交易性需求数量存在差异，这种差异主要取决于人们收入水平的高低。一般情况下，收入水平越高的人，对货币的交易性需求就越大；反之，收入水平越低，对货币的交易性需求就越小。因此，我们可以把货币的交易性需求看作是收入的增函数。

【例13-2】 对货币的交易需求

假设一个家庭的月收入为4500元，每天消费为150元，它在一个月内消费完手中的所有货币，且不会投资于任何其他资产。其月初货币持有量为4500元，月底为零，平均货币持有额为（4500/2 =）2250元。当该家庭的收入和物价水平同时上升1倍时，该家庭的收入为9000元，平均每日消费为300元，平均货币需求量则为（9000/2 =）4500元，较以前上升1倍。

货币的预防性需求也称为谨慎性需求，是指人们为应付经济生活中可能出现的意外所持有的货币数量。人们为应付意外所持有的货币数量与人们对意外事件的看法和预期有关。但从全社会来看，货币的预防性需求仍然是收入的增函数，即收入水平越高，货币的预防性需求就越大；反之，收入水平越低，货币的预防性需求就越小。

货币的投机性需求是指人们准备在有利的时机买卖有价证券以获得更高收益所持有的货币数量。人们总希望在有价证券价格低时买进，在价格高时卖出。由于有价证券价格存在不确定性，投资者要承担风险。在经济学中，承担风险的投资行为被称为投机。投机需要货币，例如在股票价格低时，投机者要有足够的货币用于抄底，引起对货币的投机需求。货币的投机性需求是利率的减函数。一般而言，当利率水平较高时，货币的投机性需求较少；利率水平较低时，货币的投机性需求较大。这是因为有价证券价格与利率成反比，即利率较低时，有价证券的价格较高，反之，有价证券的价格就较低。为了能买到便宜的有价证券，人们需要准备一些随时可以动用的货币。当利率较低时，有价证券的高价使人们产生它将会降价的预期，人们就会卖掉有价证券，增加持有的货币；反之，利率较高时，有价证券的低价使人们预期它的价格会上升，于是人们减少手中的货币，而购买有价证券。

货币需求函数反映货币需求量和影响它的各种因素的对应关系，它可写成：

$$M = M\ (Y,\ i);\ dM/dY > 0;\ dM/di < 0 \qquad (13-1)$$

式中，M为货币需求量，Y为收入，i为利率。该式表明货币需求是收入增函数，是利率减函数。

三、货币的供给

货币供给量是指社会中货币的总存量。西方国家根据货币的流动性差异，将货币分为M_1、M_2等不同类型。按国际货币基金组织的划分口径，我们可以把货币供给划分为M_0、M_1、M_2。

M_0是指流通于银行体系以外的现金，即居民手中的现金和企业单位的备用金，不包括商业银行的库存现金。

M_1（狭义货币）是指各种用于交易手段的货币，由M_0加上人们在商业银行的需求存款构成。

M_2（广义货币）是指作为交易手段和储藏手段的货币，由M_1加上准货币构成。准货币由银行的定期存款、储蓄存款、外币存款以及各种短期信用工具（如银行承兑汇票、短期国库券等）构成。

我国参照国际货币基金组织的划分口径，把货币供给层次划分如下：

M_0 = 现金

$M_1 = M_0$ + 活期存款

$M_2 = M_1$ + 城乡居民储蓄存款 + 定期存款 + 其他存款

四、均衡利率

均衡利率是货币供给等于货币需求时的市场利率。

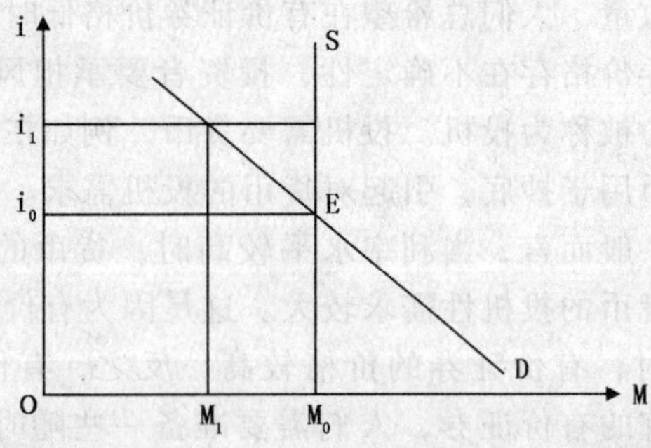

图13－1　均衡利率的决定

在图13－1中，M为货币数量，i为利率，S为货币供给曲线，D为货币需求曲线。货币需求曲线向右下方倾斜，是因为货币需求是利率减函数。利率越低，货币需求量越大；利率越低，贷款的机会成本越低。

货币供给曲线是一条垂直线，表明货币供给量与利率无关。其主要原因在于货币供给由政府决定，其次是为了分析简化（在较复杂的模型中它向右上方倾斜）。

货币供求曲线的交点 E 所对应的利率 i_0 为均衡利率。如果市场利率 i_1 高于均衡利率，那么货币需求量 M_1 小于货币供给量 M_0，货币供大于求会使利率下降，直到它能使货币供求相等。

当货币供给增加时，均衡利率下降；当货币供给减少时，均衡利率上升。

五、信贷配给

在现实生活中，银行通常不采用均衡利率，而是有意识地规定低于均衡利率的贷款利率。这会导致货币需求大于货币供给。这又给银行实行信贷配给提供了条件。信贷配给是指银行有意让贷款利率低于均衡利率以形成货币供不应求缺口，然后用配给手段分配资金流向。由于银行不能观察到借款者的投资行为，提高利率反而会使低风险者退出信贷市场（逆向选择行为），或者诱使借款者选择风险更高的项目进行投资（道德风险行为），从而使银行贷款的平均风险上升，预期收益降低。那些愿意支付较高利息的借款者正是那些预期还款可能性低的借款者，风险变大的结果是贷款利率的升高并不会增加银行的预期收益。信贷配给意味着银行会在较低的利率水平上拒绝一部分贷款，而不愿意在高利率水平上满足所有借款者的贷款申请。

本节内容告诉我们：需求存款是指可以随时提取的存储于商业银行的可以开支票进行支付的活期存款。准货币是指能执行价值贮藏职能，易于转换成交换媒介，但本身却不是交换媒介的资产。货币替代物是指能够暂时执行交换媒介职能，但不具备价值贮藏职能的物品。交易性需求是指个人和企业为应付日常的交易活动所持有的货币数量。预防性需求也称为谨慎性需求，是指人们为应付经济生活中可能出现的意外所持有的货币数量。投机性需求是指人们准备在有利的时机买卖有价证券以获得更高收益所持有的货币数量。M_1 是指各种用于交易手段的货币，由 M_0 加上人们在商业银行的活期存款构成。M_2 是指作为交易手段和储藏手段的货币，由 M_1 加上准货币构成。均衡利率是货币供给等于货币需求时的市场利率。信贷配给是指银行有意让贷款利率低于均衡利率以形成货币供不应求缺口，然后用配给手段分配资金流向。

第二节
银行和存款货币的创造

本节结构： 商业银行→准备金→简单存款创造模型→中央银行

引导案例：　　　　我国存款准备率的调整

自1999年底到2008年6月，我国多次小幅上调存款准备金率。1999年11月21日，存款准备金率调到6%。2003年9月21日，存款准备金率调至7%。此后经多次上调，2008年6月7日存款准备金率调至17.5%。存款准备率越高，存款用于贷款的比例就越低，社会上流通的货币量就越少。我国上调存款准备率，可以在一定程度上控制贷款规模，避免经济过热，使我国经济能够长期稳定发展。2008年9月25日，存款类金融机构人民币存款准备金率下调1个百分点。从10月15日起，下调存款类金融机构人民币存款准备金率0.5个百分点。这意味着我国货币政策由从紧转为适当宽松，货币供给取向发生重大转变。这是因为国内经济增长速度放慢，房地产价格出现拐点，股票市场表现不佳，国际金融危机对我国经济影响也很大，大量中小企业由于流动性不足而倒闭。同时，我国通货膨胀率也出现下降趋势。

什么是存款准备率？存款准备率与货币供给是什么关系？货币政策对经济运行有什么作用？

一、商业银行

现代经济社会中，银行分为广义商业银行和中央银行两个主要类型。

在西方经济学中，广义商业银行是指以营利为目的，以多种金融负债筹集资金，多种金融资产为经营对象，具有信用创造功能的金融机构。狭义商业银行是吸收存款并发放贷款的金融机构。其他金融机构中最重要的是储蓄贷款协会、信用协会、保险公司、养老基金等。

商业银行是一个古老的行业。古巴比伦、古罗马时期就有商业银行。现代银行起源于意大利，除了外汇交易外，那里的银行也接受存款和发放贷款。

商业银行的主要业务包括：（1）负债业务，主要是吸收各种存款。（2）资产业务，主要是贷款和有价证券投资。（3）中间业务，是指银行不需动用自己的资金，依托业务、技术、机构、信誉和人才等优势，以中间人的身份代理客户承办收付和其他委托事项，提供各种金融服务并据以收取手续费的业务。

背景知识： 商业银行的中间业务

商业银行中间业务可分为以下九大类：（1）支付结算类业务，是指由商业银行为客户办理因债权债务关系引起的与货币支付、资金划拨有关的收费业务。（2）银行卡业务，如贷记卡业务、准贷记卡业务和借记卡业务。借记卡可进一步分为转账卡、专用卡和储值卡。（3）代理类中间业务，如财政性存款代理业务、国库代理业务、代收代付业务、代理证券业务、代理保险业务、代理其他银行的银行卡收费业务等。（4）担保及承诺类中间业务，主要包括银行承兑汇票、备用信用证、各类保函等。（5）交易类中间业务，如远期合约、金融期货、互换、期权等。（6）投资银行业务，主要包括证券发行、证券承销、证券交易、企业重组、兼并与收购、投资分析、风险投资、项目融资等业务。（7）基金托管业务，是指商业银行接受基金管理公司委托，安全保管所托管的基金资产，为其办理基金资金款项划拨、会计核算、基金估值、监督管理人投资运作。（8）咨询顾问类业务，是指商业银行依靠自身在信息、人才、信誉等方面的优势，收集和整理有关信息形成系统的资料和方案提供给客户。（9）其他类中间业务，包括保管箱业务以及其他不能归入以上八类的业务。

【例 13-3】 英国商业银行的产生

英国的商业银行产生于金匠为顾客保管黄金的习惯。早期的金匠铺都会保留 100% 的黄金储备，它们仅仅是一个黄金寄存处，依靠赚取保管费盈利。金匠铺得到寄存人的黄金，开出存金收据，并在寄存人凭收据取回黄金时收取一笔保管费。金匠们不久便发现，只要他们保证顾客领到与存入时相同价值的黄金，顾客们并不在意所取回的是否是自己存入金匠铺的那块黄金。在这种情况下，金匠们开始将寄存黄金放贷出去，获得利息，而只保留一部分黄金在手头以应付需要取回黄金的顾客。随着时间推移，存款人可以把存金收据转让给其他人。为了使这种转让更加便利，金匠们发行整数金额的收据，它们成为早期的私人银行券，即可以兑换黄金的纸币。由于黄金作为流通手段存在一些缺陷，如难以准确判断含金量、难以准确衡量重量、小额交易难以分割等，银行券成为主要的流通手段。金匠铺由此转变为现代银行。

二、准备金

准备金是银行为应付客户取款而保留的现金。基本准备金包括库存现金、存入中央银行的准备金和存入其他银行的活期存款。除了基本准备金之外，银行还持有二级准备金，即流动性很强的生息资产，如国库券（很容易在二级市场卖掉）、银行承兑汇票（很容易进行贴现）、商业票据（可以贴现）、通知放款（可要求对方在得到通知时归还贷款）等。法定存款准备金通常由中央银行保存，而商业银行在法定存款准备金之外另外自行保留的准备金，则称为超额准备金。

准备率是准备金占存款的比例。中央银行规定的准备率为法定准备率。超出法定准备率的准备率为超额准备率。商业银行作为法人，有追求利润的倾向。准备率越低，存款转化为贷款的比例越大，它获取的利润越多。所以，银行的超额准备率很低，经常为零。为了抑制银行的贷款行为，中央银行规定法定准备率。中央银行可以通过调整法定存款准备率来影响商业银行的信贷情况，从而改变整个银行系统的存款货币总量。中央银行提高法定准备率将会降低货币供给，降低法定准备率则可以增加货币供给。

对商业银行来说，最重要的是信誉。只要人们都相信银行的经营能力，就会放心地存款，即使准备率低也不会出现问题。但是，如果人们对某银行丧失信心，准备率高也无济于事。准备率不可能高到100%，这意味着没有贷款，也意味着银行放弃主要业务。在这种情况下，一旦银行破产，存款就会蒙受损失。为了解决信心问题带来的金融危机，在20世纪30年代，西方国家颁布存款保险法，在一定程度上缓解了挤兑现象。但是，存款保险法对大客户的存款只给予部分补偿，小客户也需要面对手续和时间问题。所以，存款保险法不能完全消除挤兑现象。

三、简单存款创造模型

假设所有银行准备率都是20%，或者说法定准备率为20%，所有银行超额准备率为零。假设某人在A银行存入100元，银行贷款为80元，准备金为20元。得到这笔贷款的人会尽快把它花掉，拖延的时间越长，支付的利息越多。无论这笔钱是支付工资，还是购买原料，都成为社会某些人的收入。现在假设这些人又把80元收入全部存入B银行。B银行贷款为64元，准备金为16元。得到B银行贷款的人将贷款用掉，转化为其他人的收入。我们可假设其他人把51.2元存入C银行。上述过程周而复始，最终将有（100+80+64+51.2+……=）500元的存款货币进入到整个银行体系之中，即：

$$\Delta M = 100 + 100\times(1-20\%) + 100\times(1-20\%)^2 + \cdots\cdots$$
$$= 100/20\% = 500$$

如果我们用r表示银行所保留的准备金比率，用ΔD表示最初增加的存款量，则以上过程可表示为：

$$\Delta M = \Delta D / r \qquad (13-2)$$

由式（13-2）可以得到存款乘数K_C，即原始存款增量所带来总存款增量。

$$K_C = \Delta M / \Delta D = 1/r \quad (13-3)$$

上式表明在简单的模型中，存款乘数是准备率的倒数。

【例 13-4】 已知超额利润准备率为零，法定准备率为10%。求存款乘数。

解：$K_C = 1/10\% = 10$

即存款乘数为 10。

需要注意的是，在上面的模型中，假设全部贷款都转化为存款，假设银行除了准备金之外把所有存款都贷放出去。实际上，企业或家庭会把部分贷款变成手持现金，银行也会用部分存款购买有价证券。模型只能给我们提供一个思路，更准确的答案依赖于建立更复杂的模型。

四、中央银行

中央银行是负责制定并执行宏观货币政策，在一国的金融体系中处于主导地位的最高货币金融管理机构。它是一个由政府组建的机构，负责控制国家货币供给、信贷条件，监管金融体系，特别是监管商业银行和其他储蓄机构。中央银行的职能是宏观调控、保障金融安全与稳定、金融服务。中央银行是发币的银行、银行的银行、国家的银行。中央银行所从事的业务与其他金融机构所从事的业务的根本区别在于，中央银行所从事的业务不是为了营利，而是为实现国家宏观经济目标服务，这是由中央银行所处的地位和性质决定的。中央银行的主要业务有货币发行、集中存款准备金、贷款、再贴现、证券、黄金占款和外汇占款、为商业银行和其他金融机构办理资金划拨清算业务等。

（一）发币的银行

中央银行有权发行货币，还可以通过各种方法影响商业银行的存贷情况，稳定本币币值。在自由银行制度下，任何人符合相当一般的条件就可组建一家银行并发行银行券。由此引发的问题是银行数量过多。例如，1781—1861 年美国成立的银行超过 2500 家，近 2/5 的银行在开业后的 10 年内关闭。与此相关的问题是银行券的种类过多，辨认银行券成为十分困难的事情。某些银行有意设在偏远地区（野猫银行），使人们难以用银行券向其兑换黄金。在纯粹纸币制度下，发行货币可以获得大量铸币税，国家不再允许私人银行发行银行券。

（二）政府的银行

中央银行是国家货币政策的制定者和执行者，还担负着为国家提供金融服务、代理国库、代理发行政府债券、为政府筹集资金等职责。中央银行可代表政府参加国际金融组织和各种国际金融活动。私人银行为追逐利润会盲目扩大存款和贷款，使货币供给失去控制，中央银行的出现使货币供给服务于经济发展需要。

（三）银行的银行

中央银行集中保管商业银行的准备金，对它们发放贷款，为商业银行办理结算业务，充当最后的贷款人。最后贷款人是指当金融危机造成挤兑风潮时，为避免商业银行倒闭，中央银行向商业银行提供紧急贷款，甚至临时扩大货币发行量来应对大量的提款。最后贷款人的角色只有在其他银行不愿对有问题的银行贷款时才显现出来，但是它是中央银行极其重要的职能。例如，在2008年，西方国家中央银行担当起最后贷款人职能，向私人金融机构大量注入资金，以避免金融机构倒闭引起的经济衰退。

【例13－5】　　我国的中央银行

1984年前，中国人民银行不单是我国的中央银行，同时也承担着工商信贷和储蓄业务等职能，其央行的身份并不纯粹。从1984年起，中国人民银行将工商信贷和储蓄业务职能移交给中国工商银行，开始专门行使央行职能，并于1993年将所承担的金融监管职能移交给银监会。根据2003年修订的《中国人民银行法》第四条，中国人民银行的主要职能包括制定和执行货币政策、发行人民币并管理其流通、实施外汇管理、监管黄金市场、经理国库等。另外，《中国人民银行法》的修订还为中国人民银行增加了两个新的职能，即反洗钱和管理信贷征信业。

本节内容告诉我们：准备金是银行为应付客户取款而保留的现金。中央银行规定的准备率为法定准备率。存款乘数即原始存款增量所带来总存款增量。简单的模型中存款乘数是准备率的倒数。

第三节 货币政策应用

本节结构：宏观货币政策的实现手段→货币政策传导机制→货币政策的局限性

引导案例：　2008年9月以来我国利率政策调整

我国从2008年9月16日起，下调一年期人民币贷款基准利率0.27个百分点；从2008年10月9日起，下调一年期人民币存贷款基准利率各0.27个百分点；从2008年10月30日起，一年期存款基准利率由现行的3.87%下调至3.60%，下调0.27个百分点，一年期贷款基准利率由现行的6.93%下调至6.66%，下调0.27个百分点，其他各档次存、贷款基准利率相应调整，个人住房公积金贷款利率保持不变。2008年上半年，我国面临严重的通货膨胀压力。中央经济工作会议确定2008年实行从紧的货币政策，主要手段是提高存款准备率以控制货币供给。但是，下半年美国次贷危机加重，10月美国CPI比9月下降1%，降幅创61年之最。受美国经济和全球金融危机影响，我国面临的问题由控制通货膨胀转向保证经济增长速度。于是，我国中央银行实行降息政策，改变了货币政策的方向。

货币政策有哪些实现手段？它如何影响经济运行？它有哪些局限性？

一、宏观货币政策的实现手段

货币供给量并不完全由政府决定，它并不等同于银行印刷的钞票。货币政策的三大实现手段是公开市场业务、调整再贴现率和改变法定存款准备率。

(一) 公开市场业务

公开市场业务是指中央银行在金融市场上卖出或买进有价证券，其中主要是各种政府债券。买进或卖出有价证券是为了调节货币供应量。扩张性货币政策是中央银行买进有价证券，把货币投入市场以增加货币量。紧缩性货币政策是中央银行卖出有价证券，使货币回笼以减少货币供给量。

(二) 调整再贴现率

贴现是指银行承兑汇票的持票人在汇票到期日前为了取得资金，贴付一定利息将票据权利转让给银行的票据行为，是银行向持票人融通资金的一种方式。

再贴现是商业银行将未到期票据转让给中央银行获得资金融通的行为。商业银行进行再贴现时所付的利息率称为再贴现率。扩张性货币政策是中央银行降低再贴现率，它可促使商业银行降低贴现率。不这样做的商业银行将会丧失客户。紧缩性货币政策是中央银行提高再贴现率，它可促使商业银行提高贴现率。因为它提高了商业银行获取资金的成本，造成资金短缺，商业银行不得不减少对客户的放款或收回贷款，从而减少流通中的货币供给量。

(三) 改变法定存款准备率

中央银行变动法定准备率，可以通过对准备金的影响来调节货币供给量。扩张性货币政策是中央银行降低准备率，它会使商业银行产生超额准备金，这部分超额准备金可以作为贷款放出，它通过银行创造货币的机制增加货币供给量。紧缩性货币政策是中央银行提高准备率，它会使商业银行原有的准备金低于法定要求，于是商业银行不得不收回贷款以补充准备金，从而又通过银行创造货币的机制减少货币供给量。

中央银行一般在经济萧条时期实行扩张性货币政策，在通货膨胀时期实行紧缩性货币政策。

除了上述3种主要工具外，中央银行还有其他一些次要的货币政策工具，如道义劝告等。

【例13－6】　美联储主要的辅助性货币措施

(1) 道义上的劝告。美联储以各种方式将自身的意图知会银行，希望它们按照自己的期望行事。虽然这种指示没有法律上的强制力，但由于各银行的业务都与美联储有着密切的联系，当它们违背其劝告时，就会受到美联储的警告或业务上的限制。因此，银行一般都会认真考虑美联储的建议。

(2) 对购买股票准备金的管理。在美国，购买股票不必立刻全额支付，只需先缴纳部分保证金，就可以凭信用购买股票了。因此，当股票市场出现波动时，美联储也会相应改变股票保证金的限额，从而控制股票的交易量。

(3) 对房地产抵押贷款的控制。这一措施主要是为了控制不动产抵押贷款的数量，从而改变住宅建造的支出。从具体手段上说，就是美联储对抵押贷款的偿还方式和偿还年限做出规定。例如，当通货膨胀水平较高时，政府会缩减抵押贷款的偿还期限，增加每年偿还数额，从而减轻总需求压力。

(4) 对耐用消费品分期付款的调节。这一措施与措施（3）相似，旨在通过对首付现金的比例和分期付款年限的调整，达到调整消费需求的目的。当经济萧条时，美联储会降低购买耐用消费品的首付现金比例，同时延长分期付款的年限。

【例13－7】　我国其他重要的货币政策工具

我国其他重要的货币政策工具主要是再贷款、利率政策和窗口指导。

再贷款是中国人民银行对各类金融机构发放的贷款，是中国人民银行资产业务的重要组成部分。中国人民银行发放的再贷款主要有3类：为解决流动性不足需要而发放的贷款、为处置金融风险的需要而发放的贷款和用于特定目的的贷款。再贷款可扩大货币供给量，在一定程度上缓解流动性不足。

利率政策是我国货币政策的重要组成部分。中国人民银行可以根据货币政策实施的需要，适时运用利率工具，对利率水平和利率结构进行调整，从而改变社会资金供求状况，实现货币政策的既定目标。目前我国所采用的主要利率工具有调整中央银行基准利率（包含再贷款利率、再贴现利率、存款准备金利率、超额存款准备金利率）、调整金融机构的法定存贷款利率、制定金融机构存贷款利率的浮动范围、制定相关政策对各类利率结构和档次进行调整等。

窗口指导与美联储的道义劝告类似，是指中国人民银行利用自身的地位，使用口头或书面的方式向金融机构通报金融形势，说明央行意图，劝说其采取某些相应措施以贯彻央行货币政策的一种政策手段。窗口指导的主要目的在于限制金融机构的贷款增减数额，并不具有法律效力。但是在我国的国情下，窗口指导具有比其他国家更大的约束力。

二、货币政策传导机制

货币政策传导机制是中央银行运用货币政策工具影响中介指标，进而最终实现既定政策目标的传导途径与作用机理。货币政策传导途径一般有3个基本环节，其顺序是：中央银行→商业银行等金融机构和金融市场→企业、居民等非金融部门的各类经济行为主体→社会各经济变量（包括总支出量、总产出量、物价、就业等）。

中央银行的货币政策工具操作首先影响的是商业银行等金融机构的准备金、融资成本、信用能力和行为，以及金融市场上货币供给与需求的状况。商业银行等金融机构根据中央银行的政策操作调整自己的行为，从而对各类经济行为主体的消费、储蓄、投资等经济活动产生影响。

具体来说，货币政策传导机制有4种途径：（1）货币政策通过影响投资总额调节经济运行。例如，货币供给增加→利率下降→投资支出增长→总需求增加→均衡国民收入上升。（2）货币政策通过影响资产组合调节经济运行。例如，货币供给增加→利率下降→股价上升→资产组合中股票资产增加→投资增加→总需求增加→均衡国民收入上升。（3）货币政策通过影响财产数量调节经济运行。例如，货币供给增加→利率下降→有价证券价格上涨→财产增加→总需求增加→均衡国民收入上升。（4）货币政策通过影响汇率（浮动汇率制为前提）调节经济运行。例如，货币供给增加→利率下降→资本外流→本国货币对外贬值→出口增加→总需求增加→均衡国民收入上升。

三、货币政策的局限性

货币政策有5个缺陷，即货币政策时滞、流动性陷阱、公众预期问题、货币政策作用的部门差异性和货币流通速度经常变动。

（一）货币政策时滞

货币政策时滞是指货币政策由实施到生效往往需要一段较长的时间，而在这段时间中经济情况可能已经发生了变化，原本恰当的货币政策很可能由于起效较晚而不适应新的经济发展形势。

货币政策时滞具体表现为：（1）形势认识滞后，即物价上涨到一定程度，中央银行才能认识到通货膨胀已经发生。（2）政策制定滞后，即研究者要说服政策制定者相信自己的判断，并通过一系列程序使货币政策得到通过。（3）人们对货币政策反应滞后。例如，一项投资已经启动，即使利率提高，企业也不愿意让它中途下马。（4）货币政策不适应变化了的新形势。在开放条件下，各国经济形势都会受到其他国家影响，形势的变化不是政府的宏观经济政策能够控制的。

（二）流动性陷阱

流动性陷阱是凯恩斯提出的一种假说，是指一定时期利率水平降低到不能再低时，人们就会产生利率上升而债券价格下降的预期，产生无穷大的货币投机需求。此时，无论中央银行增加多少货币，都会被人们储存起来。发生流动性陷阱时，再宽松的货币政策也无法改变市场利率，低利率不能刺激消费和投资，使得货币政策失效。从宏观上看，一个国家的经济陷入流动性陷阱主要有3个表现：（1）整个宏观经济陷入严重的萧条之中，需求严重不足，自发性投资和消费大为减少，失业情况严重。（2）利率已经达到最低水平，实际利率甚至为零或是负利率，投资者对经济前景预期不佳，消费者对未来持悲观态度。（3）货币需求趋向无限大，这使得利率刺激投资和消费的杠杆作用失效，政府只能依靠财政政策，通过扩大政府支出、减税等手段来摆脱经济的萧条。

背景知识：　　　　　　利率与债券价格

债券价格与利率有反向变动关系，利率越低，债券价格越高。例如，票面额为100元、票面利率为10%的1年期债券，它在1年后的将来值为110元。如果市场利率为5%，设它立即出售的价格（现值）为X，那么（110－X）/X＝5%，则X＝104.76元。如果市场利率为8%，那么（110－X）/X＝8%，则X＝101.85元。市场利率由5%上升到8%，这种债券的价格由104.76元下降到101.85元。

（三）公众预期问题

货币政策的效果在很大程度上取决于公众预期是否相信货币当局的目标能够实现。例如，在经济萧条时，政府会采取扩张性货币政策。如果公众预期经济能摆脱萧条，他们就会增加消费和投资，低利率或增加货币供给就能发挥刺激总需求的作用。如果公众预期经济不能摆脱萧条，他们就不会增加消费和投资，低利率或增加货币供给就不能发挥刺激总需求的作用。又如，在房地产价格过高时，政府会采取紧缩性货币政策。如果公众预期房地产价格能降下来，他们就会抑制房地产投资和购买，高利率或减少货币供给就能发挥抑制房地产需求的作用。如果公众预期房地产价格不能降下来，他们就不会抑制房地产投资和购买，高利率或减少货币供给就不能发挥抑制房地产需求的作用。

（四）货币政策作用的部门差异性

不同部门对信贷资金的依赖程度和利率的敏感程度不同。例如，房地产和汽车行业对利率比较敏感，利率下降会刺激它们扩张，利率提高会引起它们收缩。第三产业一般受货币政策影响较小。这使同样的货币政策对不同部门的影响不同，对一部分部门有积极作用的货币政策，对另一部分部门可能产生消极影响。

（五）货币流通速度经常变动

货币政策能够改变货币供给量和利率，但是它不能直接改变货币流通速度。例如，在通货膨胀时期，政府通常会减少货币供给量。但是，如果人们存在通货膨胀预期，就会加快货币流通速度，以避免货币对内贬值的损失。这又使紧缩性货币政策的效果变小。同理，在经济萧条时期，政府通常会增加货币供给量。但是，如果人们存在通货紧缩预期，就会放慢货币流通速度，这又使扩张性货币政策的效果变小。

本节内容告诉我们：政府可以通过公开市场业务、调整再贴现率、改变法定存款准备率等各种手段改变货币供给量。公开市场业务是指中央银行在金融市场上卖出或买进有价证券。再贴现是商业银行将未到期票据转让给中央银行获得资金融通的行为。货币政策传导机制是中央银行运用货币政策工具影响中介指标，进而最终实现既定政策目标的传导途径与作用机理。货币政策有5个缺陷，即货币政策时滞、流动性陷阱、公众预期问题、货币政策作用的部门差异性和货币流通速度经常变动。流动性陷阱是凯恩斯提出的一种假说，指一定时期利率水平降低到不能再低时，人们就会产生利率上升而债券价格下降的预期，产生无穷大的货币投机需求。

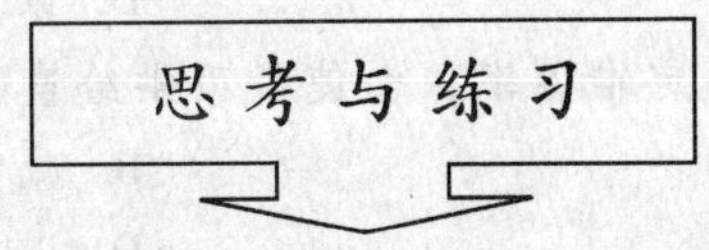

一、选择题

1. 属于准货币的是(　　)。

A. 需求存款　　B. 股票

C. 定期存款　　D. 以上都对

2. 属于货币替代物的是(　　)。

A. 信用卡　　B. 定期存款

C. 债券　　D. 以上都对

3. M_1 是(　　)。

A. 现金　　B. 通货

C. M_0 加上需求存款　　D. M_0 加上存款

4. M_2 是(　　)。

A. 现金　　B. 现金加活期存款

C. M_1 加上定期存款　　D. M_1 加上准货币

5. 存款乘数是(　　)。

A. 原始存款增量所带来的总存款增量　　B. 存款利滚利的倍数

C. 原始存款增量所带来的国民收入增量　　D. 存款增加的倍数

6. 公开市场业务是指(　　)。

A. 政府采购　　B. 中央银行买卖有价证券

C. 黑市之外的市场　　D. 证券交易

7. 再贴现是(　　)。

A. 第二次贴现　　B. 转让未到期票据

C. 向中央银行转让未到期票据　　D. 企业转让未到期票据

8. 流动性陷阱是指(　　)。

A. 利率降到最低　　B. 货币需求无穷大

C. 预期债券价格下降　　D. 以上都对

9. 货币政策的三大实现手段包括(　　)。

A. 提高法定准备率　　B. 再贷款

C. 道义劝告　　D. 对房地产抵押贷款的控制

10. 货币(　　)需求是利率减函数。

A. 交易　　B. 预防

C. 投机　　D. 以上都对

11. 中央银行提高法定准备率，会使货币供给量(　　)。

A. 增加　　B. 减少

C. 不变　　D. 以上都对

12. 在通货膨胀时期，中央银行应当(　　)。

A. 买入国库券　　B. 降低再贴现率

C. 降低法定准备金率　　D. 提高法定准备金率

二、上网了解我国最近利率和存款准备率的变动情况。

三、说明美国为什么在次贷危机中采取降低利率的政策？

四、说明我国为什么在2008年进行紧缩性和适度扩张性货币政策的交替？

五、阅读一篇关于我国货币政策的学术文章，并写出读书笔记。

本章选择题参考答案：1. B　2. A　3. C　4. D　5. A　6. B　7. C　8. D　9. A　10. C　11. B　12. D

第十四章

经济周期与经济增长

学习目的

1. 了解基钦周期、朱格拉周期、康德拉季耶夫周期、库兹涅茨周期、纯货币理论、投资过度理论、消费不足理论、心理预期理论、经济增长、可持续发展、实际增长率、有保证的增长率、自然增长率、索洛余值等概念。
2. 理解经济增长与经济发展的关系和影响经济增长的主要因素。
3. 掌握哈罗德—多马模型和新古典经济增长模型的基本方程。

本章结构：经济周期概述→经济增长概述→哈罗德—多马模型和新古典经济增长模型

引导案例： **近5年我国的经济发展**

国务院总理温家宝在十一届全国人大一次会议上作政府工作报告时说，过去5年国内生产总值年均增长10.6%。2007年，国内生产总值达到24.66万亿元，比2002年增长65.5%，年均增长10.6%，从世界第六位上升到第四位；全国财政收入达到5.13万亿元，增长1.71倍；外汇储备超过1.52万亿美元。我国取消农业税，终结了农民种田交税的历史。全国粮食连续4年增产，2007年产量超过1万亿斤。国有企业、金融、财税、外经贸体制和行政管理体制等改革迈出重大步伐。开放型经济进入新阶段，2007年进出口总额达到2.17万亿美元，从世界第六位上升到第三位。创新型国家建设进展良好，涌现出一批具有重大国际影响的科技创新成果，载人航天飞行和首次月球探测工程圆满成功。我国全面实现农村免费义务教育，这是中国教育发展史上的重要里程碑。覆盖城乡的公共卫生体系和基本医疗服务体系初步建立，城乡公共文化服务体系逐步完善，文化体制改革取得重要进展，文化事业和文化产业快速发展。北京奥运会、残奥会和上海世博会筹备工作进展顺利。民主法制建设取得新进步，依法行政扎实推进，保障人民权益和维护社会公平正义得到加强。人民生活明显改善，5年来全国新增城镇就业5100万人，城镇居民人均可支配收入由2002年的7703元增加到2007年的13786元，农村居民人均纯收入由2476元增加到4140元，社会保障体系框架初步形成，贫困人口逐年减少。

什么是经济发展？经济发展和经济增长是什么关系？为什么我国能取得这样的进步？

第一节 经济周期概述

本节结构： 经济周期概念→经济周期类型→经济周期原因→长周期理论

引导案例：　　中国周期波动上升阶段显著延长

中国社会科学院发布的《2008年经济蓝皮书》指出，在中国历次经济周期中，上升阶段一般只有短短的一两年，而本轮经济周期上升阶段到2007年底已持续8年，即从2000年到2007年中国经济已连续8年在8%—11%左右的适度增长区间内平稳、较快地运行。这表明中国经济周期波动出现了新的波动形态，即经济周期波动上升阶段显著延长。

什么是经济周期？什么是经济周期波动上升阶段？经济周期发生的原因是什么？我国经济周期为何发生变化？

一、经济周期概念

经济周期（Business Cycle）也称商业周期，是指经济运行中周期性出现的经济扩张与经济衰退循环往复的一种现象。经济周期主要表现为国民收入和就业的波动，它也可通过企业库存、设备利用率、物价、股票价格、利率、利润率、销售额等指标的波动反映出来。这些指标普遍而同期地上升或下降，成为经济周期的特征。经济周期的上升（扩张）阶段通常表现为市场需求旺盛、就业率高、经济增长率较高、资金周转灵便、非意愿库存少、设备利用率高、物价上涨、股价上升、利润率高。经济周期的下降（衰退）阶段表现为市场需求疲软、就业率较低、生产下降、资金周转不畅、库存积压、设备利用率低、物价下降或物价上涨幅度小、股价下跌、利润率低。衰退指实际GDP至少连续两个季度下降。经济周期持续时间通常为2—10年。经济从一个顶峰（收入最高点）到另一个顶峰，或者从一个谷底（收入最低点）到另一个谷底，构成一次完整的经济周期。

背景知识：　　　　1950年之前的世界经济危机

自1825年英国发生第一次经济危机以来，资本主义世界于1836年和1847年发生过两次危机，周期长度为11年。19世纪下半期，资本主义国家于1857年、1866年、1873年、1882年、1890年、1900年发生过6次危机，周期平均长度为9年。20世纪上半期，资本主义国家于1907年、1920年、1929年、1937年、1948年发生危机，考虑到两次世界大战的影响，经济周期仍然有明显的规律性。在每一次经济危机中，生产下降幅度都很大，失业严重，企业大量倒闭，各国周期具有明显的同期性。需要说明的是，并非所有生产下降都被界定为危机，如1825—1868年英国出现过11次生产下降，但是马克思只把其中的5次看成周期性经济危机。

在政府干预下，世界各国在第二次世界大战后的经济周期表现形式都发生了很大变化：经济周期不再有大体固定的时间间隔；生产下降幅度与战前相比相差悬殊，20世纪30年代大萧条那样的情况已经成为历史；物价下跌很少出现；利率不再大涨大跌；失业者得到社会保险；严重库存积压改变为设备大量闲置，政府经济职能显著扩大使得经济运行相对稳定。

【例14-1】　　　　战后资本主义世界经济危机

第二次世界大战后，资本主义世界发生过7次经济危机：第一次为1948—1952年经济危机，主要表现为美国生产下降。第二次为1957—1958年危机，资本主义国家工业生产下降5%，危机同期性比较明显。第三次为1964—1966年危机，它发生于欧洲和日本，资本主义国家工业生产下降2%，美国由于越南战争的军事生产而维持战争景气。第四次为1973—1975年危机，资本主义国家工业生产下降8%，而且出现经济萧条和通货膨胀并存现象。第五次为1979—1982年危机，生产下降呈现W型特点，即下降伴随着短暂回升。第六次为1990—1993年危机，资本主义国家生产下降幅度不大，大体是零增长，特别是日本在整个20世纪90年代处于停滞状态。第七次是2008年开始的经济危机，目前人们称之为国际金融危机，但是资本主义国家已经先后出现经济衰退。这次危机与上次危机间隔时间之长是史无前例的。有人认为这是一种新的摆脱危机的经济。2008年资本主义国家的经济衰退证明这种看法是有问题的。

我国政府干预经济运行的程度较高，我国很少出现生产长期下降，改革开放以来没有出现过生产长期下降的情况。我国研究经济周期主要是为了进行景气判断，即预测经济增长率的变化。政府用它制定宏观经济政策，企业用它作为投资依据。所以，我国关于经济周期的定义，主要是建立在经济增长率变化的基础上，经济周期指经济增长率上升和下降的交替过程。

二、经济周期类型

自19世纪中叶以来，人们在探索经济周期问题时，根据各自掌握的资料提出了不同长度和类型的经济周期。

（一）基钦周期

基钦周期是1923年英国经济学家基钦提出的一种为期3—4年的短周期。基钦根据美国和英国1890—1922年的存货、利率、物价、生产和就业等统计资料，发现生产过多会形成存货，存货过多会使生产减少。他把这种40个月左右的短期调整称为存货周期。

（二）朱格拉周期

朱格拉周期是1860年法国经济学家朱格拉提出的一种为期9—10年的中周期。该周期是以国民收入、失业率和生产、利润和价格的波动为标志加以划分的。朱格拉原来是一名医生，他在研究人口、结婚、出生、死亡等统计资料时注意到经济存在着有规则的波动现象。他把周期分为繁荣、危机与萧条3个阶段，它们每隔相对固定的时间（9—10年）有规律地反复出现。

（三）康德拉季耶夫周期

康德拉季耶夫周期是1926年俄国经济学家康德拉季耶夫提出的一种为期50—60年的长周期。他对英国、法国、美国等资本主义国家18世纪末到20世纪初100多年的批发价格水平、利率、工资、对外贸易等36个统计项目进行加工分析，认为资本主义世界从18世纪末期以后经历了3个长周期：第一个长周期从1789年到1849年，上升部分为25年，下降部分35年，共60年；第二个长周期从1849年到1896年，上升部分为24年，下降部分为23年，共47年；第三个长周期从1896年起，上升部分为24年，1920年以后进入下降期。

（四）库兹涅茨周期

库兹涅茨周期是1930年美国经济学家库涅茨提出的一种平均长度为20年左右的中长周期。库兹涅茨在1930年发表的《生产和价格的长期变动》中，分析了英国、美国、德国、法国、比利时等国1866—1925年53种商品统计资料，得出15—25年不等的周期波动数据。库兹涅茨在分析时使用了大量美国建筑业的统计资料，发现在美国建筑业中15—25年的周期波动表现得特别明显。除建筑业的资料外，库兹涅茨还分析了人口、资本形成、居民收入和国民生产总值等资料。由于该周期在建筑业表现得最为明显，所以也被称为建筑周期。

（五）熊彼特周期

熊彼特周期是熊彼特对各种周期理论进行分析后得出的综合周期。熊彼特认为，每一个长周期包括6个中周期，每一个中周期包括3个短周期。短周期约为40个月，中周期约为9—10年，长周期约为48—60年。他以重大的创新为标志，划分了3个长周期：第一个长周期从18世纪80年代到1842年，是“产业革命时期”；第二个长周期从1842年到1897年，是“蒸汽和钢铁时期”；第三个长周期是1897年以后，是“电气、化学和汽车时期”。在每个长周期中仍有中等创新所引起的波动，这就形成若干个中周期。在每个中周期中还有小创新所引起的波动，形成若干个短周期。

三、经济周期原因

西方经济学对经济周期提出过许多解释，其中比较重要的是：

（一）纯货币理论

纯货币理论是把经济周期原因归结为银行体系交替地扩张和紧缩信用的理论，它认为短期利率波动在经济波动中起着重要的作用。周期过程可归纳为：利率下降→信用扩张→投资增加→就业增加→经济扩张→贷款需求超过供给→利率上升→信用收缩→减少订货→经济衰退→物价下降→投资减少→利率下降。利率下降既是周期起点，又是周期终点。经济转折点出现于贷款需求超过供给，这是由于银行系统不可能永远以低利率扩张信用。

美国的企业主要通过股市融资，其周期过程可归纳为：股价较低→人们购买股票→股价上升→股票发行量增加→企业投资增加→经济扩张→流入股市的社会资金不足→股市泡沫破灭→股价下降→企业投资减少→经济衰退→股价下降。经济转折点出现于流入股市的社会资金不足，这是由于能够投入股市的社会资金数量是有限的，它不可能支持股价永远上升。

【例14-2】　金融危机还是经济危机？

2008年世界金融危机已经引起资本主义国家经济衰退。从现象上看，金融危机是经济危机的源头，但是，这场金融危机的源头是实体经济的危机。西方国家经历了特别长的经济扩张阶段，生产与消费的矛盾加剧，矛盾暂时缓和严重依赖于贷款。一旦政府紧缩银根，提高利率，各种问题立刻暴露，房地产和汽车业只是比较突出的领域。

（二）投资过度理论

投资过度理论是把经济周期性循环归因于投资过度。投资过度指与消费品生产相对比，资本品生产发展过快。投资过度理论强调社会生产两大部类（生产资料与消费资料两大生产部门）之间要保持平衡。一定时期内，资本品生产可优先发展，生产有一个迂回过程，人们首先生产资本品，然后生产消费品。生产资料各部门可通过相互创造需求，在一定时期推动经济增长。资本品生产的过度发展促使经济进入繁荣阶段。例如，生铁不足→生铁价格上涨→高炉投资→采矿机械投资→生铁需求增加。但是，资金大量投入资本品生产，破坏了生产资料与消费资料的比例关系。人们生产生产资料，归根结底是要用它去生产消费资料。生产资料生产过多就会过剩。例如，纺织业发展慢→纺织机械需求减少→生铁需求减少→生铁价格下降→高炉闲置→炼铁企业倒闭→生产下降→工人失业。这又会促进经济进入萧条阶段。

【例14-3】　　美国的工业结构

美国产业结构以第三产业为主，农业也很发达，但是它的重工业和轻工业不成比例，呈现重重轻轻的格局。由于缺少轻工业对重工业产品的需求，美国重工业只能依赖出口和军事工业保证其市场条件。例如，美国出口武器→军火企业发展→机械制造产业发展→钢铁产业发展→电子工业发展。只要世界不太平，美国这样的工业结构就可以维持其经济繁荣。但是，如果世界和平，美国军火就卖不掉，美国经济就会萧条。

（三）消费不足理论

消费不足理论把经济衰退归因于消费品的需求赶不上社会对消费品生产的增长。它假设消费资料生产与生产资料生产的比例不变，从而使自己与投资过度理论划清了界限。它强调在经济增长过程中资本家获得国民收入的较大份额，他们为追逐利润产生投资冲动，引起供给大于需求。社会其他阶层在金融市场不断扩张的条件下也提高了储蓄倾向，并相应降低了消费倾向。在一定时期内，政府消费可弥补私人消费不足，但是它会带来财政赤字。一旦财政负担超出社会能够容忍的界限，经济危机就会爆发。危机会导致社会财富的再分配，缓和生产与消费的矛盾，为经济复苏创造条件。

（四）心理预期理论

心理预期理论认为人们过于乐观或过于悲观的预期成为经济波动的原因。无论什么原因刺激了投资，人们通常会产生过于乐观的经济增长预期。这种预期使股价上升、信贷扩张、投资过度，形成经济繁荣。当某种原因导致经济出现问题时，人们通常会产生过于悲观的经济萧条预期。这种预期又使股价暴跌，流动性不足，投资急剧下降，形成萧条局面。萧条可缓解生产与消费的矛盾和比例失调，逐步恢复人们的信心，为下一次扩张准备条件。

（五）总供求分析

总供求分析认为无论什么原因引起总供给或总需求的变动，在一定条件下它们会引起一系列连锁反应，导致经济波动。在各种连锁反应中比较重要的是：（1）后向连锁反应，指某项产出引起对投入的需求，并带动投入品行业发展。例如，房地产行业可带动水泥、钢铁、家具等行业发展。（2）乘数效应，指收入与消费相互促进，并导致收入增量成倍于自发性支出增量。（3）就业连锁反应，指就业增加引起消费增加，后者又给其他人带来就业机会。(4) 财政连锁反应，指收入增加引起税收增加和政府支出增加，后者又引起收入进一步增加。(5) 前向连锁反应，指某项产出成为其他领域的投入，并带动该领域发展的作用。例如，石油→化肥→粮食→食品加工。(6) 旁侧连锁反应，即某企业发展会带动地区经济发展。例如，造船厂的建立会带动周围医院、学校、商店、交通、房地产的发展。这种连锁反应是双向的，它既可能引起经济扩张，又有可能带来经济衰退。

四、长周期理论

长周期理论主要用创新解释长周期。创新指生产和经营采用前所未有的方法，主要包括开发新产品、使用新生产方法、开辟新市场、采用新原料和建立新的企业管理组织。例如，第一个长周期依靠纺织业、水力利用等技术进步；第二个长周期依靠蒸汽机、钢铁、铁路等技术进步；第三个长周期依赖电气、化学和汽车技术进步。创新带来盈利机会，利润引起投资浪潮，经济随着投资增加而繁荣。对一个国家来说，主导产业的崛起对扩张阶段的形成有至关重要的意义。主导产业是指一个国家能带动其他产业发展的部门。它一般是在优势资源基础上建立起来的专业化部门，代表一个国家的工业结构特点及其在国际分工中的地位。它可能是具有比较优势的若干部门，具有竞争优势，从而有市场扩张潜力。同时，它也是与其他部门关系比较密切的产业，能够带动其他产业的发展。主导产业的特征是规模比较大，产品主要运往国外，与国内其他工业部门有较强的工业内部联系。由于各国自然资源条件、经济发展特点和技术水平不同，故各国的主导工业部门也不同。如，中国在20世纪80年代以轻工、纺织为主导产业，90年代以机电行业为主导产业。但是，当主导产业市场饱和后，它带动其他产业的力量减弱。同时，在经济扩张时，物价上涨又会引起过度投资和经济萧条。

【例14-4】 我国长周期扩张阶段的解释

从我国实行改革开放政策以来，我国经济进入长周期的扩张阶段，它的长度超过其他国家长周期的扩张阶段。其原因如下：第一，制度不断创新为我国经济增长不断提供新的动力。第二，在计划经济中成为负担的剩余劳动力成为社会主义市场经济中我国产品具有强大国际竞争力的可靠保证。第三，我国居民在计划经济年代被压抑的需求得到释放，形成旺盛的家用电器、小汽车、住房、教育、医疗等需求，拉动了我国经济增长。第四，我国在计划经济年代在基础设施方面的欠账，为高速公路、铁路、电力、桥梁等投资提供了市场空间。第五，我国充分利用了后发优势，通过进口和利用外资，使我国的创新在各个领域全面开花。第六，我国居民保持高储蓄的传统，为经济发展提供了资金来源。

本节内容告诉我们：经济周期是指经济运行中周期性出现的经济扩张与经济衰退循环往复的一种现象。基钦周期是1923年英国经济学家基钦提出的一种为期3—4年的短周期。朱格拉周期是1860年法国经济学家朱格拉提出的一种为期9—10年的中周期。康德拉季耶夫周期是1926年俄国经济学家康德拉季耶夫提出的一种为期50—60年的长周期。库兹涅茨周期是1930年美国经济学家库涅茨提出的一种平均长度为20年左右的中长周期。纯货币理论认为经济波动完全由银行体系交替地扩张和紧缩信用所造成，短期利率在其中起着重要的作用。投资过度理论把经济的周期性循环归因于投资过度。投资过度指与消费品生产相对比，资本品生产发展过快。消费不足理论把经济衰退归因于消费品的需求赶不上社会对消费品生产的增长。心理预期理论认为人们过于乐观或过于悲观的预期成为经济波动的原因。总供求分析认为无论什么原因引起总供给或总需求的变动，在一定条件下它们会引起一系列连锁反应，导致经济波动。长周期理论主要用创新来解释长周期。

第二节
经济增长概述

本节结构：经济增长概念→经济增长与经济发展的关系→经济增长与环境保护→影响经济增长的因素

引导案例：　美国、中国和印度将成为世界经济发展的引擎

据世界著名研究机构经济学人智库（Economist Intelligence Unit）的研究，美国、中国和印度将在未来14年里对世界经济增长的贡献超过50%。其中，中国和印度合计将贡献39%，美国将贡献16%。亚洲的国内生产总值占世界经济的比重将达到美国的两倍多。此项研究的假设前提是到2020年世界经济以年均3.5%的速度增长，美国经济增长率将继续领先欧盟和日本，达到年均3%。

上面的判断以什么为依据？哪些因素影响经济增长？

一、经济增长概念

理论上的经济增长指一个国家的潜在产量（潜在国内生产总值）的变动趋势。潜在产量指生产要素得到充分利用时社会能够提供的产量。生产要素主要包括劳动力、自然资源和资本。经济增长涉及的时间比较长，它最少要包含一个周期，经常涉及几十年时间。例如，2005—2007年我国实际国内生产总值增长都在11%左右，但是这些数字不能表示我国经济增长的长期趋势，它主要是需求拉动的，而经济增长主要针对总供给的变动趋势。

国内生产总值是一个较好的衡量经济增长的指标，但不是一个完美的指标。它的不足之处是：第一，它无法反映一国收入分配的公平程度。如果一个国家收入分配过度不公平，即使它有很高的人均国民生产总值，也会引起社会不稳定。第二，它不能充分反映生产过程中的某些成本，例如资源浪费和环境污染。

实际国内生产总值可能高于潜在国内生产总值，它反映资源过度利用，如工人加班加点。实际国内生产总值也可能低于潜在国内生产总值，它反映资源利用不足，如工人失业。

当今世界绝大部分人口都居住在发展中国家，他们缺乏充足的食物、良好的教育、稳定的工作机会，解决这些问题的主要手段就是经济增长。例如，20世纪60年代，亚洲四小龙还都是比较贫困的国家和地区。在短短20多年的时间里，这4个国家和地区发生了历史上从未有过的变化，人均国民收入提高了5倍。与此同时，大部分非洲国家经济增长依然停滞，人民生活水平得不到改善，长期遭受战争、疾病、饥饿的包围。

【例14-5】　72法则

72法则是一个经验法则，它告诉我们，如果一个变量以每年X%的增长率增长，那么需要72/X年才能使这个变量的数值翻番。例如，如果美国经济增长率保持在2%，那么对它需要36年才能使得其国内生产总值翻番。如果中国保持8%增长率，那么9年国内生产总值就会翻一番，这也意味着经过36年，我国国内生产总值将变成原来的16倍。

二、经济增长与经济发展的关系

经济增长与经济发展是两个有紧密联系又不完全相同的概念。经济增长和经济发展都反映国内生产总值提高。经济增长有一个明确的可度量标准。经济发展是比较复杂的“质”的概念，它不仅包括经济增长速度、增长平稳程度，而且包括教育水平、健康卫生标准、经济结构、社会结构、意识形态的进步和变革。经济发展是经济持续增长的结果，国民生活水平的提高、经济结构和社会形态的进步都在很大程度上依赖于经济增长。

经济增长以国内生产总值来测定，但它忽视了国内生产总值以什么方式在社会成员中进行分配，也不能说明就业状况、资源利用、生态环境、升迁机会和保健、教育等情况。如果某个国家的国内生产总值和个人所得增加，但生产成果绝大部分归少数人享用，这样的经济增长就不是真正的经济发展。发展中国家在实现本国工业化的起飞阶段，可能出现经济增长有悖于经济发展的现象。例如，为了工业高速增长而对农业实行高积累政策，可能使农业发展延滞，农民生活长期得不到明显提高，产业结构失衡，至少农民不能感受到经济发展。我们不能离开经济发展这个目的片面追求经济增长速度，那样会导致比例失调、经济大起大落、收入分配不公及社会动荡。目前，我国正在落实科学发展观，目的之一是摆正经济增长和经济发展的关系。

【例14-6】　　经济增长的纵向比较

著名的经济史学家麦迪逊（Angus Maddison）把公元500年以来的世界人口和人均产量变化的情况划分为了4个阶段：第一个阶段是农业主义阶段（公元500—1500年）。这一阶段人口的平均年增长率为0.1%，人均产量的增长则几乎为零。第二个阶段是发达农业主义阶段（公元1500—1700年）。这一阶段人口和人均产量的年平均增长率分别为0.2%和0.1%。第三个阶段是商人资本主义阶段（公元1700—1820年）。这一阶段人口和人均产量的平均年增长率分别为0.4%和0.2%。第四个阶段是资本主义阶段（公元1820—1980年）。这一阶段人口和人均产量的平均年增长率分别为0.9%和1.6%。从这一统计数据可以看出，在人类早期的大部分时间里，经济增长非常缓慢。这种平衡在近代被工业革命和资本主义的兴起所打破，前者为原来的农业社会注入了科学技术强大动力，后者则提供了稳定的制度环境，两者的共同作用使得人类最近300年来的经济增长速度显著提高，创造的财富大大超过前几千年的总和。

【例14-7】　　经济增长的横向比较

美国建国200年以来表现优异，逐步从农业国家发展成今天的世界经济霸主。非洲撒哈拉沙漠以南的部分国家至今没找到启动经济增长的良方，成为世界上最贫穷的地方。孟加拉国最近150年以来与周边国家相比，人民生活水平的差距越拉越大。第二次世界大战后，不少东亚国家和地区的经济增长令人瞩目。1950年以来日本经济增长迅速，在20世纪80年代一度给美国经济造成了巨大的压力。韩国、中国香港、新加坡和中国台湾地区在60年代也开始经济起飞，到90年代民众生活水平提高了8倍。

三、经济增长与环境保护

在经济增长研究中有一个模型是经济增长极限论，它假设人口增长、粮食供给、资本投资、环境污染和资源枯竭是影响经济增长的5个因素，假设它们都呈指数增长。经过计算，模型的结论是：如果世界经济按照目前的速度增长，人类社会将在2100年崩溃。

当然，人口不会一直按指数增长，环境保护也越来越受到人们的重视。

但是，这不能否认该模型的价值。正是因为该模型给人们敲响了警钟，所以可持续发展才成为人们的共识。可持续发展指不以损害后代人为代价的发展，它是经济、社会、资源和环境保护的协调发展。可持续发展的核心是发展，但要求在提高人口素质和保护环境、资源永续利用的前提下实现经济和社会发展。

【例14-8】　我国以环保应对全球经济危机

2008年我国促进经济增长十项措施中的第五项是环保措施，即“加强生态环境建设，加快城镇污水、垃圾处理设施建设和重点流域水污染防治，加强重点防护林和天然林资源保护工程建设，支持重点节能减排工程建设。”这在历史上开创了一个以环保应对全球经济危机的全新理念和机制。作为对照，美国的罗斯福新政以基本建设投资为应对危机的手段，小布什政府促进经济的作法是废止克林顿政府的环保法案以扩大企业开工率。欧洲在环保上一直充当领导者角色，但在应对全球经济危机时把环保放在一旁。

我国面临十分严峻的资源和环境问题。如果我国每个家庭拥有的轿车量和美国一样，那么全世界的石油都满足不了我们的需求。我国人均耕地不到两亩。我国的钢材需求量约占世界的28%。我们现在钢铁的生产能力居世界第一，全世界的铁矿石价格迅速上涨与我国经济增长有密切关系。我们现在每年水土流失大约2400平方公里，相当于一年沙化一个县。环境污染使我国的发展成本比世界平均水平高出6%左右，环境污染和生态破坏造成的损失约占GDP的15%左右。以牺牲环境为代价的经济建设不但会造成人类生存条件恶化，从长远看也会极大地拖累经济建设。

四、影响经济增长的因素

在理论上，影响经济增长的因素主要是生产要素供给、知识进步、制度变革和产业结构。

（一）生产要素供给

生产要素主要指劳动、土地和资本，具体表现为就业人数和年龄性别构成、工作时间、受教育年限和资本存量规模。

粗放型经济增长又称外延型增长，是指主要依靠增加生产要素投入实现的经济增长，即增加投资、扩大厂房、增加劳动投入来增加产量。这种经济增长消耗较大，经济效益较低。我国改革开放以来的高速增长在很大程度上依靠生产要素的高强度投入。科技进步对我国经济增长的贡献率维持在35%左右，没有明显提高。从国际经验看，当一个国家进入工业化加速阶段，随着社会储蓄的增加和国家积累能力的增强，以及社会基础设施和扩大再生产的需求不断加大，会出现投资快速增长和投资率上升的趋势。日本、韩国等东亚国家都经历过一个投资率上升和消费率下降时期，但投资率都没有达到我国现阶段水平。如，日本1961—1973年经济增长率为9.7%，平均投资率为34%；韩国1966—1979年经济增长率为9.2%，平均投资率为30.4%；而我国2006年投资率已经高达42.7%，其根本原因在于体制条件，主要症结是市场体系还不健全，资源要素价格扭曲，要素市场发展滞后等。

（二）知识进步

知识进步是资源配置效率、规模报酬、技术知识和管理知识的统称，它通过要素生产率提高反映出来。

集约型经济增长指主要依靠提高要素生产率实现的经济增长。它与粗放型经济增长的主要区别是：（1）在经济发展目标上，粗放型经济增长突出产值的增长速度，集约型经济增长强调提高经济增长的质量（包括环境和资源保护）和经济效益。（2）在经济发展手段上，粗放型经济增长主要依靠增加人财物的投入数量，集约型经济增长主要依靠科技进步和提高劳动者素质。（3）在经济发展途径上，粗放型经济增长主要依靠上新项目、扩大投资规模，集约型经济增长主要靠充分利用现有基础，着重于更新、改造和挖潜。（4）在经济发展表现状态上，粗放型经济增长表现为经济周期性波动，集约型经济增长表现为经济持续、健康发展。

（三）经济制度变革

经济制度是指社会确认或创设的各种经济规则和措施的总称。它有许多分类方法，如市场制度、公共经济制度（政府制度）、企业制度等。市场制度的主要特征在于通过货币媒介来决定资源的配置和收入的分配。公共经济制度的特征是通过非货币的政治强制力来决定资源的配置和收入分配，如税收制度、政府支出制度等。企业制度是企业产权制度、企业组织形式和经营管理制度的总和，它的核心是产权制度。

经济制度的基本功能是实现资源配置与收入分配。配置指的是人们如何将稀缺的资源合理地配置到人们所需的不同的产品和服务之上，它描述的是人与物之间的关系。分配是指生产出来的产品和服务如何在不同的个人之间实行分配。

符合生产力发展要求的经济制度能加速经济发展，违背生产力发展要求的经济制度会阻碍经济发展。我国的改革开放和法制建设是制度变革的典型实践，它对我国经济发展的促进作用已经得到举世公认。

（四）产业结构

产业结构可分为一次产业（农业）、二次产业（工业）和三次产业（服务业）。产业结构变动的一般规律是：随着经济发展，农业比重不断下降，第三产业比重不断上升。这样的结构调整来源于人们需求结构的调整。产业结构调整是推动经济增长的重要因素。

【例14－9】　当前我国产业结构调整需要解决的问题

我国产业结构调整，一是要正确处理发展高新技术产业和发展传统产业的关系。面对劳动力相对过剩的形势，党的十六大报告明确指出了发展劳动密集型产业的重要性。我国要实现工业化，推进信息化和现代化，必须依托于传统产业的改造和优化升级，把传统产业发展成为现代农业、现代工业和现代服务业；发挥高新技术产业和传统产业各自的优势，使二者相互促进，共同推动国民经济持续快速健康发展。二是要正确处理发展资本技术密集型产业和发展劳动密集型产业的关系。随着工业化、现代化的发展，农业等劳动密集型产业的资本有机构成也会逐步提高。重视发展资本和技术密集型产业的同时，我们必须十分重视劳动密集型产业的发展，将解决就业问题作为各项发展战略的重中之重。三是要正确处理发展虚拟经济和发展实体经济的关系。虚拟经济的发展对国民经济有积极的促进作用，但是虚拟经济的健康发展应当以实体经济为基础，并为实体经济发展服务。

【例14－10】　中国经济增长的国际比较

自公元元年到公元1500年左右，中国经济在世界上处于领导地位。但是，我国人均收入提高缓慢，经济增长主要表现为生产要素投入增加带来的总规模增长，经济运行效率较低，技术进步缓慢。自1500年开始，中国的经济逐渐被西欧超过。到1820年，中国的经济总量占世界的比重超过20%，但人均收入已显著落后于西方主要国家。此后100多年是中国历史上最暗淡的时期，一度沦落为世界上最贫困的国家之一。1949年，我国开始正常的发展历程。自1978年改革开放以来的30年间，中国实际国民生产总值始终保持着9%以上的年均增长率，人民的生活水平迅速提升，中国走上了经济增长的正确轨道（参见表14－1）。

表14－1　实际人均国民生产总值　（单位：2000年美元）

年　份	美国	中国	日本	新加坡	韩国	喀麦隆	肯尼亚
1978	21615	669	14612	10900	4442	2070	1250
1979	22041	722	15306	11937	4770	2217	1254
1980	21606	749	15520	13032	4496	2370	1273
1981	21955	797	15847	13163	4655	2606	1249
1982	21313	882	16120	13489	4938	3088	1241
1983	22154	938	16202	14505	5395	3276	1196

续表

年　份	美国	中国	日本	新加坡	韩国	喀麦隆	肯尼亚
1984	23671	1054	16596	15309	5835	3306	1195
1985	24387	1131	17389	14632	6136	3542	1155
1986	24951	1289	17829	14686	6683	3512	1238
1987	25520	1409	18436	15883	7374	3109	1269
1988	26275	1486	19687	16975	8108	2978	1310
1989	26927	1494	20677	18094	8666	2705	1336
1990	27096	1671	21703	19465	9592	2699	1353
1991	26688	1791	22351	20190	10414	2539	1336
1992	27342	1974	22436	20923	10816	2394	1279
1993	27871	2127	22373	23097	11399	2287	1257
1994	28802	2451	22499	24482	12344	2152	1259
1995	29248	2703	22878	25834	13297	2128	1280
1996	30097	2924	23624	26760	14153	2150	1301
1997	31237	3230	23958	28361	14574	2281	1304
1998	32297	3475	23587	26456	13260	2353	1285
1999	33443	3691	23466	27488	14569	2395	1253
2000	34364	4001	23970	29433	15702	2471	1267
2001	34162	4281	23947	27194	16160	2516	1257
2002	34286	4630	23759	27412	17132	2618	1216
2003	34875	4969	24036	26999	17596	2712	1218
2004	36098	5332	24661	29404	18423	N. A	N. A

本节内容告诉我们：理论上的经济增长指一个国家的潜在产量的变动趋势。经济增长和经济发展都反映国内生产总值提高。经济增长有一个明确的可度量标准。经济发展是比较复杂的“质”的概念，它不仅包括经济增长速度、增长平稳程度，而且包括教育水平、健康卫生标准、经济结构、社会结构等方面的总体进步和意识形态的变革。可持续发展是指满足现代人需求的发展不以损害后代人为代价，它是经济、社会、资源和环境保护的协调发展。影响经济增长的因素主要是生产要素供给、知识进步、制度变革和产业结构。

第三节
哈罗德—多马模型和新古典经济增长模型

本节结构：哈罗德—多马模型→新古典经济增长模型

引导案例：　　　　哈罗德—多马模型的实证分析

用哈罗德—多马模型对我国经济增长进行实证分析，可以直接测算出我国的名义经济增长和实际经济增长，并得出研究结论：我国的投资率增长1%，可以促进实际经济增长0.16%；我国的资本边际生产率增加1%，可促进实际经济增长0.093%。我国的实际经济增长最近十几年将更加依赖于高投资率。

什么是哈罗德—多马模型？我们如何使用该模型进行实证分析？

一、哈罗德—多马模型

哈罗德—多马模型是关于经济增长的最早的模型，由英国经济学家哈罗德和美国经济学家多马独立提出。这两个模型的内容相似，它的提出标志着经济增长成为一个独立的专门研究领域。下面主要介绍哈罗德模型。

（一）哈罗德模型的假设条件

哈罗德模型的假设条件是：（1）全社会只生产一种产品。（2）储蓄S是国民收入Y的函数，边际储蓄倾向ΔS/ΔY和平均储蓄倾向S/Y相等，均用s表示。（3）生产过程中只用劳动L和资本K两种生产要素，且资本产出比例K/Y（用V表示）和劳动产出比例L/Y都是常数，从而K/Y = ΔK/ΔY，L/Y = ΔL/ΔY。（4）劳动力按照一个固定不变的比率n增长。（5）不存在技术进步，也不存在资本折旧问题。（6）生产规模报酬不变，意味着当生产要素的数量扩大一倍时，所生产的产量也会增加一倍。

（二）实际增长率

哈罗德在上述假设条件下将经济增长抽象为3个宏观经济变量（即经济增长率G、储蓄率s和资本产出比率V）之间的函数关系。实际增长率G是ΔY/Y，它等于储蓄率除以资本产出比例。

$$G = s/V = (S/Y)/(K/Y) = (S/Y)/(\Delta K/\Delta Y) = \Delta Y/Y \quad (14-1)$$

该式表明经济增长率与储蓄率成正比，与资本产出比例成反比。这里的ΔK就是投资I，统计上的投资与储蓄是相等的，所以该式成立。

背景知识：　　　　多马模型

多马模型的基本方程为：

$G = s\delta$

式中，δ为资本生产率Y/K，它是资本产出比例的倒数，资本产出比例越大，则资本生产率越低。若δ是常数，则 $Y/K = \Delta Y/\Delta K$。多马模型方程式表明，储蓄率越高，经济增长率越高；资本生产率越高，经济增长率越高。

【例14－11】　哈罗德模型经济增长率的计算

已知：某经济的储蓄率为15%，资本产出比例为3，非意愿投资为零。求：该经济的增长率。

解：$G = s/V = 15\%/3 = 5\%$

即该经济的增长率为5%。

统计上的投资等于意愿投资与非意愿投资之和。当非意愿投资为零时，统计上的投资等于意愿投资，即经济意义上的投资。投资包括固定资产投资和库存投资，前者是自愿的，后者可能有不自愿的部分，如需求不足引起的库存增加是企业不愿意看到的。意愿投资不一定等于储蓄。

【例14－12】　哈罗德模型储蓄率的计算

已知：某经济的资本产出比例为3，非意愿投资为零，该经济的增长率为5%。求该经济的储蓄率。

解：$s = GV = 5\% \times 3 = 15\%$

即该经济的储蓄率为15%，这样可以实现5%的经济增长。

（三）有保证的增长率

有保证的增长率 G_w 是符合企业意愿的经济增长率，它由社会的储蓄率与资本家意愿的资本产出比例决定，用公式表示为：

$$G_w = s/V_w = (S/Y)/(\Delta K_w/\Delta Y) \qquad (14-2)$$

式中，V_w 为企业意愿的资本产出比例，s为储蓄率，ΔK_w 为意愿资本存量变动，即意愿投资（企业自愿进行的投资）。

【例14－13】　哈罗德模型有保证的经济增长率的计算

已知：某经济的储蓄率为15%，企业意愿的资本产出比例为4。求该经济有保证的增长率。

解：$G_w = s/V_w = 15\%/4 = 3.75\%$

即该经济有保证的增长率为3.75%。

【例14－14】　意愿的资本产出比例与经济增长

假设一个国家的储蓄率为40%，意愿的资本产出比例量为3，则有保证的增长率是13.33%。如果该国意愿的资本产出比例为4，则这个国家有保证的增长率是10%。意愿的资本产出比例越大（即资本生产率越低），则有保证的增长率越低。

（四）自然增长率

自然增长率 G_n 又称社会适宜增长率，它是人口和技术变动所允许达到的最大增长率。由于模型假设技术不变，所以自然增长率等于劳动力增长率 n。如果经济增长率大于自然增长率，劳动力不足使其难以维持（前提是技术不变）。如果经济增长率小于自然增长率，则会出现失业问题。

$$G_n = n \tag{14-3}$$

该式表明在其他条件不变时，自然增长率等于劳动力增长率。

【例 14-15】　哈罗德模型自然增长率的计算

已知：某经济的劳动力增长率为 3%，技术水平不变。求该经济的自然增长率。

解：$G_n = 3\%$

即该经济的自然增长率为 3%。

【例 14-16】　2008 年底农民工和大学生就业问题

社科院发布蓝皮书：400 万农民工提前返乡。大学生今年毕业 560 万人左右，估计到年底的时候会有 150 万人难以找到工作。这里有 3 个原因：第一，高校毕业生毕业规模在扩大，从 2006 年的 413 万人增长到 2009 年的 611 万人，导致就业压力越来越大。第二，2007 年大学毕业生有很多未能如期就业，对 2008 年毕业生形成空间挤压。第三，金融危机的冲击也是影响他们就业的因素。

（五）哈罗德—多马模型的意义

哈罗德—多马模型说明：（1）经济增长率是由储蓄率和资本产出比例决定的，违背它的增长率是无法长期维持的。（2）从长期来看，如果技术水平不变，人口增长率越高，经济增长越快。（3）现实经济增长率很难满足哈罗德—多马模型的条件，所以政府需要通过宏观调控促进经济持续稳定增长。

一个国家要实现长期均衡经济增长，就要满足下面两个条件：一是实际增长率等于有保证的增长率；二是有保证的增长率等于自然增长率。这两个条件只要有一个不满足，经济增长就会不均衡。哈罗德认为，当实际增长率和有保证的增长率发生偏差时，会导致经济短期波动。而当有保证的增长率和自然增长率发生偏差时，则会导致经济长期波动。偏差一旦发生，就有自我加强的趋势。哈罗德模型所提出的经济增长的均衡条件也常被形象地称为“刃锋式”的经济增长。

二、新古典经济增长模型

现代西方经济学历经了张伯伦革命、凯恩斯革命和预期革命等三次大的革命，形成了包括微观经济学和宏观经济学的基本理论框架，这个框架被称为新古典经济学（Neoclassical Economics），以区别于先前的古典经济学。新古典经济学集中而充分地反映了现代西方主流经济学过去100年间的研究成果和发展特征，它在研究方法上更注重实证分析、假定条件多样化、分析工具数理化、研究领域不断扩展。

新古典增长模型由美国经济学家索洛等人提出。

（一）新古典增长模型的假设条件

该模型的关键假设是：（1）社会只生产一种产品。（2）社会储蓄函数为 $S = sY$，其中 s 为社会的储蓄率。（3）生产要素只包括劳动和资本，但劳动与资本的选择可根据要素市场价格变动进行调整。（4）生产的规模报酬不变。（5）企业处于完全竞争市场，边际产量递减，但边际产量大于零。

（二）新古典增长模型

新古典增长模型的基本方程为：

$$G = a\left(\Delta K/K\right) + b\left(\Delta L/L\right) + \lambda \qquad (14-4)$$

式中，G 为经济增长率（$\Delta Y/Y$）；a 为资本产出弹性（$\Delta Y/Y$）/（$\Delta K/K$），即资本增长率所带来的产出增长率；b 为劳动产出弹性（$\Delta Y/Y$）/（$\Delta L/L$），即劳动增长率所带来的产出增长率；λ 为资本和劳动之外其他因素带来的产出增长率。资本产出弹性与资本增长率的乘积是资本增加带来的经济增长；劳动产出弹性与劳动增长率的乘积是劳动增加带来的经济增长。索洛假设潜在国内生产总值增长主要源自资源数量的增长和资源利用效率的提高。索洛余值法是测量技术进步对经济增长作用的方法，它先测量资本和劳动数量增长带来的经济增长，剩下的经济增长则归因于广义技术进步（包括技术、管理、规模报酬、资源配置改善等）。索洛余值指经济增长中不能由劳动增加和资本增加解释的部分，它代表广义技术进步带来的经济增长。

【例14－17】　技术不变条件下的经济增长率

已知：技术水平不变，资本产出弹性为0.25，资本增长率为3%，劳动产出弹性为0.75，劳动增长率为2%。求经济增长率。

解：$G = 0.25 \times 3\% + 0.75 \times 2\% = 2.25\%$

即经济增长率为2.25%。其中，资本增加带来的经济增长率为0.75%，劳动增加带来的经济增长率为1.5%。

【例14－18】　技术进步带来的经济增长

已知：经济增长率为5%，资本产出弹性为0.25，资本增长率为3%，劳动产出弹性为0.75，劳动增长率为2%。求技术进步带来的经济增长。

解：$\lambda = G - a\left(\Delta K/K\right) - b\left(\Delta L/L\right) = 5\% - 0.25 \times 3\% - 0.75 \times 2\%$
$= 2.75\%$

即技术进步带来的经济增长率为2.75%。

表 14－2 列示了主要发达国家 1870—1979 年每人小时产量年均增长率。

表 14－2　主要发达国家每人小时产量年均增长率（1870—1979 年）　（单位:%）

国　家	1870—1913 年	1913—1950 年	1950—1973 年	1973—1979 年
澳大利亚	0.6	1.6	2.6	2.6
奥地利	1.7	0.9	5.9	3.8
比利时	1.2	1.4	4.4	4.2
加拿大	2.0	2.3	3.0	1.0
丹麦	1.9	1.6	4.3	1.6
芬兰	2.1	2.0	5.2	1.7
法国	1.8	2.0	5.1	3.5
德国	1.9	1.1	6.0	4.2
意大利	1.2	1.8	5.8	2.5
日本	1.8	1.3	8.0	3.9
荷兰	1.2	1.7	4.4	3.3
挪威	1.7	2.5	4.2	3.9
瑞典	2.3	2.8	4.2	1.9
瑞士	1.4	2.1	3.4	1.3
英国	1.2	1.6	3.1	2.1

资料来源：安格斯·麦迪逊：《资本主义发展阶段》，牛津大学出版社 1982 年版，表 5.1。转引自杰弗里·萨克斯、费利普·拉雷恩著：《全球视角的宏观经济学》，费方域译，上海人民出版社 2004 年版。

【例 14－19】

美国人均国民生产总值增长（1929—1982 年）的因素分解

美国经济学家丹尼斯曾经根据索洛的思想对美国经济增长的各项因素进行分解，以得出各因素的相对重要性。他的研究可以由表 14－3 加以总结。

表 14－3

因　素	1929—1948 年	1948—1973 年	1973—1982 年	1929—1982 年
人均国民收入	1.244	2.26	0.23	1.55
总要素投入	0.23	0.61	0.15	0.38
劳动	0.40	0.18	－0.04	0.20
教育	0.38	0.40	0.44	0.40
工作时间	－0.21	－0.24	－0.33	0.25
年龄—性别构成	0.00	－0.15	－0.24	－0.11
其他	0.23	0.17	2.09	0.16

续表

因　素	1929—1948年	1948—1973年	1973—1982年	1929—1982年
资本	-0.12	0.48	0.26	0.23
土地	-0.05	-0.06	-0.07	-0.05
单位投入的产量	1.01	1.65	0.08	1.17
知识进步（余值）	0.49	1.08	-0.05	0.68
规模经济	0.22	0.32	0.21	0.27
资源配置改善	0.29	0.30	0.07	0.25
法律和人文环境	0.00	-0.04	-0.17	-0.04
其他	0.01	-0.01	0.02	0.01

资料来源：爱德华·丹尼斯：《美国经济增长趋势：1929—1982年》，布鲁金斯研究所，1985年。转引自杰弗里·萨克斯、费利普·拉雷恩：《全球视角的宏观经济学》，费方域译，上海人民出版社2004年版。

丹尼斯对索洛余值进行了进一步的细分，他把要素投入增加所不能解释的经济增长进一步分解为知识进步、规模经济、资源配置改善、法律和人文环境改善及其他因素引起的经济增长。

本节内容告诉我们：实际增长率等于储蓄率除以资本产出比例。有保证的增长率是符合企业意愿的经济增长率，它由社会的储蓄率除以资本家意愿的资本产出比例得出。自然增长率 G_n 又称社会适宜增长率，它是人口和技术变动所允许达到的最大增长率。新古典经济增长模型的基本方程式为：$G=a(\Delta K/K)+b(\Delta L/L)+\lambda$。索洛余值指经济增长中不能由劳动增加和资本增加解释的部分，它代表广义技术进步带来的经济增长。

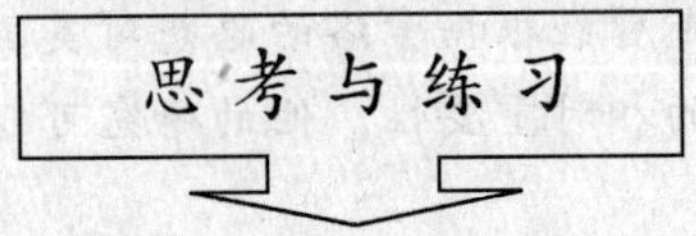

一、选择题

1. 基钦周期是1923年英国经济学家基钦提出的一种为期(　　)的短周期。

A. 3—4年　　B. 5—6年

C. 7—8年　　D. 9—10年

2. 康德拉季耶夫周期是一种为期(　　)的经济周期。

A. 3—4年　　B. 9—10年

C. 20年左右　　D. 50—60年

3. 纯货币理论是把经济周期原因归结为(　　)。

A. 银行扩张信用　　B. 流动性不足

C. 银行交替扩张和收缩信用　　D. 金本位制

4. 投资过度理论是把经济周期性循环归因于(　　)。

A. 投资大于储蓄　　B. 生产资料生产过多

C. 投资大于消费　　D. 资金不足

5. 消费不足理论把经济衰退归因于(　　)。

A. 消费小于生产　　B. 购买力不足

C. 消费小于投资　　D. 消费小于储蓄

6. 理论上的经济增长是指一个国家(　　)的变动趋势。

A. 总供给　　B. 潜在产量

C. 国内生产总值　　D. 实际国内生产总值

7. 可持续发展(　　)。

A. 是指不以损害后代人为代价的发展

B. 是经济、社会、资源和环境保护的协调发展

C. 的核心是发展

D. 以上都对

8. 影响经济增长的因素主要是(　　)。

A. 生产要素供给　　B. 知识进步

C. 制度变革　　D. 以上都对

9. 哈罗德模型有保证的增长率等于(　　)。

A. 政府决定的增长率

B. 储蓄率除以资本产出比例

C. 储蓄率除以资本家意愿的资本产出比例

D. 人口增长率

10. 某经济的劳动力增长率为2%，技术水平不变，则该经济自然增长率为(　　)。

A. 1%　　B. 2%

C. 3%　　D. 4%

11. 索洛余值是指(　　)。

A. 要素增长率　　B. 技术进步

C. 技术进步带来的经济增长率　　D. 经济增长率

12. 在新古典增长模型中，a ($\Delta K/K$) 表示(　　)。

A. 资本带来的经济增长率　　B. 劳动带来的经济增长率

C. 技术进步带来的经济增长率　　D. 资本增长率

13. 若一国目前的人均收入为3000美元，增长率为6%，那么需要(　　)年其人均收入才能达到12000美元。

A. 12　　　　B. 24

C. 36　　　　D. 6

14. 若一国的储蓄率为30%，资本产量比例为3%，那么根据哈罗德模型，该国的实际增长率为(　　)。

A. 8%　　　　B. 9%

C. 10%　　　　D. 11%

二、根据所收集的数据计算某一年技术进步带来的我国经济增长率。

三、写一篇关于我国经济周期的小论文。

四、比较我国和美国储蓄率和经济增长率的差异。

五、分析我国可持续发展面临的问题。

本章选择题参考答案：1. A　2. D　3. C　4. B　5. A　6. B　7. D　8. D　9. C　10. B　11. C　12. A　13. B　14. C

第十五章

失业与通货膨胀

学习目的

1. 了解自愿性失业、摩擦性失业、结构性失业、技术性失业、周期性失业、隐蔽性失业、自然失业率、资本边际效率、奥肯定律、短期菲利普斯曲线、长期菲利普斯曲线等概念。
2. 理解失业的原因、影响和对策，理解通货膨胀的原因、影响和对策。
3. 掌握菲利普斯曲线的形状，并能运用它分析现实问题。

本章结构： 失业概念→失业的原因、影响和对策→通货膨胀→菲利普斯曲线

引导案例：　　目前我国大学生就业形势

2008年12月15日，社科院发布2009年《社会蓝皮书》指出：当前大学生就业率最低的专业为艺术类、生命科学类、医学、生物学和农学专业。会计学、英语、法学、工商管理、电子信息工程等10个热门专业半年后就业率在90%以上，但这10个专业的失业人数达6.7万人，占本科总失业人数的三成。大学生的总体失业率超过12%，是登记失业率的3倍左右。“211工程”学校毕业生就业率较高，为88%左右，非“211工程”学校是59%，职校和专科院校是43%。10个热门专业的失业人数高是因为毕业生数量庞大。大学生月薪最高的是法语专业，达到了4783元，约是本科毕业生平均月薪的2倍。本科专业高薪前10名中，小语种专业就占了3名，电子信息类也占了3个名额。薪水最低的10个专业，月薪仅在1500—1900元之间。

为什么会出现失业？政府应当如何解决失业问题？

失业和通货膨胀是政府面临的头号难题。本章从介绍失业开始，逐步展开西方经济学对失业和通货膨胀的阐释及相应的政策建议。

第一节
失业概念

本节结构：失业的定义→自愿性失业→摩擦性失业→结构性失业→技术性失业→周期性失业→临时性或季节性失业→隐蔽性失业→自然失业率

引导案例： **我国的体制转轨型失业**

体制转轨型失业是指由于经济体制转变导致劳动力供求结构不一致而产生的失业。在计划经济体制转变为市场经济的过程中，国有企业受到更加严格的成本约束，生产率低于社会平均水平的企业职工就会下岗失业。同时，农村剩余劳力逐渐向城市转移，也会出现体制转轨型失业。我国在世纪之交加大国有企业改革力度，2001年全国国有单位在岗职工人数比1995年减少了3621万人，下降了32.2%；城镇集体单位减少了1856万人，下降了59.0%；两者合计减少5477万人，下降了38%。扣除正常退休职工人数(1995—2000年期间累计782万人，其中企业为612万人)，下岗职工实际累计4500万人左右，其中约有3000万—3500万人实行了再就业或灵活就业，占下岗职工累计数的2/3至3/4，还有1000万左右下岗失业人员。体制转轨型失业在理论上属于结构性失业。

什么是失业？失业都有哪些类型？

一、失业的定义

失业是指在劳动市场上有就业能力且有就业要求的人没有得到就业机会的现象。没有劳动能力的人不存在失业问题，不想就业的人也不是失业者。各国对失业的规定有所不同。如，美国年满16周岁没有正式工作和正在寻找工作的人属于失业者。我国的就业人员指男在16—60岁、女在16—55岁的法定劳动年龄内，从事一定的社会经济活动并取得合法劳动报酬或经营收入的人员。从事一定社会劳动，但劳动报酬低于当地城市居民最低生活保障标准的人员，视同失业者。

失业率是指失业人口占劳动人口的比率。失业率是每个月最先发表的经济数据，它被称为经济指标中皇冠上的明珠。一般情况下，失业率下降代表经济健康发展，失业率上升代表经济发展放缓或进入衰退。

根据失业产生的原因，失业可以分为自愿性失业、摩擦性失业、结构性失业、技术性失业、周期性失业、临时性或季节性失业、隐蔽性失业等。

二、自愿性失业

自愿性失业是非自愿失业的对称，指工人不接受现行的工资或比现行工资稍低的工资而出现的失业现象。

自愿失业的原因是：（1）立法原因。如，社会保障立法超越生产力发展水平，可能使某些人不愿意工作。（2）社会风俗习惯。如，某些农业和游牧人口不习惯于城市的生活节奏而找不到工作。（3）劳资谈判破裂。如，罢工期间工人没有工作。（4）性格因素。如，某些人个性很强，不愿意听老板指挥而丧失工作。（5）过分挑剔。如，某些大学生的专业对口要求与市场人才需求发生矛盾。（6）准备升学。在信息时代，知识的价值得到市场承认。（7）贪图闲暇与安逸。如，我国的啃老族等。

【例15－1】　我国的啃老族

啃老族也称尼特族（NEET，Not Currently Engaged in Employment，Education or Training），指不就业、不升学、不进修，终日无所事事的族群。有一改编自泥菩萨的谜语写到：一直无业、二老啃光、三餐饱食、四肢无力、五官端正、六亲不认、七分任性、八方逍遥、九（久）坐不动、十分无用（改动部分是一声不响、二目无光、三餐不食、七窍不通、八面威风）。谜底是啃老族。目前，我国啃老族主要有六类人：一是大学毕业生，因就业挑剔找不到满意的工作，约占20%。二是自动离职的人，约占10%。三是创业幻想型，创业不成功又不愿当个打工者，约占20%。四是频繁跳槽最后找不到工作者，约占10%。五是下岗年轻人，他们习惯于用过去轻松的工作与如今紧张繁忙的工作相比，干脆离职，约占10%。六是文化低、技能差、怕苦怕累的人，约占30%。

三、摩擦性失业

摩擦性失业是指人们在寻找工作或转换工作的过程中面临暂时困难而出现的失业现象。这类失业发生的原因在于人们工作职位的流动性，比如学生从学校毕业后需要花时间寻找工作，母亲在生育子女后需要重新寻找工作，等等。人们经常为寻找更好的工作而主动放弃原来的职位，因此摩擦性失业一般被看成是自愿失业。但是，许多外部因素也会使一部分劳动力处于就业—失业—重新就业的变动之中，如企业倒闭、产业结构的变化、进口产品的竞争、劳动力需求的变化等。摩擦性失业的规模决定于失业工人寻找工作所遇到的困难程度。这种困难主要指缺乏就业机会信息、缺乏就业技能以及缺乏跨地区流动的条件。摩擦性失业是一种经常性的失业，无论在经济扩张还是在经济萧条时期，都存在摩擦性失业。减少摩擦性失业的办法主要是加强劳动力的职业训练、提高劳动力流动性和更多地提供就业信息。

四、结构性失业

结构性失业是指由于经济结构变动使劳动力失业。例如，工艺发生重大变化时，有人可能由于缺乏技术知识而被解雇。在经济发展过程中，有些部门发展迅速，出现空位（缺人的岗位），有些部门被迫收缩，出现失业；有些地区正在开发，出现空位，有些地区经济衰落，出现失业。有的公司对年龄、性别和外来人口的歧视也会造成结构性失业。结构性失业的特点是失业与空位并存，即一方面有活无人干，另一方面有人无活干。结构性失业是长期的失业现象，它的产生必须同时具备两个条件：一是社会对劳动力的需求结构发生了变化；二是劳动力的供给结构满足不了需求结构的变化。

【例15－2】　　　　我国的地区结构性失业

我国东部和中西部地区经济发展差距呈扩大趋势，这造成了高素质劳动力向东部地区流动。中西部地区人才短缺，同时失业率偏高。如，四川省地、县两级干部大专以上学历的人分别为83.72%和72.23%，比全国平均水平低4.94个百分点和7.6个百分点，分列全国第27位和第25位；全省32家重点骨干企业224名领导班子成员中，大学文化以下的占了44%。宁夏全区2.6万公务员中，40%的人只有中专学历。这两个省又是失业率偏高的地区。1996年，四川省的城镇登记失业率为3.7%，宁夏为5.2%。我国高失业率地区均为西部地区，也是城镇从业人口中不识字率最高的地区，如青海、贵州、甘肃、宁夏、陕西，它们的城镇登记失业率分别为7.2%、6.2%、5.5%、5.2%、5.2%，不识字率高达41.6%、28.7%、30.5%、22.5%、16.3%，均高于全国13%的平均水平。

五、技术性失业

技术性失业是技术进步引起的失业。在经济增长过程中，生产中越来越广泛地采用资本、技术密集型技术，越来越先进的设备替代了工人的劳动，对劳动需求相对减小，使失业增加。此外，在经济增长过程中，资本品价格相对下降和劳动力价格相对上升加剧了机器取代工人的趋势，使这种失业长期存在。

熊彼特认为，技术创新是非均衡的，它引起经济周期性波动。技术性失业是与经济周期密切相关的失业。

古典经济学补偿理论认为，技术进步一方面破坏旧的工作岗位，另一方面又创造新的就业机会加以补偿。其主要补偿机制是：（1）新机器补偿机制指技术进步带来新机器，这将在生产新机器的部门创造新的就业机会。

(2) 价格下降补偿机制指技术进步在导致工人被排挤的同时，也使得劳动生产率提高和生产成本下降，这将引起价格下降、需求增加和产出增加，就业也因此得到补偿。(3) 新投资补偿机制指技术进步带来的成本下降先于价格下降，这给资本家带来超额利润，这些利润用于新投资并对就业形成补偿。(4) 新产品补偿机制指技术进步可能表现为新产品和新生产部门，从而创造出新的就业机会。(5) 工资下降补偿机制指技术进步使劳动力过剩和工资相应下降，生产者用劳动密集型技术取代资本密集型技术，过剩的劳动力便会被吸收。在上述5种补偿机制中，新资本的形成是关键，其他机制如果没有足够的资本供应都会因资本约束而失灵。

新古典补偿理论对古典补偿理论进行了发展和补充：(1) 庇古效应指价格下降导致实际货币供给增加，这会刺激投资，从而增加产出和就业。(2) 引致创新理论指技术创新是由生产要素相对价格变动引致发生的。当劳动力价格相对于资本价格下降时，生产者将放弃劳动力节约型技术而代之以劳动力密集型技术。这一过程可以由市场机制自发完成。(3) 收入效应指技术进步导致利润和工资都得到提高，产生新的消费和投资，这二者同时产生就业补偿效应。(4) 熊彼特效应指技术进步会导致资本的边际效率提高，预期利润上升，投资因而增加，就业也随之增加。

【例15-3】 西方关于技术性失业的争论

在20世纪30年代，美国发生关于技术性失业的大讨论。其背景是大萧条的出现，以及美国第一次公布1919—1925年的生产率数据。该数据表明这一时期美国生产率（即每个工人的平均产出）提高了59%，而与此同时就业率大幅度下降了。在大萧条初期，美国流行的观点是技术性失业是失业的主要因素。美国参议院和众议院甚至分别在1939年提出了对机器征税以暂停技术进步的议案。

在20世纪80年代，当欧洲失业率从五六十年代的2%—3%上升到8%—10%时，欧洲经济学家发生争论，焦点在于新兴的计算机技术是不是导致80年代欧洲失业率上升的主要原因。新古典主义的支持者竭力论证就业补偿机制，认为技术进步不是高失业的主要原因。熊彼特的支持者强调技术创新及其扩散的波动性，力图把技术进步的非均衡特征与失业联系起来。上述关于技术性失业的争论至今没有取得一致看法。

六、周期性失业

周期性失业又称总需求不足失业，是指在工资和价格呈粘性的条件下，由于经济衰退时期总需求不足而造成的失业。这种失业是非自愿失业。首先，工资具有粘性是周期性失业的重要条件。工资粘性指工资率不能随劳动供求的变动而及时迅速地变动。当出现需求不足失业时，工资并没有明显下降，从而企业不会用劳动替代机器；反之，如果工资可以下降，那么总需求不足也不会造成周期性失业。工资粘性首先源于合同的长期性。合同总是具有期限的，过于短暂的合同会增加劳资双方的谈判成本和调整成本。美国的重要行业中，劳动合同的期限往往为3年，即货币工资在3年内不能改变，所以工资的调整总是缓慢的，这便使工资具有了粘性。其次，所有的劳动合同不可能是在同一时间签订的，各种长期合同都是交错签订的，从而工资的调整不可能非常及时。最后，效率工资论认为，企业的劳动生产率依赖于企业支付给工人的工资。效率工资是企业支付的高于均衡工资而能节约成本的工资。企业支付的工资越高，工人的生产效率越高，从而企业获得的利润越多。因此，企业为了保持较高的劳动生产率，愿意向工人支付高于均衡水平的工资，而不愿轻易降低工资，从而使工资具有了粘性。

【例15－4】 王善人的效率工资

周扒皮和王善人各有100亩小麦，每亩产量200公斤，每公斤小麦0.2元，每人收入总计为4000元。在收割季节，每人雇5名短工。假设当时短工的市场均衡工资为每天1元，包吃住。周扒皮支付每天1元的市场均衡工资，同时吃住每天每人0.2元。王善人每天多支付0.5元工资，同时吃住每天每人0.3元。这样，周扒皮雇的短工实际工资为1.2元，王善人则为1.8元。

王善人支付的实际工资高，他可以选到最好的短工。而且在高工资的激励下，工人工作勤奋、认真，只用12天就完成了收割工作。王善人共支付实际劳动成本（1.8×5×12＝）108元。周扒皮只能从王善人招剩的短工中选择能力较差的短工。他尽管每天学鸡叫让短工早上工，但短工出工不出力，收割不认真，结果15天才干完，且产量损失2%。周扒皮的实际劳动成本为工人工资（1.2×5×15＝）90元，产量损失2%，即80元，总计170元。

王善人比周扒皮成功的原因可归纳为：（1）他能招到高素质的员工。由于信息的不对称性，企业并不了解工人的素质，但在支付高工资时，高素质工人会来应聘，从应聘者中选出高素质工人的概率就高。身强体壮的给王善人干活，老弱病残的给周扒皮干活。（2）工人工作努力，效率高。给王善人干活的人不用半夜鸡叫也干得勤快，给周扒皮干活的人只要监督不到就要偷懒。（3）工人流动性小。在企业中，培训过的工人效率高，培训是有成本的，稳定工人队伍有利于提高效率，减少培训成本。（4）给王善人干活，工人会更健康，吃住都好，干活当然带劲。周扒皮的工人吃不好、睡不好，干活效率自然低下。

七、临时性或季节性失业

临时性或季节性失业是由于某些行业生产的时间性或季节性变动所引起的失业。例如遇到坏天气，建筑业的施工不得不停下来，临时工就会失业。在农业收割季节结束后，短工会被解雇。行业生产的时间性或季节性是客观条件或自然条件决定的，很难改变。因此这种失业也是正常的。

八、隐蔽性失业

隐蔽性失业指边际产量等于零的就业。它主要表现在：（1）人多地少的农村地区边际产量等于零的劳动力。如，3 个人能干的活让 7 个人来干。（2）经济衰退时期企业开工不足，未被解雇的工人也无法有效地使用。（3）等级制官僚机构自我膨胀倾向造成的人浮于事。如，大量的会议、出国考察等浪费大量人力资源。（4）资源短缺造成的停工待料。需要注意的是，隐蔽性失业针对的不是某一个人，而是针对总体就业的概念。只要减少一个人而总产量不变，那么这个被解雇的人就属于隐蔽性失业，无论他是否比别人更努力地干活。

九、自然失业率

自然失业率又称充分就业失业率或长期均衡失业率，指国民经济在充分就业条件下的失业率，它也反映经济均衡发展条件下的长期失业率。它主要来自磨擦性失业和自愿性失业。在 20 世纪 50—60 年代，美国自然失业率是 4%。在 70 年代，美国自然失业率是 5%。在 80—90 年代，美国自然失业率是 6%。自然失业率会随着时间推移而变化。

本节内容告诉我们：自愿性失业是指工人不接受现行的工资或比现行工资稍低的工资而出现的失业现象。摩擦性失业是指人们在寻找工作或转换工作过程中面临暂时困难出现的失业现象。结构性失业是指由于经济结构、体制、增长方式等变动，使劳动力供给结构与需求结构不一致而导致的失业。技术性失业是由于技术进步所引起的失业。周期性失业是在工资粘性条件下，由于经济衰退时期总需求不足而造成的失业。临时性或季节性失业是由于某些行业生产的时间性或季节性变动所引起的失业。隐蔽性失业指边际产量等于零的就业。自然失业率又称充分就业失业率或长期均衡失业率，指国民经济在充分就业条件下的失业率。

第二节
失业的原因、影响和对策

本节结构：失业的原因→失业的经济影响→失业的社会影响→解决失业问题的对策

引导案例：　　　　失业压力下的中国经济增长

中国经济的许多特点用经典经济学理论是难以描述的。我国经济增长始终是在巨大的失业压力下实现的。大量失业人口为中国提供了丰富廉价劳动力，使中国制造业长期保持低成本优势。同时，我国很少为农村剩余人口提供社会保障，大量失业人口并未构成沉重的财政负担。但是，大量失业人口使我国经济严重依赖国外市场，内需不足长期存在。这样的增长模式既不稳定，也难以持久。

失业会产生哪些影响？为什么我国有那么多失业人口还能实现高增长？如果不解决失业问题，我国的经济增长还能持续多久？

一、失业的原因

根据凯恩斯的分析，就业水平取决于国民收入水平，后者又取决于总需求。失业的原因在于总需求不足。总需求不足指实际总需求小于充分就业的总需求，它一般出现于经济萧条时期。总需求不足源于三大心理规律，即边际消费倾向递减规律、资本边际效率递减规律和流动性偏好规律。

（一）边际消费倾向递减

边际消费倾向是收入增量带来的消费增量。边际消费倾向递减是指随着收入的增加，在增加的收入中用来消费的比例越来越少。在人们收入增加的时候，消费也随之增加，但消费增加的幅度小于收入增加的幅度。富人的边际消费倾向通常低于穷人的边际消费倾向。这是因为穷人的消费是最基本的消费，在穷人的收入中基本生活资料占了相当大的比重。富人早已超越了基本需求层次，基本生活资料支出在其收入中所占比例不大。边际消费倾向递减造成了消费需求不足，它是失业发生的重要原因。

【例15－5】　　　　我国的边际消费倾向递减

根据2008年《社会蓝皮书》，扣除物价因素之后，2007年城镇居民人均可支配收入增长约13%。在物价的影响下，居民消费率降至36%，降到了近几十年来的新低，明显低于世界各国的水平。我国边际消费倾向下降的原因是：（1）我国传统的节俭观念。（2）消费信贷不发达。（3）收入差距不断扩大。(4) 社会保障制度不完善。

（二）资本边际效率递减

资本边际效率是指将资产的未来收益折算为现值，并使该现值恰好等于该资产价格的贴现率。其计算公式为：

$$C = R_1/(1+r) + R_2/(1+r)^2 + R_3/(1+r)^3 + \cdots + R_n/(1+r)^n$$

式中，C 为资产的价格，R_1、R_2、R_3、R_n 为第一、第二、第三、第 n 年预期资产收益，r 为贴现率。资产的价格是现值，预期资产收益是将来值，后者需要转换为现值才能进行成本收益比较。这里的贴现率就是资本边际效率。当 C 为常数时，预期资产收益越大，资本边际效率越高；预期资产收益越小，资本边际效率越低。当预期资产收益为常数时，资产的价格越高，资本边际效率越低。

【例 15－6】　资本边际效率的计算

已知某资产价格为 99.5 万元，该资产可用 3 年，每年预期收益 40 万元。求资本边际效率。

解： $99.5 = 40/(1+r) + 40/(1+r)^2 + 40/(1+r)^3$

$r = 10\%$，*即资本边际效率为 10%。*

投资需求取决于资本边际效率与利率的关系。只有当资本边际效率高于或等于利息率时才会有投资。资本边际效率递减指随着投资增加，资本边际效率变得越来越小。这主要是因为企业追求的目标是利润最大化，它们在投资时总是先选择资本边际效率较高的项目，后选择资本边际效率较低的项目。另外，在投资增加的过程中，对资产需求增加，导致资产价格上升；未来产品供给增加，会引起产品价格下降和预期资产收益减少。它们都会使资本边际效率递减。除非利息率可以足够低，否则资本边际效率递减会导致经济社会中投资需求不足。

（三）流动性偏好

流动性偏好表示人们对货币的需求。流动性偏好可以分为 3 种动机：(1) 交易动机，即为应付日常交易需要而持有一部分货币的动机。这一货币需求量主要决定于收入。收入越高，交易所需货币数量越多。(2) 谨慎动机，即为预防意外的支出而持有货币的动机。它主要决定于个人对意外事件的看法，但从整个社会来看，它与收入密切相关。(3) 投机动机，即人们为抓住有利的购买生息资产的机会而持有一部分货币的动机。生息资产（如债券）的价格随利率升降而向相反方向变化。因此，利率低，人们对货币的需求量大；利率高，人们对货币的需求量小。在利率极高时，投机动机引起的货币需求量等于零。在利率极低时，投机动机引起的货币需求量将是无限的，这被称为流动性偏好陷阱。在这种情况下，无论中央银行发行多少货币，都将被流动性陷阱所吸收，利率不会继续下降，货币政策对投资、就业和产出都没有影响。流动性偏好导致利率难以下降，这从另一方面引起投资不足。

【例15－7】　　　　我国农民失业的原因

自20世纪90年代中期以来，我国农业劳动力过剩问题逐步演变为农民失业问题。2008年年底，农业部根据10个固定观察点对10个省市的数据调查，得出农民工提前回流量占农民工总量的6.5%。如以6%的回流量估计，全国1.3亿外出农民工中已有780万人提前返乡。这是我国农民失业的一个缩影。农民失业人口的第二个重要组成部分是农村的剩余劳动力，他们属于隐蔽性失业。如果以每个劳动力10亩地能够过小康生活计算，则农村现有的耕地只能容纳1.9亿劳动力，扣除大约1.3亿在工业部门中就业的劳动力，农村实际剩余劳动力大约为1.7亿人。我国农民大量失业的原因在于：

（一）农村自然资源禀赋弱化

随着经济发展，农民土地逐渐流失。从全国来看，我国农民人均耕地近1.3亩，这个数量仅为世界平均水平的1/4左右。我国耕地正以每年500万—700万亩速度减少。而农村劳动力以每年1000万—1300万人的速度急剧增加，这种趋势将一直延续到2025年。例如，1999年湖南省人均耕地只有0.76亩，低于人均耕地0.8亩的世界土地警戒线标准。长期以来，我国对农业的投入偏低，造成农业各类基础设施十分薄弱。很多农村地区的水利基础设施还是以前的人民公社所建，设施老化严重。土地数量锐减和质量降低使得农民从事农业的风险加大，源自土地的收益与预期收益减少。

（二）农业技术水平提高

1978年以来，科技进步对中国农业增长的贡献率由20%提高到45%，超过了土地、劳动力及物质投入要素的贡献份额。中国的农业科技水平与世界先进水平的差距正逐步缩小，农业装备水平显著提高。中国用仅占世界9%的耕地养活了世界上21%的人口，不仅成功地解决了自己的温饱问题，为中国全面进入小康社会奠定了坚实的基础，而且为维护全球粮食安全、减少饥饿做出了重要贡献。我国主要农作物的良种覆盖率已达到85%，杂交水稻制种技术将稻谷单产从每公顷6000公斤提高到8000公斤以上。农业技术水平提高为农业剩余劳动力向非农产业转移创造了条件。

（三）有待完善的政策法律体系

当前我国政府的“三农”政策卓有成效，与过去通过“剪刀差”转移农产品价值相比是巨大的历史进步。但是，我国仍然保留明显的二元经济特征，如二元社会福利保障制度、城乡有别的金融信贷政策、农民在文化教育方面的非国民待遇等。特别值得注意的是，各地在执行“三农”政策上存在不少问题。如，支农政策存在“三要”现象（讲起来重要，忙起来次要，干起来不要）、对策现象（上有政策，下有对策）、“四乱”现象（乱摊派，乱收费，乱集资，乱罚款）。迄今为止，我国关于“三农”方面的法律法规还很不完善，说得多，做得少。

（四）十分有限的就业转移渠道

乡镇企业曾经是农村剩余劳力转移的主渠道，但是它对农村剩余劳力吸纳能力明显减弱。广东等地发达的劳动密集型加工业为四川、湖南、安徽等人口大省的农民就业做出了巨大贡献。但最近几年来，由于大中专毕业生的大量涌入、企业产业结构升级、外向型经济面临挑战，农民在沿海地区就业日趋艰难。

二、失业的经济影响

（一）失业对国民收入的影响

奥肯在研究美国经济时发现，失业率每降低 1 个百分点，产出能够增加 2. 5—3 个百分点；或者说，当失业率每提高 1 个百分点，产出将下降 2. 5—3 个百分点。这一理论后来被称为奥肯定律。奥肯定律从理论上肯定了就业对国民经济的重要影响，即就业的增长可以带来更大幅度的国民收入的增长，而就业率下降则会使得国民收入更大幅度下跌。劳动是一种非常重要的社会资源，而且不像机器那样不怕搁置。当机器闲置 1 年时，其可用年限一般不会减少。而当劳动力闲置时，这些劳动力所能创造的收入却会完全失去（因为劳动力的寿命是不可延长的）。除了劳动资源损失外，失业也给市场带来巨大损失。工人失业意味着商品消费量减少，它导致失业→需求减少→商品积压→企业减产→失业的恶性循环。

（二）失业对生活水平的影响

失业意味着手里可用的钱明显减少了，家庭的生活水平将显著下降。人们要把大屋换成小屋，要放弃度假，孩子的大学梦变成泡影，失业会使许多人陷入贫困。当劳动者无法就业时，精神也会蒙受巨大打击。在社会福利较少的发展中国家，失业可能让人饥寒交迫、无家可归、有病无钱治、被迫乞讨或偷窃。

（三）失业对财政的影响

世界大多数国家的政府必须为失业人员提供社会福利，庞大的失业人口对政府构成了巨大财政压力。当政府通过税收转嫁这种压力时，又会进一步压抑社会创造财富的积极性，从而阻碍经济增长。

我国失业的主体是农民，他们的社会福利待遇较少，从而不会构成财政压力。庞大的失业人口又使我国农民工工资较低，产品国际竞争力较强，所以在高失业背景下我国也能实现高增长。

三、失业的社会影响

失业有时不是失业者的原因造成的，如经营失败、企业倒闭、经济萧条等可能使工人被解聘。如果失业者心理素质差，他们有可能走极端，对原企业或社会进行报复。

失业也激化了家庭矛盾。家庭中有工作的一方可能抱怨失业的一方，引起离婚案上升。无工作的一方也可能把对企业、对政府的怨恨转向家庭成员，导致酗酒、家庭暴力增加。

失业还加大了贫富的差距。一方面有大量的失业人员生活艰苦；另一方面，先富起来的人则利用经济萧条的时机，大量购买别墅、豪华轿车、送子女到国外去读书。社会各阶层的生活反差越大，社会矛盾也就越大。

失业给不同年龄段的人带来不同的问题。年轻人长期失业，不仅浪费了人力资源，而且降低了他们今后就业的竞争力，犯罪和吸毒者也将增加。失业对中年人影响的后果更为严重，一旦失业，可能就没有翻身机会，企业很少雇佣40—50岁的失业者。

失业者可领取一定的失业救济金，但其数额少于就业时的工资水平，其生活相对恶化。但是，失业也有积极作用，它可以强化劳动纪律。

表15－1　我国城乡基尼系数与刑事案件比率

	年　份	基尼系数	刑案总数（人口万分比）	杀人案（人口10万分比）	抢劫案（人口10万分比）
城镇	1978	0.16	—	—	—
	1986	0.19	11.2	1.6	4.0
	1990	0.23	44.6	2.5	15.5
	1994	0.37	34	4.1	34.9
农村	1978	0.21	—	—	—
	1986	0.31	3.7	0.35	0.19
	1988	0.34	5.4	1.2	2.4
	1994	0.41	7.9	1.7	7.0
城乡	1979	0.31	—	—	—
	1988	0.38	7.59	1.46	3.33
	1994	0.43	14.11	2.26	13.53

资料来源：《青年犯罪研究》、《中国法律年鉴》（1978—1994年）。

基尼系数是衡量收入分配平均程度的指数，它越大，收入分配越不平均。从表 15－1 可见，刑事案件的增长与基尼系数的增长呈正相关，而杀人案与抢劫案的增长更是如此。警戒线理论认为，如果占人口 10% 的最高收入者的收入为占人口 10% 的低收入者收入的 10 倍，社会就进入了不稳定状态。根据《世界银行发展报告》71 国资料，我国在 1995 年已经超过了这个数字。

四、解决失业问题的对策

各国政府解决日益严重的失业问题主要有以下一些措施：

（一）政府采取积极的财政货币政策，促进经济增长

进入 20 世纪 90 年代以来，发达国家主要是通过综合应用财政政策、货币政策，保持一定的经济增长速度，以最大限度地吸纳劳动力就业，防止失业的进一步恶化。具体来说，主要是通过政府增加财政预算、降低企业税费、提供优惠贷款等措施来增加就业岗位，提供就业机会。还可以通过提供优惠的条件，鼓励创办新企业来增加就业机会。如，丹麦政府规定个体户在开业的头两年可以得到总数为 3 万克朗的技术咨询和培训资助，在税收方面还享受一定的优惠。

（二）加快产业结构的调整，实行积极的产业政策

近些年来，发达国家加快了产业结构调整的步伐，让第三产业成为劳动力就业的主要产业。发达国家的第三产业就业比重都在 60% 以上，丹麦等北欧国家高达 70% 以上。与此同时，通过提供金融、税收等方面的优惠政策，以及提供技术、信息、服务等措施，有利地促进了中小企业的发展，调动了中小企业吸纳劳动力的积极性。

（三）将失业保险与失业培训有机地结合起来

随着失业问题的日趋严重，多数发达国家都增加了用于职业培训的财政拨款，将失业保险与失业培训和再就业一体化。如，荷兰政府就将原来主要由国家承担的社会保险职能，由国家、企业和个人共同承担，从而减少了政府的财政赤字，增加了政府对建立劳动力市场和提供技术培训的投入。美、法、德等国也不同程度地进行了改革。

（四）改革就业制度，采取灵活多样的就业方式

随着失业问题日趋严重，发达国家采取了多种方式改革就业制度，采取灵活多样的就业方式。如，意大利的劳工出租制；美国的同他人分享一份工作的就业制度，即一份工作两人做；德、英、法等国则通过缩短工时，以及在一些行业实行部分工作时间的弹性工作制度等灵活就业方式，提高就业率。

本节内容告诉我们：根据凯恩斯的分析，失业的原因在于总需求不足。总需求不足源于三大心理规律，即边际消费倾向递减规律、资本边际效率递减规律和流动性偏好规律。资本边际效率是指将资产的未来收益折算为现值，并使该现值恰好等于该资产价格的贴现率。奥肯定律的内容是失业率每降低1个百分点，产出能够增加2.5—3个百分点；或者说，当失业率每提高1个百分点，产出将下降2.5—3个百分点。解决失业问题的对策主要涉及采取积极的财政货币政策、加快产业结构的调整、将失业保险与失业培训有机地结合起来、改革就业制度。

第三节 通货膨胀

本节结构： 通货膨胀的定义与度量→通货膨胀的类型→结构型通货膨胀→通货膨胀的经济效应→通货膨胀的分配效应→通货膨胀的治理对策

引导案例：　　2007年我国的通货膨胀

2003—2006年，我国的居民消费者价格指数上升幅度较小，分别为1.2%、3.9%、1.8%和1.5%。而进入2007年后，物价上涨幅度明显加大，特别是受食品价格持续上涨的影响，2007年CPI累计上涨4.8%。

我国发生通货膨胀的原因是什么？它对国民收入有什么影响？政府可采取哪些措施治理通货膨胀？

一、通货膨胀的定义与度量

通货膨胀是指一般价格水平的持续上涨。它不是指几种商品的价格上涨，而是指物价普遍上涨；它不是指物价一时上涨，而是指物价持续上涨。人们用通货膨胀率度量通货膨胀的程度，其计算公式如下：

$$\text{通货膨胀率}=\frac{\text{当年价格水平}-\text{前一年的价格水平}}{\text{前一年的价格水平}}$$

最常用的通货膨胀率指标是消费者价格指数。消费者价格指数（Consumer Price Index，CPI）反映消费者支付商品和劳务的价格变化情况，以百分比变化为表达形式。美国构成该指数的商品共分七大类：食品、酒和饮品；住宅；衣着；交通；医药健康；娱乐；其他商品及服务。消费者价格指数通常用于薪资报酬谈判中，因为雇员希望薪资能与CPI的变化同步。劳资合约中可能包含按价格指数调整条款，使薪资随CPI的升高自动调整。

二、通货膨胀的类型

根据通货膨胀的严重程度，通货膨胀可分为温和的通货膨胀、急剧的通货膨胀、恶性的通货膨胀。温和的通货膨胀指一位数字的通货膨胀（10%以下）。急剧的通货膨胀指两位数字的通货膨胀（10%—100%）。恶性的通货膨胀指三位数字的通货膨胀（100%以上）。

【例 15－8】

我国从 2007 年开始的通货膨胀是否属于温和的通货膨胀？

我国自 2007 年开始的通货膨胀属于温和的通货膨胀，最高的月度 CPI 为 8.7%。此次通货膨胀受到了各界广泛关注的原因在于，此次的通胀对居民生活的影响很大。特别是粮食、日用品等与居民日常生活密切相关的商品价格上涨幅度都超过了 10%，部分商品如肉类的涨价幅度甚至超过了 20%。而 CPI 指数之所以还处于温和的范畴之内，主要是因为这一时期耐用消费品的价格维持稳定甚至下降。

根据人们的预期，通货膨胀可分为未预期的通货膨胀和有预期的通货膨胀。根据通货膨胀发生的原因，它可分为需求拉上型通货膨胀、成本推进型通货膨胀（参见第十二章总供求模型）和结构型通货膨胀。

三、结构型通货膨胀

结构型通货膨胀是在总需求和总供给大体处于平衡状态时，由于经济结构方面的因素所引起的物价持续上涨。结构型通货膨胀又可分为需求结构转移型通货膨胀、部门差异型通货膨胀、小型开放经济通货膨胀和落后经济的结构型通货膨胀。

（一）需求结构转移型通货膨胀

需求结构转移型通货膨胀是在总需求不变的情况下，某个部门的一部分需求转移到其他部门引起的物价普遍上涨。需求增加的部门，产品会涨价，同时工资和利润会上升。而需求减少的部门一般会裁员，工资和产品价格不会下降。这样，从社会来看，物价总水平上升。

（二）部门差异型通货膨胀

部门差异型通货膨胀指部门间生产率差异造成的物价普遍上涨。例如，工农业部门生产率的增长快于服务业部门，生产率提高使企业可以在不涨价的前提下提高工资和利润。但服务业的工人和资本家产生攀比倾向。在这种压力下，服务部门工资和利润增长速度便超过其生产率的增长速度，企业只能通过涨价满足工人和资本家的要求，服务涨价带动一般物价水平上涨。

（三）小型开放经济通货膨胀

小型开放经济通货膨胀指对外开放的小国会受到世界通货膨胀影响，使本国出现物价普遍上涨。小国是指该国只是世界市场价格接受者，它不是根据国土和人口决定的。小国开放经济模型将一国经济划成开放经济部门和非开放经济部门（如服务业、建筑业等）。当世界市场价格上涨时，开放经济部门的产品价格随之上涨，也会使开放经济部门的工资相应上涨。非开放经济部门中会出现攀比倾向，企业会向开放经济部门看齐而提高工资。其结果是非开放经济部门的生产成本上升，其产品价格也必然随之提高。这样就导致小国全面的通货膨胀。

（四）落后经济的结构型通货膨胀

落后经济的结构型通货膨胀指发展中国家落后的经济结构不适应经济发展的需要，尤其是农业、外贸和政府部门具有的体制性刚性导致物价水平随着经济发展而上涨。（1）在农业部门，过时的土地所有制限制了农业投资增长和农业技术改进，导致农业生产率低下，农产品不能满足经济发展需要，导致农产品价格上涨。（2）发展中国家出口部门生产率低下，出口收入增长赶不上进口支出增加，导致国际收支逆差和本币对外贬值。贬值造成进口品国内价格上升，推动国内生产成本提高和物价水平的上涨。（3）发展中国家人均收入低，政府税收增长速度赶不上国民收入增长速度。同时，政府必须不断扩大支出以推动经济的增长，形成越来越大的财政赤字，它最终以增发货币加以弥补，造成通货膨胀。

【例15－9】　2007年我国通货膨胀的原因

需求拉动、成本推动和结构型通货膨胀是2007年我国通货膨胀的3种根源。具体表现是：（1）国内存在价格的结构性上涨。粮食、肉禽及其制品价格的较快上涨始于2006年下半年，至2007年10月，肉禽及其制品价格指数同比增长率达到了130.1%。受过去猪肉价过低和蓝耳病等疫病的双重打击，生猪出栏大幅度下降，猪肉供应偏紧，仅2007年上半年，猪肉价格就同比增长了70%。这直接带动了其他食品的价格上涨，并逐步传导到下游食品加工、餐饮等行业。（2）全球粮食减产，国际市场粮食供需关系总体趋紧，直接导致国际农产品价格大幅度上涨。2006年，全球谷物减产了3300万吨。此外，石油价格飙升使得美国等一些发达工业国家调整能源政策，鼓励利用玉米加工乙醇作为燃料，这直接增加了对农产品的需求。（3）高额外汇储备导致货币供应量过大。2003—2006年，我国M_2年增长率平均高出GDP增长率5.4%。外汇占款导致的基础货币投放量比总货币供应量的1/4还多。（4）低利率推动投资。2003—2006年，全国固定资产投资年增长率高达23%，比GDP增长率高出13%。（5）从成本推动层面看，国际能源价格大幅上涨，导致商品的生产成本增高。我国约40%的国际石油依存度，导致石油类产品价格显著影响国内商品价格。(6) 从劳动成本推动层面看，随着劳动力供求出现结构性趋紧和政府加快步伐提高劳动者福利水平，我国职工工资总额和职工平均工资已连续 4 年实现两位数增长，超过同期 GDP 增长率，全国平均劳动报酬增长率已连续 7 个季度超过 GDP 增长率。(7) 居民对通货膨胀的预期增强，根据央行调查，认为物价会继续上行的受调查居民要远多于认为物价会下降的居民。

四、通货膨胀的经济效应

经济学界对通货膨胀的经济效应一直存在争论，大致有促进论、促退论和中性论这 3 种不同的意见。

(一) 通货膨胀促进论

少数人认为通货膨胀能促进经济增长。其理由是：(1) 在通货膨胀的情况下，由于商品价格的提高一般快于工资的提高，结果导致实际工资降低、厂商的利润增加，这样就会刺激厂商扩大投资，进而促进经济增长。(2) 在货币经济中，通货膨胀是一种有利于高收入阶层（即利润收入阶层）而不利于低收入阶层（即工资收入阶层）的收入再分配。由于高收入阶层的边际储蓄倾向较高，因此，通货膨胀会促使社会储蓄率提高，从而有利于经济增长。(3) 通货膨胀实际上是货币发行者（即政府部门）从货币持有者（即私人部门）手中获得收入的过程。政府通过发行货币使政府收入增加。如果政府将所获得的这种通货膨胀税用于投资，将提高社会的投资率，从而推动经济增长。

(二) 通货膨胀促退论

多数人认为通货膨胀会损害经济增长。其理由是：(1) 在持续性的通货膨胀过程中，市场价格机制将遭到严重破坏。由于市场价格机制失去了其应有的调节功能，这就往往会促使消费者和生产者做出错误的决策，从而导致经济资源的不合理配置和严重浪费，使经济效率大大下降。(2) 通货膨胀意味着货币购买力的下降，在预期物价会进一步上涨的心理支配下，公众为避免将来物价上涨所造成的经济损失而增加目前消费，这就会使社会储蓄率下降，从而使投资率和经济增长率下降。(3) 通货膨胀会动摇人们对货币的信心，并促使人们更多地持有那些价格随通货膨胀不断上涨的实物资产，囤积货物，抢购黄金、外汇以及各种奢侈品，或从事房地产等投机活动，而不去从事正常的生产性活动，结果将严重地阻碍经济的增长。(4) 如果本国通货膨胀长期高于外国，则使本国产品相对于外国产品价格上升，从而不利于本国的出口，并刺激进口的增加。本国通货膨胀率长期高于外国，还会促使人们将国内储蓄转移到国外，这样就势必导致本国国际收支的逆差，并使黄金和外汇外流，从而给各国经济增长带来压力。

（三）货币中性论

货币主义强调，货币供应量的变动从长期来看不会影响实体经济的运行。人们对通货膨胀会产生预期，它最终会抵消通货膨胀对经济的各种效应。例如，在无预期前提下，通货膨胀使实际工资下降，从而促进投资和经济增长。但是，在有预期的前提下，物价上升伴随工资上涨，成本不会下降，投资也不会增加。

五、通货膨胀的分配效应

通货膨胀对债务人有利，因为它使债务人的实际负债减少，从而相当于分配到了更多的财富。但它对债权人不利，因为收回的是缩水的货币。

【例15－10】 通货膨胀对债权债务关系的影响

假设一个人贷款10万元购买汽车，贷款利息为每年10%，他于一年后将本息一同还清。那么，当这个人归还贷款时，总还款额是［10×（1+10%）=］11万元。假设一年后物价上升了20%，那么，这个人所归还的11万元相当于一年前的［11/（1+20%）=］9.17万元，他所归还的本息总额小于一年前的借款本金额。

通货膨胀对穷人不利，因为他们的实际收入减少。富人通常把通货膨胀看成投机的机会，他们可能从中牟利。

通货膨胀对退休者不利，因为他们的退休金是固定的，可能数年才能调整一次。

六、通货膨胀的治理对策

政府治理通货膨胀的政策措施主要包括货币政策、财政政策、收入政策、收入指数化政策和其他经济政策。

（一）货币政策

运用货币政策来抑制通货膨胀主要通过两条途径来实现：一是降低货币供应量的增长率，以压抑总需求；二是提高利率，以抑制投资需求，并刺激储蓄增加，从而保证总需求与总供给的均衡。

（二）财政政策

运用财政政策治理通货膨胀的方式是：（1）增加税收，使企业和个人的利润和收入减少，从而使其投资和消费支出减少。（2）削减财政支出，以平衡预算、消除财政赤字，从而消除通货膨胀的隐患。（3）降低政府转移支付水平，减少社会福利开支，从而起到抑制需求增加的作用。

（三）收入政策

收入政策指工资和物价管理政策，以阻止工会和垄断企业这两大团体互相抬价所引起的工资、物价轮番上涨的趋势。收入政策主要针对成本推进型通货膨胀，其形式有：（1）确定工资、物价指导线，以限制工资、物价上升。（2）强制性管制，即由政府颁布法令对工资和物价实行管制，硬性规定工资和物价的上涨幅度，甚至暂时将工资和物价冻结在某一水平上。（3）以纳税为基础的收入政策，即政府以税收作为奖励和惩罚的手段来限制工资和物价的增长。如果工资和物价的增长超出政府规定的界限，就以增加税收作为惩罚。

（四）收入指数化政策

收入指数化是将以工资为核心的各种收入同物价实行指数化联系，使各种收入随物价指数变动而调整。它能够缓解通货膨胀给工薪阶层带来的损失，并不能抑制通货膨胀。

（五）其他经济政策

其他的反通货膨胀的政策措施包括：（1）增加有效供给。供应学派认为，减税可使企业和个人的税后净收入增加，刺激企业和个人投资的积极性，从而促使供给增加和抑制通货膨胀。（2）削减社会福利开支。它可削减政府财政赤字，以消除通货膨胀的压力。它又可杜绝人们对社会的依赖心理，从而使失业减少。（3）反垄断政策。通货膨胀可能是由于垄断性行业操纵价格而引起的。反垄断政策把那些较大企业划分成为较小的企业，可以增加竞争和避免价格操纵。（4）实行币制改革。如果一国的通货膨胀已达到难以扼制的状态，那么唯一有效的对策是币制改革。币制改革的一般做法是废除旧货币，发行新货币，并对新货币制定一些保证币值稳定的措施。

本节内容告诉我们：通货膨胀指一般价格水平的持续上涨。结构型通货膨胀是在总需求和总供给大体处于平衡状态时，由于经济结构方面的因素引起的物价持续上涨。结构型通货膨胀又可分为需求结构转移型通货膨胀、部门差异型通货膨胀、小型开放经济通货膨胀和落后经济的结构型通货膨胀。通货膨胀会损害经济增长的理由是：（1）在持续性的通货膨胀过程中，市场价格机制将遭到严重破坏。（2）通货膨胀会使社会储蓄率下降，从而使投资率和经济增长率下降。（3）通货膨胀会促使人们更多地从事投机活动，结果将严重地阻碍经济的增长。（4）如果本国通货膨胀长期高于外国，不利于本国的出口，并刺激进口的增加。政府治理通货膨胀的政策措施主要包括货币政策、财政政策、收入政策、收入指数化政策和其他经济政策。

第四节
菲利普斯曲线

本节结构：原始的菲利普斯曲线→短期菲利普斯曲线→产出—物价型菲利普斯曲线→长期菲利普斯曲线→菲利普斯曲线的恶化

引导案例：

表15－2　　　　我国1998年以来通货膨胀率和失业率的关系

年份	1998	1999	2000	2001	2002	2003	2004	2005	2006	2007
CPI（%）	－0.8	－1.4	0.4	0.7	－0.8	1.2	3.9	1.8	1.5	4.8
失业率（%）	3.1	3.1	3.1	3.6	4.0	4.3	4.2	4.2	4.1	4.0

近10年来，我国的通货膨胀率与失业率之间是否具有菲利普斯曲线所描述的交替关系？如果没有，那么造成这种情况的原因又是什么？

一、原始的菲利普斯曲线

1958年，英国经济学家W·菲利普斯在研究了1867—1957年间英国的失业率与货币工资变动率后绘制出原始的菲利普斯曲线，它是一条用以表示失业率和货币工资变动率之间交替关系的曲线。这条曲线表明，当失业率较低时，货币工资增长率较高；当失业率较高时，货币工资增长率较低，甚至是负数。这条曲线是根据实际统计资料绘制出来的。在现实生活中，货币工资增长率和失业率都会受到对方以外许多其他因素的影响，因此曲线的形状不是平滑的。图15－1中曲线的平滑形状是一种理论上的抽象概括。在1957年以前的绝大多数时间里，人们没有产生通货膨胀预期，所以货币工资增长率和失业率之间有明显的对应关系。

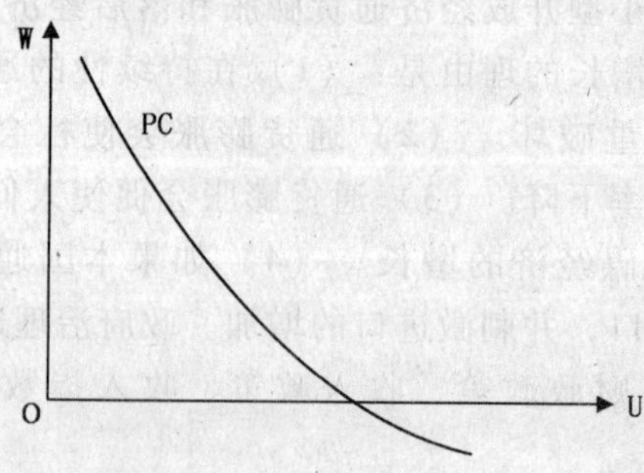

图15－1　原始的菲利普斯曲线

在图 15－1 中，W 为货币工资增长率，U 为失业率，PC 曲线是原始菲利普斯曲线。原始菲利普斯曲线向右下方倾斜，表明货币工资变化率决定于失业率，失业对工资增长具有负面影响。但是，在第二次世界大战后通货膨胀比较严重的时期，工人们关心工资的购买力而不是货币工资本身，雇主也不关心名义工资而关心劳动的真实成本，这使人们对原始菲利普斯曲线的真实性提出质疑。

二、短期菲利普斯曲线

短期菲利普斯曲线表明的是失业率与物价上涨率之间的关系，由美国经济学家萨缪尔森和索洛于 1960 年提出。他们以物价上涨率代替了原来的货币工资变化率。这种菲利普斯曲线的表现形式与上述第一种菲利普斯曲线相同，只不过纵轴改为物价上涨率。

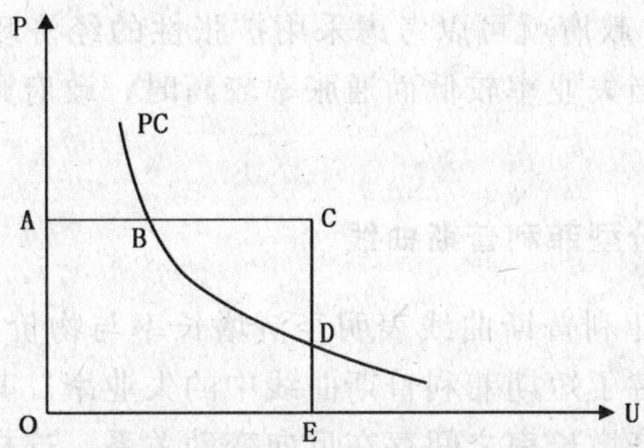

图 15－2　短期菲利普斯曲线

在图 15－2 中，P 为物价上涨率，U 为失业率，PC 为短期菲利普斯曲线。这条曲线提出了一些重要的观点：

（1）通货膨胀由工资成本推动引起。从整体上看，通货膨胀率与货币工资增长率之间存在相当稳定的正比例关系，所以纵轴能够用物价上涨率取代原来的工资增长率。[①] 短期菲利普斯曲线的理论基础之一是成本推进通货膨胀假说。纵轴的改变不会影响短期菲利普斯曲线的基本形状。由于这一改变，它所表达的思想变为：失业率和通货膨胀存在着替代的关系，它们可能同时存在。这与凯恩斯的分析是不同的。凯恩斯没有看到这种替代关系，从而低估了政府需求管理政策可能付出的代价。

---

① 西方经济学假设，在短期内，货币工资变动率与通货膨胀率之间存在一个稳定的差（即劳动生产率的增长率），只要用货币工资变动率减去这个固定的差额，就可以得到通货膨胀，即 $\frac{\Delta P}{P}=\frac{\Delta W}{W}-a$（a 表示劳动生产率的增长率，在短期内为一常数）。

（2）它提出另一种自然失业率概念（在图 15－2 中用 E 表示），即自然失业率是通货膨胀为零时的失业率。这与前面提到过的自然失业率（充分就业时的失业率）有所不同。在某些特定的假设前提下，二者可以相等。

（3）它的政策含义是：政府可以运用扩张性的宏观经济政策，用较高的通货膨胀率来换取较低的失业率；也可以运用紧缩性的宏观经济政策，以较高的失业率来换取较低的通货膨胀率。这就为宏观经济政策的选择提供了理论依据。在图 15－2 中，A 和 E 分别表示社会可以接受的通货膨胀率和失业率，与它们相对应的 C 点为社会临界点。政府的职责之一是使经济处于短期菲利普斯曲线的 BD 部分。如果经济处于 B 点左上方，政府需要降低通货膨胀率；如果经济处于 D 点右下方，政府需要降低失业率。例如，假设政府认为 5% 的失业率和通货膨胀率是社会可以接受的，那么当两个指标都处于 5% 左右时，政府就没有必要进行调控。如果失业率高于 5%，而通胀率大大低于 5% 时，政府就可以考虑采用扩张性的经济政策，以提高通胀为代价降低失业。而当失业率较低而通胀率较高时，政府则可以考虑运用紧缩性政策来压低通胀。

三、产出—物价型菲利普斯曲线

产出—物价型菲利普斯曲线表明经济增长率与物价上涨率之间的关系。它以经济增长率代替了短期菲利普斯曲线中的失业率。其理论基础是奥肯定律，即失业率与经济增长率之间存在反向变动关系。这样，经济增长率与物价上涨率之间便呈现同向变动关系。

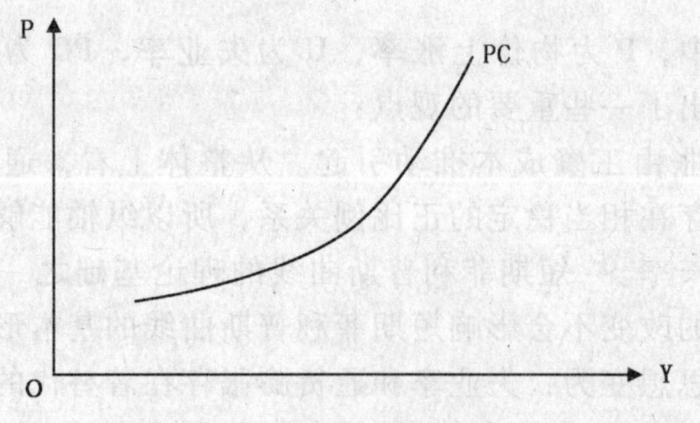

图 15－3　产出—物价型菲利普斯曲线

在图 15－3 中，P 为通货膨胀率，Y 为经济增长率，PC 为产出物价型菲利普斯曲线。它表明经济增长率越高，物价上涨率越高。这条曲线的走向与前面提到的菲利普斯曲线的形状正好相反，但是它们表达的基本思想是相似的。

在这一关系的研究中，人们有时不是直接使用经济增长率作为横轴，而是采用“现实经济增长率对潜在经济增长率的偏离”。现实经济增长率表明一定时期内由社会总需求所决定的产出增长情况。而潜在经济增长率则表明一定时期内，在一定技术水平下，社会的人力、物力、财力等资源所能提供的总供给的状况。这条曲线表明，现实经济增长率对潜在经济增长率的偏离与物价上涨率二者呈同向的对应变动关系。当现实经济增长率对潜在经济增长率的偏离上升时，物价上涨率上升；当现实经济增长率对潜在经济增长率的偏离下降时，物价上涨率下降。

以上 3 种形状的菲利普斯曲线被称为基本的菲利普斯曲线。

四、长期菲利普斯曲线

当研究者们利用近几十年来的数据对菲利普斯曲线进行实证检验时，失业率和通货膨胀率之间并没有表现出菲利普斯所描述的替代关系。针对这一情况，埃蒙德·费尔普斯和米尔顿·弗里德曼认为，菲利普斯曲线之所以不能通过实证检验，是因为菲利普斯曲线所表现的情况仅仅适用于短期，长期菲利普斯曲线的形状应该是一条垂线。

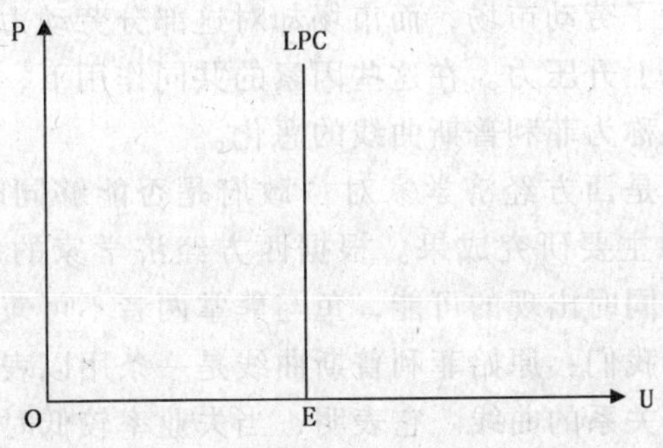

图 15－4　长期菲利普斯曲线

在图 15－4 中，P 为通货膨胀率，U 为失业率，LPC 为长期菲利普斯曲线，它是对应于自然失业率 E 的一条垂直线。

本节引导案例中，我国的失业率基本上不会随着通货膨胀率而改变，大体符合长期菲利普斯曲线假说。

预期是解释这一现象的关键因素。短期菲利普斯曲线不考虑预期，物价上涨时，短期名义工资不会变动，于是人们的实际工资下降，企业利润增加并倾向于雇佣更多工人，从而失业率下降。但是，随着时间的推移，工人们会发现自己的实际工资低于从前，于是他们会要求提高实际工资，即长期中人们会产生预期。这意味着物价上升不会降低企业的成本，不会增加企业的利润，于是企业不会增加工人。

如果政府利用扩张政策进一步提高通货膨胀水平，那么在长期内，失业率和通货膨胀率仍将在垂直的菲利普斯曲线上的更高位置达到均衡，政府的扩张政策仅仅提高了通货膨胀水平，对失业率无能为力。

长期菲利普斯曲线所对应的失业率是自然失业率。这一失业率是与劳动市场的均衡工资率相适应的失业率。如果失业率低于这一水平，将出现过度劳动供给，实际工资率将被迫下降；如果失业率高于这一水平，将出现过度劳动需求，实际工资率将会上升。只有当失业率等于这个自然失业率时，劳动市场才会实现供求平衡，此时工资不存在任何上升或下降的压力，失业与通货膨胀达到均衡。

五、菲利普斯曲线的恶化

在20世纪70年代，受国际原油价格上涨、世界范围内粮食歉收等冲击的影响，美国乃至整个西方世界出现了严重的成本推进型通货膨胀。这种通胀不但不能拉动需求，反而会降低实际的消费需求和投资需求，并导致失业率趋于上升。此外，当时美国等西方国家正处于劳动力结构转轨的过程，大批青年和妇女进入了劳动市场，而市场却对这部分劳动力缺乏需求，这也进一步加大了失业的上升压力。在这些因素的共同作用下，失业率和通货膨胀率同时升高，这被称为菲利普斯曲线的恶化。

菲利普斯曲线是西方经济学家对“政府是否能够同时实现高增长与低通胀”这一问题的主要研究成果。根据西方经济学家的解释，高增长与低通胀几乎完全没有同时出现的可能，鱼与熊掌两者不可兼得。

本节内容告诉我们：原始菲利普斯曲线是一条用以表示失业率和货币工资变动率之间交替关系的曲线。它表明，当失业率较低时，货币工资增长率较高；当失业率较高时，货币工资增长率较低。短期菲利普斯曲线表明失业率和通货膨胀存在着替代的关系。长期菲利普斯曲线是对应于自然失业率的一条垂直线。

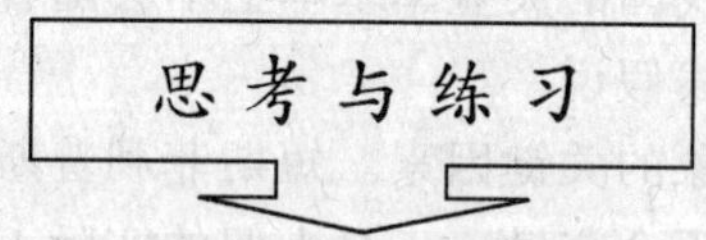

一、选择题

1. 不属于自愿失业的是（　　）造成的失业。

A. 学历低　　　　B. 怕吃苦

C. 不愿意看别人眼色　　D. 嫌工资低

2. 摩擦性失业产生于(　　)。

A. 社会矛盾激化　　B. 转换工作面临暂时困难

C. 技术进步　　D. 经济萧条

3. 结构性失业是指由于(　　)变化而导致的失业。

A. 社会经济体制　　B. 需求结构

C. 产业结构　　D. 以上都对

4. 新古典补偿理论认为技术进步可通过(　　)补偿技术进步性失业。

A. 新机器补偿机制　　B. 价格下降补偿机制

C. 庇古效应　　D. 以上都对

5. 根据凯恩斯的分析，周期性失业的根源是(　　)。

A. 边际消费倾向递减　　B. 生产过剩

C. 流动性不足　　D. 以上都对

6. 隐蔽性失业指(　　)。

A. 农村的失业　　B. 临时性失业

C. 边际产量等于零的就业　　D. 未统计的失业

7. 自然失业率指(　　)。

A. 市场自发性失业率

B. 充分就业条件下的失业率

C. 天灾造成的失业率

D. 自愿性失业率

8. 部门差异型通货膨胀指部门间(　　)差异造成的物价普遍上涨。

A. 需求　　B. 开放程度

C. 利润　　D. 生产率

9. 落后经济的(　　)造成结构型通货膨胀。

A. 人口多　　B. 生产力低

C. 体制性刚性　　D. 以上都对

10. 少数人认为通货膨胀能促进经济增长的理由是它能(　　)。

A. 增加储蓄　　B. 增加消费

C. 提高工资　　D. 以上都对

11. 承认失业率和通货膨胀率存在着替代的关系的曲线是(　　)。

A. 原始菲利普斯曲线　　B. 短期菲利普斯曲线

C. 长期菲利普斯曲线　　D. 以上都对

12. 解释长期菲利普斯曲线形状的关键因素是(　　)。

A. 生产率　　B. 经济周期

C. 时间　　　　　　　　　　　　　　　　　　D. 预期

二、用我国数据检验边际消费倾向递减规律是否成立。

三、了解我国失业和通货膨胀的最新情况。

四、说明短期菲利普斯曲线不能解释我国失业与通货膨胀关系的原因。

五、分析当前我国解决失业和通货膨胀问题的对策。

本章选择题参考答案：1. A　2. B　3. D　4. C　5. A　6. C　7. B　8. D　9. C　10. A　11. B　12. D

第十六章

开放条件下的宏观经济分析

学习目的

1. 了解国际收支、经常项目差额、资本和金融项目差额、储备资产差额、冲销政策等概念。
2. 掌握国际收支与货币供给的关系，以及国际收支与国民收入的关系。
3. 理解我国现实存在的双顺差问题。

本章结构： 国际收支平衡表→国际收支与货币供给的关系→国际收支与其他宏观经济变量的关系

引导案例： **2007 年我国国际收支**

2007 年，我国国际收支交易总规模为 4.3 万亿美元，较 2006 年增长 30%；经常项目顺差 3718 亿美元，资本和金融项目顺差 735 亿美元。2007 年年末，我国外汇储备余额达到 15282 亿美元，比 2006 年年末增加 4619 亿美元。

什么是国际收支？什么是经常项目顺差？什么是资本和金融项目顺差？国际收支与外汇储备有什么关系？研究国际收支有什么意义？

第一节 国际收支平衡表

本节结构： 国际收支→国际收支平衡表→国际收支平衡表的记账方式→我国国际收支双顺差的原因

引导案例： **2007 年我国国际收支双顺差**

自 1999 年以来，我国经常项目与资本和金融项目（简称资本项目）都是顺差，其中经常项目顺差在最近几年更是大幅上升。2007 年，我国经常项目顺差高达3718.3亿美元，资本项目顺差为735亿美元。双顺差现象在我国长期持续至今，它的必然结果是外汇储备剧增。这个现象之所以值得注意，是因为长期持续的双顺差在国际上是非常少见的，而且世界其他国家越来越关注这个问题，要求我国采取负责任的大国态度。

如何理解中国国际收支双顺差现象？是什么原因造成了这一现象？为什么其他国家如此关注我国的双顺差？

一、国际收支

国际收支（Balance of Payment）有3种基本含义，即统计意义上的国际收支、市场国际收支和国际收支差额。各国国际收支一般用美元表示。

（一）统计意义上的国际收支

国际货币基金组织（IMF）对国际收支的定义是：国际收支是特定时期的统计报表。它系统记录某经济实体与世界其他经济实体之间的经济交易，其中包括商品、服务和收益方面的交易；它对其他经济实体债权债务关系的变化，以及无偿的单方转移。这种表述反映的是统计学意义上的国际收支，相当于国际收支统计报表，即国际收支平衡表。

（二）市场国际收支概念

市场国际收支指经济实体（国家或特殊地区）涉及外汇收支的全部国际交易。它与前者的主要区别是不包括实物捐赠、易货贸易等不涉及外汇收支的国际交易。由于绝大多数国际交易都涉及外汇收支，所以它与统计意义上的国际收支在数量上没有明显差别。

（三）国际收支差额

在习惯上，国际收支可以表示国际收支差额。国际收支的英文直译成中文就是支付差额。国际收支差额是国际收支平衡表线上项目贷方总额减去借方总额之差。在不同场合，国际收支差额有不同含义，这取决于政府根据特定需要在国际收支平衡表上人为画线位置的高低。例如，它可代表贸易差额（线画在收益项目上方）、经常项目差额（线画在资本和金融项目上方）、储备结算差额（线画在储备项目上方）等。

国际收支是一种流量概念。例如，国际收支可以反映某一年中外资流入数量，而并不反映该国在某一时点利用的外资总额。

二、国际收支平衡表

国际收支平衡表是一国按照复式簿记原则，对一定时期居民与非居民之间国际交易的系统记录。这个报表系统记录居民（某经济实体）与非居民（世界其他经济实体）之间的经济交易，反映了国际收支各组成部分的总额、构成和差额。

居民是指在本国长期从事生产和消费的人或法人。他国的公民也可能属于本国居民。居民可分为自然人居民和法人居民。自然人居民是指那些在本国居住时间长达一年以上的个人，但官方外交使节、驻外军事人员等一律是所在国的非居民；法人居民是指在本国从事经济活动的各级政府机构、企业和非营利团体，但是国际性机构，如联合国、国际货币基金组织等是任何国家的非居民。

国际收支平衡表分为三大项目，即经常项目、资本和金融项目、官方储备变动。在实际生活中，也有一些国家把官方储备变动纳入资本和金融项目。这种区别会对理论分析产生重要影响。

在各个项目，国际收支分为差额、贷方和借方三部分。贷方记录资产增加或负债减少；借方记录资产减少或负债增加。借方小于贷方为顺差；借方大于贷方为逆差。另一种理解是贷方记录从外国获得外汇收入的项目，借方记录对外国支付外汇的项目。

（一）经常项目

经常项目下又包含贸易（货物和服务）项目、收益项目和经常转移项目。

表 16－1　　2007 年中国国际收支平衡表　　（单位：千美元）

项　目	差　额	贷　方	借　方
一、经常项目	371832620	1467881998	1096049377
A. 货物和服务	307476604	1342205962	1034729358
a. 货物	315381397	1219999629	904618232
b. 服务	－7904793	122206333	130111126
B. 收益	25688492	83030308	57341816
C. 经常转移	38667524	42645727	3978204
二、资本和金融项目	73509250	921960702	848451452
A. 资本项目	3099075	3314699	215624
B. 金融项目	70410175	918646003	848235828
1. 直接投资	121418332	151553693	30135361
2. 证券投资	18671987	63969241	45297254
3. 其他投资	－69680144	703123069	772803213
三、储备资产	－461744102	239766	461983869
四、净误差与遗漏	16402232	16402232	0

资料来源：国家外汇管理局网站，http：//www. safe. gov. cn。

1. 贸易项目收支。贸易收支（进出口）指货物和服务进出口的外汇收支。其中，货物进出口指工业品和农产品出口和进口；服务贸易指无形贸易的出口和进口。这里的无形贸易包括运输、旅游、通讯服务、建筑服务、保险、金融服务、电脑和信息服务、专有权的使用费和转让费、个人和文化娱乐服务、政府服务等。

贸易收支差额又称净出口 NX，它是出口额 X 与进口额 V 之差。这里，贷方记录出口收入，出口引起资产增加；借方记录进口支出，进口引起资产减少。

$$NX = X - V \tag{16-1}$$

从表 16－1 可以看出，2007 年我国货物收支顺差约为 3153.8 亿美元，服务收支逆差约为 79 亿美元。因此，2007 年我国的贸易收支顺差约为 3074.8 亿美元。

2. 收益项目收支。收益项目记录生产要素国际流动引起的要素报酬收支。收益项目下设职工报酬和投资收益两个子项。职工报酬记录工人 1 年内的国际流动所赚取的工资、薪金和其他报酬。投资收益记录本国居民购买和持有国外资产而获取的利润、股息、利息等收入以及非居民购买和持有国内资产而获取的相应收入。这里，贷方记录外汇收入，借方记录外汇支出。由表 16－1 可知，我国 2007 年的收益项目顺差约为 256.9 亿美元。

3. 经常转移项目收支。经常转移项目记录的是无需偿还的实物和金融资产的所有权转移引起的收支，分为政府和私人两个子项目。政府的经常转移包括军事援助、战争赔款、捐款、政府与国际组织之间的定期费用等。私人的经常转移包括侨汇、捐赠、继承、赡养等。如表 16－1 所示，2007 年我国经常转移项目为顺差 386.7 亿美元。

4. 经常项目差额。经常项目差额（CA）指的是贸易收支差额、收益差额与经常转移差额之和。经常转移项数额较小，而且带有随机性，在理论分析中通常被忽略。在理论分析中，人们经常将 CA 界定为：

$$CA = X - V + i^{*}F + W^{*}L \tag{16-2}$$

式中，F 表示居民持有外国金融资产净值，即居民持有的外国金融资产减非居民持有的本国金融资产之差，i^{*} 为外国利率，$i^{*}F$ 为资本收益；W^{*} 为外币表示的工资率，L 为劳动力净输出，$W^{*}L$ 为劳动报酬。从表 16－1 中可以看出，我国 2007 年经常项目也是巨额顺差，达 3718.3 亿美元。

（二）资本和金融项目

资本项目是指资本转移和非生产、非金融资产的购买和出售。资本转移指固定资产所有权的转移，与固定资产买卖有关的资金转移，以及债务取消。非生产、非金融资产指各种无形资产，例如注册企业名称、租赁合同、其他可转让的合同、商誉等。资本项目金额不会很大，例如2007年我国该项目差额为31亿美元。

金融项目是资本和金融项目的主要部分，它有直接投资、证券投资和其他投资3个子项。直接投资指居民（包括法人）对非居民单位进行的能够掌握管理权的投资。证券投资即股票和债券投资。债券包括长期债券、无抵押公司债券、中期债券、短期国库券、商业票据、银行承兑汇票、可转让大额存单、各种衍生金融工具等。其他投资范围较大，包括贸易融资、银行贷款、存款、金融租赁等。2007年，我国该项目差额为704亿美元，其中又以直接投资项目的顺差最大，达到1214亿美元。

资本和金融项目差额（KA）指的是资本项目差额和金融项目差额之和。

需要说明的是，在实际生活中，将金融项目看成私人资本流动与官方资本流动之和，这样它还包括储备资产变动。

（三）储备资产变动

储备资产变动（ΔR）指本国持有的外汇储备资产的变动数额。它包括黄金、与国际货币基金组织有关的资产（特别提款权等）和外汇资产（如政府债券和外币存款）。储备资产变动反映官方资本流动。

由于国际收支平衡表采用的是复式簿记原则，每一笔交易都会分别计入一个项目的贷方和借方，因此，在不考虑误差与遗漏的情况下：

$$\Delta R = B = CA + KA = X - V + i^{*}F + W^{*}L + KA \tag{16-3}$$

储备资产变动ΔR等于整体国际收支差额B。需要注意的是，在国际收支平衡表上，储备资产变动为负值，反映外汇储备增加或国际收支顺差；储备资产变动为正值，反映外汇储备减少或国际收支逆差。因为增加外汇储备反映的是国家资本输出，它和私人资本输出一样应记入借方。

储备资产变动反映了当年经常项目差额（CA）与资本和金融项目差额（KA）。

2007年，我国储备资产变动已经达到4617.4亿美元，增加数量是空前的。

（四）净误差与遗漏

净误差与遗漏项是为了使国际收支平衡表达到统计上的平衡要求而人为设置的项目。

根据国际收支平衡表的记账方法，在理论上它应该是平衡的，所以理论分析经常不考虑净误差与遗漏项。但是，在统计实践中，借方总额和贷方总额经常是不相等的。净误差与遗漏项存在的原因在于：

1. 各申报单位的统计口径不同。国际收支源自多家机构申报的数据，如海关、银行、国际旅游局等，它们的统计口径可能存在差异。但是，由此引起的误差一般不会很大。

2. 外汇收入和外汇支出在时间上不匹配。例如，某人打算出国旅游，从美国取回3000美元。但是，在他尚未出国的这段时间里，国际收支平衡表上只有资本项下贷记3000美元，而无服务项下的借记3000美元。

3. 非正常的资本流动。如，出口商用手提箱私下将美元携往国外，在国际收支平衡表上便不能见到商品项下的美元贷记，也不能见到资本项下的美元借记。

4. 短期资本频繁流动所造成的工作中的误差。例如，一笔短期资本流动记入本期还是下一期，可能会影响两个时期的国际收支平衡。2007年，我国该项目出现正值，主要反映人民币升值预期引起的短期资本流入。

【例16－1】　我国是资本输入国还是资本输出国？

根据2007年国际收支平衡表，我国资本和金融项目顺差为735.1亿美元，它说明私人资本为净流入。但是，我国外汇储备增加4617.4亿美元，它说明官方资本为净流出。二者相抵之后，我国在这一年的资本输出为3882.3亿美元。如果考虑官方资本流动，我国已经持续多年资本净输出。除了石油输出国之外，这种情况在发展中国家是比较少见的。

三、国际收支平衡表的记账方式

各国的国际收支平衡表都是按照“有借必有贷，借贷必相等”的复式簿记原则来记账的。每一笔国际交易都会在贷方（正号方）和借方（负号方）产生金额相等的两笔记录，因为它会带来商品、服务和金融资产的双向移动。概括地讲，任何导致对外国人进行支付的交易，都记入国际收支账户的借方，并在前面加上一个负号（－）；任何导致从外国人那里获得收入的交易，都记入贷方，并加上一个正号（＋）。

假设A国在某时期一共发生6笔国际交易：

1. A国某公司向B国出口1800万美元纺织品，外国进口商开出美元支票进行支付。能带来外汇收入的项目记入贷方，即商品项下贷记1800万美元。该美元支票转入美国某家银行活期存款账户，对该国是一种短期资本输出行为，故在资本和金融项下借记1800美元。

2. A国某公司从C国进口1000万美元小麦，合同规定3年后一次性付款。小麦进口导致外汇支出，故在商品项下借记1000万美元。同时，该国获得了3年期的商业信贷（延期付款），在资本项下贷记1000万美元。

3. A国某旅游团在D国旅游，使用旅行支票支付了10万美元。旅游外汇支出导致A国服务项下借记10万美元。同时，A国旅行团在购买旅行支票时，需要动用在美国银行的10万美元活期存款，这种资本流入反映为资本项下贷记 10 万美元。

4. A 国政府向 E 国提供 100 万美元大米援助。由此引发的大米出口导致商品项下贷记 100 万美元。同时，政府的援助在经常转移项下借记 100 万美元。

5. A 国某公司动用其在 F 国的存款购买了相当于 10 万美元的 F 国某公司股票。购买外国股票属于资本输出，在资本项下借记 10 万美元。同时，动用国外存款相当于资本回流，故资本项下贷记 10 万美元。但是，这里同时发生的是长期资本输出的短期资本流入，期限上存在差别。

6. A 国中央银行在外汇市场上用本国货币买入 50 万美元以增加外汇储备。外汇储备增加要计入储备项下的借方。同时，私人把美元支票卖给政府，相应减少了其在美国银行的存款，这种资本回流引起资本项下贷记 50 万美元。

在上述分析中未考虑误差项，所以借方总额和贷方总额相等（见表 16－2）。

表 16－2　简化的 A 国国际收支平衡表　（单位：万美元）

项　目	差　额	借　方	贷　方
经常项目	790	－1110	1900
商品	900	－1000	1900
服务	－10	－10	
经常转移	－100	－100	
资本和金融项目	－740	－1810	1070
储备资产变动	－50	－50	
总　计	0	－2970	2970

四、我国国际收支双顺差的原因

在正常情况下，国际收支在长期应大体平衡。如果经常项目为顺差，那么资本和金融项目就会是逆差。

根据我国 1997—2007 年经常项目、资本和金融项目差额的变化趋势，除了 1998 年资本和金融项目是逆差，其他年份的两个项目都是顺差，其中经常项目的顺差在最近几年更是大幅上升。我国出现的是长期双顺差现象。

双顺差是一国国际收支中经常项目与资本项目同时出现外汇收入大于外汇支出的盈余状态。从国际收支账户定义来看，如果不考虑误差和遗漏，双顺差体现的两个账户盈余之和正好等于外汇储备增加。

根据发展经济学理论，发展中国家的国际收支结构应当是经常账户逆差与资本账户顺差相结合。其原因是发展中国家国内储蓄通常较低，不能满足经济增长对投资的需求，需要引入大量的外资。另外，发展中国家的经济发展需要很多资源，例如设备和原料，需要依赖进口，而它的产品又不具有出口优势，这就会造成经常账户的逆差。大国经济多年持续出现双顺差的案例极为罕见。然而在过去的十几年里，我国国际收支除个别年份外，持续出现双顺差，近几年的双顺差和外汇储备增长规模更是呈现出不断扩大的趋势。我国的外汇储备余额逐年增长，2006 年突破了万亿美元，2007 年已经接近 16000 亿美元，2008 年达到 18000 亿美元。

近年来，国内很多学者从不同方面对双顺差问题进行了研究。概括地讲，导致中国国际收支双顺差的原因主要有下列几个方面：

1. 我国经济存在储蓄大于投资的结构性失衡。中国经济结构有一个显著特点，那就是储蓄高于投资。储蓄高就是消费低，因为储蓄定义为收入减去消费后的余额。消费不足造成了产能过剩，只能通过对外出口来释放生产能力，由此导致了不断扩大的贸易顺差。

2. 我国在外贸政策上一直实行奖出限入政策。改革开放以来，为了解决外汇短缺的问题，我国采取了一系列鼓励出口、限制进口的外贸政策。在出口方面，我们实施出口退税政策，鼓励沿海城市大力发展外向型经济，并且在很长一段时间里还要求各个外商投资企业生产的产品对外出口。在进口方面，我们有进口替代和填平补齐的思想。在外汇政策上，我们是宽进严出，长期实行强制结售汇制度。这一系列的出口导向型政策导致了我国经济增长对外部需求的过分依赖，目前我国进出口总额占 GDP 的比率已经接近 70%。

3. 外商直接投资持续增长。我们需要利用外资为我国的经济发展服务。大部分发展中国家主要是靠借债来引入外资，但是这种融资方式会产生债务，最后可能导致债务危机。我国很少采用借款方式，而主要采用外商直接投资（FDI）方式引入外部资本和技术。另外，各级政府还实施很多的优惠政策以吸引外资到当地投资。这样一来，FDI 的快速增长成了资本和金融项目持续顺差的重要原因。

4. 全球产业大转移。从 20 世纪八九十年代以来，资本、劳动力等生产要素的全球流动更加充分。拥有廉价劳动力优势的发展中国家自然成了劳动密集型产业发展的基地，而资本密集型产业留在了发达国家，这造成了新型发展中国家对欧美发达国家的贸易顺差。中国在这一国际分工体系中大量进行加工贸易，使其处于制造业的终端，造成了持续的贸易顺差。

5. 人民币汇率长期被低估。自从 1994 年汇率并轨以来，人民币汇率长期处于被低估的状态，这就使得我国的出口商品在价格上具有相当的优势，带来了出口贸易多年的繁荣。

双顺差给中国经济造成的影响将在以后的章节中陆续讨论。

本节内容告诉我们：国际收支有3种基本含义，即统计意义上的国际收支、市场国际收支和国际收支差额。国际收支平衡表是特定时期的统计报表，它系统记录某经济实体与世界其他经济实体之间的经济交易。经常项目差额指的是贸易收支差额、收益差额与经常转移差额之和。资本和金融项目差额指的是资本项目差额和金融项目差额之和。储备资产变动衡量整体国际收支差额。各国的国际收支平衡表都是按照“有借必有贷，借贷必相等”的复式簿记原则来记账的。我国国际收支双顺差的原因包括：我国经济存在储蓄大于投资的结构性失衡，我国在外贸政策上一直实行奖出限入政策，外商直接投资持续增长，全球产业大转移，人民币汇率长期被低估等。

第二节
国际收支与货币供给的关系

本节结构：银行系统的资产负债关系→国际收支差额与货币供给的变动→国际收支与物价的关系→我国国际收支与货币供给和物价的关系

引导案例：　　　　我国货币供给高速增长

我国国际收支存在双顺差的时期，即1999—2007年，我国货币供给量也是逐年上升的，除一年增长12%之外，其余年份都超过14%，最高年份达到19%。为什么我国货币供给增长速度这么快？为什么货币供给增长速度超过国民经济增长速度？为什么我国外汇储备（国际收支顺差）大体与货币供给保持同步增长？国际收支与货币供给是什么关系？

本节主要从银行体系的资产负债表出发，说明整体国际收支差额（外汇储备变动）与货币供给的关系。

一、银行系统的资产负债关系

货币发行源自中央银行，但是商业银行也参与货币创造。国际收支差额通过外汇储备变动，改变着银行系统的资产负债关系，从而影响货币供给。

（一）商业银行的资产负债关系

商业银行资产负债关系可用公式表示为：

$$D_p + CL = PL + GL + BB + C_b \qquad (16-4)$$

该式左端为商业银行负债。其中，D_p 为公众存款，CL 为中央银行对商业银行的贷款。这种理论概括忽略了负债中的资本（可看作是对股东负债）

和其他负债（如证券回购），这是为了分析简化，它不会对分析的准确度造成明显影响。商业银行负债中公众存款是主要组成部分。在通常情况下，中央银行贷款并不重要。但是，我国由于体制原因，中央银行提供的借款一直是商业银行的重要负债。随着改革的进行，其比重有降低的趋势。

该式右端反映商业银行资产。其中，PL 表示银行对公众的贷款，它也是商业银行最重要的资产；GL 为银行对政府当局的债权，如持有国库券；BB 为商业银行在中央银行的准备金存款；C_b 为银行库存现金。商业银行资产还包括其他，如办公楼等不动产，为分析简化，在理论分析中将其忽略。

（二）中央银行的资产负债关系

中央银行资产负债关系表达为：

$$C_p + C_b + BB + GC = CL + CG + R \tag{16-5}$$

该式左端反映中央银行负债。其中，C_p 为公众持有的纸币和铸币，它是中央银行最重要的负债。在一般情况下，中央银行是唯一的货币发行银行，$C_p + C_b$ 表示它发行的现金。BB 表示商业银行存款，表明中央银行是银行的银行。GC 为政府在中央银行的存款，它数量较小。此项表明中央银行是政府的银行。中央银行的负债还有资本项目和其他负债，比如外债，上述公式中将其忽略是为了分析简化。

该式右端反映中央银行资产。其次，CL 为其对商业银行贷款，CG 为中央银行持有的政府债券和财政借款，R 为黄金及外汇储备。在通常情况下，CG 为中央银行的主要资产。但是，我国曾出现过 CL 成为其主要资产的情况。中央银行也存在其他资产，如办公大楼等，在分析中加以忽略。

（三）合并的银行系统资产负债关系

将商业银行与中央银行的资产负债关系等式加以合并，即将式（16－4）与式（16－5）相加，得到：

$$D_p + C_p + GC = PL + GL + CG + R \tag{16-6}$$

该式左端反映银行系统的负债。从这个角度看，货币供给 M 是公众存款、流通中的现金与政府存款之和。由于 GC 很小，该式左端可以进一步简化为：

$$M = D_p + C_p \tag{16-7}$$

式（16－6）的右端表示银行系统的资产。从资产角度看，货币供给是对公众的贷款、中央银行和商业银行针对政府的债权以及黄金外汇储备资产之和。前3项统称为国内信贷资产 D：

$$D = PL + GL + CG \tag{16-8}$$

根据（16－6）的右端，可以得到：

$$M = D + R \tag{16-9}$$

该式表明货币供给量等于国内信贷资产与外汇储备之和。

二、国际收支差额与货币供给的变动

在开放经济中，从资产角度来看，货币供给增加一方面源自国内信用扩张，另一方面源自外汇储备增加。对式（16－9）做一阶差分，得到：

$$\Delta M = \Delta D + \Delta R \tag{16-10}$$

从上式可以看出，若中央银行不采取冲销操作（$\Delta D = 0$），那么，外汇储备增加就会引起货币供给相应增加。

根据上一节说明的国际收支差额与外汇储备变动的关系，即将式(16－3)代入式（16－10），得到：

$$\Delta M = \Delta D + (X - V + i^{*}F + W^{*}L + KA) \tag{16-11}$$

我们可按照国际经济学惯例，省略劳动报酬项，因为它通常较小。式（16－11）反映出国际收支各组成部分对货币供给的影响。具体来说：(1) 出口额增加导致货币供给增加。(2) 进口额增加导致货币供给减少。(3) 净外国资产增加和外国利率上升导致货币供给增加。(4) 资本流入增加导致货币供给增加。

从式（16－11）也可以看出，政府可采取冲销政策使国际收支差额不会改变货币供给量。冲销政策指政府通过调整国内信贷，以抵消国际收支差额对货币供给的影响。当国际收支出现顺差时，政府可紧缩国内信用（$\Delta D < 0$）；当国际收支出现逆差时，政府可扩张国内信用（$\Delta D > 0$）。

在封闭经济的宏观分析中，货币供给一般被看作外生变量或政策工具；在开放经济的宏观分析中，货币供给具有内生性。我们仍可把 D 看作外生变量或政策工具，但是外汇储备的变动或国际化收支差额则在很大程度上由世界经济运行所决定，任何一个国家的政府对其影响力都是不完全的。

三、国际收支与物价的关系

货币数量论描述了货币与物价的简单关系：

$$M = KPY \tag{16-12}$$

式中，M 为货币数量，K 是一个稳定的系数，P 为物价水平，Y 为实际收入。将式（16－9）代入该式，得到：

$$P = (D + R) / KY \tag{16-13}$$

式中，外汇储备 R 的变动取决于国际收支差额。从该式我们可以看出，国际收支顺差通过外汇储备增加，可造成物价上涨。

从操作层面来看，货币当局每增加 1 单位外汇储备，就要按市场汇率在国内投放相应数量的本国货币。例如，我国出口商将 1 美元卖给国家，政府就要向市场投放大约7元人民币。在其他条件不变的前提下，货币供给增加会导致物价上涨。对式（16－12）取对数微分，可以得到：

$$dlnP = dlnM - dlnY \quad (16-12a)$$

上式表明，在K为常数时，物价上涨率dlnP是货币供给增长率dlnM减去实际收入增长率dlnY之差。

需要注意的是，上述讨论以其他条件不变为前提。根据式（16－13），国际收支顺差或外汇储备增加在以下3种情况下不会造成物价上涨：（1）货币流通速度放慢，这可反映为剑桥方程式系数K变小。（2）货币当局采取冲销政策，即在外汇储备增加时紧缩国内信贷，反映为式中的D变小。（3）实际收入Y增加，引起货币需求增加，它可能抵消货币供给增加对物价的影响。

四、我国国际收支与货币供给和物价的关系

表16－3列出的是我国1999—2007年的国内信贷、外汇储备、广义货币供给量以及货币供给、实际收入和价格水平的变化率。从表中我们可以看到，我国的国内信贷、外汇储备、广义货币供给量都是逐年上升的。将外汇储备按当年的汇率水平折算成人民币后，3个变量基本满足等式（16－9）。我们使用计量经济学的方法进行分析，可以得到 $M_2 = 117341.2 + 20.2914R$，并且系数估计值都相当显著，拟合优度 R^2 也达到0.964，这说明外汇储备与广义货币供给之间确实存在明显的相关关系。

表16－3　　我国的外汇储备、货币供给与物价

年份	D（亿元）	R亿美元	M_2 亿元	$dlnM_2$	dlnY	dlnP	$dlnM_2 - dlnY$
1999	104610.70	1546.75	119898	14.7	7.1	－1.4	7.6
2000	121202.58	1655.74	135000	12.3	8.0	0.4	4.3
2001	129589.79	2121.65	158302	14.4	7.5	0.7	6.9
2002	168904.74	2864.07	185007	16.8	8.3	－0.8	8.5
2003	201274.75	4032.51	221223	19.6	9.1	1.2	10.5
2004	220018.66	6099.32	253000	14.6	9.5	3.9	5.1
2005	250425.92	8188.72	299000	17.6	9.9	1.8	7.7
2006	288737.79	10663.44	345578	16.9	10.7	1.5	6.2
2007	339659.23	15282.49	403442	16.7	11.4	4.8	5.3

资料来源：国家统计局网站。

另外，我们也发现，表16－3中的数据并不支持式（16－12a），dlnP的值要小于 $dlnM_2 - dlnY$ 之差，有时甚至出现相反方向的变动。例如，2002

年理论预测的通货膨胀率为 8.5%，但实际上却出现了通货紧缩，紧缩率为 0.8%。这种现象表现为货币供给增长显著超过实际收入增长，而物价却保持稳定甚至下降。对于我国这一异常现象，可以从以下几个层面加以解释：

1. 货币流通速度层面的解释。上文中已经提到，推导式（16 - 12a）时，我们假定其他条件都不变，这就包括货币流通速度 V。但从交易方程式 MV = PY 中可以看出，V 也会影响价格水平 P，如果货币供给量增加，但货币流通速度下降，价格水平 P 也不一定上升。据测算，广义货币 M_2 的流通速度 1999 年为 0.68，随后逐年下降，到 2003 年时降至 0.53，这就使 1999—2003 年间实际通货膨胀率比理论值要小很多。

2. 实际产出层面的解释。从实际产出的角度，可以归纳出 3 种解释：

（1）成本下降解释。从供求关系的角度，物价可以被看作是产出和支出的函数，即可将物价方程写成：

$$P = P(Y, E), \quad dP/dY < 0, \quad dP/dE > 0$$

式中，Y 为产出，E 为支出。Y 的增加会使价格下降，即 $dP/dY < 0$；E 的增加会使价格上升，即 $dP/dE > 0$。在其他条件不变的前提下，成本下降会使总供给增加，即产出 Y 增加，这就导致了价格下降。

我国生产中的成本下降可归因为：一是农村大量剩余劳动力向非农产业转移，导致平均工资成本下降。二是在耐用消费品、计算机和汽车等行业，大量引进先进技术导致生产率迅速提高。三是国有企业的制度改革和企业所有制结构的变化，使现代企业制度在我国扎下根来，竞争机制显著增强。

（2）国有企业亏损解释。在典型的市场经济条件下，亏损企业会退出市场竞争，并引起产出相应减少。但是，我国的亏损企业并未退出市场竞争，这引起低效率状态下的产出增加。在产品大量积压的恶性竞争中，企业在亏损状态下也被迫降价。

（3）高积累政策解释。我国的积累率曾位居世界前列，目前也处于较高水平。高积累意味着低消费，在其他条件下不变时，它不仅导致产出增加，也会引起支出减少，从而物价可能下降。

3. 总需求层面的解释。内需不足作为通货紧缩的原因是明显的，其背后的根源在于：

（1）我国一系列制度变革增加了未来的不确定性。如，企业倒闭和失业、下岗等使未来收入不稳定，住房、医疗、入学等制度使未来支出不确定。这种不确定性引起了高储蓄、低消费行为。

（2）市场机制和政策导向使得我国收入分配向高收入阶层倾斜，特别是城乡两极分化明显。我国大多数人口仍居住在农村，但是他们的支付能力低下，引起物价疲软。

(3) 我国加入世界贸易组织和政府的政策导向使人们产生物价下降的预期，这种预期具有自我实现的功能。

本节内容告诉我们：货币供给量等于国内信贷资产与外汇储备之和。国际收支顺差和外汇储备增加会引起货币供给相应增加，并可造成物价上涨。我国出现反常物价现象，可以从货币流通速度层面、实际产出层面、总需求层面进行解释。

第三节
国际收支与其他宏观经济变量的关系

本节结构： 国际收支与国民收入的关系→国际收支与财政收支的关系→贸易收支与国外净资产的关系

一、国际收支与国民收入的关系

国际收支顺差会使国民收入增加。国际收支顺差主要来自于出口和外资流入。

贸易差额会影响国民收入。贸易顺差会导致国民收入增加，贸易逆差会导致国民收入减少。这是因为市场经济存在需求约束，贸易顺差开拓了国外市场，所以它能使生产能力得到更充分的利用。

国内生产总值（GDP）可表示为：

$$Y = C + I + G + X - V \tag{16-14}$$

式中，Y为GDP，C为消费，I为投资，G为政府购买，X和V分别为包括服务在内的出口和进口。

贸易差额NX可表示成：

$$NX = X - V \tag{16-15}$$

改革开放以来，我国国际贸易连年顺差，经济持续高速增长，这不是偶然的。

需要说明的是，上面的分析是从统计学的角度展开的。国内生产总值是一国在一年内销售的最终产品价值总额，它只考虑各项支出对经济的直接贡献。贸易收支对经济还有不可忽视的间接贡献。具体来说，贸易收支顺差对消费、投资和政府支出都有积极作用。出口大于进口，就业人数就会增加，他们的消费也将相应增加。我国沿海省份居民购买力的迅速增长在很大程度上产生于出口收入的增加。出口大于进口，投资就会增加。我国外向型企业投资增长速度更快，是因为出口给它们带来了市场和资金。出口大于进口，政府支出就会增加，因为就业和投资增加会使税收增加，政府支出必然随之增加。

除了贸易差额之外，资本流动也对国民收入有巨大影响。国际收支顺差对我国经济增长有极其重要的作用。但是，影响经济增长的因素很多，它并非唯一重要因素。

二、国际收支与财政收支的关系

国际收支顺差会带来财政收支盈余，逆差会导致财政赤字。

国民收入从收入角度可分解为消费 C、储蓄 S 和税收 T，即：

$$C + S + T = C + I + G + X - V \tag{16-16}$$

为分析简化，设投资 I 与储蓄 S 相等，由上式可以得出：

$$T = G + X - V = G + NX;\ (T - G) = (X - V) \tag{16-17}$$

该式表明，在投资等于储蓄的前提下，贸易顺差与财政盈余并存，贸易逆差则与财政赤字并存。这主要是由于贸易顺差导致国民收入增加，收入增加带来税收增加。

在现实生活中，投资不一定等于储蓄。我国的特点是居民储蓄率居高不下。在这种情况下，贸易顺差与财政赤字可能并存。由式（16-16）可以得到：

$$(S - I) + (T - G) = (X - V) \tag{16-18}$$

（S-I）和（X-V）都大于零；（T-G）是不确定的，可能大于零，也可能小于零。我国曾经出现过顺差与财政赤字并存的例外情况。

【例 16-2】

1999—2003 年我国的国际收支与财政收支的反常关系

表 16-4　　我国经常账户差额与财政收支差额

项　目	1999 年	2000 年	2001 年	2002 年	2003 年
经常账户差额（万美元）	1566727	2051925	1740528	3542197	4587481
财政收入（亿元）	11444.1	13395.2	16386	18903.6	21691.1
财政支出（亿元）	13187.7	15886.5	18902.6	22053.2	24607
收支差额（亿元）	-1743.6	-2491.3	-2516.5	-3149.5	-2915.9

从表 16-4 可以看出，尽管经常账户差额与财政收支差额的货币单位不同，但是我国却表现出了一个明显的现象，那就是经常账户顺差与财政收支赤字并存。造成这一现象的原因正是上文中讨论的投资不等于储蓄。我国的储蓄大于投资，就可以在贸易顺差的情况下出现财政赤字。

三、贸易收支与国外净资产的关系

国外净资产是一个存量，反映私人和政府在境外持有的财产净额。这些财产包括对外直接投资获取的物质资产，也包括有价证券、银行存款、商业票据和货币等金融资产。

国外净资产直接来自国外净投资 I_f。国外净投资是一个流量，即居民对外投资大于非居民国内投资的差额。居民在出口时获得外汇，可增加国外净资产。外汇就是以外币为面值的金融资产。居民在进口时付出外汇，会减少国外净资产。

$$I_f = X - V \tag{16-19}$$

该式表明，贸易顺差必然导致资本流出，即居民持有国外资产增加；商品流入则伴随着资本流入，即居民持有国外资产减少。需要注意的是，这里资本转移的主体不仅包括私人，而且包括政府。如政府外汇储备增加，表现的是官方对外投资或官方持有国外资产增加。

本节内容告诉我们：国际收支顺差会使国民收入增加，会带来财政收支盈余。贸易顺差必然导致资本（包括官方资本）流出，即居民持有国外资产增加。

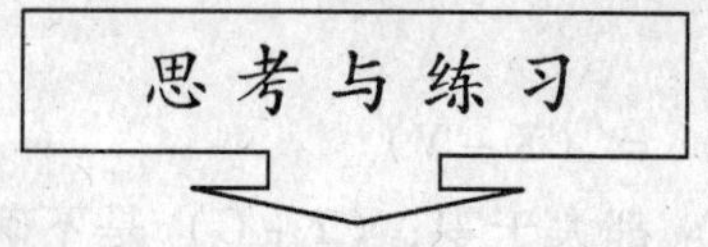

一、选择题

1. 国际收支（　　）。

A. 是一个统计报表　　B. 表示国际支付差额

C. 分为三大项目　　D. 以上全对

2. 国际收支不能反映的是（　　）。

A. 外汇储备总额　　B. 进出口

C. 对外投资　　D. 利润汇回

3. 经常项目差额不包括（　　）。

A. 贸易收支差额　　B. 收益差额

C. 经常转移差额　　D. 资本转移

4. 中国长期存在的国际收支双顺差（　　）。

A. 是正常现象　　B. 是反常现象

C. 等于外汇储备增加　　D. 源自人民币升值

5. 货币供给量等于(　　)。

A. 纸币与国内信贷资产之和

B. 纸币与外汇储备之和

C. 国内信贷资产与外汇储备之和

D. 存款与国内信贷资产之和

6. 冲销政策指政府通过调整(　　)以抵消国际收支差额对货币供给的影响。

A. 国内信贷　　B. 外汇储备

C. 纸币发行　　D. 利率

7. (　　)上升导致货币供给增加。

A. 出口额　　B. 进口额

C. 资本流出　　D. 利率

8. 国际收支顺差或外汇储备增加在(　　)条件下不会造成物价上涨。

A. 货币流通速度加快　　B. 收入增加

C. 货币当局采取冲销性政策　　D. 以上都对

9. 国际收支顺差会使(　　)增加。

A. 国民收入　　B. 消费

C. 投资　　D. 以上都对

10. 在投资等于储蓄的前提下，贸易顺差与(　　)并存。

A. 通货膨胀　　B. 财政盈余

C. 财政赤字　　D. 通货紧缩

11. 贸易顺差必然导致(　　)。

A. 资本流入　　B. 物价上升

C. 居民持有国外资产增加　　D. 居民持有国外资产减少

12. 我国储蓄(　　)。

A. 大于消费　　B. 大于投资

C. 小于投资　　D. 大于收入

二、上网查询我国2008年国际收支的数字。

三、总结我国历年来国际收支的变动情况。

四、比较我国与某一个外国的国际收支特点。

五、说明我国长期出现双顺差的原因。

本章选择题参考答案：1. D　2. A　3. D　4. B　5. C　6. A　7. A　8. C　9. D　10. B　11. C　12. B